नयी संगीत रोशनी

तरुबा घराना

संगीत सिखने, सिखाने एवं आनंद लूटने के लिये
रागबद्ध नये हिंदी गीतों की पुस्तक

संगीत पाठ्यक्रम की पुस्तक

इतिहास कर्त्री पुस्तक

संगीत
संगीताचार्य देव बंसराज
गीत
प्रो. रत्नाकर नराले

Ratnakar
PUSTAK BHARATI * BOOKS INDIA
साज़-ओ-आवाज़ अकादमी ऑफ इंडियन म्यूज़िक

Authors
Music : *Sangitacharya* Dev Bansraj, founder of Saaz-O-Aawaaz, Academy of Indian Music.
Lyrics : *Prof.* Ratnakar Narale, Professor Hindi, Ryerson University.

Title
"Nayi Sangeet Roshani" (A Brand New Enlightenment in Indian Music), Volume I
A Book of New Hindi Songs, for Learning, Teaching and Enjoying music.

Cover Design
Ramona M. Ramkissoon
Vessel Design Studio,
Toronto, Ontario, Canada
Phone : 647-283-4153
email : services@vesselds.com
www.vesselds.com

Printed for
Saaz-O-Aawaaz
Academy of Indian Music
43 Rangeland Rd.,
Brampton, Ontario,
Canada L6R 1L2
Phone : 905-789-4949
email : saazoaawaaz@rogers.com
www.saazoaawaaz.ca

Published by
Pustak Bharati (Books India)
Division of PC PLUS Ltd.
email : books.india.books@gmail.com
www.books-india.com

Copyright ©2013
ISBN 978-1-897416-40-2

ISBN 978-1-897416-40-2
9 781897 416402
Nayi Sangeet Roshhi

© All rights reserved. No part of this book may be copied, reproduced or utilized in any manner, computerised, e-mail, scanning, photocopying or by recording in any information storage and retrieval system, without a written permission from the publisher.

INDEX

हारमोनियम के विभिन्न 'सा' से सप्तकों की रचना

अलंकार

तबला ठेका

सरस्वती वंदना

	विषय		शीर्षक	पृष्ठ
1.	राग यमन	खयाल	गणेश वंदना	1
2.	राग यमन	भजन	लक्ष्मी वंदना	2
3.	राग यमन	भजन	योगेश्वर कृष्ण वंदना	3
4.	राग बिलावल	भजन	आज चलो हम	4
5.	राग बिलावल	भजन	सियापति राम सुमिरन	5
6.	राग खमाज	खयाल	एक से दूजा दीप जलाओ	6
7.	राग खमाज	भजन	महर्षि वाल्मीकि	7
8.	राग होरी खमाज	होरी धमार	होरी खेड़त है कान्हा	8
9.	राग खमाज	भजन	रामायण की अमर कहानी	9
10.	राग काफी	खयाल	प्रभु मिलोगे अब कबहूँ	10
11.	राग काफी	भजन	कृष्ण जनमदिन	11
12.	राग भैरव	बड़ा खयाल	सिया अवध में आयी	12
13.	राग भैरव	खयाल	जै महेश	14
14.	राग अहीर भैरव	भजन	शिवजी वंदना	15
15.	राग आसावरी	खयाल	अँखियन में जो अँसुअन आये	16
16.	राग आसावरी	भजन	बलराम सुदामा	17
17.	राग भैरवी	खयाल	मार कंकरिया फोरी गगरिया	18
18.	राग भैरवी	भजन	प्रभु बताओ	19
19.	राग भैरवी	तीव्र ताल	राम भक्त हनुमान	21
20.	राग भूपाली	खयाल	सावन ऋतु आयो	22
21.	राग भूपाली	भजन	राम का सुमिरण	23
22.	राग वृंदावनी सारंग	खयाल	कंगन खन खन	24
23.	राग वृंदावनी सारंग	खयाल	छम छम घुँघरू	25
24.	राग वृंदावनी सारंग	भजन	नंद किशोर	26

25.	राग भीमपलासी	खयाल	सावन आयो	27
26.	राग भीमपलासी	भजन	मथुरा मत जा कन्हैया	28
27.	राग देस	खयाल	विभीषण को बोली सीता	29
	राग देस	तराना	ना दिर् दिर् दा नित तारे दीम्	30
28.	राग देस	भजन	सरस्वती वंदना	31
29.	राग हमीर	खयाल	नयनवा कजरारे	33
30.	राग बिहाग	खयाल	नैनन में तुमरी मूरतिया	34
	राग बिहाग	तराना	ना दिर् दिर् दानि ता तारे दीम्	35
31.	राग बिहाग	भजन	लक्ष्मी वंदना	36
32.	राग बागेश्री	खयाल	रात सुहानी सुहाग की	37
33.	राग बागेश्री	भजन	पंचवटी के द्वारे	38
34.	राग केदार	खयाल	मुरली सुनत है राधा	39
35.	राग केदार	भजन	कानन ले चलो मोहे	41
36.	राग अल्हैया बिलावल	खयाल	साफ कहो तुम	42
37.	राग मारवा	खयाल	रघुपति राघव	43
38.	राग दुर्गा	खयाल	ढूँढत पागल नैन	45
39.	राग तिलंग	खयाल	सैंया मोहे संग ले चलो	46
40.	राग तिलंग	भजन	सांब शिवम्	47
41.	राग जौनपुरी	खयाल	मन रिझावे	48
	राग जौनपुरी	तराना	दिर् दिर् तन नन तन तूम्	50
42.	राग बहार	खयाल	ऋतु बसंत	51
43.	राग बहार	भजन	हरि दर्शन	53
44.	राग भिन्न षड्ज	खयाल	दमक दिखावे	54
45.	राग मालकौंस	खयाल	दिल धड़क धड़क बोले	55
	राग मालकौंस	तराना	तन ना दिर् दिर् दानि त दानि	56
46.	राग मालकौंस	खयाल	रिम झिम बरसत सावन आयो	57
47.	राग मालकौंस	भजन	कृष्ण सुदामा	58
48.	राग शंकरा	खयाल, एक ताल	नील कंठ भोले	59
49.	राग शंकरा	खयाल, झप ताल	माँ शारदे	60
50.	राग पूरिया	खयाल	पार करो मेरी भव नैया	62
51.	राग पूरिया धनाश्री	खयाल	झनक झनक वीणा झनकारी	64
52.	राग गौर मल्हार	खयाल	कारी बादरिया	65

53. राग तोड़ी	खयाल	रंग बरसे	66
54. राग तोड़ी	खयाल	मीरा	67
55. राग बसंत	खयाल	बसंत बरखा	68
56. राग दरबारी कानड़ा	खयाल	छम छम पायल	70
57. राग दरबारी कानड़ा	भजन	प्रणव	71
58. राग दरबारी	भजन	जगत माही	72
59. राग तिलक कामोद	ध्रुपद, चौताल	रास रचत श्री गोपाल	73
60. राग तिलक कामोद	भजन	कित गयी सीता	74

<u>ट्रिनिडाड तरीके के गीत</u>

61. देश भक्ति गीत	दादरा ताल	ट्रिनिडाड और टोबेगो	75
62. ध्रुपद	ट्रिनिडाड तर्ज	शिवगौरी	76
63. ठुमरी	कहरवा ताल	घिर आये सावन के बादर	77
64. ग़ज़ल	कहरवा ताल	राह में घनश्याम तेरी	78
65. चैती	दीपचंदी ताल	चले लंका अवध बिहारी	79
66. कजरी	कहरवा ताल	सावन की कजरिया	81
67. होरी	दीपचंदी ताल	खेड़त होरी कृषण मुरारि	82
68. तिलाना	कहरवा ताल	तूम तन नन नन दीम्	83
69. चटनी	लोक गीत	हाय रे अदा तेरी!	85

<u>भजन और कीर्जन</u>

70. राग दुर्गा	भजन	दुर्गे माँ	86
71. राग दुर्गा	दादरा ताल	राम नाम लिखो	87
72. भक्ति गीत	दादरा ताल	गंगा मैया	88
73. राग पीलू	भजन	सीता, बिरहा गीत	89
74. वंदना	रूपक ताल	सरस्वती वंदना	90
75. वंदना	कहरवा ताल	गुरु वंदना	92
76. भजन	रामायण	लव कुश	93
77. भजन	अंबा	अंबे माँ	94
78. भजन	कृष्ण	गोवर्धन धारी	95
79. भजन	वेद वाणी	वसुधैव कुटुंबकम्	97
80. भजन	राधा कृष्ण	खेलत राधा नंद किशोर	98

81.	भजन	दिवाली	दिवाली भजन	99
82.	भजन	शिव	शिव पार्वती गणेश	100
83.	भजन	कृष्ण	आयो री सखी श्याम सुंदर	101
84.	भजन	हनुमान्	लंका दहन	102
85.	भजन	दत्तात्रय	दत्त गुरु मेरा	103
86.	भजन	शिव	हे शिव शंभो!	104
87.	भजन	राम	जै श्री राम	105
88.	भजन	अंबा	दर्शन दे दो अंबे	106
89.	भजन	होली	होली का गीत	107
90.	भजन	सरस्वती	सरस्वती वंदना	108
91.	भजन	सत्यनारायण	श्री सत्यनारायण	109
92.	भजन	राग आसावरी	अमृत वाणी, गुरु नानक	110
93.	कीर्जन	गणेश	गणपति बाप्पा	111
94.	कीर्जन	गणेश	गणपति देवा	112
95.	कीर्जन	गौरी-शिव-गणेश	पिता महादेवा	113
96.	कीर्जन	शिव	शिव ओम् हरि ओम्	113
97.	कीर्जन	कृष्ण	कृष्ण कन्हैया राधेश्याम	115
98.	कीर्जन	कृष्ण	श्याम सलोना	116
99.	कीर्जन	राम, कृष्ण, शिव	राम कृष्ण शिव गाओ	117
100.	कीर्जन	शिव	ॐ नम शिवाय	118
101.	कीर्जन	राधा, कृष्ण	राधे मुकुंद माधव	119
102.	कीर्जन	हनुमान	जय हनुमान्	120
103.	कीर्तन	साँई बाबा	साई बाबा	121
104.	कीर्जन	साँई बाबा	शिरडी वाले	122
105.	कीर्जन	नारायण	स्वामी नारायण	123
106.	कीर्तन	गणेश	देवाय लंबोदराय	124
107.	चौपाई	रामायण	चंदन तिलक	125
108.	आरती	हनुमान्	ॐ जै बजरंग बली	127

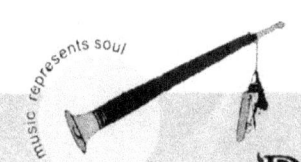

music represents soul

Bharat Ratna

Dr. Ustad Bismillah Khan

D. L. itt. (Honoris Causa)

CK. 46/62, SARAI HARHA, VARANASI- 221001 (U. P.) INDIA
PHONE : 2352836 * FAX : 2412036 * CABLE : SHAHNAI

2062

"नई संगीत रौशनी" भारतीय शास्त्रीय संगीत के लिए एक बहुत ही उपयोगी पुस्तक है। मैं बहुत उत्साहित हूँ और पंडित देव-बंशराज जी को दिली मुबारकबाद देता हूँ कि उन्होंने 108 (एक सौ आठ) नए बंदीशों की रचना की और उन्हें लिपिबद्ध किया एवं श्री रत्नाकर-नराले जी ने इसे शब्दों में ढाला जो कि अपने आप में भविष्य में एक मिसाल कायम करने वाला है।

अतः मेरी हार्दिक शुभकामनाएँ हैं पंडित बंशराज जी को उनके इस नए पुस्तक के विमोचन के लिए।

— समस्त परिवार की ओर से,

शुभकामनाओं सहित :

Nazim Hussain

— उस्ताद नाज़िम हुसैन (तबला वादक)
(सुपुत्र भारत रत्न उस्ताद बिस्मिल्लाह खान)

दिनांक :- 15 मार्च 2013, शुक्रवार
(वाराणसी, उ०प्र०)

FEW OTHER SIGNIFICANT AWARDS

Bharat Ratna
Shahnai- Nawaz of International repute
Academy Award of Holder of India & Nepal
(Reception of coveted titles Padma Shri, Padam Bhushan,
Padam Vibhushan, Rajiv Gandhi Sadbhasvna Award
Sangeet Samrat, Shanai Chakravorty)
Soviet Land Nehru Award, Tansen Award (M. P. Govt.) Kala Saraswati (A. P. Govt.)
Swarlay Award (T. N. Govr.) Yash Bharti (U. P. Govt.)

HONORIS CAUSA DOCTORATE OF

Shanti Niketan Bolpur (Bengal)
Marathwada University (Maharashtra)
Banaras Hindu University (Varanasi)
M. G. Kashi Vidyapeeth (Varanasi)

January 1, 2013

"नयी संगीत रोशनी" पुस्तक के विषय में

संगीताचार्य श्री देव बंसराज और डा. रत्नाकर नराले दोनों ही कैनेडा के सुप्रसिद्ध साहित्यकार और एक मजे हुए संगीत शिक्षक हैं | जिन्होंने वर्षों की संगीत साधना और अभ्यास के द्वारा संगीत जगत में एक नया उदाहरण प्रस्तुत किया है और अपने जीवन के उन अनुपम अनुभवों को समेटकर इस पुस्तक का रूप प्रदान किया है | इस पुस्तक में सभी धुनें,रचनाएं,राग बिलकुल नये और मौलिक हैं | इनमें आधुनिक सुगंध है | पुस्तक में संगीत के हर पहलू पर प्रकाश डाला गया है | सबसे महत्वपूर्ण बात इस पुस्तक की है कि इसे हिंदी और अहिन्दी भाषी दोनों ही इसे सरलता से प्रयोग कर सकते हैं क्योंकि इसकी प्रस्तुति हिंदी और अंग्रेजी दोनों भाषाओं में सुचारू रूप से की गयी है | कठिन शब्दों के अर्थ भी स्पष्ट किये गये हैं |

इस पुस्तक में संगीत की हर शैली,राग, तान, स्वर, ख्याल,तराना, ठुमरी,ध्रुपद, दादरा, चैती, कजरी, होरी आदि को स्थान दिया गया है | धार्मिक अवसरों पर गाये जाने वाले भजन, कीर्तन, आरती, गीत आदि पर विशेष पर ध्यान दिया गया है | संगीत को मधुर बनाने लिए इसमें "गजल" और "चटनी" का भी तडका लगाया गया है |पुस्तक में कुछ राष्ट्र प्रेम के गीतों को भी स्थान दिया है | हमारा प्रयास रहा है कि हम भारतीय संस्कृति या धर्म सम्बन्धी विशेष देवी देवताओं पर आधारित किसी विषय से पाठक को निराश न होने दें | कृष्ण लीला और रामचरित मानस के प्रत्येक सन्दर्भ पर आधारित भजन, गीत आदि को सुन्दरता से प्रस्तुत किया है |

मेरे लिए यह अत्यंत गर्व और सौभाग्य की बात है कि भारत से सुदूर कैनेडा की धरती पर संगीताचार्य श्री देव बंसराज एवं डा. रत्नाकर नराले ने "संगीत की नई रोशनी" प्रकाशित की है| इस कार्य में अनगिनत स्नेही जनों तथा हितैषियों की गहरी आंतरिक भावना तो है ही , यह आकांक्षा भी है कि संगीत प्रेमी इसे पढ़ें और इसका लाभ उठायें | संगीतमाला पुस्तक में कीर्तनों की शैली में सुधार कर , इसे '**कहरवा**' ताल के अंतरे में ढालकर उसे भजन का नया रूप दिया गया है | इस नये सिद्धांत को खोजकर संगीत जगत में एक नया पृष्ठ जुड़ गया है | इस नयी लय को **"कीर्जन"**की संज्ञा से सुशोभित किया गया है | अभ्यास के लिए कुछ कीर्जन प्रस्तुत हैं | मेरा पूर्ण विश्वास है कि पुस्तक के माध्यम से पाठकों और गायकों को संगीत कि एक नई अनुभूति प्राप्त होगी |

हमें पूर्ण विश्वास है कि इस पुस्तक को जो भी प्रयोग करेंगे, उनके लिएयह अवश्य ही लाभान्वित सिद्ध होगी | विशेषकर संगीत प्रेमियों के लिए तो एक अनुपम भेट है | हमें आपके विचारों कि प्रतीक्षा रहेगी |

श्यामत्रिपाठी - अध्यक्षहिंदीप्रचारिणीसभा-प्रमुखसम्पादक"हिन्दीचेतना"

श्याम त्रिपाठी

INTRODUCTION

नादेनोच्चयते वर्णः पदं वर्णात्पदाद्वचः ।
वचसो व्यवहारोऽयं नादाधीनमिमं जगत् ।।

(The sound makes letters, from letters the words, from words the sentences, from sentences the speech, from speech the dealings, the world moves with the sounds)

Playing and Singing Indian Music on Harmonium (बाजा) means playing your Harmonium Notes (स्वर) and your voice (गला) in synchronization with the 'beats' (मात्रा, ठेका) of the *Tabla* Drum (तबला). Harmonium being a Reed Instrument, its 'tones' (स्वर) are quite close to the tones of our vocal cord. Just as we do not always speak or sing every word in plain regular voice, the harmonium tones also have to be varied into 'soft' (कोमल, अनुदात्त), middle (शुद्ध, स्वरित) or hard (तीव्र, उदात्त) tones to suite the words and the mood (भाव) of the lyric. And, the 'pitch' (सुर) of these three tones have also be changed to 'low' (मन्द्र), 'medium' (मध्य) or 'high' (तार), to match with the voice of the singer.

The most common contemporary Indian music uses ten main classes called *Thaats* (ठाट) of the music, depending on which time (समय) of the day it should be played. In each class, at least five of the seven keys and their variations are employed to play a song. Within each class, there are various subclasses (*Raaga* राग) following specific rules of using or not using particular keys. The *Tabla* beats fix the 'rhythm' (ताल) of the song. The *Kaharva* (कहरवा ताल) of 8 'beats' (मात्रा) is the most common rhythm.

In order to understand Hanmonium music, the first step is to master the 'octave' (सप्तक) of seven primary notes, in forward (आरेह) and backward (अवरोह) directions. Then secondly, to master the basic notation sequences (अलंकार). Then you practice to play a simple composition in the first basic *Raga* called Bilawal (बिलाव राग), in sync with the simple *Kaharva taal* of *Tabla* timing, in the medium 'speed' (मध्य लय), on the middle octave. The other two speeds for the future practice being the 'slow' (विलंबित लय) and the fast' (द्रुत लय). At this stage, know various *Thats* and *Raagas*, so that you may progress intelligently.

An interesting thing is that, the first Key Note *Sa* (सा) of the octave can be fixed at any key of the Harmonium, and then the remaining six notations are fixed automatically on the corresponding keys. This much is the minimum knowledge you need to get started on understanding the Indian Music. After this, the interesting thing to know is, that the finest micro tone of sound (नाद) is called *Shruti* (श्रुति), from the *Shrutis* arises Swara (note स्वर), from *Swaras* arises *Thaat* (ठाट), from a *Thaat* arise *Raagas* (राग), and from a *Raaga* arises a *Geet* (song गीत).

The Parental Science of Music that originated in *Sama Veda* (साम वेद), travelled from India to Persia to Arabia to Europe, which then became known as 'Western Music,' and the original then became known as 'Indian Music.' The Classical Indian rhythmic Music based on *Raagas*, initaited by Narada (नारद) from the times of Ramayana (रामायण) and Mahabharata (महाभारत), was mainly played on Veena (वीणा) with seven notes, accompanied by drum (मृदंग) later known as *Tabala*. The apogee of sweet rhythmic music centered around Krishna (कृष्ण) and Radha's (राधा) themes on the banks of the sacred Jamuna (यमुना) river at Vrindavana (वृंदावन), which then resulted in the development of Devotional (भक्ति) movement.

In the later period, the first monumental work of teaching music was *'Sangeet-Ratnakar'* (संगीत रत्नाकर) written by Sharngadeva (शार्ङ्गदेव) about 1200 A.D. It says (1.31) :

चैतन्यं सर्वभूतामां विवृतं जगदात्मना ।
नादब्रह्म तदानंदमद्वितीयमुपास्महे ।।

(The thing that exists in every being and is associated with its life, is the sound, hence it is called the Brahma-naada)

After this, in the 16th century, arose great musicians such as Tansen, Baiju Bavara, Tulsidasa, Surdasa, Meera etc. Afte 16th century some musicians formed their own 'Music Families' (घराना) employing such styles as *Dhrupad, Dhamar, Khayal, Thumri, Tarana,* etc. based on various *Taals* such *as Dadra (6 beats), Roopak (7 beatsा), Tivra Taal (7 beatsा), Kaharva Taal (8 beatsा), Jhap Taal (10 beatsा), Ek Taal (12 beatsा), Chau Taal (12 beatsा), Deepchandi Taal (14 beatsा), Teen Taal (16 beatsा),* etc.

Remember, playing Music is one thing, but playing Indian Music having understood the *Raagas* and *Tabla* rhythm is quite a different thing.

वचसा वर्धते ज्ञानम् ।
सर्वं शब्देन शोभते ।।

(With speech develops knowledge and with sounds everything appears beautiful)

... Ratnakar

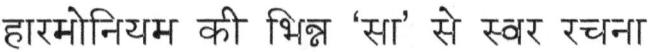

हारमोनियम की भिन्न 'सा' से स्वर रचना

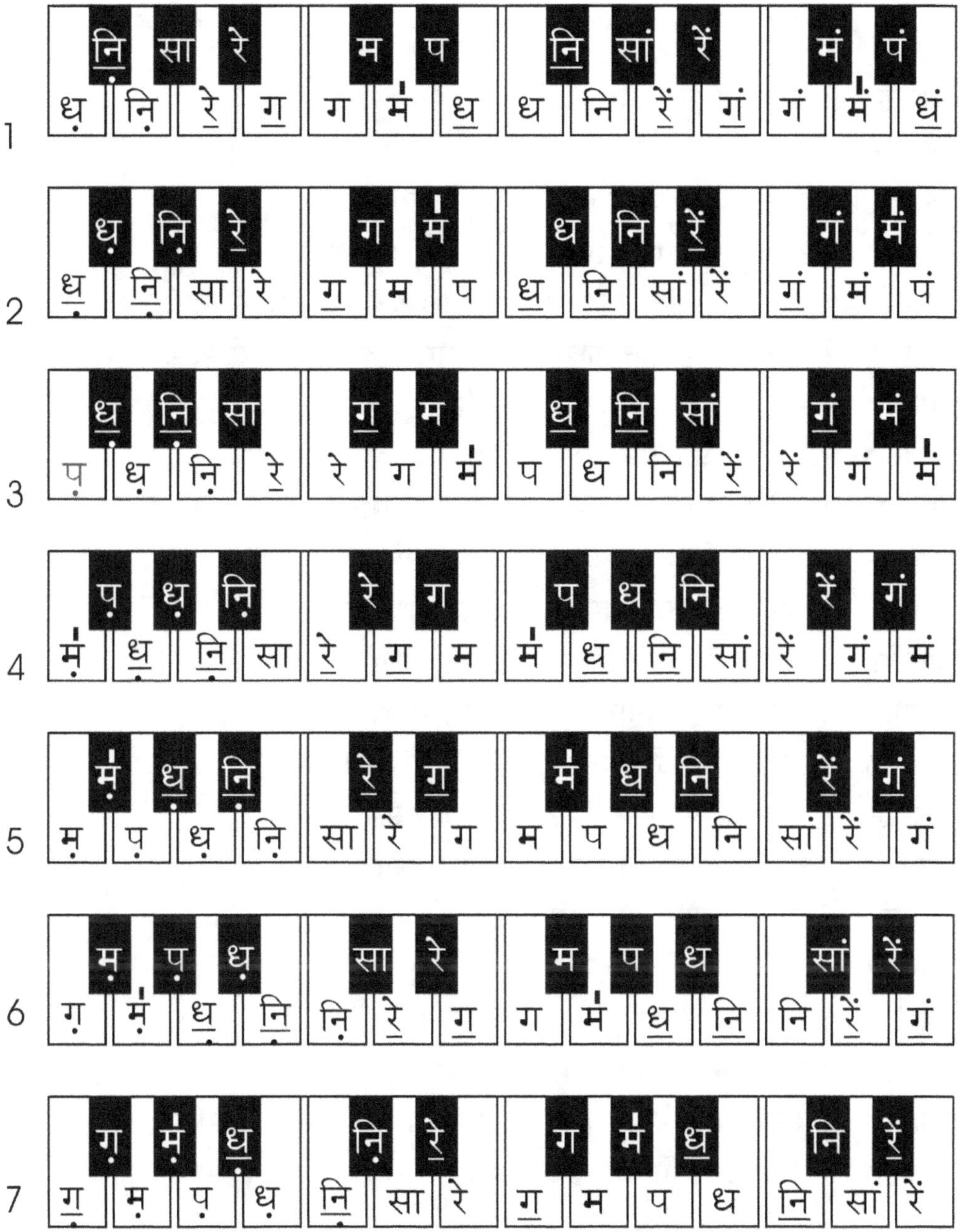

1. नीचे बिंदी वाले स्वर मन्द्र सप्तक के हैं। 2. ऊपर बिंदी वाले स्वर तार सप्तक के हैं।
3. नीचे लकीर वाले रे, ग, ध, नि स्वर कोमल हैं। 4. ऊपर लकीर वाल म तीव्र है।
5. बिना किसी बिंदी या लकीर वाले स्वर शुद्ध हैं। 6. सा व प स्वर केवल शुद्ध होते हैं।

Designed by Ratnakar Narale

अलंकार

1. **आरोह** : सा रे ग म प ध नि सां
अवरोह : सां नि ध प म ग रे सा

2. **आरोह** : सासा रेरे गग मम पप धध निनि सांसां
अवरोह : सांसां निनि धध पप मम गग रेरे सा सा

3. **आरोह** : सासासा रेरेरे गगग ममम पपप धधध निनिनि सांसांसां
अवरोह : सांसांसां निनिनि धधध पपप ममम गगग रेरेरे सासासा

4. **आरोह** : सारे रेग गम मप पध धनि निसां
अवरोह : सांनिध धप पम मग गरे रेसा

5. **आरोह** : सारेग रेगम गमप मपध पधनि धनिसां
अवरोह : सांनिध निधप धपम पमग मगरे गरेसा

6. **आरोह** : सारेगम रेगमप गमपध मपधनि पधनिसां
अवरोह : सांनिधप निधपम धपमग पमगरे मगरेसा

7. **आरोह** : सारेगमप, रेगमपध, गमपधनि, मपधनिसां
अवरोह : सांनिधपम, निधपमग, धपमगरे, पमगरेसा

8. **आरोह** : सारेगमपध, रेगमपधनि, गमपधनिसां
अवरोह : सांनिधपमग, निधपमगरे, धपमगरेसा

9. **आरोह** : सारेगमपधनि, रेगमपधनिसां
अवरोह : सांनिधपमगरे, निधपमगरेसा

10. **आरोह** : साग, रेम, गप, मध, पनि, धसां
अवरोह : सांध, निप, धम, पग, मरे, गसा

11. **आरोह** : सासागग, रेरेमम, गगपप, ममधध, पपनिनि, धधसांसां
अवरोह : सांसांधध, निनिपप, धधमम, पपगग, ममरेरे, गगसासा

12. **आरोह** : साम, रेप, गध, मनि. पसां
अवरोह : सांप, निम, धग, परे, मसा

13. **आरोह** : सारे, साग, साम, साप, साध, सानि, सासां
अवरोह : सांनि, सांध, सांप, सांम, सांग, सांरे, सांसा

तबला ताल

1. दादरा ताल – 6 मात्रा

X 0
धा धि ना । धा ति ना

2. रूपक ताल – 7 मात्रा

X 2 3
ती ती ना । धी ना । धी ना

3. तीव्र ताल – 7 मात्रा

X 2 3
धा दीं ता । तिट कत् । गदी गिन

4. कहरवा ताल – 8 मात्रा

X 2
धा गे न तिं । न के धिं ना

5. झप ताल – 10 मात्रा

X 2 0 3
धि ना । धि धि ना । ति ना । धि धि ना

6. एक ताल – 12 मात्रा

X 0 2 0 3 4
धिं धिं । धागे तिरकिट । तू ना । कत् ता । धागे तिरकिट । धिं ना

7. चौताल – 12 मात्रा

X 0 2 0 3 4
धा धा । दिं ता । कित् धा । दिं ता । तिट कत् । गदि गिना

8. तीन ताल – 16 मात्रा

X 2 0 3
धा धिं धिं धा । धा धिं धिं धा । धा तिं तिं ता । ता धिं धिं धा

9. दीपचंदी ताल – 14 मात्रा

X 2 0 2
धा धिं ऽ । धा गे तिं ऽ । ता तिं ऽ । धा गे धिं ऽ

10. धमार ताल – 14 मात्रा

X 2 0 3
क धे ते धे ते । धा ऽ । ग ते ते । ते ते ता ऽ

खयाल : राग यमन – तीन ताल			
ठाठ	कल्याण	वादी	गांधार – ग
आरोह	सा रे ग मं प ध नि सां	संवादी	निषाद – नि
अवरोह	सां नि ध प मं ग रे सा	जाति	संपूर्ण–संपूर्ण 7/7
पकड़	ऩि रे ग, रे सा, प मं ग, रे सा	समय	रात्री का प्रथम प्रहर

1. गणेश वंदना ।

स्थायी : मंगल वंदन सुमिरण प्यारे,
सुखकर गान गणेश तुम्हारे ।।

अंतरा : 1. गणपति बाप्पा परम पियारे, गण नायक विघ्नेश दुलारे ।।

2. निहार सुंदर काम सुखारे, भगतन आते चरण तिहारे ।।

स्थायी

0				3				X				2			
नि	–	प	प	रे	–	सा	सा	ग	रे	मं	धप	रे	–	सा	–
मं	ऽ	ग	ल	वं	ऽ	द	न	सु	मि	र	णऽ	प्या	ऽ	रे	ऽ
ऩि	ऩि	रे	रे	ग	–	मं	मं	नि	ध	प	प	रे	–	सा	–
सु	ख	क	र	गा	ऽ	न	ग	णे	ऽ	श	तु	म्हा	ऽ	रे	ऽ
नि	–	प	प	रे	–	सा	सा	ग	रे	मं	धप	रे	–	सा	–
मं	ऽ	ग	ल	वं	ऽ	द	न	सु	मि	र	णऽ	प्या	ऽ	रे	ऽ

अंतरा–1

0				3				X				2			
प	ग	प	प	सां	–	सां	–	नि	रें	गं	रें	नि	रें	सां	–
ग	ण	प	ति	बा	ऽ	प्पा	ऽ	प	र	म	पि	या	ऽ	रे	ऽ
सां	गं	रें	सां	सां	नि	ध	प	ग	मं	ध	प	रे	–	सा	–
ग	ण	ना	ऽ	य	क	वि	घ्	ने	ऽ	श	दु	ला	ऽ	रे	ऽ

स्थायी तान : मंगल वंदन

1. ऩिरे गमं पध निरें । सांनि धप मंग रेसा

मंगल वंदन

2. ऩिरे गमं गरे गमं । पध पमं गरे सा–

मंगल वंदन

3. गरे साऩि धऩि रेग । मंध पमं गरे सा–

अंतरा तान : गणपति बाप्पा ऽ

4. निसां धनि पध मंप । गमं रेग सारे ऩिसा

गणपति बाप्पा परम पियारे ऽ

5. गरे गरे साऩि सा– । निध निध पमं प–
गंरें गंरें सांनि धप । निनि धप मंग रेसा

भजन : राग यमन

तीन ताल / कहरवा

2. लक्ष्मी वंदना ।

स्थायी : भाग्य लक्ष्मी चंचल देवी, सिद्धि दायिनी ताप हारिणी ।
सुंदर मंगल आरती तेरी ।।

अंतरा :
1. पावन मूरत सूरत प्यारी, धन की देवी मन को सुखारी ।।
2. कंगन कुंडल कुंदन कंठी, पैंजन अंगद बिंदी मुंदरी ।।
3. बाजत ढोलक घुँघरू घंटी, गात हैं संत महंत पुजारी ।।
4. नारद शारद पुष्प की वृष्टि, कुबेर किन्नर शंकर गौरी ।।

स्थायी

0				3				X				2			
ग	–	ग	गप	रे	रे	सा	रे	म॑	–	म॑ध	प	रे	–	सा	–
भा	ऽ	ग्य	लऽ	ऽ	क्ष्	मी	ऽ	चं	ऽ	च	ल	दे	ऽ	वी	ऽ
नि़	ध़	नि़	रे	म॑	म॑	म॑	–	म॑	ध	नि	ध	म॑	ध	प	–
सि	ऽ	द्धि	दा	ऽ	यि	नी	ऽ	ता	ऽ	प	हा	ऽ	रि	णी	ऽ
प	–	सां	नि	प	–	म॑	ग	ग	रे	ग	प	रे	–	सा	–
सुं	ऽ	द	र	मं	ऽ	ग	ल	आ	ऽ	र	ती	ते	ऽ	री	ऽ
ग	–	ग	गप	रे	रे	सा	रे	म॑	–	म॑ध	प	रे	–	सा	–
भा	ऽ	ग्य	लऽ	ऽ	क्ष्	मी	ऽ	चं	ऽ	च	ल	दे	ऽ	वी	ऽ

अंतरा–1

0				3				X				2			
म॑	–	ग	ग	म॑	–	ध	ध	धनि	सां	सां	सां	नि	रें	सां	–
पा	ऽ	व	न	मू	ऽ	र	त	सूऽ	ऽ	र	त	प्या	ऽ	री	ऽ
नि	रें	गं	रें	नि	रें	सां	–	ग	म॑	ध	प	रे	–	सा	–
ध	न	की	ऽ	दे	ऽ	वी	ऽ	म	न	को	सु	खा	ऽ	री	ऽ
ग	–	ग	गप	रे	रे	सा	रे	म॑	–	म॑ध	प	रे	–	सा	–
भा	ऽ	ग्य	लऽ	ऽ	क्ष्	मी	ऽ	चं	ऽ	च	ल	दे	ऽ	वी	ऽ

भजन : राग यमन

कहरवा ताल

3. योगेश्वर वंदना ।

स्थायी : जन गण वंदन करते हैं तुमको, देवकी नंदन जै जय जय हो ।।

अंतरा : 1. नाथ जगत के तारक तुम हो, विघ्न विनाशक माधव जय हो ।।

2. भक्ति योग तुम दीना जग को, भगत सखा प्रभु मोहन जय हो ।।

3. कर्मयोग योगेश्वर तुमसे, पार्थ सारथि केशव जय हो ।।

स्थायी

X				0				X				0			
–	नि॒नि॒	रे	रे	ग	–	प	–प	रे	रे	–ग	रे	नि॒	रे	सा	–
ऽ	जन	ग	ण	वं	ऽ	द	ऽन	क	र	ऽते	हैं	तु	म	को	ऽ
–	प	–मं	ग	प	–	प	प	–	मंध	नि	ध	प	प	मं	ग
ऽ	दे	ऽव	की	नं	ऽ	द	न	ऽ	जैऽ	ज	य	ज	य	हो	ऽ
–	नि॒नि॒	रे	रे	ग	–	प	–प	रे	रे	–ग	रे	नि॒	रे	सा	–
ऽ	जन	ग	ण	वं	ऽ	द	ऽन	क	र	ऽते	हैं	तु	म	को	ऽ

अंतरा–1

X				0				X				0			
–	पग	प	प	सां	सां	सां	–	–	निरें	गं	रें	नि	रें	सां	–
ऽ	नाऽ	थ	ज	ग	त	के	ऽ	ऽ	ताऽ	र	क	तु	म	हो	ऽ
–	सांनि	ध	प	प	ध	मं	प	–	मंध	नि	ध	प	प	मं	ग
ऽ	विघ्	न	वि	ना	ऽ	श	क	ऽ	माऽ	ध	व	ज	य	हो	ऽ
–	नि॒नि॒	रे	रे	ग	–	प	–प	रे	रे	–ग	रे	नि॒	रे	सा	–
ऽ	जन	ग	ण	वं	ऽ	द	–न	क	र	ऽते	हैं	तु	म	को	ऽ

खयाल : राग बिलावल – तीन ताल

ठाठ	बिलावल	वादी	धैवत – ध
आरोह	सा रे ग म प ध नि सां	संवादी	गांधार – ग
अवरोह	सां नि ध प म ग रे सा	जाति	संपूर्ण–संपूर्ण 7/7
पकड़	ग रे, ग प, ध, नि सां	समय	प्रात: काल

4. आज चलो हम ।

स्थायी : आज चलो हम सब मिल गाएँ, कृष्ण के सुंदर नाम सुनाएँ ।।

अंतरा : 1. केशव माधव भाते सबको, देवकी नंदन मन भरमाए ।।

2. पावन गायन गाते तुमरो, गिरिधर हमको सब मिल जाए ।।

स्थायी

0				3				X				2			
धनि	सां	ध	प	म	ग	म	रे	ग	म	प	ग	म	रे	सा	–
आऽ	ऽ	ज	च	लो	ऽ	ह	म	स	ब	मि	ल	गा	ऽ	एँ	ऽ
सा	ग	म	रे	ग	प	नि	नि	धनि	सांरें	नि	सां	नि	ध	प	–
कृ	ष्	ण	के	सुं	ऽ	द	र	नाऽ	ऽऽ	म	सु	ना	ऽ	एँ	ऽ
धनि	सां	ध	प	म	ग	म	रे	ग	म	प	ग	म	रे	सा	–
आऽ	ऽ	ज	च	लो	ऽ	ह	म	स	ब	मि	ल	गा	ऽ	एँ	ऽ

अंतरा–1

0				3				X				2			
ग	–	प	प	सां	–	सां	सां	ध	नि	सां	रें	गं	रें	सां	–
के	ऽ	श	व	मा	ऽ	ध	व	भा	ऽ	ते	ऽ	स	ब	को	ऽ
सां	गं	रें	सां	सां	नि	ध	प	ध	नि	सां	रें	सांरें	संनि	धप	मग
दे	ऽ	व	की	नं	ऽ	द	न	म	न	भ	र	माऽ	ऽऽ	एऽ	ऽऽ
धनि	सां	ध	प	म	ग	म	रे	ग	म	प	ग	म	रे	सा	–
आऽ	ऽ	ज	च	लो	ऽ	ह	म	स	ब	मि	ल	गा	ऽ	एँ	ऽ

स्थायी तान : आज चलो हम

1. गप धनि सांरें सांनि । धप मग मरे सा–

आज चलो हम

2. सांनि धप मग मरे । गम पग मरे सा–

आज चलो हम

3. सांरें गंरें सांनि धप । सांनि धप मग रेसा

अंतरा तान : केशव माधव

4. सांनि धप मग रेसा । गप धनि सां– सां–

केशव माधव भाते सबको

5. गप धनि सांरें गंरें । सांनि धप मग मरे । गप निनि सां– गप । निनि सां– गप निनि

भजन : राग बिलावल

तीन ताल / कहरवा ताल

5. सियापति सुमिरन ।

स्थायी : राम सियापति प्राण पियारे, अंजनी नंदन दास तिहारे ।।

अंतरा : 1. राम नरोत्तम भजु रे मन में, नाम मनोहर साँझ सकारे ।।

2. करुणा किरपा कारज न्यारे, लीजो शरण में राघव प्यारे ।।

3. हरियो प्रभु जी आप हमारे, पाप करम के अवगुन सारे ।।

4. बाल्मीक तुलसी गात तिहारे, गान अमर जों जग उजियारे ।।

स्थायी

3				X				2				0			
ग	**प**	**नि**	**नि**	**सां**	**–**	**सां**	**सां**	**सां**	**रें**	**सां**	**सां**	**सांनि**	**धप**	**मग**	**मरे**
रा	ऽ	म	सि	या	ऽ	प	ति	प्रा	ऽ	ण	पि	या	ऽऽ	रेऽ	ऽऽ
ग	**म**	**प**	**ग**	**म**	**रे**	**सा**	**सा**	**सां**	**–**	**गं**	**रें**	**सां**	**नि**	**ध**	**प**
अं	ऽ	ज	नी	नं	ऽ	द	न	दा	ऽ	स	ति	हा	ऽ	रे	ऽ
ग	**प**	**नि**	**नि**	**सां**	**–**	**सां**	**सां**	**सां**	**रें**	**सां**	**सां**	**सांनि**	**धप**	**मग**	**मरे**
रा	ऽ	म	सि	या	ऽ	प	ति	प्रा	ऽ	ण	पि	या	ऽऽ	रेऽ	ऽऽ

अंतरा–1

3				X				2				0			
प	**–**	**नि**	**नि**	**सां**	**–**	**सां**	**सां**	**सां**	**गं**	**गं**	**मं**	**गं**	**रें**	**सां**	**–**
रा	ऽ	म	न	रो	ऽ	त्त	म	भ	जु	रे	ऽ	म	न	में	ऽ
सां	**–**	**गं**	**रें**	**सां**	**नि**	**ध**	**प**	**सां**	**नि**	**ध**	**प**	**सांनि**	**धप**	**मग**	**मरे**
ना	ऽ	म	म	नो	ऽ	ह	र	साँ	ऽ	झ	स	का	ऽऽ	रे	ऽऽ
ग	**प**	**नि**	**नि**	**सां**	**–**	**सां**	**सां**	**सां**	**रें**	**सां**	**सां**	**सांनि**	**धप**	**मग**	**मरे**
रा	ऽ	म	सि	या	ऽ	प	ति	प्रा	ऽ	ण	पि	या	ऽऽ	रेऽ	ऽऽ

खयाल : राग खमाज – तीन ताल

ठाठ	खमाज	वादी	गांधार – ग
आरोह	सा ग म प, ध नि सां	संवादी	निषाद – नि
अवरोह	सां <u>नि</u> ध प, म ग, रे सा	जाति	षाडव–संपूर्ण 6/7
पकड़	<u>नि</u> ध, म प ध, म ग, प म ग रे सा	समय	रात्री का दूसरा प्रहर

6. एक से दूजा ।

स्थायी : एक से दूजा दीप जलाओ, परंपरा की रीत चलाओ ।।

अंतरा : 1. मन अंधियारा दूर भगाओ, चाँद जीवन में चार लगाओ ।।

2. जगमग आभा तन में जगाओ, ज्ञान ज्योति मन से न बुझाओ ।।

स्थायी

0				3				X				2			
सांनि	सां	<u>नि</u>	<u>नि</u>	धप	ध	म	ग	ग	म	प	ध	नि	–	सां	–
एऽ	ऽ	क	से	दूऽ	ऽ	जा	ऽ	दी	ऽ	प	ज	ला	ऽ	ओ	ऽ
सां	गं	–	मं	गं	रें	नि	सां	प	नि	सां	रें	सांनि	सां	<u>नि</u>	ध
प	रं	ऽ	प	रा	ऽ	की	ऽ	री	ऽ	त	च	लाऽ	ऽ	ओ	ऽ
सांनि	सां	<u>नि</u>	<u>नि</u>	धप	ध	म	ग	ग	म	प	ध	नि	–	सां	–
एऽ	ऽ	क	से	दूऽ	ऽ	जा	ऽ	दी	ऽ	प	ज	ला	ऽ	ओ	ऽ

अंतरा–1

0				3				X				2			
ग	म	ध	नि	सां	–	सां	–	प	नि	सां	रें	निरें	सां	<u>नि</u>	ध
म	न	अं	धि	या	ऽ	रा	ऽ	दू	ऽ	र	भ	गाऽ	ऽ	ओ	ऽ
सां	–	गं	मं	गं	रें	नि	सां	प	नि	सां	रें	सांनि	सां	<u>नि</u>	ध
चाँ	ऽ	द	जी	व	न	में	ऽ	चा	ऽ	र	ल	गाऽ	ऽ	ओ	ऽ
सांनि	सां	<u>नि</u>	<u>नि</u>	धप	ध	म	ग	ग	म	प	ध	नि	–	सां	–
एऽ	ऽ	क	से	दूऽ	ऽ	जा	ऽ	दी	ऽ	प	ज	ला	ऽ	ओ	ऽ

स्थायी तान : एक से दूजा ऽ

1. गम पम पध निसां । <u>नि</u>ध पम गरे सा–

   एक से दूजा ऽ

2. गम पध निसां रेंसां । <u>नि</u>ध पम गरे सा–

   एक से

3. <u>नि</u>सा गम पम गम । पध पम गम पध । <u>नि</u>ध पम गरे सा–

अंतरा तान : मन अंधि

4. गम धनि सांगं रेंसां । <u>नि</u>ध पम पध निसां । <u>नि</u>ध पम गरे सा–

5. मन अंधियारा दूर भ

   गम पध निसां धनि । सांगं मंगं रेंसां <u>नि</u>ध । पध पम गरे सा–

   गम धनि सां– गम । धनि सां– गम धनि

भजन : राग खमाज

दादरा ताल

7. महर्षि वाल्मीकि ।

स्थायी : ध्यान मगन, सुमिरन रत, नयन मूँदे, भूले भान ।
जाप चलत, पाप जलत, राम राम, जपत नाम ।।

अंतरा : 1. भव विराग, वीतराग, चरम याग, परम त्याग ।
कर्म विरत, ध्यान निरत, नित्य घटत, पुण्य काम ।।

2. रव निवांत, पूर्ण शांत, मन नितांत, विगत भ्रांत ।
ध्येय अटल, हेतु सुफल, शून्य विलीन, पूज्य धाम ।।

स्थायी

X			0			X			0		
सा	–	सा	ग	ग	म	प	ध	ग	म	प	ध
ध्या	ऽ	न	म	ग	न	सु	मि	र	न	र	त
सांनि	रेंसां	नि	ध	म	म	मप	ध	म	ग	–	ग
नऽ	यऽ	न	मूँ	ऽ	दे	भूऽ	ऽ	ले	भा	ऽ	न
नि	–	नि	नि	सां	सां	निध	नि	प	ध	नि	सां
जा	ऽ	प	च	ल	त	पाऽ	ऽ	प	ज	ल	त
प	सां	नि	ध	म	म	मप	ध	म	ग	–	ग
रा	ऽ	म	रा	ऽ	म	जऽ	प	त	ना	ऽ	म

अंतरा–1

X			0			X			0		
ग	म	ग	म	नि	ध	धनि	सां	नि	सां	–	सां
भ	व	वि	रा	ऽ	ग	वीऽ	ऽ	त	रा	ऽ	ग
प	नि	नि	नि	सां	सां	पनि	सांरें	सां	नि	ध	ध
च	र	म	या	ऽ	ग	पऽ	र	म	त्या	ऽ	ग
सा	सा	सा	ग	ग	म	प	ध	ग	म	प	ध
क	र्	म	वि	र	त	ध्या	ऽ	न	नि	र	त
सां	नि	नि	ध	म	म	मप	ध	म	ग	–	ग
नि	ऽ	त्य	घ	ट	त	पुऽ	ऽ	ण्य	का	ऽ	म

स्थायी तान : ध्यान मगन

1. निसा गम पम । गम पध पम । गम पध निध । पम गरे सा–

ध्यान मगन

2. गम पम गम । पध पम गम । पध निसां निध । पम गरे सा–

ध्यान मगन

3. निसा गम पध । निध पम गम । पध निसां निध । पम गरे सा–

अंतरा तान :   भव विराग

4. नि़सा गम पध । निसां निध पम । गम पध निध । पम गरे सा–

भव विराग

5. गम पध निसां । रेंसां निध पम । गम पध निध । पम गरे सा–

राग : होरी खमाज

धमार ताल

8. होरी खेड़त है कान्हा ।

स्थायी : होरी खेड़त मेरो कान्हा, ब्रज में । रंग धमार है आज, ब्रज में ।।

अंतरा : 1. ग्वालिन राधा नाच नचत है । लाल गाल में लाज लजत है ।
पिचकारी की धार, ब्रज में ।।

2. बाल बाला झूला झुलत हैं । गोप नंद में गोल घुमत हैं ।
रंगन की बौछार, ब्रज में ।।

स्थायी

0			3				x					2	
सा	ग	म	प	ध	नि	रेंसां	नि	ध	प	ग	म	ग	–
हो	री	खे	ल	त	मे	रोऽ	का	ऽ	न्हा	ब्र	ज	में	ऽ
म	ग	सा	नि़	ध़	सा	सा	सा	ग	म	प	ध	म	ग
रं	ग	ध	मा	ऽ	र	है	आ	ऽ	ज	ब्र	ज	में	ऽ
सा	ग	म	प	ध	नि	रेंसां	नि	ध	प	ग	म	ग	–
हो	री	खे	ल	त	मे	रोऽ	का	ऽ	न्हा	ब्र	ज	में	ऽ

अंतरा–1

0			3				x					2	
म	निध	नि	सां	नि	सां	–	नि	सां	सां	नि	सां	नि	ध
ग्वा	लिऽ	न	रा	ऽ	धा	ऽ	ना	च	न	च	त	है	ऽ
म	निध	नि	सां	–	नि	सां	नि	सां	सां	नि	सां	नि	ध
ला	ऽऽ	ल	गा	ऽ	ल	में	ला	ज	ल	ज	त	है	ऽ
ग	ग	म	प	ध	निरें	सां	नि	ध	प	ग	म	ग	–
पि	च	का	री	ऽ	कीऽ	ऽ	धा	ऽ	र	ब्र	ज	में	ऽ
म	ग	सा	नि़	ध़	सा	सा	सा	ग	म	प	ध	म	ग
रं	ग	खे	ल	त	मे	रोऽ	का	ऽ	न्हा	ब्र	ज	में	ऽ

भजन : राग खमाज

कहरवा ताल

9. रामायण की अमर कहानी ।

स्थायी : रामायण की अमर कहानी, मुनिवर कह गये ध्यानी रे ।
राम कथा की अमृत वाणी, सुन सुन जन भये ज्ञानी रे ।।

अंतरा : 1. राम नाम का चल कर जादू, पाप ताप सब भागे रे ।
पापी लुटेरा रत्नाकर भी, बन गयो बाल्मीकि आगे रे ।।

2. वचन पिता का सिर पर धर के, त्यागा राज को हासी रे ।
सौकन माँ की तृप्ति करने, बना राम वनवासी रे ।।

3. सुख दुख दोनों समान कर के, जस कहती है गीता रे ।
साथ पति के बन को निकली, धर्मचारिणी सीता रे ।।

स्थायी

X				0				X				0			
प	ध	म	–	ग	ग	रे	सा	सा	सा	ग	ग	म	–	म	–
रा	ऽ	मा	ऽ	य	ण	की	ऽ	अ	म	र	क	हा	ऽ	नी	ऽ
ग	म	प	प	प	प	ध	सां	<u>नि</u>	ध	प	म	मध	पध	मप	ग
मु	नि	व	र	क	ह	ग	ये	ध्या	ऽ	नी	ऽ	रेऽ	ऽऽ	ऽऽ	ऽ
ग	म	ध	ध	ध	–	ध	–	ध	<u>नि</u>	ध	<u>नि</u>	प	ध	प	–
रा	ऽ	म	क	था	ऽ	की	ऽ	अ	म	रि	त	वा	ऽ	णी	ऽ
ग	म	प	प	प	प	ध	सां	<u>नि</u>	ध	प	म	मध	पध	मप	ग
सु	न	सु	न	ज	न	भ	ये	ज्ञा	ऽ	नी	ऽ	रेऽ	ऽऽ	ऽऽ	ऽ

अंतरा–1

X				0				X				0			
ग	म	ध	नि	सां	सां	सां	–	नि	नि	सां	रें	नि	सां	<u>नि</u>	ध
रा	ऽ	म	ना	ऽ	म	का	ऽ	च	ल	क	र	जा	ऽ	दू	ऽ
नि	–	नि	नि	सां	सां	सां	सां	प	नि	सां	रें	<u>नि</u>	–	ध	प
पा	ऽ	प	ता	ऽ	प	स	ब	भा	ऽ	गे	ऽ	रे	ऽ	ऽ	ऽ
ग	–	ग	म	ध	–	ध	–	ध	<u>नि</u>	ध	<u>नि</u>	प	ध	प	–
पा	ऽ	पी	लु	टे	ऽ	रा	ऽ	र	त्	ना	ऽ	क	र	भी	ऽ
ग	म	प	प	प	प	ध	सां	<u>नि</u>	ध	प	म	मध	पध	मप	ग
ब	न	ग	यो	बा	ऽ	ल्मी	कि	आ	ऽ	गे	ऽ	रेऽ	ऽऽ	ऽऽ	ऽ
प	ध	म	–	ग	ग	रे	सा	सा	सा	ग	ग	म	–	म	–
रा	ऽ	मा	ऽ	य	ण	की	ऽ	अ	म	र	क	हा	ऽ	नी	ऽ

खयाल : राग काफी – तीन ताल			
ठाठ	काफी	वादी	पंचम – प
आरोह	सा रे ग म प ध नि सां	संवादी	षड्ज – सा
अवरोह	सां नि ध प म ग रे सा	जाति	संपूर्ण–संपूर्ण 7/7
पकड़	सा सा, रे रे, ग ग, म म, प	समय	मध्य रात्री

10. प्रभु मिलोगे कबहूँ ।

स्थायी : प्रभु मिलोगे अब कबहूँ, कहो मिलोगे अब कबहूँ ।
बिरहन अँसुअन कैसे सहूँ ।।

अंतरा : 1. निश दिन तरसत बरसत नैना, हाल मैं मन का कासे कहूँ । कहो मिलोगे ...
2. मन बेचैना मुश्किल रैना, तुम बिन सजना कैसे रहूँ । कहो मिलोगे ...

स्थायी

		0				3				X				2			
सा	नि़	सा	रे	–	रे	ग	ग	म	म	प	–	–	म	ग	रे	सा	नि़
प्र	भु	मि	लो	ऽ	गे	अ	ब	क	ब	हूँ	ऽ	ऽ	ऽ	ऽ	ऽ	क	हो
		सा	रे	–	रे	ग	ग	म	म	प	–	–	म	ग	रे	–	–
		मि	लो	ऽ	गे	अ	ब	क	ब	हूँ	ऽ	ऽ	ऽ	ऽ	ऽ	ऽ	ऽ
		रे	नि	ध	नि	प	ध	म	प	सांनि	धप	म	प	ग	रे	सा	नि़
		बि	र	ह	न	अँ	सु	अ	न	कैऽ	ऽऽ	से	स	हूँ	ऽ	प्र	भु

अंतरा–1

0				3				X				2			
म	म	प	ध	नि	नि	सां	सां	सांरें	गंरें	सांरें	निसां	रें	नि	सां	–
नि	श	दि	न	त	र	स	त	ब	रऽ	स	त	नै	ऽ	ना	ऽ
नि	–	नि	नि	ध	नि	प	ध	नि	रें	सां	रें	नि	–	ध	प
हा	ऽ	ल	मैं	म	न	का	ऽ	का	ऽ	से	क	हूँ	ऽ	क	हो
प	नि	ध	नि	प	ध	म	प	पध	निसां	निध	पम	ग	रे	सा	नि़
मि	लो	ऽ	गे	अ	ब	क	ब	हूँऽ	ऽऽ	ऽऽ	ऽऽ	ऽ	ऽ	प्र	भु

स्थायी तान : प्रभु मिलोगे अब

1. सारे गम गरे सारे । गम पम गरे सा–

प्रभु मिलोगे अब

2. सारे गम पध निसां । निध पम गरे सा–

प्रभु मिलोगे अब

3. पध निसां धनि सां– । निध पम गरे सा–

अंतरा तान : निश दिन

4. रेग मप धनि सांनि । धप धनि सांरें गंरें । सांनि धप मग रेसा

निश दिन तरसत बरसत नैना ऽ

5. पम गम गरे सानि । सा– निध पध पम । गरे धनि सांरें गंरें । सांनि धप मग रेसा

भजन : राग काफी

कहरवा ताल

11. कृष्ण जनमदिन ।

स्थायी : झनक झनक झन्, रैना सारी बाजे,
पायल की झनकार री ।
सखी राधा के मन प्यार री ।।

अंतरा : 1. जनम दिन है आज हरि का, वृंदावन त्यौहार री ।
गल फूलन के हार हैं डारे, लाल पीले रंग दार री ।
सारी कुंज गलिन में, हरि की जै जै कार री ।।

2. मोर मुकुट है शीश पे धारे, बंसीधर गोपाल री ।
कर में मुरली नैन हैं कारे, तिलक चंदन लाल री ।
आज राधा से मिलने, मनवा है बेकरार री ।।

स्थायी

X				0				X				0			
नि	ध	प	नि	ध	प	प	–	म	–	नि	प	ग	रे	सा	नि़
झ	न	क	झ	न	क	झन्	ऽ	रै	ऽ	ना	ऽ	सा	री	बा	जे
सा	–	रे	रे	ग	–	म	म	प	–	–	म	ग	रे	सा	नि़
पा	ऽ	य	ल	की	ऽ	झ	न	का	ऽ	ऽ	र	री	ऽ	स	खी
सा	–	रे	–	ग	–	म	म	पध	नि	–	प	ग	रे	सा	नि़
रा	ऽ	धा	ऽ	के	ऽ	म	न	प्याऽ	ऽ	ऽ	र	री	ऽ	बा	जे
सा	–	रे	रे	ग	–	म	म	प	–	–	–	–	प	–	–
पा	ऽ	य	ल	की	ऽ	झ	न	का	ऽ	ऽ	ऽ	ऽ	र	ऽ	ऽ

अंतरा-1

X				0				X				0			
–	म	म	म	प	प	नि	–	–	निसां	नि	प	निसां	रें	रें	–
ऽ	ज	न	म	दि	न	है	ऽ	ऽ	आऽ	ज	ह	रिऽ	ऽ	का	ऽ
–	सां	रें	(सां)नि	ध	ध	म	प	नि	–	–	नि	सां	–	–	–
ऽ	वृं	ऽ	दा	व	न	त्यौ	ऽ	हा	ऽ	ऽ	र	री	ऽ	ऽ	ऽ
–	सांनि	ध	प	ध	ध	ध	–	–	धध	नि	सां	नि	–	ध	प
ऽ	गल	फू	ऽ	ल	न	के	ऽ	ऽ	हार	हैं	–	डा	ऽ	रे	ऽ
–	नि	नि	नि	नि	–	सां	रें	सां	–	–	प	प	–	प	प
ऽ	ला	ल	पी	ले	ऽ	रं	ग	दा	ऽ	ऽ	र	री	ऽ	सा	री
म	–	नि	प	ग	रे	सा	–	–	सासा	रे	–	ग	–	म	–
कुं	ऽ	ज	ग	लि	न	में	ऽ	ऽ	हरि	की	ऽ	जै	ऽ	जै	ऽ
प	–	–	म	ग	रे	सा	ऩि	सा	–	रे	रे	ग	–	म	म
का	ऽ	ऽ	र	री	ऽ	बा	जे	पा	ऽ	य	ल	की	ऽ	झ	न
पध	नि	–	प	ग	रे	सा	ऩि	सा	–	रे	रे	ग	–	म	म
काऽ	ऽ	ऽ	र	री	ऽ	बा	जे	पा	ऽ	य	ल	की	ऽ	झ	न
प	–	–	–	–	प	–	–								
का	ऽ	ऽ	ऽ	ऽ	र	ऽ	ऽ								

बड़ा खयाल : राग भैरव – तीन ताल

ठाठ	भैरव	वादी	धैवत – ध
आरोह	सा रे ग म प ध नि सां	संवादी	ऋषभ – रे
अवरोह	सां नि ध प म ग रे सा	जाति	संपूर्ण–संपूर्ण 7/7
पकड़	ग म ध, ध, प, ग म रे, रे सा	समय	प्रात: काल

12. सिया अवध में आयी ।

स्थायी : सिया अवध में आयी सखी, सिया अवध में आयी, एरी ।
आशाएँ मन में लायी, चित में आस जगायी, सखी ।।

अंतरा : 1. मगर उजड़ता घर सिय पायी, दुखी भयी सीता माई, सखी ।।
2. अब तो उसका एक सहाई, राम सखा सुखदाई, सखी ।।

स्थायी

0				3				X				2			
ग	म	ध	ध	प	प	प	ध	धप	मप	म	–	ग	–	म	ग
सि	या	ऽ	अ	व	ध	में	ऽ	आऽ	ऽ	यी	ऽ	ऽ	ऽ	स	खी
ग	म	ध	ध	प	प	प	ध	धप	मप	म	–	ग	–	गमप	म
सि	या	ऽ	अ	व	ध	में	ऽ	आऽ	ऽ	यी	ऽ	ऽ	ऽ	एऽऽ	री
ग	रे	गम	प	मग	रे	–	सा	ध़	ध़	नि़	सा	रे	–	सा	–
आ	ऽ	ऽऽ	ऽ	शाऽ	ऽ	ऽ	एँ	म	न	में	ऽ	ला	ऽ	यी	ऽ
नि़	सा	ग	म	प	–	ग	म	पध	निसां	नि	धप	म	प	म	ग
चि	त	में	ऽ	आ	ऽ	स	ज	गाऽ	ऽऽ	ऽ	ऽऽ	ऽ	यी	स	खी
ग	म	ध	ध	प	प	प	ध	धप	मप	म	–	ग	–	म	ग
सि	या	ऽ	अ	व	ध	में	ऽ	आऽ	ऽ	यी	ऽ	ऽ	ऽ	स	खी

अंतरा–1

0				3				X				2			
म	म	म	म	ध	ध	नि	–	सां	सां	सां	सां	नि	रें	सां	–
म	ग	र	उ	ज	ड़	ता	ऽ	घ	र	सि	य	पा	ऽ	यी	ऽ
सां	रें	गं	मं	गं	रें	सां	–	धनि	सां	नि	धप	म	प	म	ग
दु	खी	भ	यी	सी	ऽ	ता	ऽ	माऽ	ऽ	ऽ	ऽऽ	ऽ	ई	स	खी
ग	म	ध	ध	प	प	प	ध	धप	मप	म	–	ग	–	म	ग
सि	या	ऽ	अ	व	ध	में	ऽ	आऽ	ऽऽ	यी	ऽ	ऽ	ऽ	स	खी

स्थायी तान : सिया अवध में ऽ

1. निसा गम पध निसां । सांनि धप मग रेसा

सिया अवध में ऽ

2. मग रेसा निसा गम । पम गम गरे सासा

सिया अवध में ऽ

3. धनि सा– गम धनि । सांनि धप मग रेसा

अंतरा तान : मगर उजड़ता ऽ

4. निसा गम धनि सांरें । सांनि धप मप गम । पम गम गरे सा–

मगर उ

5. गम धनि सांरें गंरें । सांनि धप मग रेसा

मगर उजड़ता घर सिय

6. गम पध निसां रेंरें । सांसां गंगं रेंरें सांसां ।
निसां रेंरें सांसां निध । पम गरे सा– गम । पध निसां धनि सां–

खयाल : राग भैरव

तीन ताल

13. जै महेश ।

स्थायी : जै महेश, निर्गम तेरी माया, लीला से जग तू भरमाया ।
धूप कहीं पर है कहीं छाया ।।

अंतरा : 1. साँप गले में डाला तूने, गंगा मैया तेरी जटा में ।
आँख तीसरी विनाश लाने, नारी नटेश्वर अनुपम काया ।।

2. छाला हिरन की तेरी कटी पे, चंदा साजे तेरी जटा में ।
पाहि पाहि रे कृपालु प्यारे, दास तुम्हारी शरण में आया ।।

स्थायी

0				3				X				2			
मप	ध	प	म	प	ग	म	म	ग	ग	म	ग	रे	–	सा	–
जै–	ऽ	म	हे	ऽ	श	नि	र्	ग	म	ते	री	मा	ऽ	या	ऽ
नि़	ध़	नि़	सा	रे	–	सा	सा	ग	म	प	म	रे	–	सा	–
ली	ऽ	ला	ऽ	से	ऽ	ज	ग	तू	ऽ	भ	र	मा	ऽ	या	ऽ
नि़	सा	ग	म	प	ध	प	प	म	ध	सां	नि	धनि	धप	मप	गम
धू	ऽ	प	क	हीं	ऽ	प	र	है	ऽ	क	हीं	छाऽ	ऽऽ	याऽ	ऽऽ
मप	ध	प	म	प	ग	म	म	ग	ग	म	ग	रे	–	सा	–
जै–	ऽ	म	हे	ऽ	श	नि	र्	ग	म	ते	री	मा	ऽ	या	ऽ

अंतरा–1

0				3				X				2			
म	–	प	प	ध	–	नि	–	सां	–	सां	–	नि	रें	सां	–
साँ	ऽ	प	ग	ले	ऽ	में	ऽ	डा	ऽ	ला	ऽ	तू	ऽ	ने	ऽ
नि	ध	ध	–	नि	सां	सां	–	निसां	रें	सां	सां	नि	सां	ध	प
गं	ऽ	गा	ऽ	मै	ऽ	या	ऽ	तेऽ	ऽ	री	ज	टा	ऽ	में	ऽ
ग	म	प	ध	सां	नि	ध	प	म	ग	म	म	^ग^रे	–	सा	–
आँ	ऽ	ख	ती	ऽ	स	री	ऽ	वि	ना ऽ		श	ला	ऽ	ने	ऽ
नि़	सा	ग	म	प	ध	प	प	म	ध	सां	नि	धनि	धप	मप	गम
ना	ऽ	री	न	टे	ऽ	श्व	र	अ	नु	प	म	काऽ	ऽऽ	याऽ	ऽऽ
मप	ध	प	मप	ध	प	म	म	^म^ग	ग	म	म	रे	–	सा	–
जैऽ	ऽ	म	हेऽ	ऽ	श	नि	र्	ग	म	ते	री	मा	ऽ	ऽ	या
मप	ध	प	म	प	ग	म	म	ग	ग	म	ग	रे	–	सा	–
जै–	ऽ	म	हे	ऽ	श	नि	र्	ग	म	ते	री	मा	ऽ	या	ऽ

राग : अहीर भैरव

14. भजन : शिवजी वंदना

स्थायी : अर्पण है अहिधारी, उमापति! दर्शन दो त्रिपुरारि ।
नाथ हमारे भोले भाले, हम हैं तेरी बलिहारी ।।

अंतरा : 1. आस लगाये साँझ सकारे, दया दिखा दो शेखर प्यारे ।
शिव शंकर जी लीला दिखा दो, भाल चंद्र शशिधारी ।।

2. सांब सदाशिव खेवन हारे, तुम्हें मनाते भगतन सारे ।
भव सागर को पार कराओ, गंगाधर हितकारी ।।

स्थायी

X				0				X				0			
–	मग	रे	सा	नि़	प़	–नि़	रे	सा	–	सा	सा	म	–	ग	ग
ऽ	अर्	प	ण	है	ऽ	ऽअ	हि	धा	ऽ	री	उ	मा	ऽ	प	ति
–	मग	रे	सा	नि़	प़	–नि़	रे	सा	–	सा	–	–	–	–	–
ऽ	दर्	श	न	दो	ऽ	ऽत्रि	पु	रा	ऽ	रि	ऽ	ऽ	ऽ	ऽ	ऽ
–	मग	रे	नि़	रे	–	रे	–	–	सारे	म	ग	म	–	म	–
ऽ	नाऽ	थ	ह	मा	ऽ	रे	ऽ	ऽ	भोऽ	ले	ऽ	भा	ऽ	ले	ऽ
–	मध	ध	ध	ध	नि	–सां	रें	सां	–	सां	–	नि	ध	प	म
ऽ	हम	हैं	ते	री	ऽ	ऽब	लि	हा	ऽ	री	ऽ	ऽ	ऽ	ऽ	ऽ
–	गप	ग	रे	सा	नि़	–नि़	रे	सा	–	सा	सा	नि़	प़	रे	रे
ऽ	हम	हैं	ते	री	ऽ	ऽब	लि	हा	ऽ	री	उ	मा	ऽ	प	ति
–	मग	रे	सा	नि़	प़	–नि़	रे	सा	–	सा	सा	–	–	–	–
ऽ	अर्	प	ण	है	ऽ	ऽअ	हि	धा	ऽ	रि	ऽ	ऽ	ऽ	ऽ	ऽ

अंतरा–1

X				0				X				0			
–	म	ध	नि	सां	–	सां	नि	–	रें	–रें	सां	नि	रें	सां	–
ऽ	आ	स	ल	गा	ऽ	ये	ऽ	ऽ	साँ	ऽझ	स	का	ऽ	रे	ऽ
–	म	ध	नि	सां	–	सां	नि	–	रें	–रें	सां	नि	रें	सां	–
ऽ	द	या	दि	खा	ऽ	दो	ऽ	ऽ	शे	ऽख	र	प्या	ऽ	रे	ऽ
–	सांरें	गं	रें	सां	सां	निध	पध	–	निध	प	म	म	–	प	ग
ऽ	शिव	शं	ऽ	क	र	जीऽ	ऽऽ	ऽ	लीऽ	ला	दि	खा	ऽ	दो	ऽ
–	गप	ग	रे	सा	नि़	नि़	रे	सा	–	सा	सा	नि़	प़	रे	रे
ऽ	भाऽ	ल	चं	ऽ	द्र	श	शि	धा	ऽ	री	उ	मा	ऽ	प	ति
–	मग	रे	सा	नि़	प़	–नि़	रे	सा	–	सा	–	–	–	–	–
ऽ	अर्	प	ण	है	ऽ	ऽअ	हि	धा	ऽ	री	ऽ	ऽ	ऽ	ऽ	ऽ

खयाल : राग आसावरी – तीन ताल			
ठाठ	आसावरी	वादी	धैवत – ध
आरोह	सा रे म प, ध सां	संवादी	गांधार – ग
अवरोह	सां नि ध प म ग, रे सा	जाति	औडव-संपूर्ण 5/7
पकड़	रे म प ध, म प ग, रे सा	समय	दिन का दूसरा प्रहर

15. अँखियन में ।

स्थायी : अँखियन में जो अँसुअन आये, सावन के बादल बरसाये ।

अंतरा : 1. तिल काजल का जल में पिघला, गाल पे काली घटा उमड़ाये ।

2. गाल पे काली घटा सिया के, देख पिया का दिल कलपाये ।

स्थायी

0				3				X				2			
सां	सां	निसां	रेंसां	नि ध	–	पध	मप	ग	रे	म	म	प	–	प	–
अँ	खि	यऽ	नऽ	में	ऽ	जोऽ	ऽऽ	अँ	सु	अ	न	आ	ऽ	ये	ऽ
प	ध	सां	रें	सांरें	गं	रें	सां	सां	नि	रें	सां	ध	–	प	–
सा	ऽ	व	न	केऽ	ऽ	बा	ऽ	द	ल	ब	र	सा	ऽ	ये	ऽ
सां	सां	निसां	रेंसां	नि ध	–	पध	मप	ग	रे	म	म	प	–	प	–
अँ	खि	यऽ	नऽ	में	ऽ	जोऽ	ऽऽ	अँ	सु	अ	न	आ	ऽ	ये	ऽ

अंतरा-1

0				3				X				2			
म	म	प	–	ध	ध	प	ध	सां	सां	सां	–	रें	नि	सां	–
ति	ल	का	ऽ	ज	ल	का	ऽ	ज	ल	में	ऽ	पि	घ	ला	ऽ
प	–	प	ध	सां	–	सां	रें	सांरें	गं	रें	सां	नि ध	–	प	–
गा	ऽ	ल	पे	का	ऽ	ली	ऽ	घऽ	टा	उ	म	ड़ा	ऽ	ये	ऽ
प	–	प	ध	सां	–	सां	–	सां	गं	रें	सां	सांरें	सांनि	ध	प
गा	ऽ	ल	पे	का	ऽ	ली	ऽ	घ	टा	उ	म	ड़ाऽ	ऽऽ	ये	ऽ
सां	सां	निसां	रेंसां	नि ध	–	पध	मप	ग	रे	म	म	प	–	प	–
अँ	खि	यऽ	नऽ	में	ऽ	जोऽ	ऽऽ	अँ	सु	अ	न	आ	ऽ	ये	ऽ

स्थायी तान : अँखियन में जो ऽ

1. सारे मप निनि धप । मप धप गग रेसा

अँखियन में जो ऽ

2. रेम पनि धप मप । निनि धप मग रेसा

अँखियन में जो ऽ

3. मप धसां रेंसां धप । सांनि धप मग रेसा

अंतरा तान : तिल का ऽ

4. मप धप मप धसां । गग रेंरें सांसां निध । मप धप गग रेसा

तिल काजल का जल में पिघला ऽ

5. सारे मप धध सां– । धसां रेंसां धप मप
गंगं रेंसां रेंसां धप । सांनि धप मग रेसा

तिल काजल का ऽ

6. सारे मम रेम पप । निनि धप मप धप । धसां रेंसां गग रेंसां
निध पम गरे सा– । मप धध सां– मप । धध सां– मप धध

भजन : राग आसावरी

कहरवा ताल

16. बलराम सुदामा ।

स्थायी : नंद बलरामा संग सुदामा, देवकी नंदन हरि घनश्यामा ।
ग्वालिन राधा, मैया यशोदा, गोपी गोपाला, गोकुल धामा ।।

अंतरा : 1. मेरी जीवन सागर नैया, कृष्ण कन्हैया, कहत सुदामा ।
नंद के घर से माखन छुपके, लात दमोदर, खात सुदामा ।।

2. मधुबन में हरि धेनु चरावत, संग गवन के जात सुदामा ।
जमुना तट पर फोरत मटकी, नंद लाल के, साथ सुदामा ।।

3. पनघट पर जब बांसुरी बाजे, सुध बुध खो कर, गात सुदामा ।
जल क्रीडा से वस्त्र गोपि के, श्याम चुरावत, लजत सुदामा ।।

4. कंस मिलन जब जात मुकुंदा, राधा यशोदा रोत सुदामा ।
द्वारिका नगरी राज महल में, कृष्ण से करता, बात सुदामा ।।

स्थायी

X				0				X				0			
–	पध	म	प	ग	–	रे	सा	–	रेम	प	सां	ध	–	प	–
ऽ	नंद	ब	ल	रा	ऽ	मा	ऽ	ऽ	संऽ	ग	सु	दा	ऽ	मा	ऽ
–	पध	सां	रें	सांरें	गं	रें	सां	–	सांनि	रें	सां	ध	–	प	–
ऽ	देऽ	व	की	नंऽ	ऽ	द	न	ऽ	हरि	घ	न	श्या	ऽ	मा	ऽ
–	पध	म	प	ग	–	रे	सा	–	रेम	प	सां	ध	–	प	–
ऽ	ग्वाऽ	लि	न	रा	ऽ	धा	ऽ	ऽ	मैऽ	या	य	शो	ऽ	दा	ऽ
–	पध	सां	रें	सांरें	गं	रें	सां	–	सांनि	रें	सां	ध	–	प	–
ऽ	गोऽ	पी	गो	पाऽ	ऽ	ला	ऽ	ऽ	गोऽ	कु	ल	धा	ऽ	मा	ऽ

अंतरा–1

X				0				X				0			
–	म	–	प	ध	–	ध	ध	–	सां–	सां	सां	गं	रें	सां	–
ऽ	मे	ऽ	री	जी	ऽ	व	न	ऽ	साऽ	ग	र	नै	ऽ	या	ऽ
–	पप	प	ध	सां	–	सां	–	–	सांगं	रें	सां	ध	–	प	–
ऽ	कृष्	ष्ण	क	न्है	ऽ	या	ऽ	ऽ	कह	त	सु	दा	ऽ	मा	ऽ
–	पध	म	प	ग	ग	रे	सा	–	रेम	प	सां	ध	ध	प	–
ऽ	नंऽ	द	के	घ	र	से	ऽ	ऽ	माऽ	ख	न	छु	प	के	ऽ
–	पध	सां	रें	सांरें	गं	रें	सां	–	सांनि	रें	सां	ध	–	प	–
ऽ	लाऽ	त	द	मोऽ	ऽ	द	र	ऽ	खाऽ	त	सु	दा	ऽ	मा	ऽ
–	पध	म	प	ग	–	रे	सा	–	रेम	प	सां	ध	–	प	–
ऽ	नंद	ब	ल	रा	ऽ	मा	ऽ	ऽ	संऽ	ग	सु	दा	ऽ	मा	ऽ

खयाल : राग भैरवी – तीन ताल

ठाठ	भैरवी	वादी	मध्यम – म
आरोह	सा रे ग म प ध नि सां	संवादी	षड्ज – सा
अवरोह	सां नि ध प म ग रे सा	जाति	संपूर्ण–संपूर्ण 7/7
पकड़	म ग, रे ग, सा रे सा, ध़ नि़ सा	समय	प्रातः काल

17. मार कंकरिया ।

स्थायी : मार कंकरिया फोरी गगरिया । भीग गयी रे कान्हा, मोरी चुनरिया ।।

अंतरा : 1. जमुना से मैं सखी, अपनी डगरिया । नीर नयन की न, लीनी खबरिया ।।

2. जमुना का नीर न, मोरी गगरिया । कैसी अब जाऊँ सखी, अपनी अटरिया ।।

स्थायी

0				3				X				2			
नि़	सा	ग	म	प	(नि)ध	प	–	(म)ग	–	प	म	रे	रे	सा	–
मा	ऽ	र	कं	क	रि	या	ऽ	फो	ऽ	री	ग	ग	रि	या	ऽ
प	–	प	प	प	नि	ध	प	ग	–	प	म	रे	रे	सा	–
भी	ऽ	ग	ग	यी	रे	का	न्हा	मो	ऽ	री	चु	न	रि	या	ऽ
नि़	सा	ग	म	प	(नि)ध	प	म	(म)ग	–	प	म	रे	रे	सा	–
मा	ऽ	र	कं	क	रि	या	ऽ	फो	ऽ	री	ग	ग	रि	या	ऽ

अंतरा–1

0				3				X				2			
ध	म	ध	नि	सां	–	सां	नि	सां	गं	रें	गं	सां	रें	सां	–
ज	मु	ना	से	मैं	ऽ	स	खी	अ	प	नी	ड	ग	रि	या	ऽ
सां	रें	नि	सां	प	नि	ध	प	ग	–	प	म	रे	रे	सा	–
नी	ऽ	र	न	य	न	की	न	ली	ऽ	नी	ख	ब	रि	या	ऽ
नि	सा	ग	म	प	(नि)ध	प	म	ग	–	प	म	रे	रे	सा	–
मा	ऽ	र	कं	क	रि	या	ऽ	फो	ऽ	री	ग	ग	रि	या	ऽ

स्थायी तान : मार कंकरिया ऽ

1. निसा गम पध निसां । निध पम ग रे सा–

मार कंकरिया ऽ

2. सांरें सांनि धप मप । गम पम ग रे सा–

मार कं

3. निसा गम पध निसां । गंगं रेंसां निध पप । निनि धप मग रेसा

अंतरा तान : जमुना से

4. निसा गम पम गम । पध पम पध निसां । निध पम ग रे सा–

जमुना से

5. पम गरे सारे गम । पम पध निसां गं रें । सांनि धप मग रेसा

जमुना से मैं सखी

6. सारे गग रेग मम । गम पप मप धध । पध निनि धनि सांसां

धनि सांसां धनि सांसां । धनि सां,ध निसां, धनि । सांनि धप मग रेसा

भजन : राग भैरवी

कहरवा ताल

18. प्रभु बताओ ।

स्थायी : प्रभु बताओ दुखी जहाँ का, अजीब खेला क्यों है रचाया ।

ये शोर दुखियों की आतमा का, कहो प्रभु जी क्यों है मचाया ।।

अंतरा : 1. यहाँ न कोई किसी का भाई, न दोसती में कहीं सचाई ।

ये हाल जीने का इस जहाँ में, बताओ प्रभु जी क्यों है बनाया ।।

2. कहीं लड़ाई या बेवफाई, मगर भलाई न दे दिखाई ।

बेहाल आँसू पीना जहाँ में, बतादो प्रभु जी क्यों है सनाया ।।

3. कहीं बुराई कहीं दुहाई, कहीं जुदाई कहीं रुलाई ।

ये साज रोने का इस जहाँ में, न जाने प्रभु जी क्यों है बजाया ।।

स्थायी

X				0				X				0			
सा	प	–	प	प	ध	म	प	प	पध	सां	नि	ध	–	प	–
प्र	भु	ऽ	ब	ता	ऽ	ओ	ऽ	दु	खीऽ	ऽ	ज	हाँ	ऽ	का	ऽ
ग	म	–	ध	प	म	ग	सा	सा	(नि)ध़	–	नि़	सारे	ग	ग	–
अ	जी	ऽ	ब	खे	ऽ	ला	ऽ	क्यों	है	ऽ	र	चाऽ	ऽ	या	ऽ
ग	म	–	ध	प	म	ग	सा	सा	(नि)ध़	–	नि़	सा	–	सा	–
अ	जी	ऽ	ब	खे	ऽ	ला	ऽ	क्यों	है	ऽ	र	चा	ऽ	या	ऽ
सा	प	–	प	प	ध	म	प	प	पध	सां	नि	ध	–	प	–
ये	शो	ऽ	र	दु	खि	यों	ऽ	कि	आऽ	ऽ	त	मा	ऽ	का	ऽ
ग	म	–	ध	प	म	ग	सा	सा	(नि)ध़	–	नि़	सारे	ग	ग	–
क	हो	ऽ	प्र	भु	ऽ	जी	ऽ	क्यों	है	ऽ	म	चाऽ	ऽ	या	ऽ
ग	म	–	ध	प	म	ग	सा	सा	(नि)ध़	–	नि़	सा	–	सा	–
क	हो	ऽ	प्र	भु	ऽ	जी	ऽ	क्यों	है	ऽ	म	चा	ऽ	या	ऽ
सा	प	–	प	प	ध	म	प	प	पध	सां	नि	ध	–	प	–
प्र	भु	ऽ	ब	ता	ऽ	ओ	ऽ	दु	खीऽ	ऽ	ज	हाँ	ऽ	का	ऽ

अंतरा-1

X				0				X				0			
ग	म	–	म	(नि)ध	–	नि	–	नि	सां	–	सां	नि	रें	सां	–
य	हाँ	ऽ	न	को	ऽ	ई	ऽ	कि	सी	ऽ	का	भा	ऽ	ई	ऽ
नि	नि	–	नि	सां	–	सां	–	सां	नि	रें	सां	(नि)ध	–	प	–
न	दो	ऽ	स	ती	ऽ	में	ऽ	क	हीं	ऽ	स	चा	ऽ	ई	ऽ
प	प	–	प	प	ध	म	प	प	पध	सां	नि	ध	–	प	–
ये	हा	ऽ	ल	जी	ऽ	ने	ऽ	का	इस	ऽ	ज	हाँ	ऽ	में	ऽ
ग	म	–	ध	प	म	ग	सा	सा	(नि)ध़	–	नि़	सारे	ग	ग	–
ब	ता	ऽ	ओ	प्र	भु	जी	ऽ	क्यों	है	ऽ	ब	नाऽ	ऽ	या	ऽ
ग	म	–	ध	प	म	ग	सा	सा	(नि)ध़	–	नि़	सा	–	सा	–
ब	ता	ऽ	ओ	प्र	भु	जी	ऽ	क्यों	है	ऽ	ब	ना	ऽ	या	ऽ

भजन : राग भैरवी

तीव्र ताल

19. राम भक्त हनुमान ।

स्थायी : श्री राम का शुभ नाम लिख लिख, पवन सुत शिला तरै ।
जल सेतु बंधन, सिंधु तारण, कपीश दल सेवा करै ।।

अंतरा : 1. जांबुवंत सुग्रीव हनुमत, राम काज करन खटै ।
नल नील अंगद ऋष मरुत कपि, राम का शुभ नाम रटै ।।

2. भानु आतप तनु तपा कर, स्वेद बिंदु जल में गिरै ।
उस पूज्य पावन नीर में, शिला सेतु तारन काज करै ।।

3. लंका दहन, रावण हनन, सिंधु योजन दूर उड़ै ।
कपि वायुपुत्र वानर दल, सब राम जाप का मोद लुटै ।।

स्थायी

		X			2		3		X			2		3	
सा	रे	नि़	–	सा	ग	–	म	ग	प	–	ध	प	प	प	प
श्री	ऽ	रा	ऽ	म	का	ऽ	शु	भ	ना	ऽ	म	लि	ख	लि	ख
		प	प	प	ध	म	प	नि	ध	प	म	रे	–	सा	रे
		प	व	न	सु	त	शि	ऽ	ला	ऽ	त	रै	ऽ	ज	ल
		नि़	–	सा	ग	–	म	ग	प	–	ध	प	–	प	प
		से	ऽ	तु	बं	ऽ	ध	न	सिं	ऽ	धु	ता	ऽ	र	ण
		प	प	प	ध	म	प	नि	ध	प	म	रे	–	सा	रे
		क	पी	श	द	ल	से	ऽ	वा	ऽ	क	रै	ऽ	श्री	ऽ

अंतरा–1

X			2		3		X			2		3	
ग	–	म	ध	–	नि	नि	सां	–	सां	नि	रें	सां	सां
जां	ऽ	बु	वं	ऽ	त	सु	ग्री	ऽ	व	ह	नु	म	त
नि	–	नि	सां	–	सां	सां	सांनि	रें	सां	ध	प	ग	ग
रा	ऽ	म	का	ऽ	ज	क	रऽ	न	ख	टै	ऽ	न	ल
प	–	प	प	ध	नि	सां	प	नि	ध	प	म	ग	ग
नी	ऽ	ल	अं	ऽ	ग	द	ऋ	ष	म	रु	त	क	पि
प	–	प	ध	म	प	नि	ध	प	म	रे	–	सा	रे
रा	ऽ	म	का	ऽ	शु	भ	ना	म	र	टै	ऽ	श्री	ऽ

खयाल : राग भूपाली – तीन ताल

ठाठ	कल्याण	वादी	गांधार – ग
आरोह	सा रे ग, प, ध सां	संवादी	धैवत – ध
अवरोह	सां ध प, ग रे सा	जाति	औडव–औडव 5/5
पकड़	सा रे ग, रे, सा ध़, सा रे ग, प ग, ध प ग, रे सा	समय	रात्री का प्रथम प्रहर

20. सावन ऋतु आयो

स्थायी : **सावन ऋतु आयो, सुख लायो । बरखा झरी रिम झिम बरसायो ।।**

अंतरा : 1. **धरती पहने सुंदर गहने, रंगीन वाले हरित सुहाने ।**

2. **बादल शीतल करत फुहारे, कोयल मंजुल कूहु पुकारे ।**

स्थायी

0				3				X				2			
गप	धसां	ध	प	ग	रे	सा	रे	^सा^ध़	–	सा	रे	ग	–	ग	–
साऽ	ऽऽ	व	न	ऋ	तु	आ	ऽ	यो	ऽ	सु	ख	ला	ऽ	यो	ऽ
ग	ग	ग	रे	ग	प	ध	सां	ध	सां	ध	प	ग	रे	सा	–
ब	र	खा	ऽ	झ	री	रि	म	झि	म	ब	र	सा	ऽ	यो	ऽ
ग	ग	ग	रे	ग	प	ध	सां	ध	सां	ध	प	धसां	धप	गरे	सा–
ब	र	खा	ऽ	झ	री	रि	म	झि	म	ब	र	साऽ	ऽऽ	योऽ	ऽऽ
गप	धसां	ध	प	ग	रे	सा	रे	^सा^ध़	–	सा	रे	ग	–	ग	–
साऽ	ऽऽ	व	न	ऋ	तु	आ	ऽ	यो	ऽ	सु	ख	ला	ऽ	यो	ऽ

अंतरा–1

0				3				X				2			
प	प	प	ग	प	प	सां	ध	सां	–	सां	सां	सां	रें	सां	–
ध	र	ती	ऽ	प	ह	ने	ऽ	सुं	ऽ	द	र	ग	ह	ने	ऽ
ध	–	ध	ध	सां	–	रें	–	सांरें	गं	रें	सां	धसां	धप	गरे	सा–
रं	ऽ	गी	न	वा	ऽ	ले	ऽ	हऽ	रि	त	सु	हाऽ	ऽऽ	नेऽ	ऽऽ
गप	धसां	ध	प	ग	रे	सा	रे	^सा^ध़	–	सा	रे	ग	–	ग	–
साऽ	ऽऽ	व	न	ऋ	तु	आ	ऽ	यो	ऽ	सु	ख	ला	ऽ	यो	ऽ

स्थायी तान : सावन ऋतु आ ऽ

1. सारे गप धसां धप । सांसां धप गरे सा–

सावन ऋतु आ ऽ

2. सारे गप धसां रेंगं । रेंसां धप गरे सा–

सावन ऋतु आ ऽ

3. सांसां धप धध पग । पप गरे गग रेसा

अंतरा तान : धरती ऽ

4. सांसां धसां धप गप । धसां रेंसां धसां धप । गप धप गग रेसा

धरती पहने सुंदर

5. सारे गग रेग पप । गप धध पध सांसां । पध सांसां पध सांसां ।
पध सां,प धसां, पध । सांसां धप गग रेसा

भजन : राग भूपाली

कहरवा ताल

21. राम का सुमिरण ।

स्थायी : नाम जपन करले, तन मन से । सुख दुख घड़ी हरि हरि मन भज ले ।।

अंतरा : 1. मन में भरले पूजन करले, अंदर राम का सुमिरन धर ले ।।
2. जिसके मुखमें राम बसा है, जीवन मानो वही भला है ।।
3. जिसने सुखमें नाम लिया है, दीपक जानो वहीं जला है ।।
4. जहरी दुनिया लोग लुटेरे, राम तेरा रखवारा ।।

स्थायी

X				0				X				0			
–	सारे	ग	रे	सा	ध़	सा	रे	ग	–	ग	प	रे	रे	सा	–
ऽ	नाऽ	म	ज	प	न	क	र	ले	ऽ	त	न	म	न	से	ऽ
–	गग	ग	रे	ग	प	प	प	–	गप	ध	प	ग	रे	सा	–
ऽ	सुख	दु	ख	घ	ड़ी	ह	रि	ऽ	हरि	म	न	भ	ज	ले	ऽ
–	सारे	ग	रे	सा	ध़	–	सारे	ग	–	ग	प	रे	रे	सा	–
ऽ	नाऽ	म	ज	प	न	ऽ	कर	ले	ऽ	त	न	म	न	से	ऽ

अंतरा–1

X				0				X				0			
–	पग	प	ध	सां	सां	सां	–	–	सांरें	गं	रें	सां	सां	ध	प
ऽ	मन	में	ऽ	भ	र	ले	ऽ	ऽ	पूऽ	ज	न	क	र	ले	ऽ
–	पग	प	ध	सां	सां	सां	–	–	सांरें	गं	रें	सां	ध	सां	–
ऽ	मन	में	ऽ	भ	र	ले	ऽ	ऽ	पूऽ	ज	न	क	र	ले	ऽ
–	पगं	रें	सां	सां	–	ध	प	–	गप	ध	प	ग	रे	सा	–
ऽ	अंऽ	द	र	रा	ऽ	म	का	ऽ	सुमि	र	न	ध	र	ले	ऽ
–	सारे	ग	रे	सा	ध़	सा	रे	ग	–	ग	प	रे	रे	सा	–
ऽ	नाऽ	म	ज	प	न	क	र	ले	ऽ	त	न	म	न	से	ऽ

खयाल : राग वृंदावनी सारंग – तीन ताल

ठाठ	काफी	वादी	ऋषभ – रे
आरोह	ऩि सा रे म प नि सां	संवादी	पंचम – प
अवरोह	सां नि प म रे सा	जाति	औडव–औडव 5/5
पकड़	ऩि सा रे, म रे, प म रे, ऩि सा	समय	दिन का तीसरा प्रहर

22. कंगन खन खन ।

स्थायी : **कंगन खन खन गूँज रचायो, सुन धुन मेरो जीया हरषायो ।।**

अंतरा : 1. **घूँघर बोलत कुंडल डोलत, पायल छम छम धूम मचायो ।।**

2. सुंदर सूरत मंगल मूरत, झाँझन झन झन धुन बजायो ।।

स्थायी

0				3				X				2			
पनि	सां	नि	प	म	प	नि	नि	सां	–	नि	प	रेम	पम	रे	सा
कंऽ	ऽ	ग	न	ख	न	ख	न	गूँ	ऽ	ज	र	चा	ऽऽ	यो	ऽ
ऩि	ऩि	सा	सा	रे	–	सा	–	रे	म	पनि	पम	रे	–	सा	–
सु	न	धु	न	मे	ऽ	रो	ऽ	जी	या	हऽ	रऽ	षा	ऽ	यो	ऽ
पनि	सां	नि	प	म	प	नि	नि	सां	–	नि	प	रेम	पम	रे	सा
कंऽ	ऽ	ग	न	ख	न	ख	न	गूँ	ऽ	ज	र	चा	ऽऽ	यो	ऽ

अंतरा–1

0				3				X				2			
म	–	प	प	नि	प	नि	नि	सां	–	सां	सां	रें	–	सां	सां
घूँ	ऽ	घ	र	बो	ऽ	ल	त	कुं	ऽ	ड	ल	डो	ऽ	ल	त
नि	सां	रें	मं	पं	मं	रें	सां	नि	सां	रें	सां	नि	सां	नि	प
पा	ऽ	य	ल	छ	म	छ	म	धू	ऽ	म	म	चा	ऽ	यो	ऽ
पनि	सां	नि	प	म	प	नि	नि	सां	–	नि	प	रेम	पम	रे	सा
कंऽ	ऽ	ग	न	ख	न	ख	न	गूँ	ऽ	ज	र	चा	ऽऽ	यो	ऽ

स्थायी तान : **कंगन खन खन**

1. ऩिसा रेम पनि सां– । पनि पम रेसा ऩिसा

कंगन

2. ऩिसा रेम रेसा ऩिसा । निसां रेंमं रेंसां निसां । निनि पम रेसा ऩिसा

कंगन खन खन गूँज रचायो ऽ

3. रेंरें सांसां निनि पप। निनि पम रेरे सा–। ऩिसा रेम पनि सां–। नि– सां– पनि सां–

अंतरा तान : घूँघर बोलत कुंडल डोलत

4. रेम पनि सांनि पम । पनि पम रेसा ऩिसा । निसां रेंमं रेंसां निसां ।
पनि पम रेसा ऩिसा

घूँघर बोलत

5. सारे मम रेम पप । मप निनि पनि सांसां । निसां रेंरें मंमं रेंसां ।
रेंरें सांनि सांसां निप । निनि पम पप मरे । मम रेसा ऩिसा रेम ।
पनि सां– निनि सां– । ऩिसां रेम पनि सां– । निनि सां– ऩिसा रेम ।
पनि सां– निनि सां–

खयाल : राग वृंदावनी सारंग

तीन ताल

23. छम छम घुँघरू ।

स्थायी : छम छम घुँघरू पायल बाजे, बंसी सुंदर संग में साजे ।

अंतरा : 1. नंद का नंदन रास रचावे, राधा दीवानी ठुमक ठुमक कर नाचे ।

2. वृंदावन की कुंज गलिन को, चाँद चाँदनी चमचम चमकावे ।

स्थायी

0				3				X				2			
सां	सां	सांरें	सांनि	पनि	पम	रे	सा	म	रे	प	म	प	–	रेम	पनि
छ	म	छऽ	मऽ	घुँऽ	घऽ	रू	ऽ	पा	ऽ	प	ल	बा	ऽ	जेऽ	ऽऽ
सां	सां	सांरें	सांनि	पनि	पम	रे	सा	म	रे	प	म	प	–	प	–
छ	म	छऽ	मऽ	घुँऽ	घऽ	रू	ऽ	पा	ऽ	य	ल	बा	ऽ	जे	ऽ
म	प	सांरें	निसां	नि	–	पम	प	रे	म	नि	पम	रे	–	सा	–
बं	ऽ	सीऽ	ऽऽ	सुं	ऽ	दऽ	र	सं	ऽ	ग	मेंऽ	सा	ऽ	जे	ऽ
सां	सां	सांरें	सांनि	पनि	पम	रे	सा	म	रे	प	म	प	–	रेम	पनि
छ	म	छऽ	मऽ	घुँऽ	घऽ	रू	ऽ	पा	ऽ	य	ल	बा	ऽ	जेऽ	ऽऽ

अंतरा–1

X				2				0				3			
म	–	प	प	नि	प	नि	नि	सां	–	सां	सां	नि	–	सां	–
नं	ऽ	द	का	नं	ऽ	द	न	रा	ऽ	स	र	चा	ऽ	वे	ऽ
नि	सां	रें	रें	मं	–	रें	सां	नि	सां	रें	सां	नि	सां	नि	प
रा	ऽ	धा	दी	वा	ऽ	नी	ऽ	ठु	म	क	ठु	म	क	क	र
मप	निसां	रेंमं	पंमं	रेंसां	निसां	निप	मप	सां	सां	सांरें	सांनि	पनि	पम	रे	सा
नाऽ	ऽऽ	ऽऽ	ऽऽ	ऽऽ	चेऽ	ऽऽ	ऽऽ	छ	म	छऽ	मऽ	घुँऽ	घऽ	रू	ऽ

भजन : राग वृंदावनी सारंग

तीन ताल

24. नंद किशोर

स्थायी : नंद किशोर को याद करले ।
सुख दुख चिंता उस पर छोड़ दे ।।

अंतरा : 1. प्रभु बिन अब तेरा, कौन है कौन है ।
जरा दिल की सुन, हरि बिन दुखियारा ।।

2. अरज बिना प्रभु, मौन है मौन है ।
याद करे तो, जीवन उजियारा ।।

3. हरि बिन क्या कुछ, और है और है ।
अरु कछु हो न हो, उस बिन नहीं चारा ।।

स्थायी

0				3				X				2			
रेम	पनि	प	म	पनि	पम	रे	सा	रे	–	–	रे	म	रे	नि़	सा
नंऽ	ऽऽ	द	कि	शोऽ	ऽऽ	र	को	या	ऽ	ऽ	द	क	र	ले	ऽ
नि़	प़	नि़	नि़	सा	–	सा	–	रे	म	नि	प	मरे	–	रे	सा
सु	ख	दु	ख	चिं	ऽ	ता	ऽ	उ	स	प	र	छो	ऽ	ड़	दे
रेम	पनि	प	म	पनि	पम	रे	सा	रे	–	–	रे	म	रे	नि़	सा
नंऽ	ऽऽ	द	कि	शोऽ	ऽऽ	र	को	या	ऽ	ऽ	द	क	र	ले	ऽ

अंतरा–1

0				3				X				2			
म	म	प	प	नि	प	नि	नि	सां	–	सां	सां	रें	ऽ	नि	सां
प्र	भु	बि	न	अ	ब	ते	रा	कौ	ऽ	न	है	कौ	ऽ	न	है
रें	मं	रें	सां	नि	सां	नि	प	म	प	नि	प	मरे	रे	नि़	सा
ज	रा	दि	ल	की	ऽ	सु	न	ह	रि	बि	न	दु	खि	या	रा
रेम	पनि	प	म	पनि	पम	रे	सा	रे	–	–	रे	म	रे	नि़	सा
नंऽ	ऽऽ	द	कि	शोऽ	ऽऽ	र	को	या	ऽ	ऽ	द	क	र	ले	ऽ

खयाल : राग भीमपलासी – तीन ताल

ठाठ	काफी	वादी	मध्यम – म
आरोह	<u>नि</u>़ सा <u>ग</u> म, प <u>नि</u> सां	संवादी	षड्ज – सा
अवरोह	सां <u>नि</u> ध प, म <u>ग</u> रे सा	जाति	औडव-संपूर्ण 5/7
पकड़	<u>नि</u>़ सा म, म प <u>ग</u> म, <u>ग</u> रे सा	समय	दिन का तीसरा प्रहर

25. गरजत बरसत सावन आयो ।

स्थायी : गरजत बरसत सावन आयो,
प्यासन दुखियन के मन भायो ।

अंतरा : 1. सब के मन में जोश जगायो, बन में पपीहा बहु हरषायो ।
मोर कोयलिया नाच नचायो ।।

2. तरु बेली पर फूल खिलायो, हरी हरियाली अनूप बिछायो ।
दुखी नैनन की आस बुझायो ।।

स्थायी

0				3				X				2			
प<u>नि</u>	सां<u>नि</u>	ध	प	<u>नि</u>	धप	म	प	<u>ग</u>	रे	(सा)<u>नि</u>़	सा	म	–	म	–
गऽ	रऽ	ज	त	ब	रऽ	स	त	सा	ऽ	व	न	आ	ऽ	यो	ऽ
<u>ग</u>	–	म	प	सां	सां	<u>नि</u>ध	प	<u>ग</u>	रे	(सा)<u>नि</u>़	सा	म	–	म	–
प्या	ऽ	स	न	दु	खि	यऽ	न	के	ऽ	म	न	भा	ऽ	यो	ऽ
प<u>नि</u>	सां<u>नि</u>	ध	प	<u>नि</u>	धप	म	प	<u>ग</u>	रे	(सा)<u>नि</u>़	<u>नि</u>़	सा	–	सा	–
गऽ	रऽ	ज	त	ब	रऽ	स	त	सा	ऽ	व	न	आ	ऽ	यो	ऽ

अंतरा-1

0				3				X				2			
प	प	प	–	म	<u>नि</u>प	<u>ग</u>	म	प	–	<u>नि</u>	सां	<u>गं</u>	रें	सां	–
स	ब	के	ऽ	म	नऽ	में	ऽ	जो	ऽ	श	ज	गा	ऽ	यो	ऽ
<u>नि</u>	<u>नि</u>	सां	<u>गं</u>	रें	–	सां	–	<u>नि</u>	<u>नि</u>	<u>नि</u>	<u>नि</u>	ध	–	प	–
ब	न	में	प	पी	ऽ	हा	ऽ	ब	हु	ह	र	षा	ऽ	यो	ऽ
प	सां	<u>नि</u>	सां	प	<u>नि</u>	ध	प	<u>ग</u>	रे	(सा)<u>नि</u>़	<u>नि</u>़	सा	–	सा	–
मो	ऽ	र	को	य	लि	या	ऽ	ना	ऽ	च	न	चा	ऽ	यो	ऽ
प<u>नि</u>	सां<u>नि</u>	ध	प	<u>नि</u>	धप	म	प	<u>ग</u>	रे	(सा)<u>नि</u>़	<u>नि</u>़	सा	–	सा	–
गऽ	रऽ	ज	त	ब	रऽ	स	त	सा	ऽ	व	न	आ	ऽ	यो	ऽ

स्थायी तान : गरजत बरसत

1. ऩिसा गम पनि सां– । निध पम गरे सा–
   गरजत बरसत
2. गम पम पनि सां– । सांनि धप मग रेसा
   गरजत
3. पम गम गरे सा– । गम पनि सांनि धप । मप गम गरे सा–

अंतरा तान : सब के ऽ

4. मग रेसा ऩिसा गम । पनि पनि सांनि धप । मप गम गरे सा–
   सब के ऽ
5. ऩिसा गम पम गम । पनि धप मप गम । पनि पनि सां– सां–
   सब के मन में जोश ज
6. ऩिसा गम पनि धप । मप गम पनि सांगं । रेंसां निध पम गम
   पनि सां– गम पनि । सां– गम पनि सां–

भजन : राग भीमपलासी

26. मथुरा मत जा कन्हैया

स्थायी : जाने दे मोहे मथुरा मैया, संग मेरे बलदाऊ भैया ।।

अंतरा : 1. वृंदावन है स्वर्ग समाना, मथुरा मरघट बनी है दैया ।
मत जा कंस के पास कन्हैया ।।

2. दही माखन है वृंदावन में, गोप गोपिका ग्वाले गैया ।
मत जा मत जा पड़ूँ मैं पैंया ।।

3. सत् चित् आनंद अपने मन में, मथुरा बनी है मौत की शैया ।
जमुना के तू पार न जैंया ।।

स्थायी

0				X				0				X			
गम	पनि	ध	प	–	प	म	निप	ग	रे	–	ऩि	सा	–	सा	–
जाऽ	नेऽ	दे	ऽ	ऽ	मो	ऽ	हेऽ	म	थु	ऽ	रा	मै	ऽ	या	ऽ
–	प़	ऩिसा	ग	रे	–	सा	सा	–	प	–	गम	ग	रे	सा	–
ऽ	सं	ऽग	मे	रे	ऽ	ब	ल	ऽ	दा	ऽ	ऊऽ	भै	ऽ	या	ऽ
गम	पनि	ध	प	–	म	–	निप	ग	रे	–	ऩि	सा	–	सा	–
जाऽ	नेऽ	दे	ऽ	ऽ	मो	ऽ	हेऽ	म	थु	ऽ	रा	मै	ऽ	या	ऽ

अंतरा-1

0				X				0				X			
–	गम	प	नि	सां	सां	सां	–	–	पनि	सां	गं	रें	–	सां	–
ऽ	वृंऽ	दा	ऽ	व	न	है	ऽ	ऽ	स्वर्	ग	स	मा	ऽ	ना	ऽ
–	नि	नि	नि	सां	सां	सां	सां	–	नि	नि	नि	ध	–	प	–
ऽ	म	थु	रा	म	र	घ	ट	ऽ	ब	नी	है	दै	ऽ	या	ऽ
–	पनि	सां	गं	रें	–	सां	सां	–	पनि	सां	नि	ध	–	प	–
ऽ	मत	जा	ऽ	कं	ऽ	स	के	ऽ	पा	स	क	न्है	ऽ	या	ऽ
गम	पनि	ध	प	–	प	म	निप	ग	रे	–	ऩि	सा	–	सा	–
जाऽ	नेऽ	दे	ऽ	ऽ	मो	ऽ	हेऽ	म	थु	ऽ	रा	मै	ऽ	या	ऽ

खयाल : राग देस – तीन ताल

ठाठ	खमाज	वादी	ऋषभ – रे
आरोह	ऩि सा रे, म प, नि सां	संवादी	पंचम – प
अवरोह	सां नि ध प, ध म ग, रे ग, ऩि सा	जाति	औडव-संपूर्ण 5/7
पकड़	रे म प, नि ध प, प ध प म ग रे ग, ऩि सा	समय	रात्री का दूसरा प्रहर

27. विभीषण को बोली सीता

स्थायी : **विभीषण से बोली सीता, राघव से कहो दरशन दीजो ।**

अंतरा : 1. **राघव आओ मेरी नगरिया, दैया रे दैया, रामा लीजो खबरिया ।**
निश दिन मेरा सुमिरन कीजो ।।

2. **याद करे है तोरी सजनिया, राह में तेरी, रामा मोरी नज़रिया ।**
वानर सेना साथ में लीजो ।।

स्थायी

0				3				X				2			
रे	रे	म	म	प	–	नि	–	सां	–	नि	सां	पनि	सांरें	नि	सां
वि	भी	ष	ण	से	ऽ	बो	ऽ	ली	ऽ	ऽ	ऽ	सीऽ	ऽऽ	ता	ऽ
रें	नि	ध	प	मप	धप	मग	रे	रे	ग	रे	म	गरे	ग	ऩि	सा
रा	ऽ	घ	व	से	ऽऽ	क	हो	द	र	श	न	दी	ऽ	जो	ऽ
रे	रे	म	म	प	–	नि	–	सां	–	नि	सां	पनि	सांरें	नि	सां
वि	भी	ष	ण	को	ऽ	बो	ऽ	ली	ऽ	ऽ	ऽ	सीऽ	ऽऽ	ता	ऽ

अंतरा-1

0				3				X				2			
म	–	म	म	प	–	नि	–	सां	–	सां	सां	रें	नि	सां	–
रा	ऽ	घ	व	आ	ऽ	ओ	ऽ	मे	ऽ	री	न	ग	रि	या	ऽ
नि	सांरें	रें	मं	गं	रें	नि	सां	प	नि	सां	रें	नि	ध	प	–
दै	यारे	दै	या	रा	ऽ	मा	ऽ	ली	ऽ	जो	ख	ब	रि	या	ऽ
सां	सां	नि	नि	ध	प	म	प	म	प	ध	पम	गरे	ग	ऩि	सा
नि	श	दि	न	मे	ऽ	रा	ऽ	सु	मि	र	नऽ	की	ऽ	ज्यो	ऽ

स्थायी तान : विभीषण से बो ऽ

1. सारे मप निसां रेंसां । निध पम गरे सा–

विभीषण से बो ऽ

2. मप निसां रेंसां निसां । निध पम गरे सा–

विभीषण को बोली सीता ऽ

3. सांरें सांनि धप सांनि । धप मप धप निध । पम गरे गसा रेरे ।
मम पप निनि सां–

अंतरा तान : राघव आओ मेरी नगरिया ऽ

4. ऩिसा रेग मग रेसा । निसां रेंगं मंगं रेंसां
निध पम गरे सा– । पनि सांप निसां पनि

राघव आओ ऽ

5. सांनि धप निध पम । गरे साऩि सा– सा– । रेम पध मप निनि
सां– — रेम पध । मप निनि सां– – – । रेम पध मप निनि

तराना : राग देस

तीन ताल

स्थायी : ना दिर् दिर् दा नित तारे दीम्, तन नन नन
द्रतन द्रतन दीम्, तूम् तन नन नन

अंतरा : ऊ द तान ऊ द तान दीम् तन नन नन
त दीम् त दीम् दीम्, तूँम् तन नन नन
ध तिर कित् तक् तू न कित् तक् ध – कत –
ध तिर् कित् तक् तू न कित् तक्
धा – कत – धा तिर् कित् तक् तू न कित् तक् ।।

स्थायी

0				3				X				2			
रे	**रे**	**म**	**म**	**प**	**प**	**नि**	**नि**	**सां**	–	**सां**	**रें**	**सां**	**नि**	**ध**	**प**
ना	दिर्	दिर्	दा	नि	त	ता	रे	दीम्	ऽ	त	न	न	न	न	न
सां	**रें**	**सां**	**नि**	**ध**	**प**	**ध**	**म**	**म**	**प**	**ध**	**प**	**म**	**ग**	**रे**	**सा**
द्र	त	न	द्र	त	न	दीम्	ऽ	तूम्	ऽ	त	न	न	न	न	न
रे	**रे**	**म**	**म**	**प**	**प**	**नि**	**नि**	**सां**	–	**सां**	**रें**	**सां**	**नि**	**ध**	**प**
ना	दिर्	दिर्	दा	नि	त	ता	रे	दीम्	ऽ	त	न	न	न	न	न

अंतरा–1

0				3				X				2			
म	**म**	**म**	**म**	**प**	**प**	**नि**	**नि**	**सां**	–	**सां**	**सां**	**सां**	**सां**	**सां**	**सां**
ऊ	द	ता	न	ऊ	द	ता	न	दीम्	ऽ	त	न	न	न	न	न
नि	**सां**	**रें**	**मं**	**गं**	**रें**	**नि**	**सां**	**प**	**नि**	**सां**	**रें**	**नि**	**ध**	**प**	**प**
त	दीम्	ऽ	त	दी	म्	दी	म	तूँ	म्	त	न	न	न	न	न
सां	**सां**	**सां**	**सां**	**नि**	**नि**	**ध**	**प**	**सां**	–	–	–	**सां**	**सां**	**सां**	**सां**
ध	तिर्	कित्	तक्	तू	न	कित्	तक्	ध	ऽ	ऽ	ऽ	ध	तिर्	कित्	तक्
नि	**नि**	**ध**	**प**	**सां**	–	**सां**	–	**सां**	**सां**	**सां**	**सां**	**नि**	**नि**	**ध**	**प**
तू	न	कित्	तक्	धा	ऽ	ऽ	ऽ	धा	तिर्	कित्	तक्	तू	न	कित्	तक्
रे	**रे**	**म**	**म**	**प**	**प**	**नि**	**नि**	**सां**	–	–	**रें**	**सां**	**नि**	**ध**	**प**
ना	दिर्	दिर्	दा	नि	त	ता	रे	दीम्	ऽ	त	न	न	न	न	न

भजन : राग देस

कहरवा ताल

28. सरस्वती वंदना ।

स्थायी : झनन झन वीणा की झनकार, हटाए भगतन का मन भार ।।

अंतरा : 1. मंगल सुंदर गान तिहारे, आकर दो दीदार ।
नयनन प्यासे प्यास बुझावे, पावन रूप तिहार ।।

2. ज्ञान की देवी दान कला का, परम तेरा उपकार ।
रूप सलोना हाथ में वीणा, शारद नाम तिहार ।।

3. जीवन ये संगीत सुहाना, गीत करो साकार ।
माँ ममता का दीप जगाके, दूर करो अंधकार ।।

स्थायी

	0				X				0				X			
प	**मग**	**रे**	**ग**	**सा**	–	**मरे**	–	**म**	**प**	–	**ध**	**नि**	**ध**	**प**	**प**	**प**
झ	नऽ	न	झ	न	ऽ	वीऽ	ऽ	णा	की	ऽ	झ	न	का	ऽ	र	ह
	मग	**रे**	**ग**	**सा**	–	**मरे**	**म**	**म**	**प**	–	**ध**	**नि**	**ध**	**प**	**प**	**प**
	टाऽ	ऽ	ए	ऽ	ऽ	भग	त	न	का	ऽ	म	न	भा	ऽ	र	झ
	मग	**रे**	**ग**	**सा**	–	**मरे**	–	**म**	**प**	–	**ध**	**नि**	**ध**	**प**	**प**	–
	नऽ	न	झ	न	ऽ	वीऽ	ऽ	णा	की	ऽ	झ	न	का	ऽ	र	ऽ

अंतरा–1

X				0				X				0			
–	**निध**	**पम**	**म**	**प**	–	**प**	**प**	–	**निध**	**म**	**म**	**प**	–	**प**	–
ऽ	मंऽ	ग	ल	सुं	ऽ	द	र	ऽ	गाऽ	न	ति	हा	ऽ	रे	ऽ
–	**मप**	**नि**	**नि**	**नि**	**सां**	**रें**	**नि**	**सां**	–	–	**प**	**नि**	–	**म**	**प**
ऽ	आऽ	क	र	दो	ऽ	दी	ऽ	दा	ऽ	ऽ	ऽ	ऽ	ऽ	ऽ	र
–	**मप**	**नि**	**नि**	**नि**	**सां**	**रें**	**नि**	**सां**	–	–	–	–	–	–	**सां**
ऽ	आऽ	क	र	दो	ऽ	दी	ऽ	दा	ऽ	ऽ	ऽ	ऽ	ऽ	ऽ	र
–	**पप**	**नि**	**सां**	**रें**	–	**रें**	–	–	**सां–**	**रें**	**गं**	**नि**	–	**सां**	–
ऽ	नय	न	न	प्या	ऽ	से	ऽ	ऽ	प्याऽ	स	बु	झा	ऽ	वे	ऽ
–	**नि**	**नि**	**नि**	**नि**	–	**सां**	**रें**	**सां**	–	–	**प**	**नि**	–	**म**	**प**
ऽ	पा	व	न	रू	ऽ	प	ति	हा	ऽ	ऽ	ऽ	ऽ	ऽ	ऽ	र
–	**नि**	**नि**	**नि**	**नि**	–	**सां**	**रें**	**नि**	**ध**	**प**	**ध**	**मग**	**रे**	**ग**	**सा**
ऽ	पा	व	न	रू	ऽ	प	ति	हा	ऽ	र	झ	नऽ	न	झ	न

खयाल : राग हमीर – तीन ताल

ठाठ	कल्याण	वादी	धैवत – ध
आरोह	सा रे सा, ग म ध, नि ध, सां	संवादी	गांधार – ग
अवरोह	सां नि ध प, मं प ध प, ग म रे सा	जाति	षाडव–संपूर्ण 6/7
पकड़	सा, रे सा, ग म ध	समय	रात्री का प्रथम प्रहर

29. नयनवा कजरारे ।

स्थायी : नयनवा कजरारे छलकाए नीर ।

अंतरा : 1. मनवा काहे जिया कलपाए, पागल निश दिन मोहे तरपाए ।
आजा सजनवा थक गयो मनवा, न धरत बिलकुल धीर ।।

2. जियरा कैसो हम बहलायें, नैनन अँसुअन से भर आये ।
काहे सजनवा करत न बतिया, न सुनत बिरहन गीत ।।

स्थायी

	2				0				3				X			
नि	धनि	सांरें	सां	–	सां	नि	ध	प	मंध	मंप	ग	म	(नि)ध	–	ध	नि
न	यऽ	नऽ	वा	ऽ	क	ज	रा	रे	छऽ	लऽ	का	ए	नी	ऽ	र	न
	धनि	सांरें	सां	–												
	यऽ	नऽ	वा	ऽ												

अंतरा–1

0				3				X				2			
प	प	प	–	सां	–	सां	–	नि	ध	सां	सां	सां	रें	सां	–
म	न	वा	ऽ	का	ऽ	हे	ऽ	जि	या	क	ल	पा	ऽ	ए	ऽ
ध	–	ध	ध	सां	सां	सां	सां	सां	रें	सां	नि	ध	–	प	–
पा	ऽ	ग	ल	नि	श	दि	न	मो	हे	त	र	पा	ऽ	ए	ऽ
नि	सां	गं	गं	मं	रें	सां	–	ध	नि	सां	रें	सांरें	सांनि	ध	प
आ	ऽ	जा	स	ज	न	वा	ऽ	थ	क	ग	यो	मऽ	नऽ	वा	ऽ
सां	नि	ध	प	मंध	(मं)प	ग	म	(नि)ध	–	ध	नि	धनि	सांरें	सां	–
न	ध	र	त	बिऽ	ल	कु	ल	धी	ऽ	र	न	यऽ	नऽ	वा	ऽ

स्थायी तान : नयनवा कज़रा

1. सारे सासा धध पप । मंप धप गम रेसा
नयनवा कज़रा

2. गम धनि सांनि धप । मंप धप गम रेसा
नयनवा

3. धनि सांरें सांनि धप । मंप धनि सांनि धप । मंप धप गम रेसा

अंतरा तान : मनवा ऽ

4. सांनि धप मंप धनि । सांनि धप मंप धप
गम रेसा निध सां–

5. मनवा काहे जिया कलपाए ऽ
गम धनि सांरें सांनि । धप मंप गम धनि । सांनि धप मंप गम । धध पप गम रेसा

खयाल : राग बिहाग – तीन ताल			
ठाठ	बिलावल	वादी	गांधार – ग
आरोह	नि़ सा ग, म प, नि सां	संवादी	निषाद – नि
अवरोह	सां नि, ध प, मं प ग म ग, रे सा	जाति	औडव-संपूर्ण 5/7
पकड़	नि़ सा, ग म प, मं प ग म ग, रे सा	समय	रात्री का दूसरा प्रहर

30. नैनन में ।

स्थायी : नैनन में तुमरी मूरतिया, मन में डोले तव सूरतिया ।
सुमिरन में बीते दिन रतिया ।।

अंतरा : 1. कछु न शोरबा ना कटु बतिया, भवसागर हो अमृत पनिया ।।
2. स्नेह प्यार में गुजरें सदियाँ, गंगा जल सी बहती नदिया ।।

स्थायी

0				3				X				2			
सा	–	ग	म	प	–	नि	नि	सां	–	निध	नि	प	मं	गम	ग
नै	ऽ	न	न	में	ऽ	तु	म	री	ऽ	मूऽ	ऽ	र	ति	याऽ	ऽ
गम	प	ग	म	ग	रे	सा	–	नि़	प़	नि़	–	सा	सा	सा	–
मऽ	न	में	ऽ	डो	ऽ	ले	ऽ	त	व	सू	ऽ	र	ति	या	ऽ
सा	नि़	सा	म	ग	म	प	नि	प	मं	गप	म	ग	रे	सा	–
सु	मि	र	न	में	ऽ	बी	ऽ	ते	ऽ	दिऽ	न	र	ति	या	ऽ
सा	–	ग	म	प	–	नि	नि	सां	–	निध	नि	प	मं	गम	ग
नै	ऽ	न	न	में	ऽ	तु	म	री	ऽ	मूऽ	ऽ	र	ति	याऽ	ऽ

अंतरा–1

0				3				X				2			
म	ग	म	प	–	प	नि	–	सां	–	सां	सां	नि	रें	सां	–
क	छु	न	शो	ऽ	र	बा	ऽ	ना	ऽ	क	टु	ब	ति	या	ऽ
प	नि	सां	गं	गं	रें	सां	नि	प	मं	गप	म	ग	रे	सा	–
भ	व	सा	ऽ	ग	र	हो	ऽ	अ	म्	रि–	त	प	नि	या	ऽ
सा	–	ग	म	प	–	नि	नि	सां	–	निध	नि	प	मं	गम	ग
नै	ऽ	न	न	में	ऽ	तु	म	री	ऽ	मूऽ	ऽ	र	ति	याऽ	ऽ

स्थायी तान : नयनन में तुम

1. नि़सा गम पनि पनि । सांनि धप मग रेसा

नयनन में तुम

2. गम पनि सांगं रेंसां । निध पम गरे सा–

नयनन में तुम

3. गम पनि सांनि धप । मंप गम गरे सासा

अंतरा तान : कछु न शो

4. पमं गम ग– रेसा । निनि धप मंप गम । पमं गम गरे सा–

कछु न शो

5. मग रेसा नि़सा गम । पनि सांरें सांनि धप । गम पम गरे सा–

कछु न शोरबा ऽ

6. पनि सांगं मग रेंसां । निध पमं गम पनि । सांनि धप मंप गम ।
पमं गम गरे सा– । गम पनि सां– गम । पनि सां– गम पनि

तराना : राग बिहाग

तीन ताल , दृत लय

ना दिर् दिर् दानि ता तारे दीम् ।

स्थायी : ना दिर् दिर् दानि ता तारे दीम् तन नन नन
दीम् तन देरे ना, तदारे तदारे दानि
त दीम् तनन देरे, तूम् तन नन नन
ना दिर् दिर् दानि ता तारे दीम् तन नन नन

अंतरा : दीम् दीम् तूम् तूम् तन नन नन नन
तदारे तदारे दानि, तूँम् तन नन नन
ना दिर् दानि तूँ दिर् दानि, दीम् तन नन नन नन
धा तिर कित् तक् तून कित् तक्
धा – कत् धा तिर् कित् तक् तू
न कित् तक् धा – कत् धा तिर् कित् तक् तू न कित् तक् धा –

<u>स्थायी</u>

0				3				X				2			
सा	म	ग	म	प	प	नि	नि	सां	–	सां	नि	ध	नि	प	प
ना	दिर्	दिर्	दा	नि	त	ता	रे	दीम्	ऽ	त	न	न	न	न	न
प	–	ग	म	ग	रे	सा	सा	नि़	प़	नि़	नि़	सा	सा	सा	सा
दीम्	ऽ	त	न	दे	रे	ना	–	त	दा	रे	त	दा	रे	दा	नि
सा	नि़	सा	म	ग	म	प	नि	प	मं	ग	म	ग	रे	सा	सा
त	दीम्	ऽ	त	न	न	दे	रे	तू	म	त	न	न	न	न	न
सा	म	ग	म	प	प	नि	नि	सां	–	सां	नि	ध	नि	प	प
ना	दिर्	दिर्	दा	नि	त	ता	रे	दीम्	ऽ	त	न	न	न	न	न

अंतरा-1

0				3				X				2			
प	**–**	**सां**	**–**	**सां**	**–**	**सां**	**–**	**सां**	**सां**	**सां**	**सां**	**नि**	**रें**	**सां**	**सां**
दीम्	ऽ	दीम्	ऽ	तूम्	ऽ	तूम्	ऽ	त	न	न	न	न	न	न	न
सां	**गं**	**गं**	**मं**	**गं**	**रें**	**नि**	**सां**	**नि**	**प**	**नि**	**नि**	**सां**	**सां**	**सां**	**सां**
त	दा	रे	त	दा	रे	दा	नि	तूँ	म्	त	न	न	न	न	न
नि	**सां**	**गं**	**रें**	**सां**	**नि**	**ध**	**प**	**ग**	**म**	**प**	**म**	**ग**	**रे**	**सा**	**सा**
ना	दिर्	दा	नि	तू	दिर्	दा	नि	दीम्	ऽ	त	न	न	न	न	न

भजन : राग बिहाग

कहरवा ताल

31. लक्ष्मी वंदना ।

स्थायी : जय लक्ष्मी धनदायिनी जय हो, जन गण जीवन शुभ सुख कर हो ।
जय जननी वर दायिनी वर दो, सत् चित से मम तन मन भर दो ।

अंतरा : 1. कर कमलों में पद्म तिहारे, लाल कमल पर पद हैं तुम्हारे ।
2. केयूर कंठी मुंदरी माला, हार मुकुट नथ काजल काला ।
3. धन की राशी कर में तुम्हारे, भाग जगाती पल में हमारे ।
4. जय जय देवी जय जगदंबे, तेरी शरण में भगतन बंदे ।

स्थायी

X				0				X				0			
–	**गम**	**प**	**सां**	**नि**	**–**	**प**	**प**	**–**	**पमं**	**ग**	**म**	**ग**	**ग**	**रेसा**	**–**
ऽ	जय	ल	क्ष्	मीऽ	ऽ	ध	न	दा	ऽ	यि	नि	ज	य	हो	ऽ
–	**निप**	**नि**	**नि**	**सा**	**–**	**सा**	**सा**	**–**	**पमं**	**ग**	**म**	**ग**	**ग**	**रेसा**	**–**
ऽ	जन	ग	ण	जी	ऽ	व	न	ऽ	शुभ	सु	ख	क	र	हो	ऽ
–	**गम**	**प**	**सां**	**नि**	**–**	**प**	**प**	**–**	**पमं**	**ग**	**म**	**ग**	**ग**	**रेसा**	**–**
ऽ	जय	ज न		नीऽ	ऽ	व	र	ऽ	दाऽ	यि	नी	व	र	दो	ऽ
–	**निप**	**नि**	**नि**	**सा**	**–**	**सा**	**सा**	**–**	**पमं**	**ग**	**म**	**ग**	**ग**	**रेसा**	**–**
ऽ	सतु	चि	त	से	ऽ	म	म	ऽ	तन	म	न	भ	र	दो	ऽ
–	**गम**	**प**	**सां**	**नि**	**–**	**प**	**प**	**–**	**पमं**	**ग**	**म**	**ग**	**ग**	**रेसा**	**–**
ऽ	जय	ल	क्ष्	मीऽ	ऽ	ध	न	ऽ	दाऽ	यि	नि	ज	य	हो	ऽ

अंतरा-1

X				0				X				0			
–	गम	प	नि	सां	–	सां	–	–	सांसां	सां	सां	नि	रें	सां	–
ऽ	करक		म	लों	ऽ	में	ऽ	प	द्ऽ	म	ति	हा	ऽ	रे	ऽ
–	सां	–गं	मं	गं	रें	नि	सां	–	गम	प	म	ग	ग	रेसा	–
ऽ	ला	ऽल	क	म	ल	प	र	ऽ	पद	हैं	तु	म्हा	ऽ	रे	ऽ
–	गम	प	सां	नि	–	प	प	–	पमं	ग	म	ग	ग	रेसा	–
ऽ	जय	ल	क्ष्	मीऽ	ऽ	ध	न	दा	ऽ	यि	नि	ज	य	हो	ऽ

खयाल : राग बागेश्री – तीन ताल			
ठाठ	काफी	वादी	मध्यम – म
आरोह	नि सा ग म, ध नि सां	संवादी	षड्ज – सा
अवरोह	सां नि ध, म प ध ग, म ग रे सा	जाति	औडव-संपूर्ण 5/7
पकड़	सा, नि ध़ सा, म ध नि ध, म, ग रे, सा	समय	मध्य रात्री

32. रात सुहानी सुहाग की ।

स्थायी : रात सुहानी सुहागी । रे सजनवा! मधुर सुखारी ।।

अंतरा : 1. सुमन की सेज सजी, मोतियन माला । शोभिवंत झूला है, चंदन वाला ।।

2. रेशम की चदरिया, जरी बूटी बेला । सज धज आयी मैं, काजल काला ।।

स्थायी

	3				X				2				0			
ग	म	ध	–	ध	नि	–	ध	म	म	ग	म	ग	रे	–	सा	ग
रा	ऽ	त	ऽ	सु	हा	ऽ	नी	ऽ	सु	ऽ	ऽ	ऽ	हा	ऽ	नी	रा
	म	ध	–	ध	नि	–	ध	म	म	ग	म	ग	रे	–	सा	–
	ऽ	त	ऽ	सु	हा	ऽ	नी	ऽ	सु	हा	नी	सु	हा	ऽ	गी	ऽ
	ग	म	ध	नि	धनि	सां	–	–	–	मग	म	ग	रे	–	सा	ग
	रे	स	ज	न	वाऽ	ऽ	ऽ	ऽ	ऽ	मधु	र	सु	खा	ऽ	री	ऽ
	म	ध	–	ध	नि	–	ध	म	म	ग	म	ग	रे	–	सा	ग
	ऽ	त	ऽ	सु	हा	ऽ	नी	ऽ	सु	ऽ	ऽ	ऽ	हा	ऽ	नी	रा

अंतरा-1

2				0				3				X			
ग	म	ध	निध	सां	सां	सां	सां	ध	नि	सां	मं	गं	रें	सां	–
सु	म	न	कीऽ	से	ज	स	जी	मो	ति	य	न	मा	ऽ	ला	ऽ
ध	ध	पध	निध	म	ग	म	ग	रे	–	सा	–	म	ध	नि	सां
शो	भि	वंऽ	ऽत	झू	ऽ	ऽ	ऽ	ला	ऽ	है	ऽ	चं	ऽ	द	न
म	ग	म	ग	रे	–	सा	ग	म	ध	–	ध	नि	–	ध	म
वा	ऽ	ऽ	ऽ	ला	ऽ	ऽ	रा	ऽ	त	ऽ	सु	हा	ऽ	नी	ऽ

स्थायी तान : रात सुहानी

1. सानि धनि साग मध । निसां निध मग रेसा

रात सुहानी

2. गम धनि सांरें सांनि । धम गम गरे सा-

रात सुहानी

3. गम धनि सांरें गंरें । सांनि धम गरे सा-

अंतरा तान : सुमन की सेज सजी

4. मध निसां धनि सां- । धनि धम गरे सा-

सुमन की

5. सानि धनि साग मग । मध मध निध निसां । निध मग मग रेसा

सुमन की सेज सजी, मोतियन

6. मग मग रेसा निसा । मग मग रेसा गम । गम ध- मध मध ।
नि- धनि धनि सां- । मंगं मंगं रेंसां निसां । धनि सांध निसां धनि ।
सांनि धम गरे सा- । गम धनि सां- गम । धनि सां- गम धनि

भजन : राग बागेश्री

कहरवा ताल

33. पंचवटी के द्वारे ।

स्थायी : निश दिन संग में, नाथ हमारे! पीछे पीछे साथ तिहारे ।
पग पग चलूँ मैं, पंथ निहारे ।।

अंतरा : 1. राहों में काँटे हैं बिखरे, पशु बेशुमार डोरे डारे ।
धोखा पल छिन असुर जनन से, डगमग हैं अब भाग हमारे ।।

2. चल कर जोजन साँझ सकारे, अवध नगर को पीछे छोरे ।
आये पंचवटी के द्वारे, मनहर स्थान जो भान को हारे ।।

3. इस थल को आवास बनाएँ, वन तापोभूमि जाना जाए ।
रामायण की नींव सजाएँ, जन हित का इतिहास रचाएँ ।।

स्थायी

X				0				X				0			
सा	ग	म	ध	–	पध	सांनि	धप	ग	–	रे	रे	म	–	म	–
नि	श	दि	न	ऽ	संऽ	ऽऽ	गमें	ना	ऽ	थ	ह	मा	ऽ	रे	ऽ
–	मग	रे	सा	रे	–	रे	–	–	रेग	म	ध	प	–	म	–
ऽ	पीऽ	छे	ऽ	पी	ऽ	छे	ऽ	ऽ	साऽ	थ	ति	हा	ऽ	रे	ऽ
–	मध	ध	ध	ध	ध	नि	ध	सां	–	नि	ध	म	ग	रे	सा
ऽ	पग	प	ग	च	लूँ	मैं	ऽ	पं	ऽ	थ	नि	हा	ऽ	रे	ऽ
सा	ग	म	ध	–	पध	सांनि	धप	ग	–	रे	रे	म	–	म	–
नि	श	दि	न	ऽ	संऽ	ऽऽ	गमें	ना	ऽ	थ	ह	मा	ऽ	रे	ऽ

अंतरा–1

X				0				X				0			
–	म	ग	म	ध	–	नि	ध	सां	–	सां	–	रें	नि	सां	–
ऽ	रा	ऽ	हों	में	ऽ	काँ	ऽ	टे	ऽ	हैं	ऽ	बि	ख	रे	ऽ
–	निनि	सां	गं	रें	सां	सां	–	नि	–	सां	–	नि	–	ध	–
ऽ	पशु	बे	शु	मा	ऽ	र	ऽ	डो	ऽ	रे	ऽ	डा	ऽ	रे	ऽ
–	ध	–	ध	पध	नि	ध	ध	–	मग	म	ग	रे	रे	सा	–
ऽ	धो	ऽ	खा	पऽ	ल	छि	न	अ	सु	र	ज	न	न	से	ऽ
–	निसा	म	म	ध	–	नि	ध	सां	–	नि	ध	म	ग	रे	सा
ऽ	डग	म	ग	हैं	ऽ	अ	ब	भा	ऽ	ग	ह	मा	ऽ	रे	ऽ
सा	ग	म	ध	–	पध	सांनि	धप	ग	–	रे	रे	म	–	म	–
नि	श	दि	न	ऽ	संऽ	ऽऽ	गमें	ना	ऽ	थ	ह	मा	ऽ	रे	ऽ

खयाल : राग केदार – तीन ताल

ठाठ	कल्याण	वादी	मध्यम – म
आरोह	सा म, म प, ध प, नि ध सां	संवादी	षड्ज – सा
अवरोह	सां नि ध प, मं प ध प म, रे सा	जाति	औडव–षाडव 5/6
पकड़	सा म, म प, मं प ध प म, रे सा	समय	रात्री का प्रथम प्रहर

34. मुरली सुनत है राधा ।

स्थायी : **मुरली सुनत है श्याम की राधा, मोर पपीहा नाचत थैया ।**
नील गगन में चाँद है आधा ।।

अंतरा : 1. कोयल कुहू कुहू सुंदर बाँधा, सौरभ चंपक रजनी गंधा ।
वृंदावन में दंग है वसुधा ।।

2. हिंदोले पर झूलत झूला, मोहन गोपियन गोपी बाला ।
बंसी बजावत देवकी नंदा ।।

स्थायी

0				3				X				2			
सारे	सा	म	म	प	प	मंप	धप	सां	–	ध	प	मंप	धप	म	रेसा
मुऽ	र	ली	सु	न	त	है	ऽऽ	श्या	ऽ	म	की	राऽ	ऽऽ	धा	ऽऽ
सारे	–	म	ग	प	–	प	–	धनि	सां	ध	प	मंप	धप	म	–
मोऽ	ऽ	र	प	पी	ऽ	हा	ऽ	नाऽ	ऽ	च	त	थैऽ	ऽऽ	या	ऽ
सां	–	सां	सां	नि	ध	सां	रें	सां	–	ध	प	मंप	धप	म	रेसा
नी	ऽ	ल	ग	ग	न	में	ऽ	चाँ	ऽ	द	है	आऽ	ऽऽ	धा	ऽऽ
सारे	सा	म	म	प	प	मंप	धप	सां	–	ध	प	मंप	धप	म	रेसा
मुऽ	र	ली	सु	न	त	है	ऽऽ	श्या	ऽ	म	की	राऽ	ऽऽ	धा	ऽऽ

अंतरा–1

0				3				X				2			
प	–	प	प	सां	सां	सां	सां	सां	–	सां	सां	निसां	रें	सां	–
को	ऽ	य	ल	कु	हू	कु	हू	सुं	ऽ	द	र	बाँऽ	ऽ	धा	ऽ
सां	ध	ध	ध	सां	–	सां	सां	धनि	सां	ध	प	मंप	धप	म	–
सौ	ऽ	र	भ	चं	ऽ	प	क	रऽ	ज	नी	ऽ	गंऽ	ऽऽ	धा	ऽ
सां	–	सां	–	नि	ध	सां	रें	सां	–	ध	प	मंप	धप	म	रेसा
वृं	ऽ	दा	ऽ	व	न	में	ऽ	दं	ऽ	ग	है	वऽ	सुऽ	धा	ऽऽ
सारे	सा	म	म	प	प	मंप	धप	सां	–	ध	प	मंप	धप	म	रेसा
मुऽ	र	ली	सु	न	त	है	ऽऽ	श्या	ऽ	म	की	राऽ	ऽऽ	धा	ऽऽ

स्थायी तान : मुरली सुनत है ऽ

1. सासा मम रेरे पप । मंप धप मम रेसा
मुरली सुनत है ऽ

2. सासा मग पमं धप । मंप धप मम रेसा
मुरली सुनत है ऽ

3. मंप धध पप धनि । सांसां धप मम रेसा

अंतरा तान : कोयल कुहु कुहु

4. मंप धनि सांनि धप । मंप धप मम रेसा

कोयल कुहु कुहु सुंदर बाँधा ऽ

5. सासा मग पमं धप । निध सांनि रेंसां धप ।

मंप धनि सांनि धप । मंप धप मम रेसा

कोयल कुहु कुहु

6. सांनि धप मंप धनि । सांनि धप मम रेसा ।

सासा मम पप मंप । मंप धप निध सांनि ।

रेंसां मंमं रेंसां धप । मंप धप मम रेसा

भजन : राग केदार

कहरवा ताल

35. कानन ले चलो मोहे ।

स्थायी : कानन ले चलो साथ नाथ मोहे, मन में उदासी रे ।

साथ चलूँगी वन दंडक में, बन कर दासी रे ।।

अंतरा : 1. जंगल मंगल स्थान करेंगे, निर्जन भूमि स्वर्ग कहेंगे ।

प्रभु! मैं तुमरी जनम जनम की, हूँ सहवासी रे ।।

2. जहाँ पति है वहाँ सती हो, जहाँ राम है वहाँ सिया हो ।

तुम दीपक छाया मैं तुमरी, जुग चौरासी रे ।।

स्थायी

X				0				X				0			
–	सारे	सा	म	म	–	म	ग	प	–	प	प	–	ध	मं	प
ऽ	काऽ	न	न	ले	ऽ	च	लो	सा	ऽ	थ	ना	ऽ	थ	मो	हे
–	धसां	ध	प	प	–	मंप	धप	म	–	–	सा	रे	–	सा	–
ऽ	मन	में	उ	दा	ऽ	सीऽ	ऽऽ	रे	ऽ	ऽ	ऽ	ऽ	ऽ	ऽ	ऽ
–	सारे	सा	म	म	–	म	ग	प	प	प	–	प	ध	मं	प
ऽ	साऽ	थ	च	लूँ	ऽ	गी	ऽ	व	न	दं	ऽ	ड	क	में	ऽ
–	धसां	ध	प	प	–	मंप	धप	म	–	–	सा	रे	–	सा	–
ऽ	बन	क	र	दा	ऽ	सीऽ	ऽऽ	रे	ऽ	ऽ	ऽ	ऽ	ऽ	ऽ	ऽ
–	सारे	सा	म	म	–	म	ग	प	–	प	प	–	ध	मं	प
ऽ	काऽ	न	न	ले	ऽ	च	लो	सा	ऽ	थ	ना	ऽ	थ	मो	हे

अंतरा–1

X				0				X				0			
–	प	–प	प	सां	–	सां	सां	ध	नि	सां	रें	सां	नि	ध	प
ऽ	जं	ऽग	ल	मं	ऽ	ग	ल	स्था	ऽ	न	क	रें	ऽ	गे	ऽ
–	प–	प	प	सां	–	सां	–	ध	नि	सां	रें	सां	नि	ध	प
ऽ	निर्	ज	न	भू	ऽ	मि	ऽ	स्व	र्	ग	क	हें	ऽ	गे	ऽ
–	गंगं	गं	मं	रें	रें	सां	–	–	निनि	नि	सां	ध	ध	प	–
ऽ	प्रभु!	मैं	ऽ	तु	म	री	ऽ	ऽ	जन	म	ज	न	म	की	ऽ
–	प	प	प	प	–	मंप	धप	म	–	–	सा	रे	–	सा	–
ऽ	हूँ	स	ह	वा	ऽ	सीऽ	ऽऽ	रे	ऽ	ऽ	ऽ	ऽ	ऽ	ऽ	ऽ
–	सारे	सा	म	म	–	म	ग	प	–	प	प	–	ध	मं	प
ऽ	काऽ	न	न	ले	ऽ	च	लो	सा	ऽ	थ	ना	ऽ	थ	मो	हे

खयाल : राग अल्हैया बिलावल – तीन ताल

ठाठ	बिलावल	वादी	धैवत – ध
आरोह	सा, रे, ग रे ग प नि ध नि सां	संवादी	गांधार – ग
अवरोह	सां नि ध प, ध <u>नि</u> ध प, म ग म रे, सा	जाति	षाडव–संपूर्ण 6/7
पकड़	ग रे, ग प, म ग म रे, ग प ध नि सां	समय	प्रातः काल

36. साफ कहो तुम ।

स्थायी : साफ कहो तुम दिल में क्या है,
हँस कर बात बताओ हमको ।।

अंतरा : 1. सच्चे बोल सुखावे रब को, मिल जुल कर सुख आवे सबको ।।
2. प्यारे शब्द सुहावे मन को, तन से दूर भगावे गम को ।।

स्थायी

0				3				X				2			
धनि	सांरें	सांनि	ध	<u>नि</u>ध	प	म	ग	ग	प	नि	–	सां	–	सां	–
साऽ	ऽऽ	ऽफ	क	होऽ	ऽ	तु	म	दि	ल	में	ऽ	क्या	ऽ	है	ऽ
ग	ग	मग	रे	ग	प	नि	नि	सां	–	रें	सां	ध	<u>नि</u>	ध	प
हँ	स	क	र	बा	ऽ	त	ब	ता	ऽ	ओ	ऽ	ह	म	को	ऽ
धनि	सांरें	सांनि	ध	<u>नि</u>ध	प	म	ग	ग	प	नि	–	सां	–	सां	–
साऽ	ऽऽ	ऽफ	क	होऽ	ऽ	तु	म	दि	ल	में	ऽ	क्या	ऽ	है	ऽ

अंतरा–1

0				3				X				2			
ग	–	प	–	प	–	नि	ध	सां	–	सां	–	सां	रें	सां	–
स	ऽ	च्चे	ऽ	बो	ऽ	ल	सु	खा	ऽ	वे	ऽ	र	ब	को	ऽ
सां	सां	गं	मं	रें	रें	सां	सां	धनि	सांरें	सांनि	सां	ध	नि	ध	प
मि	ल	जु	ल	क	र	सु	ख	आऽ	ऽऽ	वेऽ	ऽ	स	ब	को	ऽ
धनि	सांरें	सांनि	ध	निध	प	म	ग	ग	प	नि	–	सां	–	सां	–
साऽ	ऽऽ	ऽफ	क	होऽ	ऽ	तु	म	दि	ल	में	ऽ	क्या	ऽ	है	ऽ

स्थायी तान : साफ कहो तुम

1. सारे गरे गप धनि । सांनि धप मग रेसा

साफ कहो तुम

2. गप धनि सांनि धनि । धप मग मरे सा–

साफ क

3. गरे गप धनि सांरें । गंरें सांनि धप धनि । धप मग मरे सा–

अंतरा तान : सच्चे बोल सुखावे रब को ऽ

4. गंरें सांनि धप धनि । धप मग मरे सा– ।
गप धनि सां– गप । धनि सां– गप धनि

सच्चे बोल सुखावे रब को ऽ

5. गप धनि सांरें सांनि । धनि धप मग मरे । धनि सां,ध निसां, निसां ।
धनि धप मग मरे । सांनि धप मग मरे । गप धनि सां– सां– ।
गप धनि सां– सां– । गप धनि सां– सां–

खयाल : राग मारवा – तीन ताल			
ठाठ	मारवा	वादी	ऋषभ – रे॒
आरोह	नि़ रे॒, ग मं ध, नि रें॒, सां	संवादी	धैवत – ध
अवरोह	रें॒, नि ध, मं ग रे॒, सा	जाति	षाड़व षाड़व 6/6
पकड़	नि़ रे॒ ग मं ध मं ग रे॒, ग मं ग, रे॒ सा	समय	दिन का अंतिम प्रहर

37. रघुपति राघव ।

स्थायी : रघुपति राघव राम दुलारे, सदा दुखों को हरना हमारे ।
बिनति करत हम भगतन, सारे ।।

अंतरा : 1. हाथ जोड़ के शरण में तेरी, तन मन अर्पण चरण में लीजो ।
सुफल सुभग शुभ गान तिहारे ।।

2. प्रिय जानकी पास सदा ही, पवन तनय प्रभु दास तुम्हारे ।
सपनन में प्रभु आओ हमारे ।।

स्थायी

0				3				X				2			
नि़	रे॒	ग	म॑	ध	म॑	ध	ध	सां	–	निरें॒	निध	ध	म॑	म॑	ग
र	घु	प	ति	रा	ऽ	घ	व	रा	ऽ	मऽ	दु	ला	ऽ	रे	ऽ
म॑	ग –		म॑ग	रे॒	–	सा	–	ध	नि	ध	म॑	ग	रे॒	सा	–
स	दा	ऽ	दुऽ	खों	ऽ	को	ऽ	ह	र	ना	ह	मा	ऽ	रे	ऽ
नि़	रे॒	ग	ग	म॑	म॑	ध	ध	नि	नि	ध	म॑	गरे॒	ग	रे॒	सा
बि	न	ति	क	र	त	ह	म	भ	ग	त	न	साऽ	ऽ	रे	ऽ
नि़	रे॒	ग	म॑	ध	म॑	ध	ध	सां	–	निरें॒	निध	ध	म॑	म॑	ग
र	घु	प	ति	रा	ऽ	घ	व	रा	ऽ	मऽ	दु	ला	ऽ	रे	ऽ

अंतरा–1

0				3				X				2			
म॑	ग	म॑	ध	सां	सां	सां	–	सां	सां	सां	सां	रें॒	–	सां	–
हा	ऽ	थ	जो	ऽ	ड़	के	ऽ	श	र	ण	में	ते	ऽ	री	ऽ
नि	रें॒	गं	रें॒	मं॑	गं	रें॒	सां	सां	रें॒	नि	ध	म॑	ग	रे॒	सा
त	न	म	न	अ	र्	प	ण	च	र	ण	में	ली	ऽ	जो	ऽ
नि़	रे॒	ग	ग	म॑	म॑	ध	ध	नि	–	ध	म॑	गरे॒	ग	रे॒	सा
सु	फ	ल	सु	भ	ग	शु	भ	गा	ऽ	न	ति	हा	ऽ	रे	ऽ
नि़	रे॒	ग	म॑	ध	म॑	ध	ध	सां	–	निरें॒	निध	ध	म॑	म॑	ग
र	घु	प	ति	रा	ऽ	घ	व	रा	ऽ	मऽ	दु	ला	ऽ	रे	ऽ

स्थायी तान : रघुपति राघव

1. नि़रे॒ गम॑ धनि धम॑ । गम॑ धम॑ गरे॒ सा–

रघुपति राघव

2. गम॑ धनि म॑ध निरें॒ । निध म॑ध म॑ग रे॒सा

रघुपति

3. नि़रे॒ गम॑ धध म॑ध । निसां निध म॑ग म॑ध । निध म॑ग रे॒ग रे॒सा

अंतरा तान : हाथ जोड़ के शरण में तेरी ऽ

4. धध म॑ध म॑ग रे॒सा । निनि धनि धम॑ गरे॒
सा– नि़रे॒ गम॑ धध । म॑ध निध म॑ग रे॒सा

हाथ जोड़ के शरण में

5. नि़रे॒ गग रे॒ग म॑म॑ । गम॑ धध म॑ध निनि । धनि रें॒ रें॒ निरें॒ गंगं
गंगं रें॒सां रें॒ रें॒ सांनि । सांसां निध निनि धम॑ । धध म॑ग म॑म॑ गरे॒
गग रे॒सा नि़रे॒ गम॑ । धनि धम॑ गम॑ धम॑ । गरे॒ गम॑ गरे॒ सा–

खयाल : राग दुर्गा – तीन ताल			
ठाठ	बिलावल	वादी	मध्यम – म
आरोह	सा रे म प ध सां	संवादी	षड्ज – सा
अवरोह	सां ध प म रे सा	जाति	औडव–औडव 5/5
पकड़	प, म प, ध म रे – प, प ध, म रे ध़ सा	समय	रात का दूसरा प्रहर

38. ढूँढत पागल नैन ।

स्थायी : ढूँढत पागल नैन हमारे, मंदिर मंदिर इत उत तोहे । आन बसो मन मोरे ।।

अंतरा : 1. शिव ओम् शंकर सांब सदाशिव, हर गंगाधर प्यारे !
दिन में निश में कबहुँ बोलो, होंगे दरसन तोरे ।।

स्थायी

0				3				X				2			
सां	–	ध	प	म	–	रे	सा	रे	प	प	म	पध	पम	रे	सा
ढूँ	ऽ	ढ	त	पा	ऽ	ग	ल	नै	ऽ	न	ह	माऽ	ऽऽ	रे	ऽ
म	–	प	मरे	ध़	सा	सा	सा	रे	म	प	ध	पध	सां	प	ध
मं	ऽ	दि	र	मं	ऽ	दि	र	इ	त	उ	त	तोऽ	ऽ	हे	ऽ
रें	–	सां	ध	सां	–	ध	प	मप	धसां	धप	मप	धप	म	रे	सा
आ	ऽ	न	ब	सो	ऽ	म	न	मोऽ	ऽऽ	ऽऽ	ऽऽ	ऽऽ	ऽ	ऽ	रे
सां	–	ध	प	म	–	रे	सा	रे	प	प	म	पध	पम	रे	सा
ढूँ	ऽ	ढ	त	पा	ऽ	ग	ल	नै	ऽ	ना	ह	माऽ	ऽऽ	रे	ऽ

अंतरा–1

0				3				X				2			
म	म	प	ध	सां	–	सां	सां	ध	–	सां	रें	रें	–	रें	रें
शि	व	ओ	म्	शं	ऽ	क	र	सां	ऽ	ब	स	दा	ऽ	शि	व
सां	ध	सां	–	रें	–	रें	रें	सांरें	मं	रें	सां	धसां	धप	म	–
ह	र	गं	ऽ	गा	ऽ	ध	र	प्याऽ	ऽऽ	ऽऽ	ऽऽ	रेऽ	ऽऽ	ऽ	ऽ
रे	म	प	–	ध	सां	धसां	रेंसां	ध	ध	म	–	म	प	मप	ध
दि	न	में	ऽ	नि	श	मेंऽ	ऽऽ	क	ब	हुँ	ऽ	बोऽ	ऽ	लोऽ	ऽ
रें	–	सां	ध	सां	सां	ध	प	मप	धसां	धप	मप	धप	म	रे	सा
हों	ऽ	गे	ऽ	द	र	स	न	तोऽ	ऽऽ	ऽऽ	ऽऽ	ऽऽ	ऽ	रे	ऽ
सां	–	ध	प	म	–	रे	सा	रे	प	प	म	पध	पम	रे	सा
ढूँ	ऽ	ढ	त	पा	ऽ	ग	ल	नै	ऽ	ना	ह	माऽ	ऽऽ	रे	ऽ

स्थायी तान : ढूँढत पागल

1. रेम रेसा धसां धप । मप धप मम रेसा
ढूँढत पागल

2. धप मप धसां धप । मप धप मम रेसा
ढूँढत पागल

3. मम रेसा धप मप । धसां धप मम रेसा

अंतरा तान : शिव ओम्

4. सारे मम रेसा ध़सा । सारे मप धसां धप । मप धप मम रेसा
शिव ओम्

5. सांसां धसां धप मप । धसां रेंसां धसां धप । मप धप मम रेसा
शिव ओम् शंश्र सांब सदाशिव

6. रेम पध पम रेम । पध पम रेरे सा- ।
सांसां धसां रेंमं रेंसां । धसां धप मम रेसा

खयाल : राग तिलंग – तीन ताल

ठाठ	खमाज	वादी	गांधार – ग
आरोह	सा ग म प नि सां	संवादी	निषाद – नि
अवरोह	सां <u>नि</u> प म ग सा	जाति	औडव–औडव 5/5
पकड़	<u>नि</u>, प, ग म ग, सा	समय	रात्री का दूसरा प्रहर

39. सैंया मोहे संग ले चलो दैया ।

स्थायी : सैंया मोहे संग ले चलो दैया, अकेली छोड़ नहीं जैंया ।।

अंतरा : 1. विष का प्याला पीके मरूँगी, पडूँगी तोहरे पैंया ।।

2. तन मन सब बलिहारी जाऊँ, सुनो रे राम रमैया ।।

स्थायी

X				2				0				3			
सां	–	प	सां	<u>नि</u>	प	ग	म	ग	–	–	सा	ग	म	प<u>नि</u>	मप
सैं	ऽ	या	मो	हे	ऽ	सं	ग	ले	ऽ	ऽ	च	लो	दै	याऽ	ऽऽ
सा	सा	ग	म	प	प	नि	सां	पनि	सांगं	सांगं	सां<u>नि</u>	प<u>नि</u>	पम	गम	ग–
अ	के	ली	छो	ऽ	ड़	न	हीं	जैंऽ	ऽऽ	ऽऽ	ऽऽ	याऽ	ऽऽ	ऽऽ	ऽऽ
सां	–	प	सां	<u>नि</u>	प	ग	म	ग	–	–	सा	ग	म	प<u>नि</u>	मप
सैं	ऽ	या	मो	हे	ऽ	सं	ग	ले	ऽ	ऽ	च	लो	दै	याऽ	ऽऽ

अंतरा–1

X				2				0				3			
ग	म	प	नि	सां	–	सां	–	प	नि	सां	गं	सांरें	निसां	नि	प
वि	ष	का	ऽ	प्या	ऽ	ला	ऽ	पी	ऽ	के	म	रूँ	ऽ	गी	ऽ
सा	सा	ग	म	प	प	नि	सां	पनि	सांगं	सांगं	सांनि	पनि	पम	गम	ग–
प	डूँ	ऽ	गी	तो	ह	रे	ऽ	पैंऽ	ऽऽ	ऽऽ	ऽऽ	याऽ	ऽऽ	ऽऽ	ऽऽ
सां	–	प	सां	नि	प	ग	म	ग	–	–	सा	ग	म	पनि	मप
सैं	ऽ	या	मो	हे	ऽ	सं	ग	ले	ऽ	ऽ	च	लो	दै	याऽ	ऽऽ

स्थायी तान : सैंया मोहे संग

1. गम पनि पनि पम । गम पम गम गसा
   सैंया मोहे संग
2. सांनि पम गम पनि । सांनि पम गम गसा
   सैंया मो
3. साग मप गम पग । मप निसां पनि सांगं । सांनि पम गम गसा

अंतरा तान : विष का प्याला ऽ

4. साग मम गम पप । मप निनि पनि सांसां
   विष का प्याला पीके मरूँगी ऽ
5. पम गम ग– सा– । सांनि पम गम गसा । गम पम पनि सांगं । सांनि पम गम गसा
   विष का ऽ
6. सांनि पम गम गसा । गंगं सांसां निनि पम ।
   पनि सांनि पम गम । पनि पम गम गसा ।
   सांनि पम गम गसा । गम पनि सां– गम । पनि सां– गम पनि

भजन : राग तिलंग

कहरवा ताल

40. भज सांब शिवम् ।

स्थायी : मन भजले सांब शिवम्, मनवा मंगल गान तू गा रे ।
वंदे शिवं सुंदरम् ।।

अंतरा : 1. गा कर प्यारा नाम शिवा का, करले तरास तू कम ।
साँस साँस में गौरीनाथ को, निश दिन अरु हर दम ।।

2. पा कर न्यारा प्यार शिवा का, हरले दरद सितम ।
बार बार नित वंदना करो, भोले नाथ शुभम् ।।

स्थायी

0				X				0				X			
–	गम	प	नि	सां	–	नि	प	–	निप	म	ग	म	–	–	–
ऽ	मन	भ	ज	ले	ऽ	ऽ	ऽ	ऽ	सांऽ	ब	शि	वं	ऽ	ऽ	ऽ
–	गम	म	सा	ग	–	म	प	–	पसां	नि	प	म	–	ग	–
ऽ	मन	वा	ऽ	मं	ऽ	ग	ल	ऽ	गाऽ	न	तू	गा	ऽ	रे	ऽ
–	सां	–सां	सां	नि	प	–म	म	प	–	–	–	म	प	म	ग
ऽ	वं	ऽदे	शि	वं	ऽ	ऽसुं	द	रं	ऽ	ऽ	ऽ	ऽ	ऽ	ऽ	ऽ
–	गम	प	नि	सां	–	नि	प	–	निप	म	ग	म	–	–	–
ऽ	मन	भ	ज	ले	ऽ	ऽ	ऽ	ऽ	सांऽ	ब	शि	वं	ऽ	ऽ	ऽ

अंतरा–1

0				X				0				X			
–	मप	नि	नि	सां	–	सां	–	–	नि	–सां	सां	नि	सां	नि	प
ऽ	गाऽ	क	र	प्या	ऽ	रा	ऽ	ऽ	ना	ऽम	शि	वा	ऽ	का	ऽ
–	निनि	नि	नि	नि	–	सां	गं	सां	–	नि	–	प	–	म	ग
ऽ	कर	ले	त	रा	ऽ	स	तू	कम	ऽ	ऽ	ऽ	ऽ	ऽ	ऽ	ऽ
–	गम	प	नि	सां	सां	सां	–	–	निसां	गं	सां	नि	सां	नि	प
ऽ	साँऽ	स	साँ	ऽ	स	में	ऽ	ऽ	गौऽ	री	ना	ऽ	थ	को	ऽ
–	सांसां	सां	सां	नि	प	म	म	प	–	–	–	म	प	म	ग
ऽ	निश	दि	न	अ	रु	ह	र	दम	ऽ	ऽ	ऽ	ऽ	ऽ	ऽ	ऽ

खयाल : राग जौनपुरी – तीन ताल

ठाठ	आसावरी	वादी	धैवत – ध
आरोह	सा रे म प, ध, नि सां	संवादी	गांधार – ग
अवरोह	सां नि ध प, म ग, रे सा	जाति	षड्ज–संपूर्ण 6/7
पकड़	म प, नि ध प, ध म प ग, रे म प	समय	दिन का दूसरा प्रहर

41. मन रिझावे ।

स्थायी : मन रिझावे सुनहरा हिरन रंग । बगिया में मोरी क्रीडत कूदत ।
मृग लसित, करत मोरा मनवा दंग ।।

अंतरा : 1. ठुमकत फुदकत नाच नचावे, मृदु छाला मोरा चित्त लुभावे ।
चंचल नैनन मन भरमाये, ताहि चाह करत मोहे तंग ।।

2. मृग की माया सिय नहीं जानी, मारिची को वो मृग मानी ।
दृष्टि सिय की भयी दीवानी, तिन ललचावत कंज अंग ।।

स्थायी

		0				3				X				2			
प	म	प	सां	ध	प	ग	रे	सा	रे	रे	म	म	प	–	प	प	म
म	न	रि	झा	वे	सु	न	ह	रा	ऽ	हि	र	न	रं	ऽ	ग	म	न
		प	सां	ध	प	ग	रे	सा	रे	रे	म	म	प	–	प	प	ध
		रि	झा	वे	सु	न	ह	रा	ऽ	हि	र	न	रं	ऽ	ग	ब	गि
		सां	–	सां	निसां	रें	सां	ध	प	ग	ग	रे	म	ग	रे	सा	सा
		या	ऽ	में	मोऽ	ऽ	री	क्री	ऽ	ड	त	कू	ऽ	द	त	मृ	ग
		सा	रे	म	म	प	प	प	ध	नि	सां	रें	गं	सां	ध	प	म
		ल	सि	त	क	र	त	मो	रा	म	न	वा	दं	ऽ	ग	म	न

अंतरा–1

0				3				X				2			
म	म	प	प	ध	ध	नि	नि	सां	–	सां	सां	रें	नि	सां	–
ठु	म	क	त	फु	द	क	त	ना	ऽ	च	न	चा	ऽ	वे	ऽ
प	प	प	ध	सां	–	सां	रें	सांरें	गं	रें	सां	नि	सां	ध	प
मृ	दु	छा	ऽ	ला	ऽ	मो	रा	चिऽ	ऽ	त्त	लु	भा	ऽ	वे	ऽ
सां	–	सां	सां	ध	–	म	प	ग	ग	रे	म	ग	रे	सा	–
चं	ऽ	च	ल	नै	ऽ	न	न	म	न	भ	र	मा	ऽ	ये	ऽ
सा	रे	म	–	प	प	प	ध	नि	सां	रें	गं	सां	ध	प	म
ता	हि	चा	ऽ	ह	क	र	त	मो	ऽ	हे	तं	ऽ	ग	म	न

स्थायी तान : मन रिझावे सुनह

1. पध पम पध निसां । निध पम गरे सासा
मन रिझावे सुनह
2. निध पम पध निसां। निध पम गरे सासा
मन रिझावे सुनह
3. मग रेसा रेम पनि । सांनि धप मग रेसा

अंतरा तान : ठुमकत फुदकत

4. सारे मप धनि सांरें । सांनि धप मग रेसा
ठुमकत फुदकत
5. पध निसां रेंगं रेंसां । निध पम गरे सासा
ठुमकत फुदकत नाच नचावे ऽ
6. सारे गरे सारे मप । धप मप धनि सांरें ।
सांनि धप धनि सांरें । सांनि धप मग रेसा

तराना : राग जौनपुरी

तीन ताल

स्थायी : दिर् दिर् तन नन तन, तूम् तन नन नन
नितां न देरे ना तदा रे दानि
तूम् तनन नन, दीम् तनन नन
तदारे तदारे दानि, तदारे तदारे दानि ।।

अंतरा : ओदे तन ओदे तन, दीम् तन नन नन
तदीम तनन नन, तूम् तन नन नन
ना दिर् दानि तूँ दिर् दानि, तदारे तदारे दानि ।।

स्थायी

0				3				X				2			
सा	सा	रे	रे	म	म	प	प	नि	ध	ध	प	प	प	प	प
दिर्	दिर्	त	न	न	न	त	न	तो	म्	त	न	न	न	न	न
प	सां	–	सां	सां	नि	ध	प	ग	रे	–	म	ग	रे	सा	–
नि	ता	ऽ	न	दे	रे	ना	ऽ	त	दा	ऽ	रे	दा	ऽ	नि	ऽ
सा	सां	–	सां	सां	सां	सां	सां	नि	सां	नि	रें	सां	नि	ध	प
तू	म्	ऽ	त	न	न	न	न	दी	ऽ	म्	ता	न	न	न	न
प	सां	नि	सां	प	ध	म	प	ग	ग	रे	म	ग	रे	सा	सा
ना	दिर	दा	नि	तू	दिर	दा	नि	त	दा	रे	ता	दा	रे	दा	नि
सा	सा	रे	रे	म	म	प	प	नि	ध	ध	प	प	प	प	प
दिर्	दिर्	त	न	न	न	त	न	तू	म्	त	न	न	न	न	न

अंतरा–1

0				3				X				2			
म	म	प	प	ध	ध	नि	नि	सां	सां	सां	सां	रें	नि	सां	सां
दिर्	दिर्	त	न	दिर्	दिर्	त	न	तू	म्	त	न	न	न	न	न
नि	नि	–	नि	सां	सां	सां	रें	सां	गं	रें	सां	नि	सां	ध	प
ता	दीम	ऽ	त	न	न	न	न	तो	म्	त	न	न	न	न	न
प	सां	नि	सां	प	ध	म	प	ग	ग	रे	म	ग	रे	सा	सा
ना	दिर्	दा	नि	तूँ	दिर्	दा	नि	त	दा	रे	त	दा	रे	दा	नि
सा	सा	रे	रे	म	म	प	प	नि	ध	ध	प	प	प	प	प
दिर्	दिर्	त	न	न	न	त	न	तो	म्	त	न	न	न	न	न

खयाल : राग बहार – एक ताल			
ठाठ	काफी	वादी	मध्यम – म
आरोह	सा म, म प ग म, ध नि सां	संवादी	षड्ज – सा
अवरोह	सां, नि प म प, ग म, रे सा	जाति	षाडव–षडव 6/6
पकड़	सा म, म प ग म, नि ध नि सां	समय	मध्य रात्री

42. ऋतु बसंत ।

स्थायी : **बिंदु बिंदु अंबु झरत, ऋतु बसंत आयी ।**
शीतल पवन पुरवाई, मन में उमँग है लायी ।।

अंतरा : **रंग रंग मंजरियाँ, फूल फूल चंचरीक । पपैया की मधुर तान, मोरे मन भायी ।।**

स्थायी

X		0		2		0		3		4	
नि	**सां**	**रें**	**सां**	**नि**	**सां**	**निध**	**नि**	**प**	**प**	**प**	**प**
बिं	ऽ	दु	बिं	ऽ	दु	अंऽ	ऽ	बु	झ	र	त
म	**प**	**निप**	**ग**	**–**	**म**	**म**	**नि**	**ध**	**नि**	**–**	**सां**
ऋ	तु	बऽ	सं	ऽ	त	आ	ऽ	ऽ	यी	ऽ	ऽ
निध	**नि**	**प**	**प**	**म**	**प**	**ग**	**ग**	**म**	**रे**	**–**	**सा**
शीऽ	ऽ	त	ल	प	व	न	पु	र	वा	ऽ	ई
सा	**म**	**म**	**प**	**ग**	**म**	**नि**	**ध**	**नि**	**–**	**सां**	**–**
म	न	में	उ	मँ	ऽ	ग	है	ला	ऽ	यी	ऽ

अंतरा–1

X		0		2		0		3		4	
म	**ग**	**म**	**नि**	**ध**	**नि**	**सां**	**–**	**सां**	**नि**	**सां**	**–**
रं	ऽ	ग	रं	ऽ	ग	मं	ऽ	ज	रि	याँ	ऽ
नि	**–**	**नि**	**नि**	**सां**	**सां**	**नि**	**सां**	**रें**	**(सां)नि**	**ध**	**ध**
फू	ऽ	ल	फू	ऽ	ल	चं	ऽ	च	री	ऽ	क
सां	**मंगं**	**मं**	**रें**	**गं**	**रें**	**नि**	**सां**	**रें**	**(सां)नि**	**ध**	**ध**
प	पैऽ	ऽ	या	ऽ	की	म	धु	र	ता	ऽ	न
धनि	**सां–**	**निसां**	**धनि**	**सां–**	**निप**	**मप**	**नि–**	**पम**	**गम**	**रेसा**	**ऩिसा**
मोऽ	ऽऽ	ऽऽ	रेऽ	ऽऽ	ऽऽ	मऽ	ऽऽ	नऽ	भाऽ	ऽऽ	यीऽ

बढ़हत : बिंदु बिंदु अंबु झरत, ऋतु बसंत आयी ।

1. सांरें सांसां नि – ध – नि – – सां,
आऽ ऽऽ ऽ ऽ ऽ ऽ यी ऽ ऽ ऽ,
ग – म – नि – ध – नि – – सां,
आ ऽ ऽ ऽ ऽ ऽ ऽ ऽ यी ऽ ऽ ऽ,
नि प प नि म प – ग – – म म,
ऋ तु ब ऽ सं ऽ ऽ ऽ ऽ ऽ ऽ ऽ त,
सा म – – प ग – म – म,
ब सं ऽ ऽ ऽ ऽ ऽ ऽ ऽ त,
म नि – ध – नि – – सां
आ ऽ ऽ ऽ ऽ यी ऽ ऽ ऽ
बिंदु बिंदु अंबु झरत, ऋतु बसंत आयी ।

2. सांरें निसां नि – ध नि – – सां,
आऽ ऽऽ ऽ ऽ ऽ ऽ ऽ ऽ यी,
धनि सांरें – रेंगं रेंगं रेंसां नि सां,
आऽ ऽऽ ऽ ऽऽ ऽऽ ऽऽ ऽ ऽ,
सांरें निसां नि – ध – नि – सां,
ऽऽ ऽऽ ऽ ऽ ऽ ऽ यी ऽ ऽ,
ध – नि – सां – ^मं^गं – ^मं^गं – मं रें सां,
आ ऽ ऽ ऽ ऽ ऽ ऽ ऽ ऽ ऽ ऽ ऽ ऽ,
सांरें निसां नि ध – नि – सां
ऽऽ ऽऽ ऽ ऽ ऽ यी ऽ ऽ

स्थायी तान : बिंदु बिंदु

1. निध निसां । निप मप । गम रेसा
बिंदु बिंदु
2. निसां रेंसां । निप मप । गम रेसा
बिंदु बिंदु
3. सासा मम । पम गम । निध निसां

अंतरा तान : रंग रंग

4. धनि सांध । निसां धनि। सांरें सांसां । गंमं रेंसां । निसां गंमं । रेंसां निसां ।
निध निसां । निप मप । गम रेसा
रंग रंग मं जरियाँ ऽ
5. धनि सांरें । सांसां धनि । सांसां निप । मप निनि । पम गम । रेसा ऩिसा ।

सासा मम । पम गुम । निध निसां । गुंमं रेंसां । निसां गुम । रेसा निसा

भजन : राग बहार

कहरवा ताल

43. हरि दर्शन ।

स्थायी : मोहे हरि दरशन की आस लगी, मोहे चातक जैसी प्यास लगी ।।

अंतरा : 1. राम चंद्र मोहे दरस दिलादो, किरपा का मोहे पयस पिलादो ।
राघव जी मोसे नैन मिलादो, पल भर ही सही, कोई बात नहीं ।।

2. नंद लाल हरि राह दिखादो, जीवन की मोहे चाह दिलादो ।
माधव मोहे चैन दिलादो, छन भर ही सही, कोई बात नहीं ।।

3. नाम मनोहर मन में बसादो, प्रीय सखे मोरा काज करादो ।
बाँसुरी की मोहे बैन सुनादो, एक सुर ही सही, कोई बात नहीं ।।

स्थायी

		X				0				X				0			
नि	सां	–	सांसां	नि	प	म	प	ग	म	म	नि	ध	नि	सां	–	नि	सां
मो	हे	ऽ	हरि	द	र	श	न	की	ऽ	आ	ऽ	स	ल	गी	ऽ	ऽ	ऽ
		–	सांरें	सां	रें	नि	सां	नि	प	ग	–	ग	म	रे	सा	नि	सां
		ऽ	चाऽ	त	क	जै	ऽ	सी	ऽ	प्या	ऽ	स	ल	गी	ऽ	मो	हे

अंतरा–1

X				0				X				0			
–	प	–प	प	म	प	ग	म	म	नि	ध	नि	सां	–	सां	–
ऽ	रा	–म	चं	ऽ	द्र	मो	हे	द	र	स	दि	ला	ऽ	दो	ऽ
–	नि	–नि	नि	सां	–	सां	–	नि	सां	रें	सां	नि	सां	नि	प
ऽ	किर	–पा	का	मो	ऽ	हे	ऽ	प	य	स	पि	ला	ऽ	दो	ऽ
–	गं	–गं	मं	रें	–	सां	सां	नि	–	ध	ध	नि	–	सां	–
ऽ	रा	–घ	व	जी	ऽ	मो	से	नै	ऽ	न	मि	ला	ऽ	दो	ऽ
–	सांसां	नि	प	म	प	ग	मम	म	नि	ध	नि	सां	–	नि	सां
ऽ	पल	भ	र	ही	स	ही	कोई	बा	ऽ	त	न	हीं	ऽ	मो	हे

खयाल : राग भिन्न षड्ज – तीन ताल			
ठाठ	बिलावल	वादी	मध्यम – म
आरोह	सा ग म ध नि सां	संवादी	षड्ज – सा
अवरोह	सां नि ध म ग सा	जाति	औडव-औडव 5/5
पकड़	ग म ध म ग सा, ऩि सा ध़ ऩि सा म, ग म ग सा	समय	रात्री का दूसरा प्रहर

44. दमक दिखावे दामनिया

स्थायी : दमक दिखावे दामनिया ।
सरसर बादरिया जल बरसत, कड़ कड़ कड़कत बिजुरिया ।।

अंतरा : 1. मोरनिया नाचे, मोर पपिहा । ठुमकत थिरकत नाचत थैया ।।
2. ठंढी फुहार दे गुदगुदिया । मन मोरा प्रणय के गीत रचैया ।।

स्थायी

	3				x				2				0			
सां	नि	ध	ग	म	ग	–	सा	–	ऩि	सा	ध़	ऩि	साग	मध	निसां	सां
द	म	क	ऽ	दि	खा	ऽ	वे	ऽ	दा	ऽ	म	नि	याऽ	ऽऽ	ऽऽ	द
	नि	ध	ग	म	ग	–	सा	–	ऩि	सा	ध़	ऩि	साग	मध	निसां	नि
	म	क	ऽ	दि	खा	ऽ	वे	ऽ	दा	ऽ	म	नि	याऽ	ऽऽ	ऽऽ	स
	सां	गं	सां	सां	नि	ध	ध	ध	म	–	ग	म	ग	ग	सा	सा
	र	स	ऽ	र	बा	ऽ	द	रि	या	ऽ	ज	ल	ब	र	स	त
	ऩि	सा	ध़	ऩि	सा	ग	म	ध	ग	म	ध	नि	साग	मध	निसां	सां
	क	ड़	क	ड़	क	ड़	क	त	बि	ऽ	जु	रि	याऽ	ऽऽ	ऽऽ	द
	नि	ध	ग	म	ग	–	सा	–	ऩि	सा	ध़	ऩि	साग	मध	निसां	सां
	म	क	ऽ	दि	खा	ऽ	वे	ऽ	दा	ऽ	म	नि	याऽ	ऽऽ	ऽऽ	ऽ

अंतरा–1

	3				x				2				0			
ग	म	ध	–	नि	सां	–	नि	–	सां	–	नि	सां	मं	गं	सां	गं
मो	ऽ	र	ऽ	नि	या	ऽ	ना	ऽ	चे	ऽ	मो	र	प	पि	हा	ठु
	मं	गं	सां	सां	नि	ध	ध	ध	म	–	ग	म	गम	धनि	सां	सां
	म	क	ऽ	त	थि	र	क	त	ना	ऽ	च	त	थैऽ	ऽऽ	या	द
	नि	ध	ग	म	ग	–	सा	–	ऩि	सा	ध़	ऩि	साग	मध	निसां	सां
	म	क	ऽ	दि	खा	ऽ	वे	ऽ	दा	ऽ	म	नि	याऽ	ऽऽ	ऽऽ	द

स्थायी तान : दमक दि

1. मग सानि़ ध़नि़ सनि़ । ध़नि़ ध़म़ ध़नि़ साग । मग सानि़ सा–

दमक दि

2. सानि़ धनि़ साग मग । साग मध मग सानि़ । धनि़ सा– सा–

दमक दि

3. सासा गम गग सासा । गम धध गम गग । सानि़ धनि़ सा–

अंतरा तान : मोरनि

4. सासा गम गग सासा । गम धनि धध मम । गम गग सासा

मोरनि

5. गम धनि सांनि धनि । सांनि धम गम गग । सानि़ धनि़ सा–

खयाल : राग मालकौंस – तीन ताल

ठाठ	भैरवी	वादी	मध्यम – म
आरोह	सा ग म, ध नि सां	संवादी	षड्ज – सा
अवरोह	सां नि ध म, ग म ग सा	जाति	औडव–औडव 5/5
पकड़	ध़ नि़ सा म, ग म ग, सा	समय	रात्री का तीसरा प्रहर

45. दिल धड़क धड़क बोले ।

स्थायी : दिल धड़क धड़क बोले मेरो, अजि कहने दो जो कहना हो ।
मुझे अपने दिल का कोना दो ।।

अंतरा : 1. गीत पुराना याद आता हो, दिल से दिल का नाता हो ।
अजि, बात तिहारी एक नज़र की, फेर के मुख रुख़ यों ना दो ।।

2. रात गुजारी दीवाने ने, बैठ शमा पर परवाने ने ।
आज तुम्हारे साथ जलूँ मैं, मीत को तुम दुख यों ना दो ।।

स्थायी

		X				2				0				3			
ध	नि	गं	सां	सां	गं	सां	सां	नि	ध	निध	म	सांनि	धनि	धनि	सां	सां	सां
दि	ल	ध	ड़	क	ध	ड़	क	बो	ऽ	लेऽ	ऽ	मेऽ	ऽऽ	रोऽ	ऽ	अ	जि
		सां	सां	नि	ध	नि	–	ध	म	ध	ध	म	ग	म	–	ग	सा
		क	ह	ने	ऽ	दो	ऽ	जो	ऽ	क	ह	ना	ऽ	हो	ऽ	मु	झे
		नि़	सा	ग	म	ध	ध	ग	म	गम	धनि	सांगं	सांनि	धनि	सां–	ध	नि
		अ	प	ने	ऽ	दि	ल	का	ऽ	कोऽ	ऽऽ	ऽऽ	नाऽ	ऽऽ	दोऽ	दि	ल

अंतरा-1

X				2				0				3			
ग	–	म	म	ध	–	नि	–	सां	–सां	सां	–	सां	नि	सां	–
गी	ऽ	त	पु	रा	ऽ	ना	ऽ	या	ऽद	आ	ऽ	ता	ऽ	हो	ऽ
सां	सां	सां	–	सां	सां	नि	ध	म	ध	नि	–	ध	नि	ध	म
दि	ल	से	ऽ	दि	ल	का	ऽ	ना	ऽ	ता	ऽ	हो	ऽ	अ	जि
ध	नि	सां	मं	गं	सां	सां	–	गं	–	नि	नि	सां	सां	सां	–
बा	ऽ	त	ति	हा	ऽ	री	ऽ	ए	ऽ	क	न	ज़	र	की	ऽ
सां	मं	गं	सां	सां	सां	नि	नि	धनि	सांगं	सांगं	सांनि	धनि	सां–	ध	नि
फे	ऽ	र	के	मु	ख	रु	ख़	योंऽ	ऽऽ	नाऽ	ऽऽ	दोऽ	ऽऽ	दि	ल

स्थायी तान : दिल धड़क धड़क

1. सागु मध निसां धनि । सांनि धम गम गसा

दिल धड़क धड़क

2. गम धनि सांध निसां । धनि सांनि धम गसा

दिल धड़क धड़क

3. गम धनि सांगं सांनि । धनि धम गम गसा

अंतरा तान : गीत पुराना याद आता हो ऽ

4. सासा गग सासा मम । गग मम गग धध ।
मम धध मम निनि । धध निनि धध सांसां

गीत पुराना याद आता हो ऽ

5. सांसां निध निनि धम । धध मग मम गसा ।
साग मम गम धध । मध निनि धनि सांसां ।
सांनि धम गम गसा । गम धनि सां– सां– ।
गम धनि सां– सां– । गम धनि सां– सां–

तराना : राग मालकंस

तीन ताल

स्थायी : ना दिर् दिर् तूम तारे दीम तन नन नन
देरे ना देरे ना तारे दीम तनन नन ।।

अंतरा : ओ दे तन ओ दे तन दीम् तन नन नन
त दीम दीम त नन तूम तन नन नन
दीम् दीम् तन नन, दीम् दीम् तन नन
तिते कत गदि गिन ध – – –
तिते कत गदि गिन धा – – – तिते कत गदि गिन ।।

स्थायी

0				3				X				2			
ग	म	ग	सा	–	ध़	–	नि़	सा	–	म	म	ग	म	ग	सा
ना	दिर्	दिर्	तुम्	ऽ	ता	ऽ	रे	दीम्	–	त	न	न	न	न	न
ग	ग	ग	म	म	म	ध़	नि़	सा	म	म	म	म	म	म	म
दे	रे	न	दे	रे	न	ता	रे	दीम्	–	त	न	न	न	न	न
ग	म	ग	सा	–	ध़	–	नि़	सा	–	म	म	ग	म	ग	सा
ना	दिर्	दिर्	तुम्	ऽ	ता	ऽ	रे	दीम्	–	त	न	न	न	न	न

अंतरा–1

0				3				X				2			
ग	ग	म	म	ध	ध	नि	नि	सां	–	सां	सां	गं	नि	सां	सां
ओ	दे	त	न	ओ	दे	त	न	दीम्	ऽ	त	न	न	न	न	न
नि	नि	नि	नि	नि	नि	नि	नि	ध	नि	सां	नि	ध	नि	ध	म
त	दी	म्	दी	म्	त	न	न	तू	म्	त	न	न	न	न	न
सां	–	गं	मं	गं	गं	सां	सां	ग	–	ग	म	ग	सा	सा	सा
दी	म्	दी	म्	त	न	न	न	दीम्	ऽ	दी	म्	त	न	न	न
ग	ग	म	म	ध	ध	नि	नि	सां	–	सां	–	ग	ग	म	म
ति	ते	क	त	ग	दि	गि	न	धा	ऽ	ऽ	ऽ	ति	ते	क	त
ध	ध	नि	नि	सां	–	सां	–	ग	ग	म	म	ध	ध	नि	नि
ग	दि	ग	नी	धा	ऽ	ऽ	ऽ	ति	ते	क	त	ग	दि	गि	न
ग	म	ग	सा	–	ध़	–	नि़	सा	–	म	म	ग	म	ग	सा
ना	दिर्	दिर्	तुम्	ऽ	ता	ऽ	रे	दीम्	–	त	न	न	न	न	न

खयाल : राग मालकंस

तीन ताल

46. रिम झिम बरसत सावन आयो ।

स्थायी : रिम झिम बरसत बादल गरजत,
सावन आयो, रंग लायो रे ।।

अंतरा : 1. पंचवटी के हर प्रांगण में, फूल गुलाली, बिखरायो रे ।।
2. सिय की कुटी के दर आंगन में, गुत पर पानी, उछलायो रे ।।

स्थायी

0				3				X				2			
–	मग	म	म	नि	ध	–नि	नि	सां	–	ध	नि	ध	म	ग	सा
ऽ	रिम	झि	म	ब	र	ऽस	त	बा	ऽ	द	ल	ग	र	ज	त
–	सां	–सां	सां	नि	–	नि	ध	–	धनि	सां	नि	ध	म	ग	सा
ऽ	सा	ऽव	न	आ	ऽ	यो	ऽ	ऽ	रंग	ला	ऽ	यो	ऽ	रे	ऽ
–	मग	म	म	नि	ध	–नि	नि	सां	–	ध	नि	ध	म	ग	सा
ऽ	रिम	झि	म	ब	र	ऽस	त	बा	ऽ	द	ल	ग	र	ज	त

अंतरा–1

0				3				X				2			
–	मग	म	म	ध	–	नि	–	–	सांसां	सां	–	गं	नि	सां	–
ऽ	पंऽ	च	व	टी	ऽ	के	ऽ	ऽ	हर	प्रां	ऽ	ग	ण	में	ऽ
–	नि	–नि	नि	नि	–	सांनि	ध	–	धनि	सां	नि	ध	म	ग	सा
ऽ	फू	ऽल	गु	ला	ऽ	लीऽ	ऽ	ऽ	बिख	रा	ऽ	यो	ऽ	रे	ऽ
–	मग	म	म	नि	ध	–नि	नि	सां	–	ध	नि	ध	म	ग	सा
ऽ	रिम	झि	म	ब	र	ऽस	त	बा	ऽ	द	ल	ग	र	ज	त

भजन : राग मालकौंस

कहरवा ताल

47. कृष्ण सुदामा ।

स्थायी : जग अलग अलग कहता दोनों,
जो अलग कहता उसे रहने दो ।

अंतरा : 1. बचपन के हैं दोनों साथी, भवसागर में, बिछुड़े हैं ।
कृष्ण सुदामा रूप अलग हैं, नर नारायण, एक हि हैं ।।

2. आर है गोकुल पार मथुरा, दोनों जमुना तीर पे हैं ।
राधा सखी है सखा सुदामा, सखी सखा सब, एक हि हैं ।।

3 रंक सुदामा राजा हरि हैं, केवल मौखिक, अंतर है ।
अंतर तन का, नहीं है मन का, दो तन दो मन, एक ही हैं ।।

स्थायी

		X				0				X				0			
म	म	–	गम	ग	सा	नि़	सा	ध़	नि़	सा	–	म	–	म	–	म	–
ज	ग	ऽ	अल	ग	अ	ल	ग	क	ह	ता	ऽ	दो	ऽ	नों	ऽ	जो	ऽ
		–	गम	ग	सा	नि़	सा	ध़	नि़	सा	–	म	–	म	–	म	म
		ऽ	अल	ग	अ	ल	ग	क	ह	ता	ऽ	दो	ऽ	नों	ऽ	ज	ग
		–	गम	ग	सा	नि़	सा	ध़	नि़	सा	–	म	–	म	–	म	म
		ऽ	अल	ग	अ	ल	ग	क	ह	ता	ऽ	दो	ऽ	नों	ऽ	ज	ग

अंतरा–1

X				0				X				0			
–	गग	म	म	ध	–	नि	ध	–	सां	–	सां	गं	नि	सां	–
ऽ	बच	प	न	के	ऽ	हैं	ऽ	ऽ	दो	ऽ	नों	सा	ऽ	थी	ऽ
–	निनि	नि	–	नि	नि	नि	ध	–	धनि	सां	नि	ध	–	म	–
ऽ	भव	सा	ऽ	ग	र	में	ऽ	ऽ	बिछु	डे	ऽ	हैं	ऽ	ऽ	ऽ
–	धनि	सां	गं	गं	–	गं	सां	–	सांमं	गं	सां	नि	नि	सां	–
ऽ	कृऽ	ष्ण	सु	दा	ऽ	मा	ऽ	ऽ	रूऽ	प	अ	ल	ग	हैं	ऽ
–	सांमं	मं	गं	गं	सां	नि	ध	–	धनि	सां	नि	ध	म	म	म
ऽ	नर	ना	ऽ	रा	ऽ	य	ण	ऽ	एऽ	क	हि	हैं	ऽ	ज	ग

खयाल : राग शंकरा – झप ताल

48. माँ शारदे ।

स्थायी : संगीत दायिनी! भारती! वीणा वादिनी । सरस्वती माँ! परम वर दे ।।

अंतरा : वागेश्वरी! ज्ञान तरु को अमर कर दे । शारदे! तार दे, माँ! झोली भर दे ।।

स्थायी

X		2			0		3		
पनि	सां	नि	प	प	ग	प	सां	नि	–
संऽ	ऽ	गी	ऽ	त	दा	ऽ	यि	नी	ऽ
प	ग	ग	ग	प	रेग	रे	सा	–	सा
भा	ऽ	र	ती	ऽ	वीऽ	ऽ	णा	ऽ	वा
प़	प़	सा	–	सा	प	ग	प	प	–
ऽ	दि	नी	ऽ	स	र	ऽ	स्व	ती	ऽ
पनि	सां	नि	प	प	पग	प	रेग	–रे	सा
माँऽ	ऽ	प	र	म	वऽ	र	ऽदे	ऽऽ	ऽ

अंतरा-1

X		2			0		3		
पग	प	सां	–	सां	सां	–	सांनि	रें	सां
वाऽ	ऽ	गे	ऽ	श्व	री	ऽ	ज्ञाऽ	ऽ	न
सां	गं	गं	–	पं	गं	रें	सांरें	सां	सां
त	रु	को	ऽ	अ	म	र	कऽ	र	दे
नि	ध	नि	सांरें	निसां	नि	ध	नि	धप	–
शा	ऽ	र	देऽ	ऽऽ	ता	ऽ	र	दे	ऽ
सां	नि	प	ग	प	रेग	रे	सा	–	–
माँ	ऽ	झो	ऽ	ली	भऽ	र	दे	ऽ	ऽ
पनि	सां	नि	प	प	ग	प	सां	नि	–
संऽ	ऽ	गी	ऽ	त	दा	ऽ	यि	नी	ऽ

स्थायी तान : संगीत दायिनी ऽ

1. सासा गग । पप निसां रेंसां । निध पप । गप गरे सासा
   संगीत दायिनी ऽ
2. पग पप । निसां रेंसां निसां । निध पप । गप गरे सासा
   संगीत दायिनी ऽ
3. सासा गग । पप निसां गंरें । सांनि पध । पप गरे सासा

अंतरा तान : वागेश्वरी ज्ञान

4. पप गप । निसां गंरें सांनि । पध पप । गप गरे सासा
   वागेश्व
5. सासा गग । पप निसां रेंसां । पध पप । गप निसां रेंसां
   निध पध । पप गरे सासा

खयाल : राग शंकरा – एक ताल

ठाठ	बिलावल	वादी	गांधार – ग
आरोह	सा ग, प, नि ध, सां	संवादी	निषाद – नि
अवरोह	सां नि प, नि ध, सां नि प, ग प, रेग सा	जाति	औडव-षाडव 5/6
पकड़	नि ध सां नि, प, ग प, ग रेसा	समय	रात्री का दूसरा प्रहर

49. नील कण्ठ भोले ।

स्थायी : नील कण्ठ भोले गंगाधर, हे शंभो । भालचंद्र शशिधारी, त्रिपुरारी शूलपाणि ।।

अंतरा : वैकुंठ बिहारी रे! रक्षा कर गौरीनाथ ।
महादेव नंदीनाथ, शिव शंकर पाहि माम् ।।

स्थायी

X		0		2		0		3		4	
सां	**–**	**सां**	**नि**	**ध**	**नि**	**प**	**–**	**निध**	**सां**	**नि**	**–**
नी	ऽ	ल	क	ण्	ठ	भो	ऽ	ऽऽ	ऽ	ले	ऽ
प	**–**	**प**	**ग**	**ग**	**प**	**रे**	**ग**	**रे**	**नि़**	**रे**	**सा**
गं	ऽ	गा	ऽ	ध	र	हे	ऽ	शं	भो	ऽ	ऽ
सा	**प़**	**प़**	**सा**	**–**	**सा**	**सा**	**प**	**ग**	**प**	**–**	**प**
भा	ऽ	ल	चं	ऽ	द्र	श	शि	ऽ	धा	ऽ	री
प	**नि**	**सां**	**रें**	**सां**	**–**	**नि**	**ध**	**नि**	**प**	**ग**	**प**
त्रि	पु	रा	ऽ	री	ऽ	शू	ऽ	ल	पा	ऽ	णि

अंतरा–1

X		0		2		0		3		4	
पग	**प**	**सां**	**–**	**सां**	**सां**	**सां**	**–**	**सांनि**	**रें**	**सां**	**–**
वैऽ	ऽ	कुं	ऽ	ठ	बि	हा	ऽ	रीऽ	ऽ	रे	ऽ
सां	**–**	**गं**	**–**	**गं**	**पं**	**रें**	**गं**	**रें**	**नि**	**रें**	**सां**
र	ऽ	क्षा	ऽ	क	र	गौ	ऽ	री	ना	ऽ	थ
सा	**सा**	**–**	**प**	**ग**	**ग**	**प**	**–**	**प**	**नि**	**सां**	**सां**
म	हा	ऽ	दे	ऽ	व	नं	ऽ	दी	ना	ऽ	थ
प	**नि**	**सां**	**रें**	**सां**	**सां**	**नि**	**ध**	**नि**	**प**	**ग**	**प**
शि	व	शं	ऽ	क	र	पा	ऽ	हि	मा	ऽ	म्

बढ़हत : नील कण्ठ भोले ....

1. नि ध प – ग – प रेग रे सा,
   भो ऽ ऽ ऽ ऽ ऽ ऽ ऽ ऽ ले,
   प़ नि़ सा ग – प रेग रे सा,
   नी ऽ ऽ ऽ ऽ ल कं ऽ ठ,
   सा – प ग प रेग रे सा
   भो ऽ ऽ ऽ ऽ ऽ ऽ ले
   नील कण्ठ भोले ....
2. सा – पग प नि – प प – प ग प रेग रे सा,
   नी ऽ ऽऽ ल कं ऽ ऽ ठ ऽ ऽ भो ऽ ऽ ऽ ले,
   सा ग प नि – ध सां नि प ग प रेग – रे सा,
   नी ल कं ऽ ऽ ठ भो ऽ ऽ ऽ ऽ ऽ ऽ ऽ ले,

नील कण्ठ भोले ....

3. पगप नि सां - नि रें सां -, प नि सां नि रें सां,
भोऽऽ ऽ ऽ ऽ ऽ ऽ ले ऽ, भो ऽ ऽ ऽ ऽ ले,
ग रे सा ग प नि सां नि रें सां - सांरेंनिसां नि - ध सां नि,
नी ऽ ऽ ऽ ल कं ऽ ऽ ऽ ठ ऽ भोऽऽऽ ऽ ऽ ऽ ऽ ऽ ले,
प नि सां गं - पं रें गं रें सां,
नी ऽ ऽ ऽ ऽ ल कं ऽ ठ,
सांरेंनिसां नि - धप ग प सां नि - धप ग -,
भोऽऽऽ ऽ ऽ ऽऽ ऽ ऽ ऽ ले ऽ ऽऽ ऽ ऽ,
ग - प रे ग रे सा
भो ऽ ऽ ऽ ऽ ले

स्थायी तान : नील कण्ठ

1. निध पध । पप गप । गरे सासा
नील कण्ठ

2. सासा गग । पप निसां । रेंसां निसां
नील कण्ठ भोले ऽ

3. पप निसां । रेंसां निसां । निध पप । निसां रेंसां । निध पप । गरे सासा

अंतरा तान : वैकुंठ बिहारी रे ऽ

4. पप निसां । रेंसां निसां । निध पप । गप निध । पप गप । गरे सासा
वैकुंठ बिहारी रे ऽ

5. सासा गम । पप निसां । रेंसां निसां । गंरें सांसां । निध पप । गरे सासा

खयाल : राग पूरिया – तीन ताल

ठाठ	मारवा	वादी	गांधार – ग
आरोह	ऩि रे॒ सा, ग, मं ध नि रें॒ सां	संवादी	निषाद – नि
अवरोह	रें॒, नि ध, मं ध ग मं ग, रे॒ सा	जाति	षाडव-षाडव 6/6
पकड़	ग मं ध ग मं ग, मं ग रे॒ सा, ऩि ध़ ऩि, रे॒ सा	समय	तीसरा प्रहर

50. पार करो मेरी भव नैया ।

स्थायी : पार करो मेरी भव नैया, तार करो मेरा अंबे मैया ।।

अंतरा : 1. लुट गयी मेरी प्रेम की नगरी, नाथ न आये हाये दैया! ।।

2. लगती सूनी गाँव की डगरी, राह तकूँ मैं आवे सैंया ।।

स्थायी

0				3				X				2			
गम॑	धम॑	गरे॒	गम॑	ग	रे॒	सा	–	नि़रे॒	सा	नि़	ध़	नि़	रे॒	सा	–
पाऽ	ऽऽ	ऽऽ	ऽऽ	र	क	रो	ऽ	मेऽ	री	भ	व	नै	ऽ	या	ऽ
म॑	–	ग	म॑	ग	रे॒	सा	सा	नि	रें॒	नि	ध	म॑	ध	म॑	ग
ताऽ	ऽ	र	क	रो	ऽ	मे	रा	अं	ऽ	बे	ऽ	मै	ऽ	या	ऽ
गम॑	धम॑	गरे॒	गम॑	ग	रे॒	सा	–	नि़रे॒	सा	नि़	ध़	नि़	रे॒	सा	–
पाऽ	ऽऽ	ऽऽ	ऽऽ	र	क	रो	ऽ	मेऽ	री	भ	व	नै	ऽ	या	ऽ

अंतरा–1

0				3				X				2			
म॑	म॑	ग	ग	म॑	–	ध	–	म॑ध	सां	सां	सां	नि	रें॒	सां	–
लु	ट	ग	यी	मे	ऽ	री	ऽ	प्रेऽ	ऽ	म	की	न	ग	री	ऽ
नि	रें॒	नि	ध	म॑	ध	म॑	ग	म॑	रे॒	ग	म॑	गम॑	धम॑	गरे॒	सा–
ना	ऽ	थ	न	आ	ऽ	ये	ऽ	हा	ऽ	ये	ऽ	दैऽ	ऽऽ	याऽ	ऽऽ
गम॑	धम॑	गरे॒	गम॑	ग	रे॒	सा	–	नि़रे॒	सा	नि़	ध़	नि़	रे॒	सा	–
पाऽ	ऽऽ	ऽऽ	ऽऽ	र	क	रो	ऽ	मेऽ	री	भ	व	नै	ऽ	या	ऽ

स्थायी तान : पार करो ऽ

1. नि़रे॒ गम॑ धनि म॑ध । म॑नि नि,ध म॑ग रे॒सा

पार करो ऽ

2. नि़रे॒ गम॑ धनि रें॒सां । निध म॑ग म॑ग रे॒सा

पार करो ऽ

3. निध म॑ग रे॒सा नि़रे॒ । गम॑ धम॑ म॑ग रे॒सा

अंतरा तान : लुट गयी मेरी प्रेम की नगरी ऽ

4. नि़रे॒ गम॑ गरे॒ गम॑ । धनि धम॑ धनि रें॒सां । निध म॑ग रे॒ग म॑ध । निध म॑ग म॑ग रे॒सा

लुट गयी मेरी प्रेम की नगरी ऽ

5. म॑ग रे॒सा निध म॑ग । रे॒सा रें॒सां निध म॑ग । रे॒सा नि़रे॒ गम॑ धनि । रें॒सां निध म॑ग रे॒सा

खयाल : राग पूरिया धनाश्री – तीन ताल

ठाठ	पूर्वी	वादी	पंचम – प
आरोह	नि़ रे॒ ग म॑ प, म॑ ध॒ प, नि सां	संवादी	ऋषभ् – रे॒
अवरोह	रें॒ नि ध॒ प, म॑ ग, म॑ रे॒ ग, रे॒ सा	जाति	संपूर्ण–संपूर्ण 7/7
पकड़	नि़ रे॒ ग म॑ प, ध॒ प, म॑ ग, म॑ रे॒ ग, रे॒ सा	समय	संध्या काल

51. झनक झनक वीणा झनकारी ।

स्थायी : झनक झनक वीणा झनकारी, मंजुल मंगल बंसी प्यारी ।

अंतरा : 1. छम् छम छम छम घुँघरू बोले, पायल रुम झुम पैंजन बाजे ।
साथ मंजीरा धुन हिय हारी ।।

2. सर् सर सर सर घुँघटा सरके, कुंडल चम चम बिंदिया चमके ।
नाचत चंचल राधा गोरी ।।

स्थायी

0				3				X				2			
प	प	म॑	ग	म॑	ध॒	नि	रें॒	नि	ध॒	प	प	म॑ध॒	प	म॑	ग
झ	न	क	झ	न	क	वी	ऽ	णा	ऽ	झ	न	काऽ	ऽ	री	ऽ
प	–	म॑	ग	म॑	रे॒	ग	ग	म॑	ध॒	म॑	ग	रे॒	–	सा	–
मं	ऽ	जु	ल	मं	ऽ	ग	ल	बं	ऽ	सी	ऽ	प्या	ऽ	री	ऽ
प	प	म॑	ग	म॑	ध॒	नि	रें॒	नि	ध॒	प	प	म॑ध॒	प	म॑	ग
झ	न	क	झ	न	क	वी	ऽ	णा	ऽ	झ	न	काऽ	ऽ	री	ऽ

अंतरा–1

0				3				X				2			
–	म॑	ग	ग	म॑	म॑	ध॒	ध॒	ध॒नि	सां	सां	–	नि	रें॒	सां	–
ऽ	छम्	छ	म	छ	म्	छ	म	घुँऽ	घ	रू	ऽ	बो	ऽ	ले	ऽ
–	नि	रें॒	गंगं	रें॒गं	रें॒	सां	सां	निरें॒	सां	नि	ध॒	नि	ध॒	प	–
ऽ	पा	ऽ	यल	रुऽ	म	झु	म	पैंऽ	ऽ	ज	न	बा	ऽ	जे	ऽ
–	प–	म॑	ग	म॑	रे॒	ग	–	म॑	ध॒	नि	रें॒	ध॒नि	ध॒	प	–
ऽ	साऽ	थ	मं	जी	ऽ	रा	ऽ	धु	न	म	न	हाऽ	ऽ	री	ऽ
प	प	म॑	ग	म॑	रे॒	ग	–	म॑	ध॒	म॑	ग	रे॒	–	सा	–
झ	न	क	झ	न	क	वी	ऽ	णा	ऽ	झ	न	का	ऽ	री	ऽ

स्थायी तान : झनक झनक वी ऽ

1. नि़रे॒ गम॑ ध॒नि रें॒नि । ध॒प म॑ग रे॒सा नि़सा
झनक झनक वी ऽ
2. गम॑ ध॒नि रें॒गं रें॒सां । निध॒ पम॑ गम॑ रे॒सा
झनक झनक वी ऽ
3. म॑ध॒ निनि ध॒नि ध॒प । म॑ध॒ पम॑ गम॑ रे॒सा

अंतरा तान : ऽ छम् छम छम छम

4. पम॑ गम॑ रे॒ग म॑ध॒ । निरें॒ सांनि ध॒प म॑प
ऽ छम् छम छम छम घुँघरू बोले ऽ
5. नि़रे॒ गम॑ ध॒नि ध॒प । म॑ध॒ निनि ध॒नि ध॒प । म॑ध॒ पम॑ गम॑ रे॒ग । पम॑ गम॑ गरे॒ सा–

खयाल : राग गौड़ मल्हार – तीन ताल			
ठाठ	खमाज	वादी	मध्यम – म
आरोह	सा, रे ग रे म ग रे सा, रे प, म प, ध नि सां	संवादी	षड्ज – सा
अवरोह	सां, ध नि प म, ग रे ग (रे) सा	जाति	संपूर्ण–संपूर्ण 7/7
पकड़	रे ग रे म ग रे सा, रे प, म प ध सां ध प म	समय	रात्री का दूसरा प्रहर

52. कारी बादरिया ।

स्थायी : कारी बादरिया भीनी चादरिया, चादरिया मोरी भीनी साँवरीया ।।

अंतरा : 1. पल छिन तड़पत मोरा मनवा, गरजत बरसत कारो बदरवा ।
अधीर भई मैं बाँवरिया ।।

2. कड़कत चमकत बैरी बिजुरिया, आजा बलमवा मोरी डगरिया ।
हार गई मैं साँवरिया ।।

स्थायी

0				3				X				2			
–	ग	रे	म	ग	रे	सा	–	गरे	ग	म	प	ग	प	म	ग
ऽ	का	री	बा	द	रि	या	ऽ	भीऽ	ऽ	नी	चा	द	रि	या	ऽ
–	गरे	प	प	प	–	प	प	धनि	सां	ध	प	ग	प	म	ग
ऽ	चाऽ	द	रि	या	ऽ	मो	री	भीऽ	ऽ	नी	साँ	व	री	या	ऽ
–	गरे	प	प	प	–	प	प	धनि	सांरें	सांनि	धप	ग	प	म	ग
ऽ	चाऽ	द	रि	या	ऽ	मो	री	भीऽ	ऽऽ	नीऽ	साँऽ	व	री	या	ऽ
–	ग	रे	म	ग	रे	सा	–	गरे	ग	म	प	ग	प	म	ग
ऽ	का	री	बा	द	रि	या	ऽ	भीऽ	ऽ	नी	चा	द	रि	या	ऽ

अंतरा–1

0				3				X				2			
–	पग	प	प	नि	ध	नि	नि	सां	–	सां	–	नि	रें	सां	–
ऽ	पल	छि	न	त	ड़	प	त	मो	ऽ	रा	ऽ	म	न	वा	ऽ
–	निनि	नि	नि	नि	नि	नि	नि	धनि	सां	नि	सां	ध	नि	ध	प
ऽ	गर	ज	त	ब	र	स	त	काऽ	ऽ	रो	ब	द	र	वा	ऽ
–	मरे	प	प	प	ध	प	–	धनि	सां	ध	प	ग	प	म	ग
ऽ	अधी	र	भ	ई	ऽ	मैं	ऽ	बाँऽ	ऽ	व	रि	या	ऽ	ऽ	ऽ
–	मरे	प	प	प	ध	प	–	धनि	सांरें	सांनि	धप	ग	प	म	ग
ऽ	अधी	र	भ	ई	ऽ	मैं	ऽ	बाँऽ	ऽऽ	वऽ	रिऽ	या	ऽ	ऽ	ऽ

स्थायी तान : कारी बादरिया ऽ

1. नि़सा रेग मप मग । रेग मप मग रेसा

कारी बादरिया ऽ

2. रेग मप मग रेग । मप धप मग रेसा

कारी बादरिया ऽ

3. पप धप मग रेग । मप धप मग रेसा

अंतरा तान : पल छिन तड़प

4. मग रेरे पप धनि । सांसां धनि पप मग । रेसा

पल छिन तड़पत मोरा मनवा ऽ

5. मग रेरे पप धनि । पप धनि सांरें सांसां । पप धनि सांरें गंरें । सांसां धप मग रेसा

खयाल : राग तोड़ी – तीन ताल			
ठाठ	तोड़ी	वादी	धैवत – ध
आरोह	सा रे ग, मं ध, प, मं ध नि सां	संवादी	गांधार – ग
अवरोह	सां नि ध प, मं ग, रे ग रे सा	जाति	संपूर्ण–संपूर्ण 7/7
पकड़	ध़, नि़ सा, रे ग रे सा, ध प मं ग, रे ग रे सा	समय	दिन का दूसरा प्रहर

53. बरसे रंग ।

स्थायी : बरसे रंग, चुनरिया पे, बरसे रंग ।।

अंतरा : 1. लाल सुरख मोरी भीगी चुनरिया,

लज कर ओढ़ी साँवरिया, रंग ।।

2. रंग रलित मोरी गीली चुनरिया,

तन संग लागी साँवरिया, रंग ।।

स्थायी

		X				2				0				3			
धमं	ध	सां	–	नि	ध	मं	ग	रे	सा	रे	ग	रे	सा	–	सा	धमं	ध
बऽ	र	से	ऽ	ऽ	ऽ	ऽ	ऽ	रं	ग	चु	न	रि	या	ऽ	पे	बऽ	र
		सां	–	नि	ध	मं	ग	रे	सा								
		से	ऽ	ऽ	ऽ	ऽ	ऽ	रं	ग								

अंतरा–1

0				3				X				2			
प	–	प	प	मं	ग	मं	ध	सां	–	सां	सां	नि	रें	सां	–
ला	ऽ	ल	सु	र	ख	मो	री	भी	ऽ	गी	चु	न	रि	या	ऽ
ध	ध	ध	गं	रें	सां	सां	–	धनि	सां	नि	ध	मं	ग	रे	सा
ल	ज	क	र	ओ	ऽ	ढ़ी	ऽ	साँऽ	ऽ	व	रि	या	ऽ	रं	ग
रे	ग	रे	सा	–	सा	धमं	ध								
चु	न	रि	या	ऽ	पे	बऽ	र								

स्थायी तान : बरसे ऽ ऽ ऽ ऽ ऽ

1. सारे गमं धनि सांनि । धप मंग रे ग रेसा
   बरसे ऽ ऽ ऽ ऽ ऽ
2. सारे गरे गमं धनि । सांनि धप मंग रेसा
   बरसे ऽ ऽ ऽ ऽ ऽ
3. गमं धनि सांरें सांनि । धप मंग रे ग रेसा

अंतरा तान : लाल सुरख मोरी भीगी चुनरिया ऽ

4. सारे गमं गरे गमं । धनि धमं धनि सांरें ।
   सांनि धनि सांरें गंरें । सांनि धप मंग रेसा
   लाल सुरख मोरी
5. गग रे ग रेसा निसा । धनि सारे गरे सासा । सारे गमं धध मंध ।
   निध मंग मंध निसां । धनि सांरें गंरें सांनि । धप मंग रे ग रेसा

खयाल – राग तोड़ी

तीन ताल

54. मीरा पी गयी विष का प्याला ।

स्थायी : मीरा पी गई विष का प्याला, ना हुई उईमा ना भई पीड़ा ।
केशव की सब लीला ।।

अंतरा : 1. राणा जी से नाता तोरा, जग जन से मीरा मुख मोड़ा ।
मोहन संग मन जोड़ा ।।

2. राधावर का नाम पियारा, गाई निश दिन हरि हरि मीरा ।
हँस कर जीवन छोड़ा ।।

स्थायी

0				3				X				2			
नि़	ध़	नि़	-	सा	-	सा	सा	रे	ग	ग	मं	रे	ग	रे	सा
मी	ऽ	रा	ऽ	पी	ऽ	ग	ई	वि	ष	का	ऽ	प्या	ऽ	ला	ऽ
ग	-	मं	प	ध	ध	मं	ग	ग	-	ग	मं	रे	ग	रे	सा
ना	ऽ	हु	ई	उ	ई	मा	ऽ	ना	ऽ	भ	ई	पी	ऽ	ड़ा	ऽ
ग	-	मं	ध	सां	-	नि	ध	धनि	सांरें	गंरें	सांनि	धप	मंग	रेग	रेसा
के	ऽ	श	व	की	ऽ	स	ब	लीऽ	ऽऽ	ऽऽ	ऽऽ	ऽऽ	ऽऽ	लाऽ	ऽऽ

अंतरा-1

0				3				X				2			
ध	मं	मं	ग	मं	-	ध	-	धनि	सां	सां	-	नि	रें	सां	-
रा	ऽ	णा	ऽ	जी	ऽ	से	ऽ	नाऽ	ऽ	ता	ऽ	तो	ऽ	ड़ा	ऽ
नि	ध	नि	नि	सां	-	सां	-	सांरें	गं	रें	सां	नि	सां	नि	ध
ज	ग	ज	न	से	ऽ	मी	ऽ	राऽ	ऽ	मु	ख	मो	ऽ	ड़ा	ऽ
ध	-	ध	गं	रें	सां	सां	सां	धनि	सांरें	गंरें	सांनि	धप	मंग	रेग	रेसा
मो	ऽ	ह	न	से	ऽ	म	न	जोऽ	ऽऽ	ऽऽ	ऽऽ	ऽऽ	ऽऽ	राऽ	ऽऽ
नि़	ध़	नि़	-	सा	-	सा	सा	रे	ग	ग	मं	रे	ग	रे	सा
मी	ऽ	रा	ऽ	पी	ऽ	ग	ई	वि	ष	का	ऽ	प्या	ऽ	ला	ऽ

खयाल : राग बसंत – तीन ताल

ठाठ	पूर्वी	वादी	षड्ज – सा
आरोह	सा ग, मं ध रें सां नि सां	संवादी	पंचम – प
अवरोह	रें नि ध प, मं ग मं ग, मं ध मं ग, रे सा	जाति	औडव-संपूर्ण 5/7
पकड़	मं ध, रें, सां, रें नि ध प, मं ग मं ग, रे सा	समय	संध्या काल

55. बसंत बरखा ।

स्थायी : रंग गुलों की शोभा न्यारी, गंध सुगंधित हिरदय हारी ।

अंतरा : 1. बसंत बरखा बरसत रिमझिम,
मंजुल रंगों की फुलवारी ।

2. मोर पपीहा कोयल कारी,
कूजत कूहु कूहु बारी बारी ।

स्थायी

0				3				X				2			
सां	**–**	**नि**	**ध॒**	**प**	**–**	**म॑**	**ग**	**म॑**	**ध॒**	**नि**	**सां**	**रें॒नि**	**सां**	**म॑**	**ध॒**
रं	ऽ	ग	गु	लों	ऽ	की	ऽ	शो	ऽ	भा	ऽ	न्याऽ	ऽ	री	ऽ
सां	**–**	**नि**	**ध॒**	**प**	**–**	**म॑**	**ग**	**ग**	**म॑**	**ध॒**	**म॑**	**ग**	**रे॒**	**सा**	**–**
गं	ऽ	ध	सु	गं	ऽ	धि	त	हि	र	द	य	हा	ऽ	री	ऽ
सां	**–**	**नि**	**ध॒**	**प**	**–**	**म॑**	**ग**	**म॑**	**ध॒**	**नि**	**सां**	**रें॒नि**	**सां**	**म॑**	**ध॒**
रं	ऽ	ग	गु	लों	ऽ	की	ऽ	शो	ऽ	भा	ऽ	न्याऽ	ऽ	री	ऽ

अंतरा–1

0				3				X				2			
ग	**म॑**	**–**	**ध॒**	**ध॒नि**	**सां**	**सां**	**–**	**सां**	**सां**	**सां**	**सां**	**नि**	**रें॒**	**सां**	**सां**
ब	सं	ऽ	त	बऽ	र	खा	ऽ	ब	र	स	त	रि	म	झि	म
नि	**रें॒**	**मं॑**	**गं**	**रें॒**	**–**	**सां**	**–**	**नि**	**ध॒**	**सां**	**सां**	**निरें॒**	**सांनि**	**ध॒प**	**म॑ध॒**
मं	ऽ	जु	ल	रं	ऽ	गों	ऽ	की	ऽ	फु	ल	वाऽ	ऽऽ	रीऽ	ऽऽ
सां	**–**	**नि**	**ध॒**	**प**	**–**	**म॑**	**ग**	**म॑**	**ध॒**	**नि**	**सां**	**रें॒नि**	**सां**	**म॑**	**ध॒**
रं	ऽ	ग	गु	लों	ऽ	की	ऽ	शो	ऽ	भा	ऽ	न्याऽ	ऽ	री	ऽ

स्थायी तान : रंग गुलों की ऽ

1. **सासा मम गग म॑ध॒ । निध॒ पम॑ गरे॒ सासा**
   रंग गुलों की ऽ
2. **सासा मग म॑ध॒ निसां । निसां पम॑ गरे॒ सासा**
   रंग गुलों की ऽ
3. **गम॑ ध॒नि सांगं रें॒सां । निध॒ पम॑ गरे॒ सासा**

अंतरा तान : बसंत बरखा –

4. **मं॑ग म॑ध॒ निसां रें॒सां । निध॒ पम॑ गरे॒ सासा**
   बसंत बरखा बरसत रिमझिम
5. **सांनि ध॒प मं॑ग रे॒सा । सासा मम गग मं॑ध॒ ।**
   निसां रें॒सां निसां रें॒सां । निध॒ पम॑ गरे॒ सासा

खयाल : राग दरबारी कानड़ा – तीन ताल

ठाठ	आसावरी	वादी	ऋषभ – रे
आरोह	नि॒ सा रे (म)ग॒ – म रे सा, म प, ध॒, नि॒ सां	संवादी	पंचम – प
अवरोह	सां, ध॒ – नि॒ प, म प ग॒ म रे सा	जाति	संपूर्ण–संपूर्ण 7/7
पकड़	सा रे ग॒, रे रे सा, ध़॒, नि़॒ रे सा	समय	मध्य रात्री

56. छम छम पायल ।

स्थायी : छम छम पायल घुँघरू बाजे, साथ में डम डम डमरू बोले ।
गौरी शंकर तांडव नाचे ।।

अंतरा : 1. गल में माला सर्प बिराजे, कटि पर हिरन की छाला साजे ।
शंख फूँकते बम् बम् भोले,
धरती अंबर संग में डोले ।।

2. सिर पे गंगा, चंद्र जटा में, तन पर भसम बिभूति शिवा के ।
आँख तीसरी शंकर खोले,
डम् डम डम् डम डमरू बोले ।।

स्थायी

		0				3				X				2			
म	म	रे	रे	–	सा	नि	सा	रे	प	ग	–	ग	म	रे	सा	म	म
छ	म	छ	म	ऽ	पा	य	ल	घुँ	घ	रू	ऽ	बा	ऽ	जे	ऽ	छ	म
		रे	रे	–	सा	नि	सा	रे	प	ग	–	ग	म	रे	सा	–	–
		छ	म	ऽ	पा	य	ल	घुँ	घ	रू	ऽ	बा	ऽ	जे	ऽ	ऽ	ऽ
		–	म	–म	म	प	प	प	प	–	मप	सां	–	निध	–	नि	प
		ऽ	सा	ऽथ	में	ड	म	ड	म	ऽ	डम	रू	ऽ	बोऽ	ऽ	ले	ऽ
		–	सां	–	सां	नि	प	म	प	ग	–	ग	म	रे	सा	म	म
		ऽ	गौ	ऽ	री	शं	ऽ	क	र	तां	ऽ	ड	व	ना	चे	छ	म

अंतरा-1

0				3				X				2			
म	म	प	–	निध	–	नि	–	सां	–	सां	सां	रें	नि	सां	–
ग	ल	में	ऽ	माऽ	ऽ	ला	ऽ	स	ऽ	र्प	बि	रा	ऽ	जे	ऽ
नि	सां	रें	रें	रें	सां	सां	सां	नि	सां	रें	सां	(नि)ध	–	नि	प
क	टि	प	र	हि	र	न	की	छा	ऽ	ला	ऽ	सा	ऽ	जे	ऽ
प	रें	रें	रें	–	रें	सां	रें	गं	–	गं	मं	रें	–	सां	–
शं	ऽ	ख	फूँ	ऽ	क	ते	ऽ	बम्	ऽ	बम्	ऽ	भो	ऽ	ले	ऽ
म	प	सां	–	नि	प	म	प	ग	–	ग	म	रे	सा	म	म
ध	र	ती	ऽ	अं	ऽ	ब	र	सं	ऽ	ग	में	डो	ले	छ	म

स्थायी तान : छम छम पायल

1. मप निध निनि पप । सासा रेरे सानि सासा

छम छम पायल

2. मप निध निनि सासा । निसा रेरे सानि सासा

छम छम पायल

3. सासा रेरे सानि सासा । मग रेरे सानि सासा

अंतरा तान : गल में माला सर्प बिराजे ऽ

4. सासा रेरे सानि सासा । मग मम रेरे सासा ।

मप निध निनि पप । मग मम रेरे सासा

गल में माला सर्प बिराजे ऽ

5. मप निध निनि सांसां । निध निनि रेंरें सांसां । मंगं मंमं रेंरें सांसां ।

निध निनि रेंरें सांसां । सांसां रेंरें सांनि सांसां । निध निनि पम पप ।

मप निध निनि पप । मग मम रेरे सासा

भजन : राग दरबारी कानड़ा

कहरवा ताल

57. प्रणव ।

गुरुदेव, गुरुदेव, गुरुदेव !

स्थायी : मेरे गुरु श्री प्रणवानंदा, कृपा तेरी शुभ सच्चिदानंदा ।।

अंतरा : 1. रूप सुमंगल त्रिशूल धारी, छवि निरंजन सुंदर सारी ।

उबारियो, बचाइयो, दुआ दीजो, शिव जगदानंदा ।।

2. अरुण वसन तव शुचि नारंगी, गल माला रुद्राक्ष की लंबी ।

उबारियो, बचाइयो, दुआ दीजो, गुरु परमानंदा ।।

3. मृग छाला पर बैठा जोगी, राह दिखावे जग उपयोगी ।

उबारियो, बचाइयो, दुआ दीजो, प्रभु आनंदकंदा ।।

स्थायी

X				0				X				0			
सा	निसा	रे	सा	नि ध	–	ध	नि	नि	रे	रे	सा	सा	–	सा	–
मे	रेऽ	ऽ	गु	रु	ऽ	श्री	ऽ	प्र	ण	वा	ऽ	नं	ऽ	दा	ऽ
म	म	–	म	प	–	प	प	प	म	पनि	प	ग	म	रे	सा
कृ	पा	ऽ	ते	री	ऽ	शु	भ	स	च्चि	दाऽ	ऽ	नं	ऽ	दा	ऽ
सा	निसा	रे	सा	नि ध	–	ध	नि	नि	रे	रे	सा	सा	–	सा	–
मे	रेऽ	ऽ	गु	रु	ऽ	श्री	ऽ	प्र	ण	वा	ऽ	नं	ऽ	दा	ऽ

अंतरा-1

X				0				X				0			
म	–	प	प	निध	–	नि	नि	सां	सां	–	सां	रें	नि	सां	–
रू	ऽ	प	सु	मंऽ	ऽ	ग	ल	त्रि	शू	ऽ	ल	धा	ऽ	री	ऽ
नि	निसां	रें	रें	रें	–	सां	सां	सां	नि	रें	सां	निध	–	नि	प
छ	विऽ	ऽ	नि	रं	ऽ	ज	न	सुं	ऽ	द	र	सा	ऽ	री	ऽ
प	रें	–	रें	रें	–	–	–	रें	रें	सां	रें	मंगं	–	–	–
उ	बा	ऽ	रि	यो	ऽ	ऽ	ऽ	ब	चा	ऽ	इ	योऽ	ऽ	ऽ	ऽ
गं	गं	–	गं	मं	रें	रें	सां	सां	नि	रें	सां	निध	–	नि	प
दु	आ	ऽ	दी	ज्यो	ऽ	शि	व	ज	ग	दा	ऽ	नं	ऽ	दा	ऽ
म	प	सां	सां	सां	–	प	प	प	म	पनि	प	मग	म	रे	सा
दु	आ	ऽ	दी	जो	ऽ	शि	व	ज	ग	दाऽ	ऽ	नं	ऽ	दा	ऽ
सा	निसा	रे	सा	निध	–	ध	नि	नि	रे	रे	सा	सा	–	सा	–
मे	रेऽ	ऽ	गु	रु	ऽ	श्री	ऽ	प्र	ण	वा	ऽ	नं	ऽ	दा	ऽ

भजन : राग दरबारी

तीन ताल / कहरवा ताल

58. जगत माही

स्थायी : जगत माही, हरि के बिना सुख नाही ।
राम भगत के पितु और माई, और न दाता कोई ।।

अंतरा :
1. राम पिता अरु राम ही माता, राम ही है सुखदाई ।
2. राम हमारा एक सहारा, राम! हमें तू त्राहि ।
3. राम नियारा, राम पियारा, राम! हमे पाहि पाही!

स्थायी

	2				0				3				X			
सा	ध	नि	सा	रे	रे	मग	मरे	सा	ध	नि	–रे	सा	सा	–	सा	–
ज	ग	त	मा	ही	ह	रिऽ	ऽके	बि	ना	ऽ	ऽसु	ख	ना	ऽ	ही	ऽ
	–	–	–	–	–	ध	निरे	रे	रे	रे	सा	रे	–	गग	ग	म
	ऽ	ऽ	ऽ	ऽ	ऽ	रा	ऽम	भ	ग	त	के	ऽ	ऽ	पितु	अ	रु
	रे	–	सा	–	–	म	–म	म	प	म	नि	प	ग	म	रे	सा
	मा	ऽ	ई	ऽ	ऽ	औ	ऽर	न	दा	ऽ	ता	ऽ	को	ऽ	ई	ज
	ध	नि	सा	रे	रे	मग	मरे	सा	ध	नि	–रे	सा	सा	–	सा	–
	ग	त	मा	ही	ह	रिऽ	ऽके	बि	ना	ऽ	सु	ख	ना	ऽ	ही	ऽ

अंतरा

0				3				X				2			
–	म	–प	प	ध	–	नि	नि	सां	–	सां	सां	रें	नि	सां	–
ऽ	रा	ऽम	पि	ता	ऽ	अ	रु	रा	ऽ	म	ही	मा	ऽ	ता	ऽ
–	नि	–नि	सां	सां	नि	–रें	सां	ध	–	–	–	नि	–	प	–
ऽ	रा	ऽम	ही	है	ऽ	ऽसु	ख	दा	ऽ	ऽ	ऽ	यी	ऽ	ऽ	ऽ
–	म	–म	म	प	म	–नि	प	ग	म	रे	सा	ध	नि	सा	रे
ऽ	रा	ऽम	ही	है	ऽ	ऽसु	ख	दा	ऽ	यी	ज	ग	त	मा	ही
रे	मग	मरे	सा	ध़	नि़	–रे	सा	सा	–	सा	–	–	–	–	–
ह	रिऽ	ऽके	बि	ना	ऽ	ऽसु	ख	ना	ऽ	ही	ऽ	ऽ	ऽ	ऽ	ऽ

ध्रुपद : राग तिलक कामोद – चौताल

ठाठ	खमाज	वादी	षड्ज – सा
आरोह	सा रे ग सा, रे म प ध, म प, सां	संवादी	पंचम – प
अवरोह	सां प, ध म ग, सा रे ग, सा नि़, प़ नि़ सा रे ग सा	जाति	षाडव–संपूर्ण 6/7
पकड़	प़ नि़ सा रे ग, सा, रे प म ग, सा नि़	समय	रात्री का दूसरा प्रहर

59. रास रचत श्री गोपाल ।

स्थायी : रास रचत श्री गोपाल, राधा रमण नंदलाल ।
बंसी मधुर मंद चाल, संग गोप सारे ।।

अंतरा : 1. गीत ललित सुगम ताल, तिलक भाल रंग लाल ।
मोर मुकुट पुष्प माल, गोल नयन कारे ।।

2. नाच करत ठुमक ठुमक, चारु नाद छंद साथ ।
करत नमन जोड़ हाथ, कृष्ण भजन प्यारे ।।

स्थायी

X		0		2		0		3		4	
ग	रे	म	ग	सा	सा	सा	रे	ग	नि़	सा	सा
रा	ऽ	स	र	च	त	श्री	ऽ	गो	पा	ऽ	ल
नि़	प़	नि़	सा	सा	सा	रे	प	म	गरे	ग	सा
रा	ऽ	धा	र	म	ण	नं	ऽ	द	लाऽ	ऽ	ल
सा	–	सा	रे	ग	सा	मरे	म	म	प	–	प
बं	ऽ	सी	म	धु	र	मंऽ	ऽ	द	चा	ऽ	ल
म	रे	रे	म	प	प	मप	धप	म	ग	रे	–
सं	ऽ	ग	गो	ऽ	प	साऽ	ऽऽ	रे	ऽ	ऽ	ऽ

अंतरा–1

X		0		2		0		3		4	
म	प	नि	नि	नि	नि	सां	सां	सां	रेंनि	सां	सां
गी	ऽ	त	ल	लि	त	सु	ग	म	ताऽ	ऽ	ल
प	नि	नि	नि	सां	सां	पनि	सांरें	सां	नि	ध	प
ति	ल	क	भा	ऽ	ल	रंऽ	ऽऽ	ग	ला	ऽ	ल
प	–	रें	रें	रें	रें	नि	सां	रें	नि	ध	प
मो	ऽ	र	मु	कु	ट	पु	ऽ	ष्प	मा	ऽ	ल
म	रे	रे	पम	प	प	मप	धप	म	ग	रे	–
गो	ऽ	ल	न	य	न	काऽ	ऽऽ	रे	ऽ	ऽ	ऽ
ग	रे	म	ग	सा	सा	सा	रे	ग	नि़	सा	सा
रा	ऽ	स	र	च	त	श्री	ऽ	गो	पा	ऽ	ल

भजन : राग तिलक कामोद

कहरवा ताल

60. कित गयी सीता ।

स्थायी : कित गयी सीता प्राण पियारी,
ढूँढत ढूँढत अखियाँ हारी ।।

अंतरा : 1. बोलो लछिमन मोरे भाई, कहाँ है तोरी भौजाई ।
श्वापद कोई उसको खाई, छुपी तो नहीं वो बैठी ।
या है उसको असुर उठाई,
कित गयी .. ।।

2. कमल कुसुम सम कोमल काया, कहाँ गयी मोरी जाया ।
ठगी असुरों ने रच कर माया, कहाँ से संकट आया ।
खो गयी रे मोरी सीता प्यारी,
कित गयी .. ।।

3. सुंदरतर रमणी अभिरामा, अनूप शुभ रूप ललामा ।
कहाँ गयी है तू बिन रामा, तज अपनी कुटिया धामा ।
खोजी हमने भूमि सारी,
कित गयी .. ।।

स्थायी

X				0				X				0			
नि़	सा	रे	प	म	ग	सा	नि़	नि़	प़	नि़	सा	रे	ग	नि़	सा
कि	त	ग	यी	सी	ऽ	ता	ऽ	प्रा	ऽ	ण	पि	या	ऽ	री	ऽ
रे	म	प	ध	म	प	सां	सां	प	ध	म	–	गरे	ग	नि़	सा
ढूँ	ऽ	ढ	त	ढूँ	ऽ	ढ	त	अ	खि	याँ	ऽ	हाऽ	ऽ	री	ऽ
नि़	सा	रे	प	म	ग	सा	नि़	नि़	प़	नि़	सा	रे	ग	नि़	सा
कि	त	ग	यी	सी	ऽ	ता	ऽ	प्रा	ऽ	ण	पि	या	ऽ	री	ऽ

अंतरा–1

X				0				X				0			
म	–	म	–	प	प	नि	नि	सां	–	सां	–	रें	नि	सां	–
बो	ऽ	लो	ऽ	ल	छि	म	न	मो	ऽ	रे	ऽ	भा	ऽ	ई	ऽ
प	नि	–	सां	रें	–	रें	सां	सां	–	रें	गं	नि	–	सां	–
क	हाँ	ऽ	है	तो	ऽ	री	ऽ	भौ	ऽ	जा	ऽ	ई	ऽ	ऽ	ऽ
म	–	म	म	प	–	नि	–	सां	सां	सां	–	रें	नि	सां	–
श्वा	ऽ	प	द	को	ऽ	ई	ऽ	उ	स	को	ऽ	खा	ऽ	ई	ऽ
प	नि	–	सां	रें	रें	रें	सां	सां	–	रें	गं	नि	–	सां	–
छु	पी	ऽ	तो	ऽ	न	ही	ऽ	वो	ऽ	बै	ऽ	ठी	ऽ	ऽ	ऽ
प	नि	सां	रें	नि	सां	प	–	सां	सां	प	ध	मप	धप	मग	रेसा
या	ऽ	है	ऽ	उ	स	को	ऽ	अ	सु	र	उ	ठाऽ	ऽऽ	ई	ऽऽ
नि़	सा	रे	प	म	ग	सा	नि़	नि़	प़	नि़	सा	रे	ग	नि़	सा
कि	त	ग	यी	सी	ऽ	ता	ऽ	प्रा	ऽ	ण	पि	या	ऽ	री	ऽ

राष्ट्र भक्ति गीत

दादरा ताल

61. ट्रिनिडाड टोबागो राष्ट्रगीत ।

स्थायी : ट्रिनिडाड और टोबागो हमारा, इस दुनिया में सबसे है प्यारा ।।
इसकी माटी की संतान हम हैं, ये प्यारा वतन है हमारा ।।

अंतरा : 1. करिबीयन के सागर का मोती, ये उज्ज्वल है अंबर की ज्योति ।
ये कुदरत का दौलत भँडारा, स्वर्ग भूमि का सुंदर नज़ारा ।।

2. यहाँ धर्मों को बंधन नहीं है, आनाकानी यहाँ ना कहीं है ।
सारे वतनों से है ये नियारा, धरती पर ये है सबसे दुलारा ।।

3. कोई हिंदु न मुस्लिम इसाई, सारे इन्सान हैं भाई भाई ।
ये संगीत कला का सितारा, देश ये है हमारा जियारा ।।

स्थायी

		X				0				X				0			
सा	ग	म	-म	म	म	प	-	मग	ग	म	-	प	-	-	-	म	प
ट्रि	नि	डा	ऽड	और	टो	बा	ऽ	गोऽ	ह	मा	ऽ	रा	ऽ	ऽ	ऽ	इ	स
		सां	सां	निप	प	नि	नि	प	ग	म	-	म	-	-	-	नि	नि
		दु	नि	या-	में	स	ब	से	है	प्या	ऽ	रा	ऽ	ऽ	ऽ	इस	कि
		सां	-	सां	सां	सां	गं	सांनि	नि	सां	सां	सां	-	-	-	-	सां
		मा	ऽ	टी	की	सं	ऽ	ताऽ	न	ह	म	है	ऽ	ऽ	ऽ	ऽ	ये
		मं	-	गं	सां	गं	गं	सांनि	नि	सां	-	-	नि	प	-	म	प
		प्या	ऽ	रा	व	त	न	है-	ह	मा	ऽ	ऽ	ऽ	रा	ऽ	ट्रि	नि
		(म)ग	-ग	म	म	प	-नि	प	म	म	-म	म	म	म	ग	सा	ग
		डा	ऽड	ट्रि	नि	डा	ऽड	ट्रि	नि	डा	डैण्ड	टो	बा	गो	ऽ	ट्रि	नि

अंतरा-1

0				X				0				X			
-	निसां	गं	रें	सां	सां	सां	-	-	निसां	गं	रें	सां	-	सां	-
ऽ	क	ऽ	रि	बी	यन	के	ऽ	ऽ	साऽ	गर	का	मो	ऽ	ती	ऽ
-	सां-	नि	प	नि	नि	प	म	-	गम	प	म	म	-	म	-
ऽ	येऽ	उज्ज्	ऽ	व	ल	है	ऽ	ऽ	अं	बर	की	ज्यो	ऽ	ति	ऽ
-	निसां	गं	रें	सां	सां	सां	-	-	निसां	गं	रें	सां	-	सां	-
ऽ	ये	ऽकु	द	र	त	का	ऽ	ऽ	दौ	लत	भं	डा	ऽ	रा	ऽ
-	मं	-गं	सां	गं	गं	सां	नि	सां	-	नि	प	सां	-	-	नि
ऽ	स्व	ऽर्ग	ऽ	भू	मि	का	ऽ	सुं	ऽ	दर	न	ज़ा	ऽ	ऽ	ऽ
प	-	म	प	(म)ग	-गं	म	म	प	-नि	प	म	म	-म	म	म
रा	ऽ	ट्रि	नि	डा	ऽड	ट्रि	नि	डै	ऽड	ट्रि	नि	डा	डऔ	टो	बा
म	-	सा	ग	म	-म	म	म	म	प	मग	ग	म	-	प	-
गो	ऽ	ट्रि	नि	डा	ऽड	और	टो	बा	ऽ	गोऽ	ह	मा	ऽ	रा	ऽ

ध्रुपद (ट्रिनिडाड तर्ज)

कहरवा ताल

62. शिवगौरी ।

स्थायी : एक लिंग डमरू धर! जगदंबिके भव त्र्यंबिके!
दिगंबर गंगाधर, शिव शंकर, शिव शंकरी ।।

अंतरा : 1. हे महेश जय उमेश, रुद्र भद्र भूतनाथ!
हे भवानी महाकाली, त्राहि माम् भुवनेश्वरी! ।।
2. नीलकंठ भालचंद्र, भोलेनाथ तुम अनंत!
अंबे गौरी महाचंडी, पाहि माम् जगदीश्वरी! ।।

स्थायी

		X				0				X				0			
नि	नि	सां	–	–	–	–	नि	नि	प	मं	ग	ग	ग	–	–	मंध	मंग
ए	क	लिं	ऽ	ऽ	ऽ	ऽ	ग	ड	म	रू	ऽ	ध	र	ऽ	ऽ	जऽ	गऽ
		रे	–	रे	रे	–	सा	गरे	रे	सा	–	सा	सा	–	–	नि़	नि़ध़
		दं	ऽ	बि	के	ऽ	ऽ	भऽ	व	त्र्यं	ऽ	बि	के	ऽ	ऽ	दि	गंऽ
		सा	–	–	–	–	–	नि़ध़	सा	नि़	–	–	–	–	–	नि़	रे
		बर	ऽ	ऽ	ऽ	ऽ	ऽ	गंऽ	गा	धर	ऽ	ऽ	ऽ	ऽ	ऽ	शि	व
		मं	–	मं	मं	ग	–	ग	रे	रे	सा	सा	सा	–	–	नि	नि
		शं	ऽ	क	र	ऽ	ऽ	शि	व	शं	ऽ	क	री	ऽ	ऽ	ए	क

अंतरा

x				0				x				0			
प	ग	प	सां	–	सां	सां	सां	सां	सां	–	सां	सां	–	सां	सां
हे	ऽ	म	हे	ऽ	श	ज	य	उ	मे	ऽ	श	रु	ऽ	द्र	भ
–	सां	सां	नि	रें	सां	–	सां	नि	–	नि	नि	–	नि	नि	नि
ऽ	द्र	भू	ऽ	त	ना	ऽ	थ	हे	ऽ	भ	वा	ऽ	नी	म	हा
–	नि	–	नि	धनि	सां	सां	सां	सां	सां–	नि	ध	नि	प	नि	नि
ऽ	का	ऽ	ली	त्राऽ	ऽ	हि	मा	म्	भुव	ने	ऽ	श्व	री	ए	क

ठुमरी (ट्रिनिडाड तर्ज)

कहरवा ताल

63. घिर आये सावन के बादर कारे ।

स्थायी : घिर आये सावन के, बादर कारे ।
आजा री सजनीया, पपीहा पुकारे ।।
अंतरा : 1. मतवारी मोरनीया, नाच दिखावे ।
धुन टेर मोरवा की, मनवा रिझावे ।।
2. मेहा रे झरी तोरी, नेहा लगावे ।
शीतल रीम झीम, मोती पसारे ।।

स्थायी-1

		X				0				X				0			
ग	म	प	सां	नि	सां	–	नि	प	प	ग	–	म	–	ग	–	सा	–
घि	र	आ	ऽ	ऽ	ऽ	ऽ	ये	ऽ	सा	व	ऽ	न	ऽ	के	ऽ	ऽ	ऽ
		नि	–	–	नि	सा	ग	ग	ग	म	–	–	–	म	–	–	–
		ऽ	ऽ	ऽ	बा	ऽ	द	र	ऽ	का	ऽ	ऽ	ऽ	रे	ऽ	ऽ	ऽ
		–	–	–	म	प	ग	–	म	प	ध	पसां	नि	ध	प	प	–
		ऽ	ऽ	ऽ	आ	ऽ	जा	ऽ	री	स	ऽ	ज	ऽ	नि	ऽ	या	ऽ
		–	–	प	प	ध	मग	रे	ग	म	प	–	–	प	–	ग	म
		ऽ	ऽ	प	पी	ऽ	हाऽ	ऽ	पु	का	ऽ	ऽ	ऽ	रे	ऽ	घि	र

अंतरा

x				0				x				0			
–	–	–	म	प	नि	–	नि	सां	–	–	–	सां	सां	सां	–
ऽ	ऽ	ऽ	म	त	वा	ऽ	री	मो	ऽ	ऽ	ऽ	र	नी	या	ऽ
–	–	–	नि	–	सां	–	सां	नि	सां	नि	रेंसां	–	नि	–	प
ऽ	ऽ	ऽ	ना	ऽ	च	ऽ	दि	खा	ऽ	ऽ	ऽऽ	वे	ऽ	ऽ	ऽ
–	–	–	म	प	नि	–	नि	सां	–	–	–	सां	सां	सां	–
ऽ	ऽ	ऽ	म	त	वा	ऽ	री	मो	ऽ	ऽ	ऽ	र	नी	या	ऽ
–	–	–	नि	सां	रेंगं	मं	गं	सां	–	निरें	सां	नि	–	प	–
ऽ	ऽ	ऽ	ना	ऽ	च	ऽ	दि	खा	ऽ	ऽऽ	ऽ	वे	ऽ	ऽ	ऽ
–	–	–	प	सां	सां	–	रें	नि	–	नि	–	ध	प	प	–
ऽ	ऽ	ऽ	धु	न	टे	ऽ	र	मो	ऽ	र	ऽ	वा	ऽ	की	ऽ
–	–	–	ग	म	ग	रे	ग	म	प	–	–	प	–	ग	म
ऽ	ऽ	ऽ	म	न	वा	ऽ	रि	झा	ऽ	ऽ	ऽ	वे	ऽ	घि	र

ग़ज़ल (ट्रिनिडाड तर्ज)

कहरवा ताल

64. राह में घनश्याम तेरी ।

स्थायी : राह में घनश्याम तेरी, बैठे ज़माना हो गया ।
रास में तू है लगा ये, दुक बहाना हो गया ।।

अंतरा : 1. पी गयी वो ज़हर का प्याला, तू योग में था खो गया ।
मत बता तू वो बहाना, अब पुराना हो गया ।।

2. बंसी तेरी है सुहानी, राधिका से है सुना ।
एक सुर हमको सुना दे, बस लुभाना हो गया ।।

3. माना तू हमदर्द है, मगर कहाँ तू सो गया ।
कम से कम दीदार दे दे, बस रुलाना हो गया ।।

स्थायी

X				0				X				0			
–	नि़	सा	ग	म	–	म	म	–	पध	नि	ध	प	ध	म	ग
ऽ	रा	ऽ	ह	में	ऽ	घ	न	ऽ	श्याऽ	ऽ	म	ते	ऽ	री	ऽ
–	ग	ग	ग	म	–	पनि	प	ग	–	–	ग	रेम	गरे	नि़	सा
ऽ	बै	ठे	ज़	मा	ऽ	नाऽ	ऽ	हो	ऽ	ऽ	ग	या–	ऽ	ऽ	ऽ
–	नि़	सा	ग	म	–	म	–	–	पध	नि	ध	प	ध	म	ग
ऽ	रा	ऽ	स	में	ऽ	तू	ऽ	ऽ	हैऽ	ऽ	ल	गा	ऽ	ये	ऽ
–	ग	ग	ग	म	–	पनि	प	ग	–	–	ग	रेम	गरे	नि़	सा
ऽ	दु	क	ब	हा	ऽ	ना–	ऽ	हो	ऽ	ऽ	ग	या–	ऽ	ऽ	ऽ

अंतरा–1, 2

X				0				X				0			
–	नि	प	प	नि	–	नि	–	सां–	–	सां	नि	सां	–	सां	–
ऽ	पी	ऽ	ग	यी	ऽ	वो	ऽ	ज़ह	ऽ	र	का	प्या	ऽ	ला	ऽ
–	सां	सां	रें	नि	–	प	–	–	ग	–	प	म	–	ग	सा
ऽ	तू	यो	ग	में	ऽ	था	ऽ	ऽ	खो	ऽ	ग	या	ऽ	ऽ	ऽ
–	नि़	सा	ग	म	म	म	–	–	पध	नि	ध	प	ध	म	ग
ऽ	म	त	ब	ता	ऽ	तू	ऽ	ऽ	वोऽ	ऽ	ब	हा	ऽ	ना	ऽ
–	ग	ग	ग	म	–	पनि	प	ग	–	–	ग	रेम	गरे	नि़	सा
ऽ	अ	ब	पु	रा	ऽ	नाऽ	ऽ	हो	ऽ	ऽ	ग	याऽ	ऽ	ऽ	ऽ
–	नि़	सा	ग	म	–	म	म	–	पध	नि	ध	प	ध	म	ग
ऽ	रा	ऽ	ह	में	ऽ	घ	न	ऽ	श्याऽ	ऽ	म	ते	ऽ	री	ऽ

चैती (ट्रिनिडाड तर्ज)

दीपचंदी ताल

65. चले लंका अवध बिहारी ।

स्थायी : चले लंका अवध बिहारी, हो रामा, धनुस जटा धारी ।
अंतरा : 1. नीर नयनन सकल नर नारी, आरती करत मनहारी ।
2. सीता चली संग रघुवर प्यारी, अंग पे पीत वसन डारी ।
3. पीछे लखन परम सुविचारी, राघव सिया का हितकारी ।

स्थायी

X			2				0			3			
सा	रे	–	म	–	म	–	म	प	–	ध	सां	सां	–
च	ले	ऽ	लं	ऽ	का	ऽ	अ	व	ऽ	ध	ऽ	बि	ऽ
सां	–	–	नि	–	ध	प	ग	–	मग	म	ध	प	प
हा	ऽ	ऽ	री	ऽ	हो	ऽ	रा	ऽ	ऽऽ	मा	ऽ	ऽ	ध
ध	प	–	म	–	म	ग	रे	ग	–	(रे)सा	–	–	–
नु	स	ऽ	ज	ऽ	टा	ऽ	धा	ऽ	ऽ	री	ऽ	ऽ	ऽ
सा	रे	–	म	–	म	–	प	ध	प	म	–	रे	–
च	ले	ऽ	लं	ऽ	का	ऽ	अ	व	ऽ	ध	ऽ	बि	ऽ
म	–	–	–	–	–	–	म	–	–	–	–	रे	सा
हा	ऽ	ऽ	ऽ	ऽ	ऽ	ऽ	री	ऽ	ऽ	ऽ	ऽ	ऽ	ऽ

अंतरा–1

X			2				0			3			
सां	नि	–	ध	–	नि	–	सां	रें	–	सां	सां	सां	–
नी	ऽ	ऽ	र	ऽ	न	ऽ	य	ऽ	ऽ	न	न	स	ऽ
नि	नि	–	ध	प	प	म	म	प	–	ध	–	रेसां	–
क	ल	ऽ	न	ऽ	र	ऽ	ना	ऽ	ऽ	री	ऽ	सऽ	ऽ
सां	ध	–	प	–	प	–	ध	प	–	म	–	म	सा
क	ल	ऽ	न	ऽ	र	ऽ	ना	ऽ	ऽ	री	ऽ	आ	ऽ
सा	रे	–	म	–	म	–	म	प	–	ध	सां	सां	–
र	ती	ऽ	क	ऽ	र	ऽ	त	ऽ	ऽ	म	ऽ	न	ऽ
सां	–	–	नि	–	ध	प	ग	–	मग	म	ध	प	प
हा	ऽ	ऽ	री	ऽ	हो	ऽ	रा	ऽ	ऽऽ	मा	ऽ	ऽ	ध
ध	प	–	म	–	म	ग	रे	ग	–	(रे)सा	–	–	–
नु	स	ऽ	ज	ऽ	टा	ऽ	धा	ऽ	ऽ	री	ऽ	ऽ	ऽ
सा	रे	–	म	–	म	–	प	ध	प	म	–	रे	–
च	ले	ऽ	लं	ऽ	का	ऽ	अ	व	ऽ	ध	ऽ	बि	ऽ
म	–	–	–	–	–	–	म	–	–	–	–	रे	सा
हा	ऽ	ऽ	ऽ	ऽ	ऽ	ऽ	री	ऽ	ऽ	ऽ	ऽ	ऽ	ऽ

कजरी – (ट्रिनिडाड तर्ज)

कहरवा ताल

66. सावन की कजरिया ।

स्थायी : कैसी ये सुहानी सावन की कजरिया । शीतल रिमझिम झरियाँ ।।

अंतरा : 1. गरजत बिजुरिया, बरसत बदरिया । कान्हा रे छलकत, मोरी गगरिया ।।

2. दूर मोरी नगरिया, छोड़ मोरी डगरिया । कान्हा रे भीग गयी, मोरी चुनरिया ।।

3. आज तोरी साँवरिया, लूँगी मैं खबरिया । ना कर बरजोरी, मोरे कनाईया ।।

स्थायी

0				X				0				X			
म	–	म	–	म	प	प	नि	नि	–	नि	ध	प	ध	ध	ध
कै	ऽ	सी	ऽ	ये	ऽ	सु	ऽ	हा	ऽ	नी	ऽ	सा	ऽ	व	न
प	म	म	–	म	–	प	–	म	–	ग	–	सा	–	सा	–
की	ऽ	क	ऽ	ज	ऽ	रि	ऽ	या	ऽ	शी	ऽ	त	ऽ	ल	ऽ
ग	–	म	–	प	ध	प	ध	–	म	–	ग	म	–	–	–
रि	ऽ	म	ऽ	झि	ऽ	म	ऽ	ऽ	झ	ऽ	रि	याँ	ऽ	ऽ	ऽ
–	–	सां	–	सां	–	सां	–	सां	–	सां	–	सां	रें	सां	रें
ऽ	ऽ	शी	ऽ	त	ऽ	ल	ऽ	रि	ऽ	म	ऽ	झि	ऽ	म	ऽ
–	नि	–	ध	प	–	–	–	–	–	ग	–	ग	सा	सा	–
ऽ	झ	ऽ	रि	याँ	ऽ	ऽ	ऽ	ऽ	ऽ	शी	ऽ	त	ऽ	ल	ऽ
ग	–	म	–	प	ध	प	ध	–	म	–	ग	म	–	–	–
रि	ऽ	म	ऽ	झि	ऽ	म	ऽ	ऽ	झ	ऽ	रि	याँ	ऽ	ऽ	ऽ

अंतरा–1

0				X				0				X			
म	–	म	–	म	प	प	–	नि	–	नि	–	सां	–	सां	–
ग	ऽ	र	ऽ	ज	ऽ	त	ऽ	बि	ऽ	जु	ऽ	रि	ऽ	या	ऽ
सां	–	सां	–	सां	–	सां	नि	नि	रें	सां	रें	नि	–	ध	–
ब	ऽ	र	ऽ	स	ऽ	त	ऽ	ब	ऽ	द	ऽ	रि	ऽ	या	ऽ
म	–	म	–	म	प	प	–	नि	–	नि	–	सां	–	सां	–
ग	ऽ	र	ऽ	ज	ऽ	त	ऽ	बि	ऽ	जु	ऽ	रि	ऽ	या	ऽ
सां	–	सां	रें	रें	मं	मं	गं	गं	रें	रें	सां	सां	नि	ध	–
ब	ऽ	र	ऽ	स	ऽ	त	ऽ	ब	ऽ	द	ऽ	रि	ऽ	या	ऽ
म	–	म	–	म	प	–	–	नि	नि	नि	नि	ध	–	–	–
का	ऽ	न्हा	ऽ	रे	ऽ	ऽ	ऽ	छ	ल	क	त	मो	ऽ	ऽ	ऽ

प	–	म	–	म	–	प	–	म	–	ग	–	ग	सा	सा	–
री	ऽ	ग	ऽ	ग	ऽ	रि	ऽ	या	ऽ	शी	ऽ	त	ऽ	ल	ऽ
ग	–	म	–	प	ध	प	ध	–	म	–	ग	म	–	–	–
रि	ऽ	म	ऽ	झि	ऽ	म	ऽ	ऽ	झ	ऽ	रि	याँ	ऽ	ऽ	ऽ

होरी (ट्रिनिडाड तर्ज)

दीपचंदी ताल

67. खेड़त होरी किशन मुरारि ।

स्थायी : सखी संग खेड़त होरी, देखो किशन मुरारि ।

अंतरा : 1. चलावे पिचकारी हो कृषण कन्हाई, देखे यशोदा माई ।
लाल गुलाली उड़े रंग की धारी, कहे राधा मैं तो, हारी हारी ।।

2. बजावे बाँसुरी हो कृषण कन्हैया, सुनै है यशोदा मैया ।
बलदाऊ सुदामा बजावै ताड़ी, संग गोप गोपी, बारी बारी ।।

3. पनिया भरन चली लिये गगरिया, हो राधा ग्वालनिया ।
जमुना तट पर सुंदर प्यारी, ये श्याम की श्यामा, प्यारी प्यारी ।।

स्थायी

X			2				0			3			
सा	सा	–	रे	–	रे	–	रे	ग	–	म	प	म	–
स	खी	ऽ	सं	ऽ	ग	ऽ	खे	ऽ	ऽ	ड़	ऽ	त	ऽ
प	–	–	प	–	–	–	म	नि	प	ग	–	रे	सा
हो	ऽ	ऽ	री	ऽ	ऽ	ऽ	हो	ऽ	ऽ	री	ऽ	ऽ	ऽ
सा	सा	–	रे	–	रे	–	रे	ग	–	म	प	म	–
स	खी	ऽ	सं	ऽ	ग	ऽ	खे	ऽ	ऽ	ड़	ऽ	त	ऽ
प	–	–	प	–	–	–	–	–	–	ग	–	म	–
हो	ऽ	ऽ	री	ऽ	ऽ	ऽ	ऽ	ऽ	ऽ	दे	ऽ	खो	ऽ
प	ध	प	पध	नि	ध	प	म	प	–	ग	–	रे	सा
कृ	ष	ऽ	णऽ	ऽ	मु	ऽ	रा	ऽ	ऽ	रि	ऽ	ऽ	ऽ
सा	सा	–	रे	–	रे	–	रे	ग	–	म	प	म	–
स	खी	ऽ	सं	ऽ	ग	ऽ	खे	ऽ	ऽ	ड़	ऽ	त	ऽ
नि	प	–	प	–	–	–	–	–	–	–	–	–	–
हो	ऽ	ऽ	री	ऽ	ऽ	ऽ	ऽ	ऽ	ऽ	ऽ	ऽ	ऽ	ऽ

अंतरा–1

X			2				0			3			
रें	रें	–	रें	–	रें	रें	रें	मं	गं	गं	–	गं	रें
च	ला	ऽ	वे	ऽ	पि	च	का	ऽ	ऽ	री	ऽ	हो	ऽ
सां	रें	–	नि	–	प	–	नि	सां	–	रें	–	–	–
कृ	ष	ऽ	न	ऽ	क	ऽ	न्हा	ऽ	ऽ	ई	ऽ	ऽ	ऽ
सां	रें	–	नि	–	नि	–	ध	–	–	म	–	प	–
दे	ऽ	ऽ	खे	ऽ	य	ऽ	शो	ऽ	ऽ	दा	ऽ	ऽ	ऽ
नि	–	–	–	–	ध	नि	सां	–	–	–	–	–	–
मा	ऽ	ऽ	ऽ	ऽ	ऽ	ऽ	ई	ऽ	ऽ	ऽ	ऽ	ऽ	ऽ
सां	–	–	नि	–	ध	–	ध	–	–	ध	–	–	–
ला	ऽ	ऽ	ल	ऽ	गु	ऽ	ला	ऽ	ऽ	ली	ऽ	ऽ	ऽ
ध	ध	–	नि	–	सां	–	रें	नि	–	ध	–	प	–
उ	ड़े	ऽ	रं	ऽ	ग	ऽ	की	ऽ	ऽ	धा	ऽ	री	ऽ
ग	म	–	ध	–	ध	–	ध	ध	–	ध	–	–	–
ला	ऽ	ऽ	ल	ऽ	गु	ऽ	ला	ऽ	ऽ	ली	ऽ	ऽ	ऽ
ध	ध	–	नि	–	सां	–	रें	नि	–	ध	–	प	–
उ	ड़े	ऽ	रं	ऽ	ग	ऽ	की	ऽ	ऽ	धा	ऽ	री	ऽ
नि	नि	–	नि	–	नि	–	नि	सां	–	सां	–	–	–
क	हे	ऽ	रा	ऽ	धा	ऽ	मैं	ऽ	ऽ	तो	ऽ	ऽ	ऽ
नि	सां	–	सां	–	–	रें	नि	ध	–	ग	–	म	–
हा	ऽ	ऽ	री	ऽ	ऽ	ऽ	हा	ऽ	ऽ	री	ऽ	ऽ	ऽ
ध	प	–	पध	नि	ध	प	म	प	–	ग	–	रे	सा
रं	ऽ	ऽ	गऽ	ऽ	की	ऽ	धा	ऽ	ऽ	री	ऽ	ऽ	ऽ

तिलाना (ट्रिनिडाड तर्ज)

कहरवा ताल

68. तूम तन नन नन दीम् ।

स्थायी : तूम तन नन नन दीम्, तदारे दानी । नित न देरे ना, तदारे तदारे दानी ।
तूम तन नन नन दीम्, तदारे दानी ।।

अंतरा : 1. शंख नाद कराहिं शिव, अनहद छंद तरंग ।
भोले शंकर नाचिबे, बाजे डमरू संग ।

तदारे दानी, तूम तन नन नन दीम्, तदारे दानी ।।

2. ध ध कित्, ध ध कित्, तकित् तका कित् ।
तांडव नृत्य दिखावैं, ता दीम् त दीम् दीम् ।
त दीम् तन नन नन, भूमंडल सब दंग, तदारे दानी ।।

स्थायी

X				0				X				0			
–	सांसां	सां	सां	नि	ध	प	ध	धसां	नि	ध	प	म	प	ग	रे
ऽ	तूम	त	न	न	न	न	न	दीऽ	ऽ	म्	त	दा	रे	दा	नी
–	सासा	रे	रे	ग	ग	म	म	प	–	प	ध	म	प	ग	रे
ऽ	तूम	त	न	न	न	न	न	दी	ऽ	म्	त	दा	रे	दा	नी
–	सासा	रे	रे	ग	ग	म	म	प	–	–	प	–	–	–	–
ऽ	तूम	त	न	न	न	न	न	दी	ऽ	ऽ	म्	ऽ	ऽ	ऽ	ऽ
–	नि	नि	नि	नि	ध	प	ध	नि	रें	सां	रें	नि	ध	प	प
ऽ	नि	त	न	दे	रे	ना	ऽ	त	दा	रे	त	दा	रे	दा	नी
–	सासा	रे	रे	ग	ग	म	म	प	–	प	ध	म	प	ग	रे
ऽ	तूम	त	न	न	न	न	न	दी	ऽ	म्	त	दा	रे	दा	नी
–	सासा	रे	रे	ग	ग	म	म	प	–	–	प	–	–	–	–
ऽ	तूम	त	न	न	न	न	न	दी	ऽ	ऽ	म्	ऽ	ऽ	ऽ	ऽ

अंतरा–1

X				0				X				0			
–	म	–	प	नि	–	नि	नि	सां	–	सां	–	रें	नि	सां	–
ऽ	शं	ऽ	ख	ना	ऽ	द	क	रा	ऽ	हिं	ऽ	शि	ऽ	व	ऽ
–	निनि	नि	नि	नि	ध	प	ध	नि	रें	सां	रें	नि	ध	प	–
ऽ	अन	ह	द	छं	ऽ	द	त	रं	ऽ	ऽ	ऽ	ऽ	ऽ	ग	ऽ
–	पप	–	रें	रें	–	रें	रें	–	सां	नि	नि	ध	–	प	–
ऽ	भोऽ	ऽ	ले	शं	ऽ	क	र	ऽ	ना	ऽ	चि	बे	ऽ	ऽ	ऽ
–	सां	–	सां	नि	ध	प	ध	धसां	नि	ध	प	म	प	ग	रे
ऽ	बा	ऽ	जे	ड	म	रू	ऽ	संऽ	ऽ	ग	त	दा	रे	दा	नी
–	सासा	रे	रे	ग	ग	म	म	प	–	–	प	–	–	–	–
ऽ	तूम	त	न	न	न	न	न	दी	ऽ	ऽ	म्	ऽ	ऽ	ऽ	ऽ

चटनी (ट्रिनिडाड तर्ज)

कहरवा ताल

69. हाय रे! अदा तेरी ।

स्थायी : हाय रे! अदा तोरी क़ातिल, ओऽ बरसाने की रधिया! ।

अंतरा : 1. मुड़ मुड़ काहे को, मारे नज़रिया ।
काट करजवा को लेगयी, होऽ गोरी ग्वालिन गुड़िया ।।

2. चुप चुप जाऊँ मैं जमुना की नदिया,
मार कंकरिया वो फोरी, होऽ कान्हा मोरी गगरिया ।।

3. नट खट आयो री मोरी डगरिया,
धरके कलाई बरजोरी, होऽ कीनी रार कनईया ।।

स्थायी

X				0				X				0			
–	मम	प	प	प	–	प	ध	म	–	प	प	नि	–	ध	प
ऽ	हाय	रे	अ	दा	ऽ	तो	री	क़ा	ऽ	ति	ल	ओ	ऽ	ब	र
ध	–	पध	प	म	म	म	–	–	मम	प	प	प	–	प	ध
सा	ऽ	नेऽ	की	र	धि	या	ऽ	ऽ	हाय	रे	अ	दा	ऽ	तो	री
–	म	प	प	नि	–	ध	प	ध	–	पध	प	म	म	म	–
ऽ	क़ा	ति	ल	ओ	ऽ	ब	र	सा	ऽ	नेऽ	की	र	धि	या	ऽ
–	प	नि	नि	सां	–	सां	सां	–	सां	सां	सां	सांरें	गं	रें	सां
ऽ	हाय	रे	अ	दा	ऽ	तो	री	ऽ	क़ा	ति	ल	ओ	ऽ	ब	र
सां	रें	सांरें	सां	नि	नि	ध	प	–	मम	प	प	प	–	प	ध
सा	ऽ	नेऽ	की	र	धि	या	ऽ	ऽ	हाय	रे	अ	दा	ऽ	तो	री

अंतरा–1

X				0				X				0			
–	पप	नि	नि	सां	–	सां	सां	सां	नि	रें	सां	नि	नि	ध	प
ऽ	मुड़	मु	ड़	का	ऽ	हे	को	मा	ऽ	रे	न	ज	रि	या	ऽ
–	प	प	प	प	प	प	ध	म	–	प	प	नि	–	ध	प
ऽ	का	ट	क	र	ज	वा	को	ले	ऽ	ग	यी	हो	ऽ	गो	री
ध	–	पध	प	म	म	म	–	–	मम	प	प	प	–	प	ध
ग्वा	ऽ	लिऽ	न	गु	ड़ि	या	ऽ	ऽ	हाय	रे	अ	दा	ऽ	तो	री
म	–	प	प	नि	–	ध	प	ध	–	पध	प	म	म	म	–
क़ा	ऽ	ति	ल	ओ	ऽ	ब	र	सा	ऽ	नेऽ	की	र	धि	या	ऽ

भजन : राग दुर्गा – कहरवा ताल

70. दुर्गे माँ ।

जै जै माँ, दुर्गे माँ । जै जै माँ, अंबे माँ ।।

स्थायी : मोहे, भव से तारो दुर्गे माँ । मोरे, विघ्न उतारो अंबे माँ ।
राह नहीं है तुम बिन जग में, चाह नहीं भवसागर में ।।

अंतरा : 1. माता तुम हो काली कराली, देवी भवानी शेरोंवाली ।
लीला तुमरी सब जग जानत, नारद शारद बरनत माँ ।
देवी, भाग्य जगादो चंडी माँ, मोरे, विघ्न उतारो अंबे माँ ।।

2. नाता तुमरा आदि जनम का, जय जगदंबे जोताँवाली ।
दे दो दरशन सपनन आकर, सुंदर मंगल सज धज माँ ।
देवी, भाग्य जगादो चंडी माँ, मोरे, विघ्न उतारो अंबे माँ ।।

3. माया तुमरी न्यारी निराली, जय जगवंदे लाटाँवाली ।
जै जै करते महिमा गाकर, शंकर किन्नर भगतन माँ ।
देवी, भाग्य जगादो चंडी माँ, मोरे, विघ्न उतारो अंबे माँ ।।

		X				0				X				0			
सा	सा	रे	–	–	–	–	–	म	रे	सा	–	–	–	–	–	सा	रे
जै	जै	माँ	ऽ	ऽ	ऽ	ऽ	ऽ	दुर्	गे	माँ	ऽ	ऽ	ऽ	ऽ	ऽ	जै	जै
		प	–	–	–	–	–	म	रे	म	–	–	–	–	–	सा	सा
		माँ	ऽ	ऽ	ऽ	ऽ	ऽ	अं	बे	माँ	ऽ	ऽ	ऽ	ऽ	ऽ	मो	हे

स्थायी

X				0				X				0			
–	धध	प	म	प	–	म	रे	रे	रे	प	–	प	–	म	प
ऽ	भव	से	ऽ	ता	ऽ	रो	ऽ	दु	र्	गे	ऽ	माँ	ऽ	मो	रे
–	धध	प	म	प	–	म	रे	रे	–	प	म	म	–	सा	सा
ऽ	विघ्	न	उ	ता	ऽ	रो	ऽ	अं	ऽ	बे	ऽ	माँ	ऽ	जै	जै
रे	–	–	–	–	–	म	रे	सा	–	–	–	–	–	सा	रे
माँ	ऽ	ऽ	ऽ	ऽ	ऽ	दुर्	गे	माँ	ऽ	ऽ	ऽ	ऽ	ऽ	जै	जै
प	–	–	–	–	–	म	रे	म	–	–	–	–	–	–	–
माँ	ऽ	ऽ	ऽ	ऽ	ऽ	अं	बे	माँ	ऽ	ऽ	ऽ	ऽ	ऽ	ऽ	ऽ
–	म	–प	ध	सां	–	सां	ध	–	धरें	सां	ध	प	प	ध	पम
ऽ	रा	ऽह	न	हीं	–	है	ऽ	ऽ	तुम	बि	न	ज	ग	में	ऽ
–	ध	–प	म	प	–	म	रे	–	रे–	प	म	म	–	सा	सा
ऽ	चा	ऽह	न	हीं	ऽ	भ	व	ऽ	साऽ	ग	र	में	ऽ	मो	हे

अंतरा–1

X				0				X				0			
–	**सांध**	**सा**	–	**सां**	**सां**	**सां**	–	–	**सां–**	**रें**	**ध**	**सां**	–	**सां**	–
ऽ	माऽ	ता	ऽ	तु	म	हो	ऽ	ऽ	काऽ	ली	क	रा	ऽ	ली	ऽ
–	**सांध**	**सां**	**रें**	**रें**	–	**रें**	–	–	**सांरें**	**मं**	**रें**	**सां**	–	**सां**	–
ऽ	देऽ	वी	भ	वा	ऽ	नि	ऽ	ऽ	शेऽ	रों	ऽ	वा	ऽ	ली	ऽ
–	**रें**	**–सां**	**ध**	**सां**	**सां**	**ध**	**प**	–	**पध**	**म**	**म**	**रे**	–	**सा**	**सा**
ऽ	ली	ऽला	ऽ	तु	म	री	ऽ	ऽ	सब	ज	ग	जा	ऽ	न	त
–	**सां–**	**सां**	**सां**	**सांध**	**रें**	**सां**	**सां**	–	**धध**	**म**	**म**	**प**	–	**म**	**प**
ऽ	नाऽ	र	द	शाऽ	ऽ	र	द	ऽ	बर	न	त	माँ	ऽ	दे	वी
–	**ध–**	**प**	**म**	**प**	–	**म**	**रे**	**रे**	–	**प**	–	**प**	–	**म**	**प**
ऽ	भाऽ	ग्य	ज	गा	ऽ	दो	ऽ	चं	ऽ	डी	ऽ	माँ	ऽ	मो	रे
–	**धध**	**प**	**म**	**प**	–	**म**	**रे**	**रे**	–	**प**	**म**	**म**	–	**सा**	**सा**
ऽ	विघ्	न	उ	ता	ऽ	रो	ऽ	अं	ऽ	बे	ऽ	माँ	ऽ	मो	हे

भजन : राग दुर्गा

दादरा ताल

71. राम नाम लिखो ।

स्थायी : राम लिखो, नाम लिखो, राम लिखो, नाम रे ।।

अंतरा : 1. शिला तरे, सेतु बने, स्वेद बिंदु ढार रे ।
राम जपो, नाम रटो, तभी बने काम रे ।।

2. जादू भरा, महा भला, राम राम नाम रे ।
काम करो, काम करो, राम को लो थाम रे ।।

3. राह तके, सिया वहाँ, रात दिवस जाग के ।
अँगुठी को देख देख, कहे प्रभो राम रे! ।।

स्थायी

X			0			X			0		
ध	–	**ध**	**प**	**म**	–	**प**	–	**प**	**म**	**रे**	–
रा	ऽ	म	लि	खो	ऽ	ना	ऽ	म	लि	खो	ऽ
सा	–	**सा**	**सा**	**ध**	–	**प**	–	**म**	**म**	–	–
रा	ऽ	म	लि	खो	ऽ	ना	ऽ	म	रे	ऽ	ऽ
ध	–	**ध**	**प**	**म**	–	**प**	–	**प**	**म**	**रे**	–
रा	ऽ	म	लि	खो	ऽ	ना	ऽ	म	लि	खो	ऽ

अंतरा–1

X			0			X			0		
म	–	**म**	**प**	**ध**	–	**सां**	–	**सां**	**सां**	**सां**	–
शि	ऽ	ला	त	रे	ऽ	से	ऽ	तु	ब	ने	ऽ
ध	–	**सां**	**रें**	–	**सां**	**ध**	–	**ध**	**प**	–	–
स्वे	ऽ	द	बिं	ऽ	दु	ढा	ऽ	र	रे	ऽ	ऽ
ध	–	**ध**	**प**	**म**	–	**प**	–	**प**	**म**	**रे**	–
रा	ऽ	म	ज	पो	ऽ	ना	ऽ	म	र	टो	ऽ
सा	**सा**	–	**ध**	**ध**	–	**प**	–	**म**	**म**	–	–
त	भी	ऽ	ब	ने	ऽ	का	ऽ	म	रे	ऽ	ऽ
ध	–	**ध**	**प**	**म**	–	**प**	–	**प**	**म**	**रे**	–
रा	ऽ	म	लि	खो	ऽ	ना	ऽ	म	लि	खो	ऽ

भजन

कहरवा ताल

72. गंगा मैया ।

स्थायी : गंगा मैया तू मंगल है माता, तेरा आँचल है कितना सुहाना ।
तेरी लहरों में है गुनगुनाता,
मैया! संगीत सरगम तराना ।।

अंतरा : 1. निकली शंकर की काली जटा से, तुझको भगिरथ है लाया धरा पे ।
तुझको जन्हू की कन्या है माना,
तेरा इतिहास है पावन पुराना ।।

2. तेरे जल में हिमालय की माया, तुझमें जमुना का पानी समाया ।
शरयु को भी गले से लगाया,
तूने उनको भी दीनी गरिमा ।।

3. तेरा तीरथ है लीला जगाता, सारे पापों से मुक्ति दिलाता ।
है सनातन तेरा मेरा नाता,
बड़ी पावन नदी तू मेरी माँ ।।

4. राम सीता फैं अँचल में तेरे, आज लछिमन भी गोदी में तेरे ।
सारी नदियों में तू भागवाना,
इसी कारण तू सबकी बड़ी माँ ।।

स्थायी

		0				X				0				X			
ग	ग	म	प	–	–	–	–	मप	ग	–	नि	–	नि	ध	नि	–ध	प
गं	गा	मै	या	ऽ	ऽ	ऽ	ऽ	ऽऽ	ऽ	ऽ	तू	ऽ	मं	ग	ल	–है	ऽ
		प	–	प	–	–	–	–	–	–	ग	–रे	सा	सा	–	सा	नि
		मा	ऽ	ता	ऽ	ऽ	ऽ	ऽ	ऽ	ऽ	ते	ऽरा	ऽ	आँ	ऽ	चल	है
		–	निध	सां	नि	ध	प	प	–	–	गग	रे	सा	सा	–	सा	नि
		ऽ	किऽ	त	ना	सु	हा	ऽ	ना	ऽ	तेरी	ल	ह	रों	ऽ	में	ऽ
		–	निध	सां	नि	ध	प	म	ग	म	प	–	–	–	–	–	–
		ऽ	हैऽ	गुन	गु	ना	ता	ऽ	ऽ	मै	या	ऽ	ऽ	ऽ	ऽ	ऽ	ऽ
		–	नि	–नि	नि	रें	सां	ऽध	प	प	–	प	–	–	–	ग	ग
		ऽ	सं	–गी	त	स	र	–गम	त	रा	ऽ	ना	ऽ	ऽ	ऽ	गं	गा

अंतरा–1

0				X				0				X			
–	सां–	सां	नि	सां	–	नि	प	–	सां	–सां	नि	सां	–	नि	प
ऽ	निकऽ	ली	ऽ	शं	ऽ	कर	की	ऽ	का	ऽली	ज	टा	ऽ	से	ऽ
–	सां	–सां	नि	सां	सां	नि	प	–	सां–	सां	नि	सां	–	नि	प
ऽ	तुझ	ऽको	ऽ	भ	गि	रथ	है	ऽ	लाऽ	या	ध	रा	ऽ	पे	ऽ
–	ध–	ध	प	ध	ध	ध	ध	–	सांनि	धनि	ध	प	–	प	–
ऽ	तुझऽ	को	ऽ	ज	न	हु	की	ऽ	कन्ऽ	याऽ	है	मा	ऽ	ना	ऽ
–	ध–	ध	प	ध	ध	ध	ध	–	सांनि	धनि	ध	प	प	ग	ग
ऽ	तेरा–	इ	ति	हा	ऽ	स	है	ऽ	पाऽ	वनऽ	पु	रा	ना	गं	गा

भजन : राग पीलू

73. सीता, बिरहा गीत ।

स्थायी : रो रो मैं तो बाँवरिया, मोहे बचाओ साँवरिया ।।

अंतरा : 1. भोली झूठा कर पापी नजरिया, मोहे उठा कर जोर जबरिया ।
लाया उड़ा कर, पार सागरिया ।।

2. रावन की ये सुवन नगरिया, महल ये गलियाँ, सुंदर बगिया ।
लागत मोहे, भुवन में घटिया ।।

3. मोहे लुभावत असुरों की मुखिया, ताने चुभावत रावन सखियाँ ।
हाय! रुलावत, लाज न रखियाँ ।।

4. खात है दिन डसे नागिन रतिया, काटत मन अरु काँपत छतिया ।
नाथ विना अब, कासे कहूँ बतिया ।

5. सिय को पुकारत रामजी दुखिया, रोत है लछिमन व्याकुल अँखियाँ ।
आया है हनुमत, लेके मुँदरिया ।।

स्थायी

X				0				X				0			
ग	रे	सा	नि़	सा	–	रे	प	ग	रे	सा	नि़	सा	–	–	–
रो	ऽ	रो	ऽ	मैं	ऽ	तो	ऽ	बाँ	ऽ	व	रि	या	ऽ	ऽ	ऽ
म	प	नि	नि	सां	–	निध	प	ग	म	ध	प	ग	रे	नि़	सा
मो	ऽ	हे	ब	चा	ऽ	ओऽ	ऽ	साँ	ऽ	व	रि	या	ऽ	ऽ	ऽ
ग	रे	सा	नि़	सा	–	रे	प	ग	रे	सा	नि़	सा	–	–	–
रो	ऽ	रो	ऽ	मैं	ऽ	तो	ऽ	बाँ	ऽ	व	रि	या	ऽ	ऽ	ऽ

अंतरा–1

X				0				X				0			
सा	–	ग	म	प	–	प	प	–	गम	नि	प	ग	रे	नि़	सा
भो	ऽ	ली	झू	ठा	ऽ	क	र	ऽ	पाऽ	पी	न	ज	रि	या	ऽ
ग	–	ग	ग	म	–	म	म	पध	नि	ध	नि	प	ध	प	–
मो	ऽ	हे	उ	ठा	ऽ	क	र	जोऽ	ऽ	र	ज	ब	रि	या	ऽ
नि	–	नि	नि	सां	–	निध	प	–	गम	ध	प	ग	रे	नि़	सा
ला	ऽ	या	उ	ड़ा	ऽ	कऽ	र	ऽ	पाऽ	र	सा	ग	रि	या	ऽ
ग	रे	सा	नि़	सा	–	रे	प	ग	रे	सा	नि़	सा	–	–	–
रो	ऽ	रो	ऽ	मैं	ऽ	तो	ऽ	बाँ	ऽ	व	रि	या	ऽ	ऽ	ऽ

वन्दना

74. सरस्वती वंदना

रुपक ताल

स्थायी : देवी सरस्वती ज्ञान दो, हमको परम स्वर गान दो ।
हमरा अमर अभिधान हो, माँ शारदे वरदान दो ।।

अंतरा : 1. तेरी करें हम आरती, तेरे ही सुत हम भारती ।
सब विश्व का कल्याण हो, माँ शारदे वरदान दो ।।

2. तुम ही हो बुद्धि दायिनी, तुम ही महा सुख कारिणी ।
तुम ही गुणों की खान हो, माँ शारदे वरदान दो ।।

3. तेरी कृपा से काम हो, जग में न हम नाकाम हों ।

हमको न कभी अभिमान हो, माँ शारदे वरदान दो ।।

4. तुम हो कला की देवता, देवी हमें दो योग्यता ।
   हमको हुनर परिधान हो, माँ शारदे वरदान दो ।।

** माँ शारदे वरदान दो, माँ शारदे वरदान दो, माँ शारदे वरदान दो ।।

**** This line comes at the end of the last Antara only.**

INTRO

सां – रें सां – निध पम प – म ग –

गप निप रे – रे रे – ग प प – म म –

स्थायी

		X			2		3		X			2		3	
प	–	निध	नि	प	ग	–	ग	सा	म	–	प	म	–	सा	सा
दे	ऽ	वीऽ	ऽ	स	र	ऽ	स्व	ती	ज्ञा	ऽ	न	दो	ऽ	ह	म
		म	–	प	ध	ध	रें	सां	ध	नि	प	ध	–	प	प
		को	ऽ	प	र	म	स्व	र	गा	ऽ	न	दो	ऽ	ह	म
		निध	नि	प	ग	ग	ग	सा	म	–	प	म	–	सा	–
		राऽ	ऽ	अ	म	र	अ	भि	धा	ऽ	न	हो	ऽ	माँ	ऽ
		म	–	प	ध	–	रें	सां	ध	नि	प	ध	–	सा	–
		शा	ऽ	र	दे	ऽ	व	र	दा	ऽ	न	दो	ऽ	दे	ऽ

अंतरा–1

मग सागा म म म म – धप मप नि नि नि नि –

रेंगं सांनि ध – नि गं रें सां

		X			2		3		X			2		3	
सां	–	सां	–	सां	नि	सां	ध	नि	रें	–	रें	रें	–	रेंगं	मं
ते	ऽ	री	ऽ	क	रें	ऽ	ह	म	आ	ऽ	र	ती	ऽ	तेऽ	ऽ
		रें	–	गं	सां	नि	ध	नि	गंरें	गं	रें	सां	–	सां	–
		रे	ऽ	ही	सु	त	ह	म	भाऽ	ऽ	र	ती	ऽ	ते	ऽ
		रें	नि	नि	ध	प	प	प	निध	नि	प	म	–	प	प
		रे	ऽ	ही	सु	त	ह	म	भाऽ	ऽ	र	ती	ऽ	स	ब
		निध	नि	प	ग	–	ग	सा	म	–	प	म	–	सा	–
		विऽ	ऽ	श्व	का	ऽ	क	ऽ	ल्या	ऽ	ण	हो	ऽ	माँ	ऽ
		म	–	प	ध	–	नि	सां	रें	–	नि	प	ग	सा	–
		शा	ऽ	र	दे	ऽ	व	र	दा	ऽ	न	दो	ऽ	दे	ऽ
		निध	नि	प	ग	–	ग	सा	म	–	प	म	–		
		वीऽ	ऽ	स	र	ऽ	स्व	ती	ज्ञा	ऽ	न	दो	ऽ		

**** This line at the end of the last Antara only :**
माँ शारदे वरदान दो, माँ शारदे वरदान दो,
माँ शारदे वरदान दो । वरदान दो, वरदान दो ।

		X			2		3		X			2		3	
म	–	म	–	म	म	–	म	म	ध	–	ध	ध	–	ध	–
माँ	ऽ	शा	ऽ	र	दे	ऽ	व	र	दा	ऽ	न	दो	ऽ	माँ	ऽ
		ध	–	ध	ध	–	ध	प	नि	–	नि	नि	–	नि	–
		शा	ऽ	र	दे	ऽ	व	र	दा	ऽ	न	दो	ऽ	माँ	ऽ
		नि	–	नि	नि	–	नि	ध	सां	–	सां	सां	–	नि	ध
		शा	ऽ	र	दे	ऽ	व	र	दा	ऽ	न	दो	ऽ	व	र
		सां	–	सां	सां	–	नि	ध	सां	–	रें	सां	–	–	–
		दा	ऽ	न	दो	ऽ	व	र	दा	ऽ	न	दो	ऽ	ऽ	ऽ

वन्दना

75. गुरु वंदना

कहरवा ताल

श्लोक : गुरु ब्रह्मा शिव, गुरु विष्णु है, गुरु चरणन में ज्ञान सही ।।

स्थायी : गुरु राम है, गुरु श्याम है, श्री गणपति का अवतार वही ।।

अंतरा : 1. ज्ञान सिखावे, राह दिखावे, गुरु के तले अंध:कार नहीं ।।
2. भरम भगावे, भाग्य जगावे, गुरु से बड़ा अधिकार नहीं ।।
3. छाँव गुरु है, नाव गुरु है, गुरु से बड़ी पतवार नहीं ।।
4. गुरु गुण गावो, गुरु ऋण ध्यावो, गुरु किरपा का भार नहीं ।।

श्लोक

–	सांसां	रें	सां	सां	–	सां	सां	–	सांसां	रें	सां	नि	–	नि	–
ऽ	गुरु	ब्र	ऽ	ह्मा	ऽ	शि	व	ऽ	गुरु	वि	ष्	णु	ऽ	है	ऽ
–	निनि	नि	नि	गं	गं	गं	रें	–	रेंगं	रें	सां	सां	–	–	–
ऽ	गुरु	च	र	ण	न	में	ऽ	ऽ	ज्ञाऽ	न	स	ही	ऽ	ऽ	ऽ
–	सांरें	नि	ध	प	प	प	–	–	निध	निप	म	म	–	–	–
ऽ	गुरु	च	र	ण	न	में	ऽ	ऽ	ज्ञाऽ	ऽन	स	ही	ऽ	ऽ	ऽ

स्थायी

		X				0				X				0			
म	प	ध	-ध	ध	-	-	-	प	म	प	-प	प	-	-	-	मग	रे
गु	रु	रा	ऽम	है	ऽ	ऽ	ऽ	गु	रु	श्या	ऽम	है	ऽ	ऽ	ऽ	श्रीऽ	ऽ
		-	रेरे	ग	ग	म	-	ध	ध	-	प	ध	प	म	म	मग	रे
		ऽ	गण	प	ति	का	ऽ	अ	व	ऽ	ता	ऽ	र	व	ही	श्रीऽ	ऽ
		-	रेरे	ग	म	म	-	प	सां	-	निध	प	म	म	-	म	प
		ऽ	गण	प	ति	का	ऽ	अ	व	ऽ	ता	र	व	ही	ऽ	गु	रु

अंतरा–1

X				0				X				0			
-	सां	-नि	ध	सां	-	सां	-	-	सां	-नि	प	रें	-	रें	-
ऽ	ज्ञा	ऽन	सि	खा	ऽ	वे	ऽ	ऽ	रा	ऽह	दि	खा	ऽ	वे	ऽ
-	रेंरें	रें	रें	रें	-	रें	रें	-	रेंगं	रें	सां	सां	-	-	-
ऽ	गुरु	के	त	ले	ऽ	अं	ध:	ऽ	काऽ	र	न	हीं	ऽ	ऽ	ऽ
-	सांरें	नि	ध	प	-	प	प	-	निध	निप	म	म	-	म	प
ऽ	गुरु	के	त	ले	ऽ	अं	ध:	ऽ	काऽ	रऽ	न	हीं	ऽ	गु	रु

भजन

कहरवा ताल

76. लव कुश ।

स्थायी : सुना रहे हैं लव कुश सुंदर । रामायण का कथा समुंदर ।

अंतरा : 1. ब्रह्मा बोले, नारद धाये । बाल्मीक लेखा, शारद गाये ।
मंगल पावन ये श्लोक सागर । आनंदित हैं भवानी शंकर ।।

2. अवध पुरी में रघुकुल साजा । दो वर दीना दशरथ राजा ।
कैकयी कुब्जा रचा कुचक्कर ।
भेजा वन में राम सुमंगल ।।

3. हरिण सुनहरा, हरण सिया का । जटायु शबरी, वध बाली का ।
लंका दाहन, सेतु बंधन ।
लखन संजीवन, रावण भंजन ।।

4. लव कुश बालक अश्व जीत कर । हारे हनुमत भरत लखन दल ।
भूप अवध का बना है राघव ।
हर्ष भरे हैं धरती अंबर ।।

स्थायी

X				0				X				0			
प	धनि	सां	नि	प	म॑	म॑	–	–	म॑ध	नि	ध	(प)म	–	ग	ग
सु	नाऽ	ऽ	र	हे	ऽ	हैं	ऽ	ऽ	लव	कु	श	सुं	ऽ	द	र
–	गम	ध	प	रे	रे	सा	–	सा	ध	–	ध	निध	–	प	प
ऽ	राऽ	मा	ऽ	य	ण	का	ऽ	क	था	ऽ	स	मुंऽ	ऽ	द	र
प	धनि	सां	नि	प	म॑	म॑	–	–	म॑ध	नि	ध	(प)म	–	ग	ग
सु	नाऽ	ऽ	र	हे	ऽ	हैं	ऽ	ऽ	लव	कु	श	सुं	ऽ	द	र

अंतरा

X				0				X				0			
–	गंगं	गं	रें	गं	–	गं	–	–	गंगं	गं	मं	गं	रें	रें	–
ऽ	ब्रऽ	ह्मा	ऽ	बो	ऽ	ले	ऽ	ऽ	नाऽ	र	द	धा	ऽ	ये	ऽ
–	निसां	नि	ध	नि	रें	रें	–	–	निरें	गं	रें	नि	रें	सां	–
ऽ	बालु	मी	क	ले	ऽ	खा	ऽ	ऽ	शाऽ	र	द	गा	ऽ	ये	ऽ
–	प	–	सांनि	प	म॑	म॑	म॑	–	म॑म॑ध	नि	ध	म	–	ग	ग
ऽ	मं	ऽ	गल	पा	ऽ	व	न	ऽ	येश्लोऽ	क	ऽ	सा	ऽ	ग	र
–	गम	ध	प	रे	रे	सा	–	सा	ध	–	ध	निध	प	प	प
ऽ	आऽ	नं	ऽ	दि	त	हैं	ऽ	भ	वा	ऽ	नी	शंऽ	ऽ	क	र
प	धनि	सां	नि	प	म॑	म॑	–	–	म॑ध	नि	ध	(प)म	–	ग	ग
सु	नाऽ	ऽ	र	हे	ऽ	हैं	ऽ	ऽ	लव	कु	श	सुं	ऽ	द	र

भजन

कहरवा ताल

77. अंबे माँ ।

स्थायी : अंबे माँ वरदान दो मैं तेरे दुआरे ।
बिंती सुनो मैं आज, ओ मैया! तेरे चरन में ।।

अंतरा :
1. शंभु नंदिनी सिंह विराजे, शंख दुंदुभी डंका बाजे ।
तेरा हि जय जय कार, ओ मैया! तीनों भुवन में ।।
2. गंध पुष्प फल तुलसी दल से, पूजा तेरी मन निर्मल से ।
माता पिता का प्यार, ओ मैया! तेरे नयन में ।।
3. हाथ चक्र अरु वज्र विराजे, खड्ग पद्म और त्रिशूल साजे ।
असुरन का संघार, ओ मैया! तेरे वतन में ।।
4. भक्तन के तू काज सँवारे, आर्त जनन के कष्ट उबारे ।
दीनन पर उपकार, ओ मैया! तेरी शरण में ।।

स्थायी

X				0				X				0			
–	ग	–	ग	ग	रे	ग	प	म	–	–	रे	ग	रे	सा	नि़
ऽ	अं	ऽ	बे	माँ	ऽ	व	र	दा	ऽ	ऽ	न	दो	ऽ	मैं	ऽ
सा	–	रे	म	ग	रे	सा	–	–	ग	ग	ग	ग	रे	ग	प
ते	ऽ	रे	दु	आ	ऽ	रे	ऽ	ऽ	बिं	ती	सु	नो	ऽ	मै	ऽ
म	–	–	रे	ग	रे	सा	नि़	सा	–	रे	म	ग	रे	सा	–
आ	ऽ	ऽ	ज	ओ	ऽ	मै	या	ते	ऽ	रे	च	र	न	में	ऽ

अंतरा–1

X				0				X				0			
–	ग	–	गम	प	–	प	म	–	ध	ध	नि	ध	प	प	–
ऽ	शं	ऽ	भुऽ	नं	ऽ	दि	नी	ऽ	सिं	ह	वि	रा	ऽ	जे	ऽ
–	ग	–	गम	प	–	प	प	म	–	ध	धनि	ध	–	प	–
ऽ	शं	ऽ	खऽ	दुं	ऽ	दु	भी	ऽ	ऽ	डं	काऽ	बा	ऽ	जे	ऽ
–	ग	ग	ग	ग	रे	ग	प	म	–	–	रे	ग	–	सा	नि़
ऽ	ते	रा	हि	ज	य	ज	य	का	ऽ	ऽ	र	ओ	ऽ	मै	या
सा	–	रे	म	ग	रे	सा	–	–	ग	ग	ग	ग	रे	ग	प
ती	ऽ	नों	भु	व	न	में	ऽ	ऽ	बिं	ती	सु	नो	ऽ	मै	ऽ
म	–	–	रे	ग	रे	सा	नि़	सा	–	रे	म	ग	रे	सा	–
आ	ऽ	ऽ	ज	ओ	ऽ	मै	या	ते	ऽ	रे	च	र	न	में	ऽ

भजन

कहरवा ताल

78. गोवर्धन धारी ।

स्थायी : **गोवर्धन को उठाए हरि, देखो देखो जी लीला खरी ।**
उँगली पर धरे, वो समूचा गिरी, और बजाए मिठी बाँसुरी ।।

अंतरा : 1. **मथुरा के परे पास में, मधुबन की हरी घास में ।**
गोप गोपी लगे खेल में, श्री हरि थे सखा साथ में ।
मूसला वर्षा कड़ी, जब अचानक गिरि ।
व्रज में चिंता भयानक पड़ी ।। उँगली पर धरे ...

2. **व्रज वासी खड़े आस में, थे बड़े आज विश्वास में ।**
सब खड़े थे गिरि के तले, सब ने आशा धरी मन में ।
चाहे जितनी बुरी, व्रज में बारिश गिरी ।
सबको दुख से बचाए हरि ।। उँगली पर धरे ...

3. इन्द्र भगवान् जब थक गये, बरसा कर बादल अक गये ।
   शक्र हार गये आखरी, झट से वर्षा फिर बंद करी ।
   बोले तेरी खरी, होवे जै जै हरि ।
   तेरी लीला है जादू भरी ।। उँगली पर धरे ...

स्थायी

		X				0				X				0			
सा	सा	म	–	म	ग॒	ध॒	–	प	ग॒	म	–	–	–	–	–	म	म
गो	वर्)	धन	ऽ	को	उ	ठा	ऽ	ए	ह	रि	ऽ	ऽ	ऽ	ऽ	ऽ	दे	खो
		ग॒	–	ध॒	म	ग॒	–	म	ग॒	रे	–	–	–	–	–	नि॒	सा
		दे	ऽ	खो	जी	ली	ऽ	ला	ख	री	ऽ	ऽ	ऽ	ऽ	ऽ	ऊँ	ग
		रे	–	ध॒	ध॒	प	–	नि॒	सा	रे	–	ध॒	ध॒	प	–	नि॒	सा
		ली	ऽ	पर	ध	रे	ऽ	वो	स	मू	ऽ	चा	गि	रि	ऽ	और	ब
		रे	–	ग॒	म	प	–	प	ग॒	म	–	–	–	–	–	सा	सा
		जा	ऽ	ए	मी	ठी	ऽ	बाँ	सु	री	ऽ	ऽ	ऽ	ऽ	ऽ	गो	वर्)
		म	–	म	ग॒	प	–	ग॒	प	प	म	–	–	–	–	सा	सा
		धन	ऽ	को	उ	ठा	ऽ	ए	ह	रि	ऽ	ऽ	ऽ	ऽ	ऽ	गो	वर्)

अंतरा-1

		X				0				X				0			
सां	सां	नि	–	रें	सां	नि॒ध॒	–	नि	ध॒	म	–	–	–	–	–	म	ध॒
म	थु	रा	ऽ	के	प	रे	ऽ	पा	स	में	ऽ	ऽ	ऽ	ऽ	ऽ	म	धु
		ग॒	–	म	ध॒	ग॒	–	म	ग॒	रे	–	–	–	–	–	सां	सां
		बन	ऽ	की	ह	री	ऽ	घा	स	में	ऽ	ऽ	ऽ	ऽ	ऽ	गो	प
		नि	–	रें	सां	नि॒ध॒	–	नि	ध॒	म	–	–	–	–	–	म	ध॒
		गो	ऽ	पी	ल	गे	ऽ	खे	ल	में	ऽ	ऽ	ऽ	ऽ	ऽ	श्री	ह
		ग॒	–	म	ध॒	ग॒	–	म	ग॒	रे	–	–	–	–	–	नि॒	सा
		रि	ऽ	थे	स	खा	ऽ	सा	थ	में	ऽ	ऽ	ऽ	ऽ	ऽ	मूस	ला
		रे	–	ध॒	ध॒	प	–	नि॒	सा	रे	–	ध॒	ध॒	प	–	नि॒	सा
		वर्)	ऽ	षा	क	ड़ी	ऽ	जब	अ	चा	ऽ	नक	गि	री	ऽ	व्रज	में
		रे	–	ग॒	म	प	–	प	ग॒	म	–	–	–	–	–	सा	सा
		चिं	ऽ	ता	भ	या	ऽ	नक	प	ड़ी	ऽ	ऽ	ऽ	ऽ	ऽ	गो	वर्)
		म	–	म	ग॒	प	–	ग॒	प	प	म	–	–	–	–		
		धन	ऽ	को	उ	ठा	ऽ	ए	ह	रि	ऽ	ऽ	ऽ	ऽ	ऽ	ऽ	ऽ

भजन

कहरवा ताल

79. वसुधैव कुटुंबकम् ।

स्थायी : सब लोग जहाँ के भाई हैं, सब एक ही पथ के राही हैं ।
"वसुधैव कुटुंब" सचाई है ।।
सब एक जगत के वासी हैं, सब की ये वसुधा माई है ।
सब एक ही कुल के सगाई हैं ।।

अंतरा : 1. सब वेदों की ये वाणी है, सब शुभ वचनों की ये राणी है ।
बस एक हमारी भूमि है, अरु एक हमारा स्वामी है ।
बस एक सभी का साँई है ।।

2. सब जगत का एक ही ज्ञानी है, और एक ही अंतर्यामी है ।
बस एक हमारा दाता है, अरु एक हमारा विधाता है ।
बस एक सभी का सहाई है ।।

3. ऋषि मुनियों की ये बखानी है, और सबसे परम कहानी है ।
बस एक हमारा कर्ता है, जिसने जग रीत बनाई है ।
उसने भव प्रीत बसाई है ।।

स्थायी

		X				0				X				0			
सा	नि़	सा	-	ग	रे	सा	-	नि़	-	सा	-	रे	प	(म)ग	-	ग	म
स	ब	लो	ऽ	ग	ज	हाँ	ऽ	के	ऽ	भा	ऽ	ई	ऽ	हैं	ऽ	स	ब
		म	ग	प	म	ग	ग	रे	सा	सा	-	रे	म	ग	-	ग	ग
		ए	ऽ	क	ही	प	थ	के	ऽ	रा	ऽ	ही	ऽ	हैं	ऽ	व	सु
		(गरे)	सा	सा	सा	रे	-	ग	म	ग	रे	सा	नि़	सा	-	सा	नि़
		(धैऽ)	ऽ	व	कु	टुं	ऽ	ब	स	चा	ऽ	ई	ऽ	है	ऽ	स	ब
		सा	-	ग	रे	सा	सा	नि़	-	सा	-	रे	प	(म)ग	-	ग	म
		ए	ऽ	क	ज	ग	त	के	ऽ	वा	ऽ	सी	ऽ	हैं	ऽ	स	ब
		म	ग	प	म	ग	-	रे	सा	सा	-	रे	म	ग	-	ग	ग
		की	ऽ	ये	व	सु	ऽ	धा	ऽ	मा	ऽ	ई	ऽ	है	ऽ	स	ब
		(गरे)	सा	सा	सा	रे	रे	ग	म	ग	रे	सा	नि़	सा	-	सा	नि़
		(एऽ)	ऽ	क	ही	कु	ल	के	स	गा	ऽ	ई	ऽ	हैं	ऽ	स	ब

<u>अंतरा–1</u>

		X				0				X				0			
प	प	म	रे	म	–	प	–	प	म	प	नि	ध	प	प	–	प	प
स	ब	वे	ऽ	दों	ऽ	की	ऽ	ये	ऽ	वा	ऽ	णी	ऽ	है	ऽ	स	ब
		म	ग	ग	सा	सा	ग	म	प	ग	रे	सा	नि़	सा	–	सा	नि़
		शु	भ	व	च	नों	ऽ	की	ये	रा	ऽ	णी	ऽ	है	ऽ	ब	स
		सा	–	ग	रे	सा	–	नि़	–	सा	–	रे	प	(म)ग	–	ग	म
		ए	ऽ	क	ह	मा	ऽ	री	ऽ	भू	ऽ	मि	ऽ	है	ऽ	अ	रु
		म	ग	प	म	ग	–	रे	सा	सा	–	रे	म	ग	–	ग	ग
		ए	ऽ	क	ह	मा	ऽ	रा	ऽ	स्वा	ऽ	मी	ऽ	है	ऽ	ब	स
		गरे	सा	सा	सा	रे	–	ग	म	ग	रे	सा	नि़	सा	–	सा	नि़
		ए	ऽ	क	स	भी	ऽ	का	ऽ	साँ	ऽ	ई	ऽ	है	ऽ	स	ब

भजन

कहरवा ताल

80. खेलत राधा नंदकिशोर ।

स्थायी : खेलत राधा नंद किशोर, नंद किशोर सखि नंद किशोर ।
गोकुल वाला माखन चोर ।।

अंतरा :
1. ग्वालिन राधा, झूलत झूला, आनंद चारों ओर ।।
2. बाँसुरी की धुन, सुनत गोपिका, नाचत मन का मोर ।।
3. गोप सुदामा अरु बलरामा, गावत सुधबुध छोड़ ।।
4. बांधत नटखट मात यशोदा, टूटी जावे डोर ।।
5. सावन बरखा, रिमझिम बरसत, काली घटा घन घोर ।।

<u>स्थायी</u>

X				0				X				0			
म	प	म	ग	म	–	प	–	नि	ध	प	म	म	–	–	म
खे	ऽ	ल	त	रा	ऽ	धा	ऽ	नं	ऽ	द	कि	शो	ऽ	ऽ	र
ध	–	नि	नि	ध	–ध	प	म	ध	प	धसां	नि	ध	–	प	म
नं	ऽ	द	कि	शो	ऽर	स	खि	नं	ऽ	दऽ	कि	शो	ऽ	ऽ	र
म	प	म	ग	म	–	प	–	नि	ध	प	म	म	–	–	म
गो	ऽ	कु	ल	वा	ऽ	ला	ऽ	मा	ऽ	ख	न	चो	ऽ	ऽ	र
म	प	म	ग	म	–	प	–	नि	ध	प	म	म	–	–	म
खे	ऽ	ल	त	रा	ऽ	धा	ऽ	नं	ऽ	द	कि	शो	ऽ	ऽ	र

अंतरा–1

X				0				X				0			
–	मप	नि	नि	सां	–	सां	–	–	सां	–सां	सां	नि	सां	नि	ध
ऽ	ग्वाऽ	लि	न	रा	ऽ	धा	ऽ	ऽ	झू	ऽल	त	झू	ऽ	ला	ऽ
–	ध	ध	ध	ध	प	ध	सां	नि	–	ध	–	प	–	म	–
ऽ	आ	नं	द	चा	ऽ	रों	ऽ	ओ	ऽ	ऽ	ऽ	ऽ	ऽ	र	ऽ
–	ध	ध	ध	ध	प	ध	सां	नि	–	–	–	ध	–	प	म
ऽ	आ	नं	द	चा	ऽ	रों	ऽ	ओ	ऽ	ऽ	ऽ	ऽ	ऽ	ऽ	र
म	प	म	ग	म	–	प	–	नि	ध	प	म	म	–	–	म
खे	ऽ	ल	त	रा	ऽ	धा	ऽ	नं	ऽ	द	कि	शो	ऽ	ऽ	र

भजन

कहरवा ताल

81. दिवाली भजन ।

स्थायी : घर घर दीप जलाओ सखी री, आज दीवाली ।
आतशबाज़ी जलाओ रे भैया, आज दीवाली ।।

अंतरा :
1. लक्ष्मी पूजा करो रे भैया, मृदंग ढोल बजाओ, सखी री ।।
2. धन देवी की आरती मंगल, कीर्तन गान सुनाओ, सखी री ।।
3. आज घर आयो दशरथ नंदन, अवध में आनंद छायो, सखी री ।।
4. बाल बालिका वनिता सुंदर, रंग रंगोली सजायो, सखी री ।।

स्थायी

X				0				X				0			
प	प	प	प	प	नि	ध	प	म	–	म	म	म	प	म	ग
घ	र	घ	र	दी	ऽ	प	ज	ला	ऽ	ओ	स	खी	री	आ	ज
म	–	प	–	ध	–	–	–	सां	सां	सां	सां	सां	–	सां	नि
दी	ऽ	वा	ऽ	ली	ऽ	ऽ	ऽ	घ	र	घ	र	दी	ऽ	प	ज
ध	–	ध	ध	ध	ध	ध	म	–	मध	निरें	सां	ध	–	प	म
ला	ऽ	ओ	स	खी	री	आ	ज	ऽ	दीऽ	वाऽ	ऽ	ली	ऽ	ऽ	ऽ
प	–	प	प	प	नि	ध	प	म	–	म	म	म	प	म	ग
आ	ऽ	त	श	बा	ऽ	ज़ी	ज	ला	ऽ	ओ	रे	भै	या	आ	ज
म	–	प	–	ध	–	प	म								
दी	ऽ	वा	ऽ	ली	ऽ	ऽ	ऽ								

अन्तरा-1

X				0				X				0			
–	ग	–ग	–	ग	म	म	–	–	धध	ध	प	प	म	म	–
ऽ	लक्ष्	ऽमी	ऽ	पू	ऽ	जा	ऽ	ऽ	करो	रे	ऽ	भै	ऽ	या	ऽ
–	सां	–ध	नि	सां	–	सां	ध	–	धनि	रें	सां	ध	–	प	म
ऽ	लक्ष्	ऽमी	ऽ	पू	ऽ	जा	ऽ	ऽ	करो	रे	ऽ	भै	ऽ	या	ऽ
–	प	प	प	प	नि	ध	प	म	–	म	म	म	प	म	ग
ऽ	मृ	दं	ग	ढो	ऽ	ल	ब	जा	ऽ	ओ	स	खी	री	आ	ज
म	–	प	–	ध	–	–	–								
दी	ऽ	वा	ऽ	ली	ऽ	ऽ	ऽ								

भजन

कहरवा ताल

82. शिव पार्वती गणेश ।

स्थायी : शिव पार्वती गणेश, जय जय शिव पार्वती गणेश ।
ध्याऊँ तुमको, पाऊँ तुम को, वंदन करूँ महेश ।।

अंतरा : 1. ज्यों हि तुमरे सुमिरण कीने, सपनन तुमने दर्शन दीने ।
भवसागर से सुखसागर में, दूर हुए क्लेष ।।

2. जो भी तुमरे दर पर आवे, पल में उसके घर भर जावे ।
दु:ख जगत के वो तर जावे, तेरी कृपा उमेश ।।

3. कोई तुमसे अलख नहीं है, सारी तुमसे व्याप्त मही है ।
तेरी कृपा से हसरत मेरी, पूर्ण हुई अशेष ।।

स्थायी

X				0				X				0			
–	मप	नि	–	नि	सां	प	प	प	ध	–	प	म	ग	सा	नि़
ऽ	शिव	पा	ऽ	र्व	ती	ऽ	ग	णे	ऽ	ऽ	श	ज	य	ज	य
–	नि़सा	रे	प	म	रे	सा	नि़	सा	–	–	सा	म	रे	सा	नि़
ऽ	शिव	पा	ऽ	र्व	ती	ऽ	ग	णे	ऽ	ऽ	श	ज	य	ज	य
–	नि़सा	रे	प	म	रे	सा	नि़	सा	–	–	सा	–	–	–	–
ऽ	शिव	पा	ऽ	र्व	ती	ऽ	ग	णे	ऽ	ऽ	श	ऽ	ऽ	ऽ	ऽ
–	मप	नि	–	नि	नि	नि	–	–	सां	–	सां	रें	नि	सां	–
ऽ	ध्याऽ	ऊँ	ऽ	तु	म	को	ऽ	ऽ	पा	ऽ	ऊँ	तु	म	को	ऽ

–	नि	–	निनि	ध	म	प	ध	प	–	–	–	मध	पम	गरे	सानि़
ऽ	वं	ऽ	दन	क	रूँ	ऽ	म	हे	ऽ	ऽ	ऽ	ऽऽ	ऽऽ	ऽऽ	शाऽ
–	नि़सा	रे	प	म	रे	सा	नि़	सा	–	–	सा	म	ग	सा	नि़
ऽ	शिव	पा	ऽ	र्व	ती	ऽ	ग	णे	ऽ	ऽ	श	ज	य	ज	य
–	नि़सा	रे	प	म	रे	सा	नि़	सा	–	–	–	–	–	–	सा
ऽ	शिव	पा	ऽ	र्व	ती	ऽ	ग	णे	ऽ	ऽ	ऽ	ऽ	ऽ	ऽ	श

अंतरा–1

X				0				X				0			
–	नि	ध	म	प	प	प	–	–	निध	म	म	प	–	प	–
ऽ	ज्यों	ऽ	हि	तु	म	रे	ऽ	ऽ	सुमि	र	ण	की	ऽ	ने	ऽ
–	निध	म	म	प	प	प	सां	–	निध	म	म	प	–	प	–
ऽ	स	प	नन	तु	म	ने	ऽ	ऽ	दर्	श	न	दी	ऽ	ने	ऽ
–	म	प	नि	नि	सां	सां	–	–	सांगं	रें	सां	रें	नि	सां	–
ऽ	भ	व	सा	ग	र	से	ऽ	ऽ	सुख	सा	ऽ	ग	र	में	ऽ
–	नि	–नि	नि	ध	म	प	ध	प	–	–	–	मध	पम	गरे	सानि़
ऽ	दू	ऽर	हु	ए	ऽ	ऽ	क्	ले	ऽ	ऽ	ऽ	ऽऽ	ऽऽ	ऽऽ	शाऽ
–	नि़सा	रे	प	म	रे	सा	नि़	सा	–	–	सा	म	ग	सा	नि़
ऽ	शिव	पा	ऽ	र्व	ती	ऽ	ग	णे	ऽ	ऽ	श	ज	य	ज	य
–	नि़सा	रे	प	म	रे	सा	नि़	सा	–	–	सा	–	–	–	–
ऽ	शिव	पा	ऽ	र्व	ती	ऽ	ग	णे	ऽ	ऽ	श	ऽ	ऽ	ऽ	ऽ

भजन

कहरवा ताल

83. आयो री सखी श्याम सुंदर ।

स्थायी : आयो री सखी, श्याम सुंदर घर आयो ।

अंतरा : 1. माखन खावत, नेहा लगावत । कान्हा मोरे मन भायो ।।

2. छुप छुप के सखी, जाने कब आयो । आपन खायो, खिलायो ।।

3. लटकी ऊँची, दधि की गगरिया । लकुटिया मार, गिरायो ।।

4. बोले माखन, मैं नहीं खायो । मेरे मुख, लिपटायो ।।

5. भोली सूरत, डारत जादू, मनवा मोरा, भरमायो ।।

स्थायी

	0				X				0				X			
म	मप	प	म	ग	–	सांनि	नि	नि	ध	म	–प	ध	म	–	म	म
आ	योऽ	री	स	खी	ऽ	श्याऽ	म	सुं	द	र	ऽघ	र	आ	ऽ	यो	आ
	मध	पध	म	ग	–	सांनि	नि	नि	ध	म	–प	ध	म	–	म	–
	योऽ	रीऽ	स	खी	ऽ	शाऽ	म	सुं	द	र	ऽघ	र	आ	ऽ	यो	ऽ

अंतरा–1

X				0				X				0			
–	म	–ध	नि	सां	–	सां	सां	–	नि	–नि	सां	ध	सां	नि	ध
ऽ	मा	ऽख	न	खा	ऽ	व	त	ऽ	ने	ऽहा	ल	गा	ऽ	व	त
–	म	–ध	नि	सांनि	रें	सां	सां	–	नि	–नि	सां	ध	सां	नि	ध
ऽ	मा	ऽख	न	खाऽ	ऽ	व	त	ऽ	ने	ऽहा	ल	गा	ऽ	व	त
–	नि	–नि	नि	निरें	सां	निध	प	नि	–	ध	म	मध	पध	म	ग
ऽ	का	ऽन्हा	मो	रेऽ	ऽ	मऽ	न	भा	ऽ	यो	आ	योऽ	रीऽ	स	खी

अंतरा–2

X				0				X				0			
–	सांसां	सां	सां	सां	–	सां	सां	–	नि	–नि	सां	ध	सां	नि	ध
ऽ	छुप	छु	प	के	ऽ	स	खी	ऽ	जाने	ऽक	ब	आ	ऽ	यो	ऽ
–	मम	ध	नि	सांनि	रें	सां	सां	–	नि	–नि	सां	ध	सां	नि	ध
ऽ	छुप	छु	प	केऽ	ऽ	स	खी	ऽ	जाने	ऽक	ब	आ	ऽ	यो	ऽ
–	नि	नि	नि	निरें	सां	निध	प	नि	–	ध	म	मध	पध	म	ग
ऽ	आ	प	न	खाऽ	ऽ	योऽ	खि	ला	ऽ	यो	आ	योऽ	रीऽ	स	खी

भजन

कहरवा ताल

84. लंका दहन ।

स्थायी : बजायो रे, युद्ध का डंका, जरायो मारुति लंका ।।

अंतरा : 1. रावण को कहे विभिषण भाई, काहे रखै तू दार पराई ।
कपि को सौंप दे सीता, नहीं माना वो अडबंगा ।।

2. असुरन कपि की पूँछ जलाये, दावाग्नि को आप बुलाये ।
जलायो सोने की लंका, राम का दास ये बाँका ।।

3. शिव जी का अवतार सजायो, तांडव थैया नाच रचायो ।
डुबायो आग में लंका, "बचाओ!" एक है हाँका ।।

स्थायी

	0				X				0				X			
ध	नि	रें	सां	–	–	नि	–	सां	ध	–	प	मं	प	–	–	म
ब	जा	यो	रे	ऽ	ऽ	यु	ऽ	द्ध	का	ऽ	डं	ऽ	का	ऽ	ऽ	ज
	गरे	ग	(रे)सा	–	–	ग	–	म	ध	–	नि	–	सां	–	–	ध
	राऽ	ऽ	यो	ऽ	ऽ	मा	ऽ	रु	ति	ऽ	लं	ऽ	का	ऽ	ऽ	ऽ

अंतरा–1

0				X				0				X			
–	प	–ग	म	प	–	प	प	–	निनि	नि	सां	ध	–	प	–
ऽ	रा	ऽव	ण	को	ऽ	क	हे	ऽ	विभि	ष	ण	भा	ऽ	ई	ऽ
–	प	–ग	म	प	–	प	–	–	नि	–नि	सां	ध	–	प	प
ऽ	का	ऽहे	र	खै	ऽ	तू	ऽ	ऽ	दा	ऽर	प	रा	ऽ	ई	क
ध	रें	सां	–	–	नि	–	सां	ध	–	प	मं	प	–	–	म
पि	ऽ	को	ऽ	ऽ	सौं	ऽ	प	दे	ऽ	सी	ऽ	ता	ऽ	ऽ	न
गरे	ग	(रे)सा	–	–	ग	–	म	ध	ध	नि	–	सां	–	–	ध
हींऽ	ऽ	मा	ऽ	ऽ	ना	ऽ	वो	अ	ड	बं	ऽ	गा	ऽ	ऽ	ब

भजन

कहरवा ताल

85. दत्त गुरु ।

स्थायी : दत्त गुरु मेरा, जय जय हो । दत्ता दिगंबर, शिव शिव ओम्, बोलो ।
सद्‌गुरु मेरा, जय जय हो ।।

अंतरा : 1. मुख माँगे दान देता, सब से न्यारा न्यारा ।
जग में जिसका बोल बाला, हर हर ओम् । आहा! तीन मुखी सत् नाम कहो ।।

2. दुख करे दूर सारे, सब से प्यारा प्यारा ।
सबसे ऊँचे नाम वाला, हर हर ओम् । आहा! दीन दुखी भगवान् कहो ।।

3. सुख देता ढेर सारे, दत्तात्रय मेरा ।
हम पर उसने जादू डारा, हर हर ओम् । आहा! एक सखा सियराम कहो ।।

स्थायी

X				0				X				0			
म	प	प	म	प	ध	ध	प	प	ध	प	म	म	–	–	–
द	त्त	गु	रु	मे	ऽ	रा	ऽ	ज	य	ज	य	हो	ऽ	ऽ	ऽ
नि॒	नि॒	–	नि॒	नि॒	–	नि॒	नि॒	सां	रें	सां	नि॒	ध	–	प	म
द	त्ता	ऽ	दि	गं	ऽ	ब	र	शि	व	शि	व	ओ	ऽ	ऽ	म्

नि	नि	-	नि	नि	-	नि	नि	सां	रें	सां	नि	ध	-	ध	ध
द	त्ता	ऽ	दि	गं	ऽ	ब	र	शि	व	शि	व	ओम्	ऽ	बो	लो
म	प	प	म	प	ध	ध	प	प	ध	प	म	म	-	-	-
स	द्	गु	रु	मे	ऽ	रा	ऽ	ज	य	ज	य	हो	ऽ	ऽ	ऽ

अंतरा-1

X				0				X				0			
ग	ग	ग	ग	म-	म	प	प	नि	ध	प	म	म	-	म	-
मु	ख	माँ	गे	दाऽ	न	दे	ता	सब	से	न्या	रा	न्या	ऽ	रा	ऽ
नि	नि	नि	नि	नि	-नि	नि	नि	सां	रें	सां	नि	ध	-	प	म
जग	में	जिस	का	बो	ऽल	बा	ला	ह	र	ह	र	ओम्	ऽ	आ	हा
म	प	प	म	प	ध	ध	प	प	ध	प	म	म	-	-	-
ती	ऽ	न	मु	खी	ऽ	स	त्	ना	ऽ	म	क	हो	ऽ	ऽ	ऽ
म	प	प	म	प	ध	ध	प	प	ध	प	म	म	-	-	-
स	द	गु	रु	मे	ऽ	रा	ऽ	ज	य	ज	य	हो	ऽ	ऽ	ऽ

भजन – राग : तोड़ी

कहरवा ताल

86. हे शिव शंभो ।

स्थायी : हे शिव शंभो! भवानी शंकर! सब संकट हारो ।

अंतरा : 1. आन पड़े हम भव मझ धारे, हे डमरूधर हमें बचा रे!
प्रभु हमको तारो ।।

2. भगत खड़े हैं तेरे दुआरे, तेरी दया की आशा धारे, अब मंगल कारो ।।

3. दान कृपा का कीजो प्रभु जी, प्रेम की छाया हमको दीजो,
सब संकट टारो ।।

स्थायी

X				0				X				0			
सा	-	रे	ग	रे	सा	सा	-	नि़	ध़	ग	ग	रे	सा	सा	सा
हे	ऽ	शि	व	शं	ऽ	भो	ऽ	भ	वा	ऽ	नी	शं	ऽ	क	र
ध	ध	ध	-	म॑	ग	रे	-	ग	-	-	-	रेम॑	ग	रे	सा
स	ब	सं	ऽ	क	ट	हा	ऽ	रो	ऽ	ऽ	ऽ	ऽऽ	ऽ	ऽ	ऽ
सा	रे	ग	ध	म॑	ग	रे	सा	सा	-	-	-	-	-	-	-
स	ब	सं	ऽ	क	ट	हा	ऽ	रो	ऽ	ऽ	ऽ	ऽ	ऽ	ऽ	ऽ

अंतरा–1

X				0				X				0			
ध	म॑	म॑	म॑	ध	–	म॑	ध	सां	सां	सां	सां	नि	रें	सां	–
आ	ऽ	न	प	ड़े	ऽ	ह	म	भ	व	म	झ	धा	ऽ	रे	ऽ
सां	–	रें	गं	रें	गं	रें	सां	सां	सां	–	सां	नि	सां	नि	ध
हे	ऽ	ड	म	रू	ऽ	ध	र	ह	में	ऽ	ब	चा	ऽ	रे	ऽ
म॑	म॑	ध	नि	धम॑	ग	रे	–	ग	–	–	–	रे	म॑ग	रे	सा
प्र	भु	ह	म	कोऽ	ऽ	ता	ऽ	रो	ऽ	ऽ	ऽ	ऽ	ऽऽ	ऽ	ऽ
सा	रे	ग	ध	म॑	ग	रे	सा	सा	–	–	–	–	–	–	–
स	ब	सं	ऽ	क	ट	हा	ऽ	रो	ऽ	ऽ	ऽ	ऽ	ऽ	ऽ	ऽ
सा	–	रे	ग	रे	सा	सा	–	नि़	ध़	ग	ग	रे	सा	सा	सा
हे	ऽ	शि	व	शं	ऽ	भो	ऽ	भ	वा	ऽ	नी	शं	ऽ	क	र

भजन

कहरवा ताल

87. जै श्री राम ।

स्थायी : जै श्री राम भजो मन मेरे, नाम हरि के गारे ।
जनम जनम के पाप उतारे, तन के ताप उबारे ।।

अंतरा : 1. घेरेंगे जब घोर अंधेरे, मेघ घनेरे कारे ।
या छेड़ेंगे भय दुस्तारे, मन वीणा की तारें ।
छोड़ेंगे यदि साथ पियारे, भवसागर मझधारे ।।

2. बोलेंगे जब शबद दुखारे, निर्दय दुनियावारे ।
या काटेंगे साँप विषारे, भूखे मुख को पसारे ।
रोएँगे गर गम के मारे, तेरे प्राण बिचारे ।।

3. झेलेंगे तब रामजी प्यारे, दुख तन मन के सारे ।
खेलेंगे हरि खेल सुखारे, हरने ताप तुम्हारे ।
लेलेंगे प्रभु परम कृपारे, शरण में साँझ सकारे ।।

स्थायी

X				0				X				0			
–	ग	–प	ध	(सां)नि	–	–ध	प	गरे	–	–	(सां)निनि	सा	–	सा	–
ऽ	जै	ऽ	श्रीऽ	रा	ऽ	ऽम	भ	जोऽ	ऽ	ऽ	मन	मे	ऽ	रे	ऽ
–	पग	प	नि	ध	–	ध	–	–	सांनि	–	सां	ध	–	प	–
ऽ	ना–	म	ह	रि	ऽ	के	ऽ	ऽ	गाऽ	ऽ	ऽ	रे	ऽ	ऽ	ऽ
–	सांसां	सां	सां	सां	सां	सां	–	–	नि	–ध	प	ध	सां	सां	–
ऽ	जन	म	ज	न	म	के	ऽ	ऽ	पा	ऽप	उ	ता	ऽ	रे	ऽ
–	सांसां	गं	सां	(सां)नि	–	ध	प	(प)ग	–	–	प	रे	–	नि	सा
ऽ	तन	के	ऽ	ता	ऽ	प	उ	बा	ऽ	ऽ	ऽ	रे	ऽ	ऽ	ऽ

अंतरा–1

X				0				X				0			
–	सां	–	सां	सां	–	सां	सां	–	नि	–ध	प	ध	नि	नि	–
ऽ	घे	ऽ	रें	गे	ऽ	ज	ब	ऽ	घो	ऽर	अं	धे	ऽ	रे	ऽ
–	धनि	ध	प	पग	–	प	नि	ध	–	प	–	–	–	–	–
ऽ	मेऽ	घ	घ	नेऽ	ऽ	रे	ऽ	का	ऽ	रे	ऽ	ऽ	ऽ	ऽ	ऽ
–	सां	–	सां	सां	–	सां	–	–	निनि	ध	प	ध	नि	नि	–
ऽ	या	ऽ	छे	ड़ें	ऽ	गे	ऽ	ऽ	भय	दु	स्	ता	ऽ	रे	ऽ
–	धनि	ध	प	पग	–	प	नि	ध	–	प	–	–	–	–	–
ऽ	मन	वी	ऽ	णाऽ	ऽ	की	ऽ	ता	ऽ	रें	ऽ	ऽ	ऽ	ऽ	ऽ
–	सां	–	सां	सां	–	रें	गं	–	नि	–ध	प	ध	सां	सां	–
ऽ	छो	ऽ	ड़ें	गे	ऽ	य	दि	ऽ	सा	ऽथ	पि	या	ऽ	रे	ऽ
–	सांसां	गं	सां	(सां)नि	नि	–	धप	(प)ग	–	–	प	रे	–	नि	सा
ऽ	भव	सा	ऽ	ग	र	ऽ	मझ	धा	ऽ	ऽ	ऽ	रे	ऽ	ऽ	ऽ

भजन

कहरवा ताल

88. दर्शन दे दो अंबे ।

स्थायी : दरशन दे दो, हमको अंबे, देवी चरण में ले लो ।
मोहे, अपनी शरण में ले लो ।।

अंतरा : 1. दुर्गे दुर्घट नाम तिहारो, सब के पाप निबारो ।

भव सागर से ऊब गये हम, हमको आके उबारो ।।
2. आओ सपनन रूप निहारूँ, देवी मोहे निहारो ।
तेरे द्वारे आन खड़ा हूँ, मोरे कष्ट उतारो ।।

स्थायी

X				0				X				0			
सां	सां	रें	सां	सां	–	नि	ध	सां	–	रें	सां	सां	–	सां	–
द	र	श	न	दे	ऽ	दो	ऽ	हम	ऽ	को	ऽ	अं	ऽ	बे	ऽ
नि	रें	सां	नि	ध	प	ग	म	प	नि	–	–	–	–	ध	प
दे	ऽ	वी	ऽ	च	र	ण	में	ले	लो	ऽ	ऽ	ऽ	ऽ	मो	हे
म	म	म	म	म	म	प	ग	नि	प	(म)ग	–	–	–	सा	सा
अ	प	नी	च	र	ण	में	ऽ	ले	ऽ	लो	ऽ	ऽ	ऽ	दे	वी
ध	ध	ध	प	ध	प	नि	ध	प	म	म	–	–	–	–	–
द	र्	श	न	दे	ऽ	ऽ	ऽ	ऽ	ऽ	दो	ऽ	ऽ	ऽ	ऽ	ऽ

अंतरा–1

X				0				X				0			
ध	–	ध	–	ध	–	ध	ध	ध	नि	नि	नि	नि	–	नि	–
दु	ऽ	र्गे	ऽ	दु	ऽ	र्घ	ट	ना	ऽ	म	ति	हा	ऽ	रो	ऽ
प	नि	प	म	ग	–	प	म	म	–	–	–	म	–	–	–
स	ब	के	ऽ	पा	ऽ	प	नि	बा	ऽ	ऽ	ऽ	रो	ऽ	ऽ	ऽ
सां	सां	रें	सां	सां	सां	नि	ध	सां	–	रें	सां	सां	–	सां	सां
भ	व	सा	ऽ	ग	र	से	ऽ	ऊ	ऽ	ब	ग	ये	ऽ	ह	म
नि	रें	सां	नि	ध	प	ग	म	प	नि	–	–	–	–	ध	प
ह	म	को	ऽ	आ	ऽ	के	उ	बा	रो	ऽ	ऽ	ऽ	ऽ	दे	वी
म	म	म	म	म	–	प	म	नि	प	(म)ग	–	–	–	सा	सा
द	र्	श	न	दे	ऽ	दो	ऽ	ऽ	ऽ	ऽ	ऽ	ऽ	ऽ	दे	वी
ध	ध	ध	प	ध	प	नि	ध	प	म	म	–	–	–	–	–
द	र्	श	न	दे	ऽ	ऽ	ऽ	ऽ	ऽ	दो	ऽ	ऽ	ऽ	ऽ	ऽ

भजन

कहरवा ताल

89. होली ।

स्थायी : सखी नंद होली का न्यारा, चले रंग रंग की धारा ।
आनंद होली का प्यारा, करे अंग अंग मतवारा ।।

अंतरा : 1. हरि आज होली की बेला, लो पिचकारी ब्रजबाला ।
राधा के रंग में रंग रंग लो, नंद नंद गोविंदा (ओ!) ।।

2. जिस रंग में राधा रंगी, कान्हा है जीवन संगी ।
होली के गीत हैं गात गोपिका, साथ बाँसुरी वाला (ओ!) ।।

3. सखी व्रज में मोद की वर्षा, और आज हर्ष की चर्चा ।
कान्हा के रंग में रंगी राधिका, कंज कंज व्रज सारा (ओ!) ।।

स्थायी

	X				0				X				0			
नि नि	नि	–	नि	नि	–	नि	ध	प	ध	–	–	–	प	–	म	ग
स खी	नं	ऽ	द	हो	ऽ	ली	का	ऽ	न्या	ऽ	ऽ	ऽ	रा	ऽ	च	ले
	म	प	प	प	–	प	म	ग	म	–	–	–	म	–	नि	–
	रं	ऽ	ग	रं	ऽ	ग	की	ऽ	धा	ऽ	ऽ	ऽ	रा	ऽ	आ	ऽ
	नि	–	नि	नि	–	नि	ध	प	ध	–	–	–	प	–	म	ग
	नं	ऽ	द	हो	ऽ	ली	का	ऽ	प्या	ऽ	ऽ	ऽ	रा	ऽ	क	रे
	म	प	प	प	–	प	म	ग	म	–	–	–	म	–	नि	नि
	अं	ऽ	ग	अं	ऽ	ग	म	त	वा	ऽ	ऽ	ऽ	रा	ऽ	स	खी

अंतरा–1

	X				0				X				0			
म म	नि	प	प	नि	–	नि	नि	–	सां	–	–	–	सां	–	नि	ध
ह रि	आ	ऽ	ज	हो	ऽ	ली	की	ऽ	बे	ऽ	ऽ	ऽ	ला	ऽ	लो	ऽ
	नि	रें	रें	–	रें	–	गं	रें	सां	–	–	–	सां	–	सां	–
	पि	च	का	ऽ	री	ऽ	ब्र	ज	बा	ऽ	ऽ	ऽ	ला	ऽ	रा	ऽ
	रें	नि	नि	नि	–	नि	नि	–	सां	ध	ध	ध	–	ध	प	ध
	धा	ऽ	के	रं	ऽ	ग	में	ऽ	रं	ऽ	ग	रं	ऽ	ग	लो	ऽ
	नि	–	ध	प	–	प	म	ग	म	–	–	–	म	सां	नि	नि
	नं	ऽ	द	नं	ऽ	द	गो	ऽ	विं	ऽ	ऽ	ऽ	दा	ओ	स	खी

भजन : राग यमन

कहरवा ताल

90. सरस्वती वंदना ।

स्थायी : मंगल सुंदर सुमिरण प्यारे, सुखकर वंदन देवी तिहारे ।।

अंतरा : 1. सुन कर विणा तार सुखारे, भगतन सारे शरण तुम्हारे ।।

2. सरस्वती माता ज्ञान की दाती, शुभ वर दे दे परम पियारे ।।

3. हम बालक हैं गोद में तेरी, ममता से तू हमको निहारे ।।

स्थायी

X				0				X				0			
–	पमं	गरे	रे	ग	–	ग	ग	–	पमं	गरे	रे	ग	–	ग	–
ऽ	मंऽ	ग	ल	सुं	ऽ	द	र	ऽ	सुमि	र	ण	प्या	ऽ	रे	ऽ
–	नि़नि़	रे	रे	मं	–	मं	मं	–	मंध	नि	ध	प	–	मं	ग
ऽ	सुख	क	र	वं	ऽ	द	न	ऽ	देऽ	वी	ति	हा	ऽ	रे	ऽ
–	पमं	गरे	रे	ग	–	ग	ग	–	पमं	गरे	रे	ग	रे	सा	–
ऽ	मंऽ	ग	ल	सुं	ऽ	द	र	ऽ	सुमि	र	ण	प्या	ऽ	रे	ऽ

अंतरा–1

X				0				X				0			
–	पग	प	प	सां	–	सां	–	–	सांसां	नि	ध	सां	नि	नि	–
ऽ	सुन	क	र	वि	ऽ	णा	ऽ	ऽ	ताऽ	र	सु	खा	ऽ	रे	ऽ
–	पग	प	प	सांनि	रें	सां	–	–	सांसां	नि	ध	सां	नि	नि	–
ऽ	सुन	क	र	विऽ	ऽ	णा	ऽ	ऽ	ताऽ	र	सु	खा	ऽ	रे	ऽ
–	निगं	रें	सां	सां	नि	ध	प	–	मंध	नि	ध	प	–	मं	ग
ऽ	भग	त	न	सा	ऽ	रे	ऽ	ऽ	शर	ण	तु	म्हा	ऽ	रे	ऽ

भजन

कहरवा ताल

91. श्री सत्यनारायण ।

स्थायी : श्री सत्य नारायण साँई रे, तेरी आरती बड़ी सुखदायी, रे ।

अंतरा : 1. लक्ष्मीपति जग स्वामी हैं, मेरे माता पिता अरु भाई, रे ।

2. किरपावान गोसाईं हैं, अरु निश दिन मेरे सहाई, रे ।

3. पूजा पाठ सजाओ रे, अजी! गान कथा भी सुनाओ, रे ।

स्थायी

	X				0				X				0			
म ग	–	ग	ग	ग	म	–	प	सां	निध	प	म	ग	म	–	म	ग
श्री ऽ	ऽ	स	त्य	ना	रा	ऽ	य	ण	साँ	ऽ	ई	ऽ	रे	ऽ	श्री	ऽ
	–	ग	ग	ग	म	–	प	सां	निध	प	म	ग	म	–	ध	ध
	ऽ	स	त्य	ना	रा	ऽ	य	ण	साँ	ऽ	ई	ऽ	रे	ऽ	ते	री
	–	ध	ध	ध	ध	नि	नि	नि	प	पनि	रें	सां	ध	प	म	ग
	ऽ	आ	र	ती	ब	ड़ी	सु	ख	ऽ	दाऽ	यी	ऽ	रे	ऽ	श्री	ऽ
	–	ग	ग	ग	म	–	प	सां	निध	प	म	ग	म	–	–	–
	ऽ	स	त्य	ना	रा	ऽ	य	ण	साँ	ऽ	ई	ऽ	रे	ऽ	ऽ	ऽ

अंतरा–1

X				0				X				0			
–	म	–ध	नि	सां	–	सां	सां	–	धनि	रें	सां	ध	–	प	म
ऽ	ल	ऽक्ष्मी	प	ति	ऽ	ज	ग	ऽ	स्वाऽ	मी	ऽ	हैं	ऽ	मे	रे
–	म	–ध	नि	सांरें	गं	रें	सां	–	धनि	रें	सां	ध	प	म	म
ऽ	ल	ऽक्ष्मी	प	तिऽ	ऽ	ज	ग	ऽ	स्वाऽ	मी	ऽ	हैं	ऽ	मे	रे
–	ग	ग	ग	म	–	प	सां	–	नि॰धप	म	ग	म	–	म	ग
ऽ	मा	ता	पि	ता	ऽ	अ	रु	ऽ	भाऽ	ई	ऽ	रे	ऽ	श्री	ऽ

भजन : राग आसावरी

कहरवा ताल

92. गुरु नानक अमृत वाणी ।

स्थायी : अमृत वाणी, देन सबद की, आदिगुरु को, वाहेगुरु की ।।

अंतरा : 1. "दीपा मेरा एकु नामु," सीख ले बंदे, बात शुरू की ।।

2. "ऐहु मेरा एकु आधारु," पीयूश बानी, बाबेगुरु की ।।

3. "अंजन माही निरंजन रहिये, ऐहु जोगु," बोले गुरु जी ।।

4. "नानक दुखिया सब संसारु," सुनो भई साधो, बात गुरु की ।।

स्थायी

X				0				X				0			
–	पम	प	सां	नि॰ध	–	पध	मप	ग	रे	म	म	निध	ध	प	–
ऽ	अम	रि	त	वा	ऽ	णीऽ	ऽऽ	दे	ऽ	न	स	बऽ	द	की	ऽ
–	पध	रें	सां	सां	–	सां	–	–	सांनि	रें	सां	नि॰ध	–	प	–
ऽ	आऽ	दि	गु	रु	ऽ	को	ऽ	ऽ	वाऽ	हे	गु	रु	ऽ	की	ऽ
–	पम	प	सां	नि॰ध	–	पध	मप	ग	रे	म	म	प	नि॰ध	प	–
ऽ	अमृ	रि	त	वा	ऽ	णीऽ	ऽऽ	दे	ऽ	न	स	ब	द	की	ऽ

अंतरा–1

X				0				X				0			
–	पम	प	–	नि॰ध	–	प	ध	–	सां	–सां	–	रें	नि	सां	–
ऽ	दीऽ	पा	ऽ	मे	ऽ	रा	ऽ	ऽ	ए	ऽकु	ऽ	ना	ऽ	मु	ऽ
–	प	–प	ध	सां	–	सां	–	–	सांरें	गंरें	सां	नि॰ध	–	प	–
ऽ	सी	ऽख	ले	बं	ऽ	दे	ऽ	ऽ	बाऽ	ऽत	शु	रु	ऽ	की	ऽ
–	पम	प	सां	नि॰ध	–	पध	मप	ग	रे	म	म	निध	ध	प	–
ऽ	अमृ	रि	त	वा	ऽ	णीऽ	ऽऽ	दे	ऽ	न	स	ब	द	की	ऽ

कीर्जन

कहरवा ताल

93. गणपति बाप्पा ।

स्थायी : गणपति बाप्पा गजानना, सिद्धि विनायक गज वदना ।।

अंतरा : 1. शंकर सुवना वरानना, गौरी मनोहर प्रभंजना, दुख हर ले तू निकंदना ।।

2. शुभ वर दे दे शुभानना, लंबोदर शिव सुनंदना, सब कुछ तू ही सनातना ।।

3. कीर्जन तेरा सुहावना, एक दंती श्री निरंजना, जन गण करते हैं वंदना ।।

स्थायी

X				0				X				0			
सा	रे	म	ग	म	–	म	–	म	ग	सा	रे	ग	–	–	–
ग	ण	प	ति	बा	ऽ	प्पा	ऽ	ग	जा	–	न	ना	ऽ	ऽ	ऽ
सा	रे	म	ग	म॑	–	म	–	म	ग	सा	रे	ग	–	–	–
नि़	सा	सा	सा	सा	रे	ग	प	ग	रे	ग	रे	सा	–	–	–
सि	ऽ	द्धि	वि	ना	ऽ	य	क	ग	ज	व	द	ना	ऽ	ऽ	ऽ

अंतरा–1

X				0				X				0			
ग	–	म	प	प	प	प	–	प	पध	नि	ध	प	–	म	ग
शं	ऽ	क	र	सु	व	ना	ऽ	व	राऽ	ऽ	न	ना	ऽ	ऽ	ऽ
ग	–	म	प	प	प	प	–	प	ध	सां	ध	प	–	–	–
शं	ऽ	क	र	सु	व	ना	ऽ	व	राऽ	ऽ	न	ना	ऽ	ऽ	ऽ
प	–	म	म	ग	रे	रे	रे	ग	पग	रे	सा	सा	–	–	–
गौ	ऽ	री	म	नो	ऽ	ह	र	प्र	भंऽ	ऽ	ज	ना	ऽ	ऽ	ऽ
ध	ध	प	म	ग	–	रे	–	ग	पग	रे	सा	सा	–	–	–
दु	ख	ह	र	ले	ऽ	तू	ऽ	नि	कं	ऽ	द	ना	ऽ	ऽ	ऽ
सा	रे	म	ग	म॑	–	म	–	म	ग	सा	रे	ग	–	–	–
ग	ण	प	ति	बा	ऽ	प्पा	ऽ	ग	जा	–	न	ना	ऽ	ऽ	ऽ
नि़	सा	सा	सा	सा	रे	ग	प	ग	रे	ग	रे	सा	–	–	–
सि	ऽ	द्धि	वि	ना	ऽ	य	क	ग	ज	व	द	ना	ऽ	ऽ	ऽ

कीर्जन

कहरवा ताल

94. गणपति देवा ।

स्थायी : गणपति गणपति गणपति देवा!
कोई लाए मोदक कोई लाए मेवा ।।

अंतरा : 1. गणपति गणपति गणपति देवा!
कोई करे भगति तो कोई करे सेवा ।।

2. भजनन किरतन बहुविध देवा!
लंबोदर लंबोदर लंबोदर देवा ।।

3. मुनि जन करियत जप तप सेवा,
गजमुख गजमुख गजमुख देवा ।।

4. अर्पण सब तव चरणन देवा!
गौरीसुत गौरीसुत गौरीसुत देवा ।।

स्थायी

X				0				X				0			
म	प	प	म	प	ध	ध	प	पध	नि	नि	नि	नि	ध	ध	–
ग	ण	प	ति	ग	ण	प	ति	गऽ	ण	प	ति	दे	ऽ	वा	ऽ
ग	ग	ग	ग	म	–	प	प	नि	ध	प	म	म	–	म	–
को	ई	ला	ए	मो	ऽ	द	क	को	ई	ला	ए	मे	ऽ	वा	ऽ
ग	ग	ग	ग	म	–	प	सां	नि	ध	प	म	म	–	म	–
को	ई	ला	ए	मो	ऽ	द	क	को	ई	ला	ए	मे	ऽ	वा	ऽ

अंतरा-1

X				0				X				0			
ध	ध	नि	सां	सां	सां	सां	सां	सां	रें	मं	गं	रें	सां	सां	–
ग	ण	प	ति	ग	ण	प	ति	ग	ण	प	ति	दे	ऽ	वा	ऽ
म	प	प	म	प	ध	ध	प	प	ध	प	म	म	–	म	–
को	ई	क	रे	भ	ग	ति	तो	को	ई	क	रे	से	ऽ	वा	ऽ
म	प	प	म	प	सां	ध	ध	प	ध	प	म	म	–	म	–
को	ई	क	रे	भ	ग	ति	तो	को	ई	क	रे	से	ऽ	वा	ऽ
म	प	प	म	प	ध	ध	प	पध	नि	नि	नि	नि	ध	ध	–
ग	ण	प	ति	ग	ण	प	ति	गऽ	ण	प	ति	दे	ऽ	वा	ऽ

कीर्जन

कहरवा ताल

95. पिता महादेवा, माता पार्वती ।

स्थायी : पिता महादेवा, माता पार्वती, पावन पुत्र गणेशा ।।

अंतरा : 1. शंभो शंकर, हे मन भावन, तेरा कीर्जन सब से पावन ।
जय जय जय गण नाथा ।।

2. दुर्गे देवी, गौरी भवानी, तेरी माया है जग जानी ।
जय जय जय जग माता ।।

3. बुद्धि दायक, सिद्धि विनायक, तेरी किरपा है सुख दायक ।
जय जय जय गुण दाता ।।

स्थायी

X				0				X				0			
ग	सा	ग	ग	म	–	म	–	ग	सा	ग	ग	म	म	म	–
पि	ता	म	हा	दे	ऽ	वा	ऽ	मा	ऽ	ता	पा	र्	व	ती	ऽ
प	सां	सां	सां	नि	प	म	ग	प	–	–	–	म	–	–	–
पा	ऽ	व	न	पु	ऽ	त्र	ग	णे	ऽ	ऽ	ऽ	शा	ऽ	ऽ	ऽ

अंतरा–1

X				0				X				0			
नि	–	नि	–	नि	–	नि	सां	ध	–	म	–	प	–	ध	ध
शं	ऽ	भो	ऽ	शं	ऽ	क	र	हे	ऽ	म	न	भा	ऽ	व	न
नि	–	नि	–	नि	–	नि	सां	ध	ध	म	–	प	–	ध	ध
ते	ऽ	रा	ऽ	की	ऽ	र्ज	न	स	ब	से	ऽ	पा	ऽ	व	न
ग	ग	ग	ग	म	म	प	ध	म	–	–	–	म	–	–	–
ज	य	ज	य	ज	य	ग	ण	ना	ऽ	ऽ	ऽ	था	ऽ	ऽ	ऽ
ग	सा	ग	ग	म	–	म	–	ग	सा	ग	ग	म	म	म	–
पि	ता	म	हा	दे	ऽ	वा	ऽ	मा	ऽ	त	पा	र्	व	ती	ऽ
प	सां	सां	सां	नि	प	म	ग	प	–	–	–	म	–	–	–
पा	ऽ	व	न	पु	ऽ	त्र	ग	णे	ऽ	ऽ	ऽ	शा	ऽ	ऽ	ऽ

कीर्जन

कहरवा ताल

96. शिव ओम् हरि ओम् ।

स्थायी : शिव ओम् हरि ओम् शिव बोलो सदा,
शिव ओम् हरि ओम् गाओ सदा ।।

अंतरा : 1. नमो नमो नमो नमो गजानना, जन गण तारो महेश्वरा,
नमो नमो नमो नमो नारायणा ।।

2. शिव शिव शंकर दिगंबरा, हमको वर दो सदाशिवा ।
शिव शिव मंगल निरंजना ।।

3. जय जय जय जय जटाधरा, तुम जग सुंदर सुदर्शना ।
जय जय जय जय जनार्दना ।।

स्थायी

		X				0				X				0			
सा	ग	म	म	म	म	म	म	म	म	प	–	ग	म	प	–	–	–
शि	व	ओ	म्	ह	रि	ओ	म्	शि	व	बो	ऽ	लो	स	दा	ऽ	ऽ	ऽ
		सां	सां	नि	प	नि	नि	प	म	ग	–	म	प	म	–	–	–
		शि	व	ओ	म्	ह	रि	ओ	म्	गा	ऽ	ओ	स	दा	ऽ	ऽ	ऽ

अंतरा–1

X				0				X				0			
म	म	प	सां	सां	सां	सां	सां	नि	सां	गं	नि	सां	–	नि	प
न	मो	न	मो	न	मो	न	मो	ग	जा	ऽ	न	ना	ऽ	ऽ	ऽ
म	म	प	सां	सां	सां	सां	सां	नि	सां	गं	नि	सां	–	नि	प
ज	न	ग	ण	ता	ऽ	रो	ऽ	म	हे	ऽ	श्व	रा	ऽ	ऽ	ऽ
सां	सां	नि	प	नि	नि	प	म	ग	–	म	प	म	–	सा	ग
न	मो	न	मो	न	मो	न	मो	ना	ऽ	रा	य	णा	ऽ	शि	व
म	म	म	म	म	म	म	म	प	–	ग	म	प	–	–	–
ओ	म्	ह	रि	ओ	म्	शि	व	बो	ऽ	लो	स	दा	ऽ	ऽ	ऽ
सां	सां	नि	प	नि	नि	प	म	ग	–	म	प	म	–	–	–
शि	व	ओ	म्	ह	रि	ओ	म्	गा	ऽ	ओ	स	दा	ऽ	ऽ	ऽ

अंतरा–2

X				0				X				0			
सां	सां	सां	सां	सां	–	सां	सां	नि	सां	गं	नि	सां	–	नि	प
शि	व	शि	व	शं	ऽ	क	र	दि	गं	ऽ	ब	रा	ऽ	ऽ	ऽ
सां	सां	सां	–	सां	सां	सां	–	नि	सां	गं	नि	सां	–	नि	प
ह	म	को	ऽ	व	र	दो	ऽ	स	दा	ऽ	शि	वा	ऽ	ऽ	ऽ
सां	सां	नि	प	नि	–	प	म	ग	म	–	प	म	–	सा	ग
शि	व	शि	व	मं	ऽ	ग	ल	नि	ऽ	रं	ज	ना	ऽ	शि	व
म	म	म	म	म	म	म	म	प	–	ग	म	प	–	–	–
ओ	म्	ह	रि	ओ	म्	शि	व	बो	ऽ	लो	स	दा	ऽ	ऽ	ऽ
सां	सां	नि	प	नि	नि	प	म	ग	–	म	प	म	–	सा	ग
शि	व	ओ	म्	ह	रि	ओ	म्	गा	ऽ	ओ	स	दा	ऽ	शि	व

कीर्जन

कहरवा ताल

97. कृष्ण कन्हैया राधेश्याम ।

स्थायी : कृष्ण कन्हैया राधेश्याम, श्रीधर तेरे रूप ललाम ।
सुंदर प्यारे तेरे नाम ।।

अंतरा : 1. ईश्वर ब्रह्मा हरि घनश्याम, शंकर विष्णु तू ही राम ।
गाओ मंगल कृष्ण के नाम ।।

2. दे दे किरपा का वरदान, पूरे हमरे कर अरमान ।
दीन दुखी का तू भगवान ।।

3. गाऊँ सौ सौ तेरे नाम, ध्याऊँ तेरे रूप तमाम ।
अनुपम सारे तेरे काम ।।

स्थायी

X				0				X				0			
सा	म	म	म	म	प	म	ग	ग	म	प	म	प	–	–	प
कृ	ष्	ण	क	न्है	ऽ	या	ऽ	रा	ऽ	धे	ऽ	श्या	ऽ	ऽ	म
सा	म	म	म	म	प	म	ग	ग	म	प	म	प	–	–	प
श्री	ऽ	ध	र	ते	ऽ	रा	ऽ	रू	ऽ	प	ल	ला	ऽ	ऽ	म
प	–	प	ध	प	म	म	–	^{ग}रे	–	ग	प	म	–	–	म
सुं	ऽ	द	र	प्या	ऽ	रे	ऽ	ते	ऽ	रे	ऽ	ना	ऽ	ऽ	म

अंतरा–1

X				0				X				0			
सां	–	सां	रें	सां	नि	नि	ध	ध	ध	नि	रें	सां	–	–	सां
ई	ऽ	श्व	र	ब्र	ऽ	ह्मा	ऽ	ह	रि	घ	न	श्या	ऽ	ऽ	म
सां	–	सां	रें	सां	नि	नि	ध	ध	–	नि	रें	सां	–	–	सां
शं	ऽ	क	र	वि	ऽ	ष्णु	ऽ	तू	ऽ	ही	ऽ	रा	ऽ	ऽ	म
ध	–	ध	म	म	ध	नि	सां	ध	प	म	ग	म	–	ग	सा
गा	ऽ	ओ	ऽ	मं	ऽ	ग	ल	कृ	ष्	ण	के	ना	ऽ	ऽ	म
सा	म	म	म	म	प	म	ग	ग	म	प	म	प	–	–	प
कृ	ष्	ण	क	न्है	ऽ	या	ऽ	रा	ऽ	धे	ऽ	श्या	ऽ	ऽ	म

कीर्जन

कहरवा ताल

98. श्याम सलोना ।

स्थायी : श्याम सलोना नंद गोपाला, रंग साँवला हरि ब्रज बाला ।।

अंतरा :
1. सिर पर मोर मुकुट है डाला, गिरिधर काली कमली वाला,
   पग में पायल गल बन माला ।।
2. गौवन पाला गोकुल ग्वाला, मोहन प्यारा है मतवाला,
   दधि माखन को चुराने वाला ।।
3. राधे गोविंदा मुरली वाला, नंद का नंदन श्यामल काला,
   गोप गोपी का प्रिय मतवाला ।।

स्थायी

X				0				X				0			
सा	–	ग	प	म	–	ग	सा	ग	नि़	–	नि़	सा	–	सा	–
श्या	ऽ	म	स	लो	ऽ	ना	ऽ	नं	द	ऽ	गो	पा	ऽ	ला	ऽ
प	–	प	प	नि	म	प	–	मम	ग	सा	सा	ग	म	म	–
रं	ऽ	ग	साँ	ऽ	व	ला	ऽ	(हरि)	ब्र	ऽ	ज	बा	ऽ	ला	ऽ
सा	–	ग	प	म	–	ग	सा	ग	नि़	–	नि़	सा	–	सा	–
श्या	ऽ	म	स	लो	ऽ	ना	ऽ	नं	द	ऽ	गो	पा	ऽ	ला	ऽ

अंतरा–1

X				0				X				0			
प	प	प	ध	ध	नि	नि	नि	ध	नि	प	ध	ध	नि	नि	–
सि	र	प	र	मो	ऽ	र	मु	कु	ट	है	ऽ	डा	ऽ	ला	ऽ
प	प	प	ध	ध	नि	नि	–	ध	नि	प	ध	ध	नि	नि	–
गि	रि	ध	र	का	ऽ	ली	ऽ	क	म	ली	ऽ	वा	ऽ	ला	ऽ
प	प	प	ध	नि	सां	सां	सां	सां	नि	रें	सां	ध	–	प	–
प	ग	में	ऽ	पा	ऽ	य	ल	ग	ल	ब	न	मा	ऽ	ला	ऽ
सा	–	ग	प	म	–	ग	सा	ग	नि़	–	नि़	सा	–	सा	–
श्या	ऽ	म	स	लो	ऽ	ना	ऽ	नं	द	ऽ	गो	पा	ऽ	ला	ऽ

कीर्जन

कहरवा ताल

99. राम कृष्ण शिव ।

स्थायी : निश दिन राम कृष्ण शिव गाओ ।
राम कृष्ण शिव राम कृष्ण शिव, राम कृष्ण शिव गाओ ।।

अंतरा : 1. रघुपति राघव राजा राम, जानकी जीवन सीता राम ।
हरे राम हरे राम, हरे कृष्ण हरे राम ।।

2. भजु मन मेरे, राधे श्याम, अह निश गा रे, राधे श्याम ।
राधे श्याम राधे श्याम, हरे कृष्ण हरे राम ।।

3. भोले शंकर हरि घनश्याम, सांब सदाशिव भज सियाराम ।
शिव नाम शिव नाम, हरे कृष्ण हरे राम ।।

स्थायी

0				X				0				X			
सा	ग	म	प	निध	–	म	ग	सा	सा	ऩि	ध़	सा	–	सा	–
नि	श	दि	न	राऽ	ऽ	म	कृ	ऽ	ष्ण	शि	व	गा	ऽ	ओ	ऽ
–	–	–	–	ग	–	ग	ग	–	ग	ग	ग	म	–	म	ध
ऽ	ऽ	ऽ	ऽ	रा	ऽ	म	कृ	ऽ	ष्ण	शि	व	रा	ऽ	म	कृ
नि	ध	म	म	म	–	ग	ग	सा	सा	ऩि	ध़	सा	–	सा	–
ऽ	ष्ण	शि	व	रा	ऽ	म	कृ	ऽ	ष्ण	शि	व	गा	ऽ	ओ	ऽ

अंतरा–1

X				0				X				0			
ग	ग	म	म	ध	–	नि	ध	सां	–	सां	–	सां	–	सां	–
र	घु	प	ति	रा	ऽ	घ	व	रा	ऽ	जा	ऽ	रा	म	रा	म
ग	ग	म	म	ध	–	नि	ध	सां	–	सां	–	गं	नि	सां	सां
र	घु	प	ति	रा	ऽ	घ	व	रा	ऽ	जा	ऽ	रा	म	रा	म
नि	–	नि	नि	नि	–	नि	ध	ध	नि	सां	नि	ध	–	म	–
जा	ऽ	न	की	जी	ऽ	व	न	सी	ऽ	ऽ	ता	रा	म	रा	म
ध	ध	ध	म	प	प	प	ग	सा	ग	म	ध	प	प	म	–
ह	रे	रा	म	ह	रे	रा	म	ह	रे	कृ	ष्ण	ह	रे	रा	म
म	ग	ग	ग	सा	सा	ऩि	ध़	सा	–	सा	–	सा	ग	म	प
रा	ऽ	म	कृ	ऽ	ष्ण	शि	व	गा	ऽ	ओ	ऽ	नि	श	दि	न
निध	–	म	ग	सा	सा	ऩि	ध़	सा	–	सा	–	–	–	–	–
राऽ	ऽ	म	कृ	ऽ	ष्ण	शि	व	गा	ऽ	ओ	ऽ	ऽ	ऽ	ऽ	ऽ

कीर्जन – कहरवा ताल

100. ॐ नमः शिवाय ।

स्थायी : जै जै जै जै भक्तों बोलो, ओम् नमः शिवाय ।
ओम् नमः शिवाय, ओम् नमः शिवाय ।
ओम् नमः शिवाय, ओम् नमः शिवाय ।।

अंतरा : 1. शिव ललाट पे चंदा साजे । जटा काली में गंग विराजे ।
डम डम डम डम डमरू बाजे । गूँजे नारा, नमः शिवाय ।
ओम् नमः शिवाय, ओम् नमः शिवाय, ओम् नमः शिवाय ।।

2. नटवर तांडव थैया नाचे । डम डम डम डम डंका बाजे ।
त्रिशूल दाएँ हाथ विराजे । गूँजे नारा, नमः शिवाय ।
ओम् नमः शिवाय, ओम् नमः शिवाय, ओम् नमः शिवाय ।।

स्थायी

X				0				X				0			
सा	सा	रे	रे	ग	ग	म	प	ध	–	मरे	नि	सा	–	सा	–
जै	जै	जै	जै	भ	क्तों	बो	लो	ओ	म्	नमः	शि	वा	ऽ	य	ऽ
ग	–	गग	ग	ग	–	ग	–	रे	–	रेरे	नि	सा	–	सा	–
ओ	म्	नमः	शि	वा	ऽ	य	ऽ	ओ	म्	नमः	शि	वा	ऽ	य	ऽ
म	–	मम	म	म	–	म	–	ग	–	गरे	नि	सा	–	सा	–
ओ	म्	नमः	शि	वा	ऽ	य	ऽ	ओ	म्	नमः	शि	वा	ऽ	य	ऽ
सा	सा	रे	रे	ग	ग	म	प	ध	–	मरे	नि	सा	–	सा	–
जै	जै	जै	जै	भ	क्तों	बो	लो	ओ	म्	नमः	शि	वा	ऽ	य	ऽ

अंतरा–1

X				0				X				0			
ग	ग	ग	ग	–	ग	ग	रे	रे	म	म	–	म	–	म	–
शि	व	ल	ला	ऽ	ट	पे	ऽ	चं	ऽ	दा	ऽ	सा	ऽ	जे	ऽ
म	ध	–	ध	–	ध	ध	–	ध	नि	ध	प	प	–	प	–
ज	टा	ऽ	का	ऽ	ली	में	ऽ	गं	ऽ	ग	वि	रा	ऽ	जे	ऽ
प	सां	सां	सां	–	रें	सां	नि	नि	सां	रें	सां	रें	–	रें	–
शि	व	ल	ला	ऽ	ट	पे	ऽ	चं	ऽ	दा	ऽ	सा	ऽ	जे	ऽ
रें	गं	–	सां	निध	–	ध	–	नि	नि	–	रें	रें	सां	सां	–
ज	टा	ऽ	का	लीऽ	ऽ	में	ऽ	गं	ऽ	ग	वि	रा	ऽ	जे	ऽ
प	सां	सां	सां	सां	रें	सां	नि	नि	सां	रें	सां	रें	–	–	–
ड	म	ड	म	ड	म	ड	म	ड	म	रु	बा	जे	ऽ	ऽ	ऽ

रें	गं	–	सां	^नि^ध	–	ध	–	ध	नि	–	रें	रें	सां	सां	–
गूँ	ऽ	ऽ	जे	ना	ऽ	रा	ऽ	न	म:	ऽ	शि	वा	ऽ	य	ऽ
सां	–	–	सां	नि	सां	–	नि	सां	–	–	–	सां	–	–	–
ओ	ऽ	ऽ	म्	न	म:	ऽ	शि	वा	ऽ	ऽ	ऽ	य	ऽ	ऽ	ऽ
रें	–	–	रें	सां	रें	–	सां	रें	–	–	–	रें	–	–	–
ओ	ऽ	ऽ	म्	न	म:	ऽ	शि	वा	ऽ	ऽ	ऽ	य	ऽ	ऽ	ऽ
गं	–	गं	सां	^नि^ध	–	–	नि	रें	–	–	–	सां	–	–	–
ओ	ऽ	म्	न	म:	ऽ	ऽ	शि	वा	ऽ	ऽ	ऽ	य	ऽ	ऽ	ऽ
सा	सा	रे	रे	ग	ग	म	प	ध	–	मरे	नि़	सा	–	सा	–
जै	जै	जै	जै	भ	क्तों	बो	लो	ओ	म्	नम:	शि	वा	ऽ	य	ऽ

कीर्जन

कहरवा ताल

101. राधे मुकुंद माधव ।

स्थायी : हरि हरि बोल, हरि हरि बोल ।

राधे मुकुंद माधव हरि हरि बोल । राधे अनंत केशव हरि हरि बोल ।।

अंतरा : 1. गोपाल गोपाल हरि हरि बोल, गोविंद गोविंद हरि हरि बोल ।

आनंद आनंद जय जय बोल,

गोपाल गोविंद आनंद बोल ।।

2. गिरिधारी गिरिधारी हरि हरि बोल, वनमाली वनमाली हरि हरि बोल ।

बनवारी बनवारी जय जय बोल,

गोपाल गोविंद आनंद बोल ।।

3. कान्हा-तेरी अचंभे की लीला हो, कान्हा तेरी अनूठी ही माया, हो ।

सखे! कान्हा की राधे की जय जय बोल,

गोपाल गोविंद आनंद बोल ।।

स्थायी

X				0				X				0			
सां	सां	सां	सां	सां	–	–	सां	नि	ध	नि	रें	सां	सां	म	ग
ह	रि	ह	रि	बो	ऽ	ऽ	ल	ह	रि	ह	रि	बो	ल	रा	धे
म	ध	–	नि	सां	–	नि	ध	म	ध	म	ग	म	–	म	ग
मु	कुं	ऽ	द	मा	ऽ	ध	व	ह	रि	ह	रि	बो	ल	रा	धे
म	ध	–	नि	सां	–	नि	ध	म	ध	म	ग	म	–	–	म
अ	नं	ऽ	त	के	ऽ	श	व	ह	रि	ह	रि	बो	ऽ	ऽ	ल

अंतरा-1

X				0				X				0			
ध	–	ध	ध	ध	–	ध	ध	प	म	प	नि	ध	–	–	ध
गो	ऽ	पा	ल	गो	ऽ	पा	ल	ह	रि	ह	रि	बो	ऽ	ऽ	ल
नि	–	नि	नि	नि	–	नि	नि	ध	म	ध	नि	नि	–	–	नि
गो	ऽ	विं	द	गो	ऽ	विं	द	ह	रि	ह	रि	बो	ऽ	ऽ	ल
सां	–	सां	सां	सां	–	सां	सां	नि	ध	नि	सां	सां	–	–	सां
आ	ऽ	नं	द	आ	ऽ	नं	द	ज	य	ज	य	बो	ऽ	ऽ	ल
रें	–	रें	रें	रें	–	रें	रें	सां	नि	सां	रें	सां	सां	म	ग
गो	ऽ	पा	ल	गो	ऽ	विं	द	आ	ऽ	नं	द	बो	ल	रा	धे

कीर्जन

कहरवा ताल

102. जय हनुमान् ।

स्थायी : जै हनुमान् जै जै जय हनुमान् । जै हनुमान् महान् ।
जै हनुमान तूफान ।।

अंतरा : 1. सेतु बंधन जै हनुमान्, सागर लाँघन जै हनुमान् ।
जानकी ढूंढन जै हनुमान्, प्रणाम तुमको श्री हनुमान् ।।

2. लंका दहनन जै हनुमान्, लखन संजीवन जै हनुमान् ।
असुर निकंदन जै हनुमान्, प्रणाम तुमको श्री हनुमान् ।।

3. अंजनी नंदन जै हनुमान्, सब दुख भंजन जै हनुमान् ।
हे जग वंदन जै हनुमान्, प्रणाम तुमको श्री हनुमान् ।।

स्थायी

X				0				X				0			
सां	–	सां	रें	सां	–	नि	ध	सां	नि	गं	रें	सां	–	–	सां
जै	ऽ	ह	नु	मा	न्	जै	जै	ज	य	ह	नु	मा	ऽ	ऽ	न्
सां	–	सां	रें	सां	नि	ध	प	धप	म	–	–	–	–	–	म
जै	ऽ	ह	नु	मा	ऽ	न	म	हाऽ	ऽ	ऽ	ऽ	ऽ	ऽ	ऽ	न्
प	–	प	ध	प	म	ग	रे	गरे	सा	–	–	–	–	–	सा
जै	ऽ	ह	नु	मा	ऽ	न्	तू	फाऽ	ऽ	ऽ	ऽ	ऽ	ऽ	ऽ	न

अंतरा-1

X				0				X				0			
प	सां	सां	–	सां	रें	सां	नि	नि	सां	रें	सां	रें	–	–	रें
से	ऽ	तु	ऽ	बं	ऽ	ध	न	जै	ऽ	ह	नु	मा	ऽ	ऽ	न्
रें	–	रें	गं	रें	सां	सां	सां	निध	–	नि	रें	रें	सां	–	सां
सा	ऽ	ग	र	लाँ	ऽ	घ	न	जै	ऽ	ह	नु	मा	ऽ	ऽ	न्
प	सां	सां	सां	सां	रें	सां	नि	नि	सां	रें	सां	रें	–	–	रें
जा	ऽ	न	की	ढूँ	ऽ	ढ	न	जै	ऽ	ह	नु	मा	ऽ	ऽ	न्
रें	रें	–	गं	रें	सां	सां	–	निध	–	नि	रें	रें	सां	–	सां
प्र	णा	ऽ	म	तु	म	को	ऽ	श्री	ऽ	ह	नु	मा	ऽ	ऽ	न्
सां	–	सां	रें	सां	–	नि	ध	सां	नि	गं	रें	सां	–	–	सां
जै	ऽ	ह	नु	मा	न्	जै	जै	ज	य	ह	नु	मा	ऽ	ऽ	न्

कीर्जन

कहरवा ताल

103. साँई बाबा ।

स्थायी : दाता मेरा सत्य साँई बाबा, पालन करता तू जग सारा ।।

अंतरा : 1. साँई हमारा एक सहारा, निश दिन पाहि मम संसारा ।।

2. भाई हमारा अरु रखवारा, दूर करेगा सब अँधियारा ।।

3. साई हमारा एक किनारा, जा के अँधेरा जग उजियारा ।।

स्थायी

x				0				x				0			
–	ध	–	ध	प	–	म	–	ग	रे	ग	पग	रे	–	सा	–
ऽ	दा	ऽ	ता	मे	ऽ	रा	ऽ	स	त्य	साँ	ईऽ	बा	ऽ	बा	ऽ
–	सारे	म	ग	म	म	म	–	–	ध	–प	ग	मप	ध	प	–
ऽ	पाऽ	ल	न	क	र	ता	ऽ	ऽ	तू	ऽज	ग	साऽ	ऽ	रा	ऽ
–	ध	–	ध	प	–	म	–	ग	रे	ग	पग	रे	–	सा	–
ऽ	दा	ऽ	ता	मे	ऽ	रा	ऽ	स	त्य	साँ	ईऽ	बा	ऽ	बा	ऽ

अंतरा–1

X				0				X				0			
–	म	–प	ध	रें	–	सां	–	–	रेंनि	ध	प	नि	–	नि	–
ऽ	साँ	ऽई	ह	मा	ऽ	रा	ऽ	ऽ	एऽ	क	स	हा	ऽ	रा	ऽ
–	धध	ध	ध	प	–	म	–	–	गरे	गप	ग	रे	–	सा	–
ऽ	निश	दि	न	पा	ऽ	हि	ऽ	ऽ	मम	संऽ	ऽ	सा	ऽ	रा	ऽ
–	ध	–	ध	प	–	म	–	ग	रे	ग	पग	रे	–	सा	–
ऽ	दा	ऽ	ता	मे	ऽ	रा	ऽ	स	त्य	साँ	ईऽ	बा	ऽ	बा	ऽ
–	–	नि	ध	रे	–	सा	–	–	–	सा	सा	म	–	ग	–
ऽ	ऽ	साँ	ई	बा	ऽ	बा	ऽ	ऽ	ऽ	साँ	ई	बा	ऽ	बा	ऽ
–	–	ग	प	नि	–	नि	–	–	–	रें	सा	सां	–	सां	–
ऽ	ऽ	साँ	ई	बा	ऽ	बा	ऽ	ऽ	ऽ	साँ	ई	बा	ऽ	बा	ऽ

कीर्जन

कहरवा ताल

104. शिर्डी वाले ।

स्थायी : शिर्डी वाले सलाम, साँई बाबा प्रणाम ।
भजूँ मैं तेरे नाम, तू ही है राम और श्याम,
तू ही है राम और श्याम, ओ शिर्डी ।।

अंतरा : 1. तू खुदा साँई राम, तुझ पे हम कुरबान,
तुझको लाख प्रणाम, हे मेरे भगवान ।।

2. जगत में एक महान, गाएँ तेरे गुण गान,
शिरडी परम धाम, हे मेरे भगवान् ।।

3. दे दो प्रभु वरदान, साँई तू भगवान,
गाऊँ श्री गुण गान, हे मेरे भगवान् ।।

स्थायी

X				0				X				0			
म	म	ध	म	म	ध	–	ग	म	–	–	–	–	–	–	म
शि	र्	डी	ऽ	वा	ले	ऽ	स	ला	ऽ	ऽ	ऽ	ऽ	ऽ	ऽ	म
म	–	नि	–	ध	नि	–	ध	सां	–	–	–	–	–	ध	म
साँ	ऽ	ई	ऽ	बा	बा	ऽ	प्र	णा	ऽ	ऽ	ऽ	ऽ	ऽ	ऽ	म
म	–	नि	–	ध	नि	–	ध	सां	नि	–	–	–	–	–	नि
साँ	ऽ	ई	ऽ	बा	बा	ऽ	प्र	णा	ऽ	ऽ	ऽ	ऽ	ऽ	ऽ	म

सां	सां	सां	रें	सां	नि	धप	म	प	–	–	–	–	–	–	ग
भ	जूँ	मैं	ऽ	ते	ऽ	रेऽ	ऽ	ना	ऽ	ऽ	ऽ	ऽ	ऽ	ऽ	म
नि	–	नि	ध	ध	प	प	ग	म	–	म	म	म	प	म	ग
तू	ऽ	ही	ऽ	है	रा	म	और	श्या	ऽ	म	ओ	शि	र्	डी	ऽ
नि	–	नि	ध	ध	प	प	ग	म	–	–	–	–	–	–	म
तू	ऽ	ही	ऽ	है	रा	म	और	श्या	ऽ	ऽ	ऽ	ऽ	ऽ	ऽ	म

अंतरा–1

X				0				X				0			
सां	–	–	रें	सां	नि	ध	नि	सां	–	–	–	–	–	–	सां
तू	ऽ	ऽ	खु	दा	ऽ	सा	ई	रा	ऽ	ऽ	ऽ	ऽ	ऽ	ऽ	म
सां	सां	सां	रें	सां	नि	ध	प	नि	–	–	–	–	–	नि	–
तु	झ	पे	ऽ	ह	म	कु	र	बा	ऽ	ऽ	ऽ	ऽ	ऽ	न	ऽ
ध	ध	ध	प	प	म	प	म	ग	–	–	–	–	–	–	ग
तु	झ	को	ऽ	ला	ऽ	ख	प्र	णा	ऽ	ऽ	ऽ	ऽ	ऽ	ऽ	म
नि	–	नि	ध	ध	–	प	प	म	–	–	–	–	–	–	म
हे	ऽ	मे	ऽ	रे	ऽ	भ	ग	वा	ऽ	ऽ	ऽ	ऽ	ऽ	ऽ	न
म	म	ध	म	म	ध	–	ग	म	–	–	–	–	–	–	म
शि	र्	डी	ऽ	वा	ले	ऽ	स	ला	ऽ	ऽ	ऽ	ऽ	ऽ	ऽ	म

कीर्जन

कहरवा ताल

105. स्वामी नारायण ।

स्थायी : स्वामी नारायण हरि ओम्, स्वामी नरायण जय ओम् ।
स्वामी नारायण सत् ओम्, स्वामी नारायण हरि ओम् ।।

अंतरा : 1. अंतर्यामी दिगंत स्वामी, रिषीकेश हरि ओम् ।
शेषशायी सत् ओम्, स्वामी नारायण जय ओम् ।
स्वामी नारायण हरि ओम् ।।

2. दामोदर श्री अनंत साँई, मनोहारी हरि ओम् ।
राधेश्याम सत् ओम्, स्वामी नारायण जय ओम् ।
स्वामी नारायण हरि ओम् ।।

3. कमल नयन श्री मुकुंद माधो, गदाधारी हरि ओम् ।
राधेकृष्ण सत् ओम्, स्वामी नारायण जय ओम् ।
स्वामी नारायण हरि ओम् ।।

स्थायी

		X				0				X				0			
ध	ध	–	पध	प	म	रे	ग	–	पम	म	–	–	–	–	म	ध	ध
स्वा	मी	ऽ	नाऽ	रा	ऽ	य	ण	ऽ	हरि	ओ	ऽ	ऽ	ऽ	ऽ	म्	स्वा	मी
		–	पध	प	म	रे	ग	–	पम	म	–	–	–	–	म	सा	सा
		ऽ	नाऽ	रा	ऽ	य	ण	ऽ	जय	ओ	ऽ	ऽ	ऽ	ऽ	म्	स्वा	मी
		–	नि़	सा	–	रे	रे	ग	रे	सा	–	–	–	–	सा	सा	सा
		ऽ	ना	रा	ऽ	य	ण	स	त्	ओ	ऽ	ऽ	ऽ	ऽ	म्	स्वा	मी
		–	नि़–	सा	–	रे	रे	ग	रे	सा	–	–	–	–	सा	ध	ध
		ऽ	नाऽ	रा	ऽ	य	ण	ह	रि	ओ	ऽ	ऽ	ऽ	ऽ	म्	स्वा	मी
		–	पध	प	म	रे	ग	–	पम	म	–	–	–	–	–	–	म
		ऽ	नाऽ	रा	ऽ	य	ण	ऽ	हरि	ओ	ऽ	ऽ	ऽ	ऽ	ऽ	ऽ	म्

अंतरा–1

X				0				X				0			
–	ध	–प	म	म	–	म	–	म	प	नि	नि	नि	–	नि	प
ऽ	अं	ऽत	र्	या	ऽ	मी	ऽ	दि	गं	ऽ	त	स्वा	ऽ	मी	ऽ
प	रें	–	रें	–	गं	रें	सां	सां	–	–	–	–	–	ध	म
रि	षी	ऽ	के	ऽ	श	ह	रि	ओ	ऽ	ऽ	ऽ	ऽ	ऽ	ऽ	म्
म	रें	रें	रें	–	गं	रें	सां	सां	–	–	–	–	सां	ध	नि
शे	ऽ	ष	शा	ऽ	यी	स	त्	ओ	ऽ	ऽ	ऽ	ऽ	म्	स्वा	मी
रें	–	रें	–	रें	गं	रें	सां	सां	–	–	–	–	सां	ध	ध
ना	ऽ	रा	ऽ	य	ण	ज	य	ओ	ऽ	ऽ	ऽ	ऽ	म्	स्वा	मी
–	पध	प	म	रे	ग	–	पम	म	–	–	–	–	म	ध	ध
ऽ	नाऽ	रा	ऽ	य	ण	ऽ	हरि	ओ	ऽ	ऽ	ऽ	ऽ	म्	स्वा	मी

कीर्तन

कहरवा ताल

106. देवाय लंबोदराय ।

स्थायी : देवाय, लंबोदराय, शिवनंदनाय, शिव ओम् ।
नाथाय, मुखमंगलाय, जगवंदनाय, शिव ओम् ।।

अंतरा : 1. रुद्राय, शिवशंकराय, दुखभंजनाय, हर ओम् ।
भद्राय, गंगाधराय, प्रभु त्र्यंबकाय, हर ओम् ।।

2. रामाय, रघुनंदनाय, मधुचंदनाय, हरि ओम् ।

रामाय, सीतावराय, पुरुषोत्तमाय, हरि ओम् ।।
3. श्यामाय, बंसीधराय, पीतांबराय, जय ओम् ।
कृष्णाय, राधावराय, दामोदराय, जय ओम् ।।

स्थायी

X				0				X				0			
म	म	-	म	-	-	रे	म	प	-	ध	प	म	म	रे	म
दे	वा	ऽ	य	ऽ	ऽ	लं	ऽ	बो	ऽ	द	रा	ऽ	य	शि	व
प	-	ध	प	म	म	रे	म	प	-	-	-	-	-	-	प
नं	ऽ	द	ना	ऽ	य	शि	व	ओ	ऽ	ऽ	ऽ	ऽ	ऽ	ऽ	म्
ध	ध	-	ध	-	-	सा	ध	प	-	ध	प	म	म	रे	म
ना	था	ऽ	य	ऽ	ऽ	मु	ख	मं	ऽ	ग	ला	ऽ	य	ज	ग
प	-	ध	प	म	म	रे	ध	प	-	-	-	-	-	-	म
वं	ऽ	द	ना	ऽ	य	शि	व	ओ	ऽ	ऽ	ऽ	ऽ	ऽ	ऽ	म्

अंतरा-1

X				0				X				0			
सां	सां	-	सां	-	-	सां	सां	सां	-	रें	सां	-	सां	सां	सां
रु	द्रा	ऽ	य	ऽ	ऽ	शि	व	शं	ऽ	क	रा	-	य	दु	ख
रें	-	रें	रें	-	गं	रें	सां	सां	-	-	-	-	-	-	सां
भं	ऽ	ज	ना	ऽ	य	ह	र	ओ	ऽ	ऽ	ऽ	ऽ	ऽ	ऽ	म्
ध	ध	-	ध	-	-	ध	-	प	-	ध	प	म	म	रे	म
भ	द्रा	ऽ	य	ऽ	ऽ	गं	ऽ	गा	ऽ	ध	रा	ऽ	य	प्र	भु
प	-	ध	प	म	म	रे	ध	प	म	-	-	-	-	-	म
त्र्यं	ऽ	ब	का	ऽ	य	ह	र	ओ	ऽ	ऽ	ऽ	ऽ	ऽ	ऽ	म्
म	म	-	म	-	-	रे	म	प	-	ध	प	म	म	रे	म
दे	वा	ऽ	य	ऽ	ऽ	लं	ऽ	बो	ऽ	द	रा	ऽ	य	शि	व

चौपाई

कहरवा ताल

107. रामायण

दोहा : राम सिया बन को चले, लखन लला है साथ ।
मात पिता गृह को तजे, धन्य धन्य रघुनाथ ।।

स्थायी : चंदन तिलक सुमंगल माथे, दशरथ नंदन राम सुहाते ।
श्री राम जय राम जय जय रामा, जय राम सिया राम जय जय रामा ।।

अंतरा : 1. शीश जटा कटि वल्कल धारे, कानन कुंडल नयन लुभाते ।।
2. मुख मंडल पर हास्य विराजे, विघ्न कष्ट कछु नाहि दुखाते ।।
3. वीर धनुर्धर धीरज धारी, संकट मोचन राम कहाते ।।
4. राम रमैया भव की नैया, राम नाम नर को हरसाते ।।
5. राम सहारे राम किनारे, राम नाम सब दुख बिसराते ।।
6. भीषण पाप मनुष के जेते, राम नाम से सब छुट जाते ।।
7. राम सिया संग लछिमन सोहे, लखन लला सब जन को भाते ।।
8. राज काज सुख तज कर सारे, मात तात के बचन निभाते ।।
9. सिया संग प्रभु बन में बिराजे, भगतन राम चरित शुभ गाते ।।
10. वाह वाह रे दशरथ राजा, धन्य धन्य कौसल्या माते! ।।

दोहा : दीन दयाला आप हैं, करुण कृपालु राम! ।।
कौसल्या सुत, हे सखे! पाहि पाहि रे माम् ।।

दोहा

नि	–	नि	नि	नि	–	नि	नि	सां	–	–	नि	सां	–	–	–
रा	ऽ	म	सि	या	ऽ	ब	न	को	ऽ	ऽ	च	ले	ऽ	ऽ	ऽ
नि	नि	नि	नि	नि	–	रें	सां	सां	–	–	सां	नि	–	नि	नि
ल	ख	न	ल	ला	ऽ	है	ऽ	सा	ऽ	ऽ	थ	मा	ऽ	त	पि
नि	प	प	प	प	ग	–	प	रे	–	–	–	ग	–	ग	प
ता	ऽ	गृ	ह	को	ऽ	ऽ	त	जे	ऽ	ऽ	ऽ	ध	ऽ	न्य	ध
रे	रे	रे	सा	सा	–	–	सा								
ऽ	न्य	र	घु	ना	ऽ	ऽ	थ								

स्थायी – चौपाई

X				0				X				0			
–	ग	–ग	प	रे	रे	सा	सा	–	निप	रे	रे	गरे	–	सा	रे
ऽ	चं	ऽद	न	ति	ल	क	सु	ऽ	मंऽ	ग	ल	माऽ	ऽ	थे	ऽ
ग	ग	–ग	प	रे	रे	सा	सा	–	निप	रे	रे	गरे	–	सा	–
ऽ	चं	ऽद	न	ति	ल	क	सु	ऽ	मंऽ	ग	ल	माऽ	ऽ	थे	ऽ
–	पग	प	प	निसां	रें	सां	नि	प	पग	ग	प	रे	–	सा	–
ऽ	दश	र	थ	नंऽ	ऽ	द	न	ऽ	राऽ	म	सु	हा	ऽ	ते	ऽ
–	गग	ग	प	रे	रे	सा	सा	–	निप	रे	रे	गरे	–	सा	–
ऽ	श्रीऽ	रा	म	ज	य	रा	म	ऽ	जय	ज	य	राऽ	ऽ	मा	ऽ
–	गग	ग	प	रे	रे	सा	सा	–	निप	रे	रे	गरे	–	सा	–
ऽ	जय	रा	म	सि	या	रा	म	ऽ	जय	ज	य	राऽ	ऽ	मा	ऽ

अंतरा–1

X				0				X				0			
–	पग	प	प	सां	–	सां	सां	–	निनि	नि	रें	^{नि}ध	–	प	–
ऽ	शीऽ	श	ज	टा	ऽ	क	टि	ऽ	वल्	क	ल	धा	ऽ	रे	ऽ
–	गग	ग	प	रे	–	सा	सा	–	नि़प़	रे	रे	गरे	–	सा	–
ऽ	काऽ	न	न	कुं	ऽ	ड	ल	ऽ	नय	न	लु	भा	ऽ	ते	ऽ
–	गग	ग	प	रे	रे	सा	सा	–	नि़प़	रे	रे	गरे	–	सा	–
ऽ	श्रीऽ	रा	म	ज	य	रा	म	ऽ	जय	ज	य	राऽ	ऽ	मा	ऽ
–	गग	ग	प	रे	रे	सा	सा	–	नि़प़	रे	रे	गरे	–	सा	–
ऽ	जय	रा	म	सि	या	रा	म	ऽ	जय	ज	य	राऽ	ऽ	मा	ऽ

दोहा

नि	–	नि	नि	नि	–	नि	–	सां	–	–	नि	सां	–	–	–
दी	ऽ	न	द	या	ऽ	ला	ऽ	आ	ऽ	ऽ	प	हैं	ऽ	ऽ	ऽ
नि	नि	नि	नि	नि	–	रें	सां	सां	–	–	सां	नि	–	नि	–
क	रु	ण	कृ	पा	ऽ	लु	ऽ	रा	ऽ	ऽ	म	कौ	ऽ	स	ऽ
नि	प	प	प	–	ग	–	प	रे	–	–	–	ग	–	ग	प
ल्या	ऽ	सु	त	ऽ	हे	ऽ	स	खे	ऽ	ऽ	ऽ	पा	ऽ	हि	पा
रे	रे	रे	सा	सा	–	–	सा								
ऽ	हि	रे	ऽ	मा	ऽ	ऽ	म्								

Doha not to be sung in rhythm

आरती

कहरवा ताल

108. ओम् जै बजरंग बली ।

स्थायी : ॐ जै बजरंग बली । कपि जय बजरंग बली ।
भगतन प्राण पिहारे । आस में द्वार तिहारे ।
सुंदर दर्‌शन की । ॐ जय बजरंग बली ।।

अंतरा : 1. राम दास तुम पावन । शंकर अवतारी ।
प्रभु शंकर अवतारी ।
महावीर परमेश्वर । लोक नाथ सत् ईश्वर ।
विक्रम वज्रांगी । ॐ जय ...

2. तुमने सुग्रीव कपि से । राम को मिलवाया ।
प्रभु राम को मिलवाया ।
बाली पतन कराके । तुमने मुक्त कराई ।
दारा सुग्रीव की । ॐ जय ...

3. सिय की खोज लगाके । खबरिया राम को दी ।
खुश खबरिया राम को दी ।
रावन पतन कराके । तुमने मुक्त कराई ।
सीता रघुवर की । ॐ जय ...

4. जल पर अश्म तराये । राम नाम लिखके ।
शुभ राम नाम लिखके ।
सागर सेतु बनाके । सेना पार कराके ।
लंका तुम जारी । ॐ जय ...

5. वायु गति से उड़ के । परबत ले आये ।
प्रभु परबत ले आये ।
संजीवन बुटी लाके । तुमने जान बचाई ।
भाई लछिमन की । ॐ जय ...

स्थायी

		X				0				X				0			
म	–	म	–	म	म	म	–	ग	म	प	–	प	ध	नि	सां	सां	सां
ॐ	ऽ	जै	ऽ	ब	ज	रं	ऽ	ग	ब	ली	ऽ	क	पि	ज	य	ब	ज
		रें	सां	नि	ध	निध	प	–	–	–	–	–	–	प	ध	प	ध
		रं	ऽ	ग	ब	लीऽ	ऽ	ऽ	ऽ	ऽ	ऽ	ऽ	ऽ	भ	ग	त	न
		नि	–	नि	ध	म	ध	म	–	प	ध	प	ध	नि	–	नि	ध
		प्रा	ऽ	ण	पि	हा	ऽ	रे	ऽ	आ	ऽ	स	में	द्वा	ऽ	र	ति
		प	ध	म	–	म	प	प	प	ध	प	म	ग	रे	–	प	–
		हा	ऽ	रे	ऽ	सुं	ऽ	द	र	द	र्	श	न	की	ऽ	ओ	म
		प	प	प	प	ध	प	म	ग	म	–	–	–	–	–	–	–
		ज	य	ब	ज	रं	ऽ	ग	ब	ली	ऽ	ऽ	ऽ	ऽ	ऽ	ऽ	ऽ

अंतरा–1

X				0				X				0			
प	**म**	**म**	**ग**	**प**	**म**	**म**	**ग**	**प**	**म**	**म**	**म**	**सां**	**रें**	**सां**	**नि**
रा	ऽ	म	दा	ऽ	स	तु	म	पा	ऽ	व	न	शं	ऽ	क	र
ध	**ध**	**प**	**म**	**प**	**–**	**सां**	**सां**	**सां**	**रें**	**सां**	**नि**	**ध**	**ध**	**प**	**म**
अ	व	ता	ऽ	री	ऽ	प्र	भु	शं	ऽ	क	र	अ	व	ता	ऽ
प	**–**	**–**	**–**	**–**	**–**	**–**	**–**	**प**	**ध**	**प**	**ध**	**नि**	**नि**	**नि**	**ध**
री	ऽ	ऽ	ऽ	ऽ	ऽ	ऽ	ऽ	म	हा	ऽ	वी	ऽ	र	प	र
प	**ध**	**म**	**म**	**प**	**ध**	**प**	**ध**	**नि**	**नि**	**नि**	**ध**	**प**	**ध**	**म**	**म**
मे	ऽ	श्व	र	लो	ऽ	क	ना	ऽ	थ	स	त्	ई	ऽ	श्व	र
प	**–**	**प**	**प**	**ध**	**प**	**म**	**ग**	**रे**	**–**	**–**	**–**	**–**	**–**	**प**	**–**
वि	ऽ	क्र	म	व	ज्	रां	ऽ	गी	ऽ	ऽ	ऽ	ऽ	ऽ	ओ	म
प	**प**	**प**	**प**	**ध**	**प**	**म**	**ग**	**म**	**–**	**–**	**–**	**–**	**–**	**–**	**–**
ज	य	ब	ज	रं	ऽ	ग	ब	ली	ऽ	ऽ	ऽ	ऽ	ऽ	ऽ	ऽ

Library and Archives Canada / Bibliothèque et Archives Canada

PUBLICATION SUBMITTED TO LEGAL DEPOSIT	PUBLICATION SOUMISE AU DÉPÔT LÉGAL
MONOGRAPH	MONOGRAPHIE
Please attach this completed form to the copies of the publication and send these to: Library and Archives Canada Legal Deposit 395 Wellington Street Ottawa ON K1A 0N4	Veuillez joindre ce formulaire, dûment rempli, aux exemplaires de publication et faire parvenir le tout à la : Bibliothèque et Archives Canada Dépôt légal 395, rue Wellington Ottawa ON K1A 0N4
The information requested hereafter is used for cataloguing Canadian publications. Terms preceded by an asterisk (*) indicate that explanations are available on verso of this form. If this title was previously submitted for the National Library's Cataloguing in Publication (CIP) program, only show changes or information not previously submitted.	Les renseignements requis ci-dessous servent au catalogage des publications canadiennes. Les astérisques (*) placés devant certains te signalent que des explications sont disponibles au verso de ce formula Si le titre a déjà été soumis au programme de Catalogage avant public (CIP) de la Bibliothèque nationale, veuillez n'indiquer que les changem ou les nouveaux renseignements.

* Author(s)'s name in full / * Nom et prenom de(s) l'auteur(s)	Year of birth / Année de naissance	Canadian Citizen / Citoyen canadien	Landed Immigrant / Immigrant reçu	Non-Canadiar / Étranger
1) RATNAKAR NARALE	1942	No / Non; Yes / Oui ✓	No / Non; Yes / Oui	No / Non; Yes / Oui
2) DEV BANSRAJ	1947	No / Non; Yes / Oui ✓	No / Non; Yes / Oui	No / Non; Yes / Oui
3)		No / Non; Yes / Oui	No / Non; Yes / Oui	No / Non; Yes / Oui

* Title / * Titre: NAYI SANGEET ROSHANI

* Publisher / * Éditeur
Name / Nom: PUSTAK BHARATI
Address / Adresse: 180 TORRESDALE AVE TORONTO, ON M2R 3E4

* Distributor / * Distributeur
Same as publisher / Identique à l'éditeur: No / Non; Yes / Oui ✓
If not, please provide name and address / Si non, veuillez fournir le nom et l'adresse

Date published / Date de publication: MAY 2014
Publisher's Web site / Site Web de l'éditeur:

* ISBN	Retail price / Prix de détail	* Print Run / * Tirage	Is publication free? / La publication est-elle gratuit
1) 978-897416-40-2	1) 40.00	1) 20	No / Non ✓; Yes / Oui
2)	2)	2)	

Language(s) of publication, if other than English or French / Langue(s) de la publication, si autre(s) que le français ou l'anglais:

Contact Person (Please print) / Personne-ressource (Imprimer s.v.p.): RATNAKAR NARALE
Signature: [signature]

Telephone / Téléphone	Fax / Télécopieur	E-mail (Please print) / Courriel (Imprimer s.v.p.)	Date
416 739 8004	Same	RNARALE@YAHOO.CA	6/6/2014

LAC-BAC 0024 (2004/06)

Can

Library and Archives Canada / Bibliothèque et Archives Canada

RECEIPT FOR LEGAL DEPOSIT
REÇU POUR DÉPÔT LÉGAL

Legal deposit number / Numéro de dépôt légal
D 1168058

Bansraj, Sangitacharya Dev
History in the making : east meets west, a joyful union of Indian and West-Indian music / Sangitacharya Dev Bansraj
[Toronto] : Pustak Bharati, c2013.

ISBN / ISSN 9781897416402

Quantity received: / Quantité reçue : 1

Price: / Prix : $40.00

Date received: / Date de réception : 2014-06-10

Pustak Bharati
Ratnakar Narale
180 TORRESDALE AVE
TORONTO ON M2R 3E4

LAC-BAC 0054 (2006/06)

Canada

Susan Haigh RAT
Susan Haigh

130
Saaz-O-Aawaaz, Academy of Indian Music

Nayi Sangeet Roshani
(New Enlightenment in Indian Music)

Tarouba Gharana

A Treasure of Brand New Hindi Compositions
for Learning, Teaching and Enjoying Music

A MUSIC TEXT BOOK

History in the Making

Music & Notation
Sangitacharya Dev Bansraj

Lyrics & Translation
Sanskritacharya Ratnakar Narale

Ratnakar

PUSTAK BHARATI * BOOKS INDIA
Saaz-O-Aawaaz Academy of Indian Music

Authors
Music : *Sangitacharya* Dev Bansraj, founder of Saaz-O-Aawaaz, Academy of Indian Music.
Lyrics : *Prof.* Ratnakar Narale, Professor Hindi, Ryerson University.

Title
"Nayi Sangeet Roshani" (A Brand New Enlightenment in Indian Music)
A Book of New Hindi Songs, for Learning, Teaching and Enjoying music.

Cover Design
Ramona M. Ramkissoon
Vessel Design Studio,
Toronto, Ontario, Canada
Phone : 647-283-4153
email : **services@vesselds.com**
www.vesselds.com

Printed for
Saaz-O-Aawaaz
Academy of Indian Music
43 Rangeland Rd.,
Brampton, Ontario,
Canada L6R 1L2
Phone : 905-789-4949
email : **saazoaawaaz@rogers.com**
www.saazoaawaaz.ca

Published by
Pustak Bharati (Books India)
Division of PC PLUS Ltd.
email : **books.india.books@gmail.com**
www.books-india.com

Copyright ©2013

ISBN 978-1-897416-40-2

ISBN 978-1-897416-40-2
9 781897 416402
Nayi Sangeet Roshani

© All rights reserved. No part of this book may be copied, reproduced or utilized in any manner, computerised, e-mail, scanning, photocopying or by recording in any information storage and retrieval system, without a written permission from the publisher.

INDEX

Foreword
The Authors
Gharana
Endorsement
Harmonium Octaves with Different 'Sa' Keys
Alankars
Tabla Taals
Hindi Alphabet
Pronouncing Hindi Characters
Saraswati Vandana Prayer

Item			**Title**	**Page**
1.	Raaga Yaman	Khayal	Mangal vandan sumiran pyaare	1
2.	Raaga Yaman	Bhajan	Bhaagya lakshmi, Chanchal devi	2
3.	Raaga Yaman	Bhajan	Jana gana vandana	3
4.	Raaga Bilawal	Khayal	Aaj chalo hum sab mil gaayen	4
5.	Raaga Bilawal	Bhajan	Raam Siyaapati Praan-piyaare	5
6.	Raaga Khamaj	Khayal	Ek se dooja deep jalaao	6
7.	Raaga Khamaj	Bhajan	Dhyaan magan, sumiran rata	7
8.	Raaga Hori Khamaj	Dhamar	Hori khedat mero Kanha	8
9.	Raaga Khamaj	Bhajan	Raamayan ki amar kahani	9
10.	Raaga Kafi	Khayal	Prabhu miloge ab kabhoon	10
11.	Raaga Kafi	Bhajan	Jhanak jhanak jhan	11
12.	Raaga Bhairav	Bada Khayal	Siyaa Awadh men aayi	13
13.	Raaga Bhairav	Khayal	Jai Mahesh, nirgam teri maaya	14
14.	Raaga Ahir Bhairav	Bhajan	Arpan hai Ahidhari, Umapati	15
15.	Raaga Aasavari	Khayal	Ankhiyan men jo ansuvan aaye	16
16.	Raaga Aasavari	Bhajan	Nand Bal-Raama sanga Sudaama	17
17.	Raaga Bhairavi	Khayal	Maar kankariya phori gagariya	19
18.	Raaga Bhairavi	Bhajan	Prabhu bataao	20
19.	Raaga Bhairavi	Bhajan	Shri Raam ka shubh naam	21
20.	Raaga Bhupali	Khayal	Saawana ritu aayo	22
21.	Raaga Bhupali	Bhajan	Raam ka sumiran	24
22.	Raaga Vrindavani Sarang	Khayal	Kangan khan khan goonj rachaayo	25
23.	Raaga Vrindavani Sarang	Bhajan	Chham chham ghungharu	26
24.	Raaga Vrindavani Sarang	Bhajan	Nand Kishor ko yaad kara le	27
25.	Raaga Bhimpalasi	Khayal	Garjat barsat saawan aayo	28
26.	Raaga Bhimpalasi	Bhajan	Jaane de mohe Mathura Maiya	29
27.	Raaga Des	Khayal	Vibhishan ko bolee Seeta	30
	Raaga Des	Tarana	Naa Dir Dir Daa Nita Taare Deem	31
28.	Raaga Des	Bhajan	Jhanan Jhana veena ki jhanakaar	32
29.	Raaga Hamir	Khayal	Nayanava kajarare	33

30. Raaga Bihag	Khayal	Nainana men tumari mooratiya	35
Raaga Bihag	Tarana	Naa Dir Dir Daani Tadani Deem	36
31. Raaga Bihag	Bhajan	Jai Lakshmi Dhan Daayini jai ho	37
32. Raaga Bageshri	Khayal	Raat suhaani suhaagi	38
33. Raaga Bageshri	Bhajan	Nish din sang men	39
34. Raaga Kedar	Khayal	Murali sunat hai Shyam ki Raadha	41
35. Raaga Kedar	Bhajan	Kaanan le chalo saath naath mohe	42
36. Raaga Alhaiya Bilawal	Khayal	Saaf kaho tum dil me kya hai	43
37. Raaga Marwa	Khayal	Raghupati Raaghav Raam Dulaare	44
38. Raaga Durga	Khayal	Dhundhat paagal nain	46
39. Raaga Tilang	Khayal	Sainya mohe sang le chalo	47
40. Raaga Tilang	Bhajan	Man bhaj le Saamb Shivam	49
41. Raaga Jaunpuri	Khayal	Man rijhaave sunahara hiran rang	50
Raaga Jaunpuri	Tarana	Dir Dir Tana Nana Tana Tom	51
42. Raaga Bahar	Khayal	Bindu bindu ambu jharat	52
43. Raaga Bahar	Bhajan	Hari darshan ki aas lagi	54
44. Raaga Bhinna Shadaj	Khayal	Damak dikhave damaniya	55
45. Raaga Malkauns	Khayal	Dil dharak dharak bole mero	57
Raaga Malkauns	Tarana	Tana Naa Dir Dir Daani Ta Daani	58
46. Raaga Malkauns	Khayal	Rim jhim barsata baadal garjat	59
47. Raaga Malkauns	Bhajan	Jag alag alag kahata donon	60
48. Raaga Shankara	Khayal	Sangeet Daayini! Bhaarti!	61
49. Raaga Shankara	Khayal	Neel Kantha Bhole Gangadhar	63
50. Raaga Puriya	Khayal	Paar karo meri bhav naiyaa	65
51. Raaga Puriya Dhanashri	Khayal	Jhanak jhanak veenaa jhankaari	66
52. Raaga Gaur Malhar	Khayal	Kaari baadariya	67
53. Raaga Todi	Khayal	Barse rang, chunariya pe	69
54. Raaga Todi	Khayal	Meera pi gayi vish ka pyaalaa	70
55. Raaga Basant	Khayal	Rang gulon kee shobha nyari	71
56. Raaga Darbari Kanada	Khayal	Chham chham paayal	72
57. Raaga Darbari Kanada	Bhajan	Mere Guru Shri Pranavaanandaa	73
58. Raag Darbati	Bhajan	Jagata mahi	74
59. Raaga Tilak Kamod	Dhrupad	Raas rachat Shri Gopaal	76
60. Raaga Tilak Kamod	Bhajan	Kit gayi Seeta praan piyaari	76

Trinidad Style Songs

61. National Song	Trinidad aur Tobago hamara	78
62. Dhrupad	Ek ling Damrudhar	79
63. Thumri	Ghir Aaye Sawan ke Baadar kaare	80
64. Ghazal	Raaha me Ghanshyaam teri	81
65. Chaiti	Chale Lanka Awadh Bihari	82
66. Kajri	Kaisi ye suhaani saawan ki Kajriya	83
67. Hori	Sakhi sang khedat Horii	84
68. Tilana	Toom Tana Nana Nana Deem	86
69. Chutney	Hi re adaa tori!	87

iv

Bhajan and Kirjan

70.	Bhajan	Durge Maa	Mohe, bhav se taaro Durge Maa	88
71.	Bhajan	Raam Setu	Raam likho, Naam likho	90
72.	Bhajan	Ganga Maa	Gangaa Maiyaa tu mangal hai	91
73.	Bhajan	Seeta Maa	Seeta Maa	92
74.	Bhajan	Saraswati Vandana	Devi Saraswati gyaan do	93
75.	Bhajan	Guru Vandana	Guru Brahmaa Shiva	95
76.	Bhajan	Lav Kush	Sunaa rahe hain Lav Kush sundar	96
77.	Bhajan	Ambe Maa	Ambe Maa varadaan do	97
78.	Bhajan	Krishna	Govardhan ko uthaaye Hari	98
79.	Bhajan	Ved Vani	Sab log jahaan ke bhaaee hain	100
80.	Bhajan	Radha Krishna	Khelat Raadha Nand Kishor	101
81.	Bhajan	Diwali	Ghar ghar deep jalaao	102
82.	Bhajan	Shiva Parvati	Shiva Parvati Ganesh	103
83.	Bhajan	Krishna	Ayo ri sakhi Shyam Sundar	104
84.	Bhajan	Hanuman	Bajaayo yuddha ka dankaa	105
85.	Bhajan	Datta	Datta Guru Meraa jai jai ho	106
86.	Bhajan	Shiva	He Shiva Shambho	107
87.	Bhajan	Raam	Jai Shri Ram bhajo man mere	108
88.	Bhajan	Ambe Maa	Darshan de do	110
89.	Bhajan	Holi	Sakhi nand Holi kaa nyaaraa	111
90.	Bhajan	Saraswati	Mangal sundar sumiran pyaare	112
91.	Bhajan	Satyanarayan	Shri Satyanarayan Saayi re	112
92.	Bhajan	Guru Nanak Dev	Amrit Vaani, dena Shabada kee	113
93.	Kirjan	Ganesh	Ganapati Bappa Gajaananaa	114
94.	Kirjan	Ganesh	Ganapati Ganapati Ganapati Devaa	115
95.	Kirjan	Shiva Parvati	Pita Mahadeva, Maata Paarvati	116
96.	Kirjan	Shiva	Shiva Om Hari Om	117
97.	Kirjan	Krishna	Krishna Kanhaiya Radhe Shyam	118
98.	Kirjan	Krishna	Shyama Salona Nand Gopaala	119
99.	Kirjan	Raam Krishna	Nish din Rama Krishna Shiva gaao	120
100.	Kirjan	Shiva	Jai Jai Jai Jai Bhakton bolo	121
101.	Kirjan	Krishna	Hari Hari bol, Hari Hari Bol	123
102.	Kirjan	Hanuman	Jai Hanuman	124
103.	Kirjan	Satya Saayi Baba	Saayi maataa pitaa subandhu	125
104.	Kirjan	Shirdi Wale	Shirdi Wale salaam	126
105.	Kirjan	Swami Narayan	Swaami Naaraayan Hari Om	127
106.	Kirtan	Ganesh	Devaaya Lambodaraay	128
107.	Chaupai	Ramayan	Chandan tilak sumangal maathe	129
108.	Aarti	Hanuman	Om Jai Bajarang Bali	131

TERMINOLOGY 133

v

Basdeo Panday.
Former Prime Minister of Trinidad and Tobago

Foreword

The roots of **Indian Classical Music** date back as early as 400 BC. The Vedas (the oldest Hindu religious texts), written thousands of years ago provide the earliest reference to Indian Music. One of the ritual elements of the Vedas is the chant which consists of musical expressions used by individuals and groups in the chanting of mantras. Epic stories of the Ramayana and the Gita also provide references to music and musicians. The essence of Indian Music is contained in the Sutras of the Sama Veda, which in its popular classical devotional forms emerged in the era Radha and Krishna. The tradition of composing music based on Raagas and Taals continued through Shangradeva to Tansen, Baiju, Tulsidas, Surdas and Meera. The tradition that initiated with Veena and the Mridang became household words with the use of Harmonium and Tabla. This rich tradition is the foundation of this book ***"Nayi Sangeet Roshani."***

This book would not have been possible had it not been for labours of two renowned authors, **Sangitacharya Shri Dev Bansraj Ramkissoon** (Music & Notation), and **Prof. Ratnakar Narale** (Lyrics & Translation).
By the innovative work of these two scholars, **Shri Dev Bansraj** has established his own Gharana which he named ***"Tarouba Gharana."***

"Nayi Sangeet Roshani" is a profound work of original lyrics and musical compositions some of which are based on Basic, Intermediate and Advanced Raagas.
This book contains108 unique compositions which combine the Hindustani style and Trinidad style of music including Dhrupad, Dhamar, Khayal, Thumri, Ghazal, Geet, Chaiti, Hori, Kajari, Tillana, Bhajans, Keertans, and "Chutney" (that unique and original musical form created in Trinidad) that are sung in various taals. This innovative work also encompasses almost every trait of the popular Indian music styles and is the first of its kind to be published.

This ***"Tarouba Gharana"*** had its origin in the town of **Shri Dev Bansraj's birth** (Tarouba Village, Marabella, in Trinidad, West Indies) and is so named in honour of the memory of his forefathers who came to this village from India in the early 1840's, bringing with them this very rich culture.

The special theme of this Gharana is:
1- Most of the Raagas that are sung in Teen Taal and ends in Kaherva Taal.
2- Trinidad Style 'Classical' Songs are sung with the inclusion of some Sargams.
3- The fusion of Bhajan and Keertan with all Keertan having as many as four Antras ending in a climax in Kaherva Taal.

Having regard to the emergence of the global village and the presence of many people of Inidan origin living in western societies this book is presented in Hindi as well as in English with Indian Music Notation and English translation for today's reader and it presents is a unique gift for students, teachers and lovers of Indian music.
As former Prime Minister of Trinidad and Tobago and a lover of Indian music
I am honoured to be asked to do the Foreword of this exciting book.

Basdeo Panday

BASDEO PANDAY
Former Prime Minister of Trinidad and Tobago

Sangitacharya Dev Bansraj
Desciple of the late Sangitmahamahopadhyay Pandit Dilip Chander Vedi

Guruji Dev Bansraj was born into a musical family from Tarouba Road Marabella, Trinidad. From the mere age of three (3) his awareness for music just kept growing, his father the late Sonny Ramkissoon who was a versatile musician and singer began Dev's initial training in Vocal Music and playing the Harmonium. He also had the opportunity to study under the famous singer and composer the late Ustad Jhagroo Kawaal.

At the age of ten (10) Dev made his debut on Radio Trinidad and was already performing in concerts and winning awards and competitions. At seventeen (17) he made a name for himself by winning the Nation's Independence Celebration Championship Indian Singing Competition.

After completing College in 1968, he was awarded an I.C.C.R. (Indian Council for Cultural Relations) Scholarship to study Indian Classical Vocal and Instrumental Music at the Bharatiya Kala Kendra (College of Music and Dance) New Delhi, India. There he had the good fortune to study under the late **Sangitmahamahopadhyay Pandit Dilip Chander Vedi** (vocal) and **Padma Bhushan Pandit Debabrata (Debu) Chaudhuri** (sitar) and Hindi at the Delhi University through the courtesy of the Indian High Commission of Trinidad and Tobago.

After graduating Dev returned to Trinidad as a qualified Classical Vocalist and Musician. He then taught Vocal Music with the Community Development Program, a branch of the Ministry of Education and Culture and at the University of the West Indies Creative Art Workshop. He was also employed as a Cultural Officer at the All Trinidad Sugar and General Workers Trade Union.

November 1975, Dev Bansraj married his lovely wife, Zaira Ann. The couple later had two children, Ramona Meera and Dave Bansraj Jr.

August 1981, Dev was the "1st Place Winner", received the B.W.I.A. Challenge Trophy together with a Cash Prize of $10,000 in the first major island wide Indian Classical Singing Competition with over 100 contestants.

December 1983, Dev immigrated to Canada where he taught for over five (5) years Vocal and Instrumental Music at various schools of the Board of Education, Continuing Education.

In 1986, the Equality Group organized a Grand Classical Indian Singing Competition, which was held in Scarborough, Ontario, with over 16 participants mainly from India & Pakistan with Dev being the only West Indian. The panel of judges headed by Professor Bhattacharya of India declared Dev Bansraj as the "1st Place Winner."

In 1990 Guruji Dev Bansraj and his wife Zaira Ann founded the Saaz-O-Aawaaz Academy of Indian Music, which is presently based in Brampton, Ontario with Dev as the Director/Teacher and Zaira Ann as the Executive Director. The Academy today boasts of having produced and still producing some of the finest Artistes in the country with an average of more than a 1,000 students over the years.

August 2009, Dev returned to his native land Trinidad to take part in an International Indian Classical Singing Competition hosted by the National Council of Indian Culture. He was again awarded the "1st Place Winner" which marked his reign as the succeeding "Undefeated Champion."

September 26th, 2009 Dev Bansraj was awarded the "Consul General's Diaspora Award for Excellence". This award celebrated Dev's Excellence in Music and his Contributions to the Community, which was presented by The Consul General of the Republic of Trinidad and Tobago, Mr. Michael Glenn-Art Lashley.

November 14th, 2010 marked an important date in the accomplished life of Guruji Dev Bansraj, as he celebrated his 50 years of a musical journey during an evening of dinner and music, where Dev himself showcased his musical genius. This grand exhibit of Dev's musical endeavours was made complete at the end of the evening when he was granted the honourable title "**Sangitacharya**" by the Hindu Institute of Learning, Toronto Canada.

During his career, Dev has been performing in Trinidad & Tobago, Guyana, Venezuela, Barbados, Jamaica, Suriname, Canada, the USA, the UK, India, etc. A Top Ranking Artiste of Radio and Television, Dev has performed on All India Radio, Spectrum and B.B.C. (London), Radio Trinidad and T&T Television, Radio Demerara (Guyana) and various Radio and TV Stations in Canada and the USA. He has a wide variety of Live Recordings, Cassettes, CDs and L.P Records. Dev sings in Hindi, Urdu, Punjabi, and Bhojpuri, and is also the winner of numerous awards.

Dev is perhaps the only vocalist from the Caribbean who is able to perform Trinidad Style Classical Music and to the same calibre, North Indian Semi-Classical and Light Music, such as Khayal, Thumri, Dadra, Chaiti, Kajri, Hori, Ghazal, Bhajan, Kirtan, and Film Songs with full competence and creativity. His popularity is largely because he mesmerizes his audience and touches their soul, even when singing complicated Sargams or Taans.

Guruji Dev Bansraj says, "to be a good artiste, first you have to be a good human being". The greatness of your actions however big or small, translates into your music, and can easily be heard and seen by your audience.

Dev has represented the Trinidad & Tobago Government on many cultural performances abroad and without a doubt, he is one of the most respected, successful and celebrated Artiste, Musician and Teacher to come from the West Indies.

MAJOR AWARDS & ACHIEVEMENTS
Guruji Dev Bansraj

- **1968** "Scholarship" to study Indian Classical Vocal & Instrumental Music in India (awarded by the Indian Council for Cultural Relations), Trinidad & Tobago.
- **1981** "1st Place Winner" received the BWIA Challenge Trophy in an Island Wide Classical Singing Competition (awarded by the National Council of Indian Artistes), Trinidad & Tobago.
- **1997** "Excellence Award" (awarded by Friends and Fans of Trinidad & Tobago, presented by the Honourable Prime Minister Basdeo Panday), Naparima Bowl, San Fernando, Trinidad.
- **1999** "Excellence Award" from the Ontario Society for Services to Indo-Caribbean Canadians, Toronto, Ontario Canada
- **1999** "Award of Appreciation" for Dev Bansraj's contributions to International Day for the Elimination of Racial Discrimination (awarded by Joyce Temple-Smith, Executive Director of Malton Neighbourhood Services), Malton, Ontario Canada.
- **1999** "Congratulating Dev Bansraj" on valuable training as a Music Teacher (awarded by Mr. Gurbax Singh Malhi, MP – Bramalea-Gore-Malton-Springdale), Malton, Ontario Canada.
- **2000** "Excellence Award" for an outstanding performance for their fundraising program (awarded by the Hindu Maha Sabha Lakshmi Mandir), Mississauga, Ontario Canada.
- **2000** "Propagating and Promoting of Indian Music" (awarded by the Saz-O-Awaz), New-Delhi, India.
- **2001** "Congratulating Dev Bansraj" on his dedication and preservation of Indian Music and Culture here in Canada (awarded by Mr. Sarkis Assadourian, MP – Brampton Centre), Brampton, Ontario Canada.
- **2003** "Appreciation for Performance" (awarded by the Devi Mandir), Pickering, Ontario Canada.
- **2006** "Congratulating Dev Bansraj" on his contributions to promoting Indian Culture and Music in the community. (awarded by Dr. Ruby Dhalla, MP – Brampton-Springdale), Brampton, Ontario Canada.
- **2007** "Appreciation Award" for dedicated services, outstanding achievement and continuous contribution (awarded by the Pranav Hindu Mandir), Toronto, Ontario Canada.
- **2007** "Outstanding Achievement Award" at an Honourary Concert for Guruji Dev Bansraj (awarded by Kissoon & Associates), Etobicoke, Ontario Canada.
- **2009** " Consul Diaspora Award for Excellence in Music and Community Service" (awarded by The Consul General Mr. Michael Art Lashley), Toronto, Ontario Canada.
- **2009** "Appreciation for Performance" (awarded by the Ashwani Punia World Financial Group), Saskatoon, Saskatchewan Canada.

- **2009** "1st Place Winner" in an International Classical Singing Competition (awarded by the National Council of Indian Culture), Trinidad & Tobago.
- **2010** "Honouring Shri Dev Bansraj" with the official title of "Sangitacharya" (awarded by the Hindu Institute of Learning), Toronto, Ontario Canada.
- **2010** "In Honour of Guruji Dev Bansraj" celebrating 50 years as a respected and highly successful Artiste, Musician and Teacher (awarded by Premier of Ontario, Mr. Dalton McGuinty), Toronto, Ontario Canada.
- **2011** "Excellence and Appreciation" for his great contribution to the development and progress of the Indian Community in Canada (awarded by the Hindu Institute of Learning), Toronto, Ontario Canada.
- **2012** "For your valuable participation in the annual Cultural Function" (awarded by the Hindu Institute of Learning) Toronto, Ontario Canada.

Sanskritacharya Ratnakar Narale

Lyricist, Disciple of Sangitacharya Guruji Dev Bansraj, in Indian Classical Music

"Hindu-Ratna" Award Recipient Prof. Ratnakar Narale has Ph.D. degrees from IIT, Kharagpur and from Kalidas Sanskrit University, Nagpur, India. Dr. Narale received his *Sanskritacharya* degree from Kalidas Sanskrit University in February 2004 for his thesis "*Gita-Darshana*." This dissertation is now translated and transliterated in to Sanskrit-English and published in the form of the two books, "***Gita As She Is In Krishna's Own Words***" and "***The Gita Lexicon***." Prof. Narale has studied Hindi, Marathi, Bengali,

Punjabi, Urdu, Tamil and Sanskrit languages and has written books for learning these languages. His other publications include titles such as : *Hindi Teacher for Hindu Children, Hindi Teacher for English Speaking People, Hindi Teacher Advanced Level, Sanskrit Primer, Sanskrit Teacher All-in-One, Sanskrit Grammar and Reference Book, Yogasutras of Patanjali, Flipped English Dictionary, Tamil Teacher, Urdu Teacher, Gita As She Is In Krishna's Own Words, Gita Ka Shabda Kosh, Gita Darshan.* His epic *"Sangit-Shri-Krishna-Ramayana" is the source for the songs in the present music book.* His books can be seen at http://www.ratnakar-narale.com/

Ratnakar always had a passion for Hindi and Sanskrit poetry. **He is a Prof. of Hindi at Ryerson University and Principal at Bharatiya Vidya Niketan, Toronto.** He has taught Hindi at the Toronto University, York University, Ryerson University and both the School Boards of Greater Toronto. He taught Sanskrit and Gita at Hindu Institute of Learning and many other Institutions. He chairs the Sanskrit Study Circle Toronto, an association of Sanskrit Scholars and Writers. He is a member of the Hindi Writers Guild, and teaches the Hindi Program at World Literacy of Canada. He is an advisor to *Hindi Chetna*, a magazine propagating Hindi in North America. **He is learning Indian Classical Music at the Saaz-O-Awaaz Academy of Indian Music, under the tutelage of Guruji Dev Bansraj.** Ratnakar's hobbies include numismatics, sketching, poetry and music. He came to Canada from Nagpur, in 1969. He is married to Smt. Sunita, daughter of Shri Vidya Sagar Dhingra of New Delhi. They have two sons, Neil and Sunil.

Dr. Narale has been endorsed for his achievements with TV interviews and articles by news and print media, such as ATN News Channel, OMNI News Channel, Hindi Times, The Hitwad, The Tarun Bharat, the Lokmat, The Sakal, Des Pardes, Nav Bharat Times, Sahitya Amrit, The Voice, The Indian Express, ... etc.

He received citations from some of the most prominent people as, Atal Vihari Vajpai, PM of India; Dr. Murli Manohar Joshi, Federal HRD Minister of India; Ashok Singhal, President, VHP, New Delhi; Dr. N.R.Varadpande, President of Sanskrit Bhasha Pracharini Sabha, Nagpur; Dr. Madhusudan Penna, Head of the Dept. of Philosophy and Culture, Kalidas University, Nagpur; Jinendra Swami, Shakti Yogashram, Pune; Shri Prabhat Kumar, Prabhat Prakashan, New Delhi; Vitthal and Charuhasini Bhave, Sanskrit Bharati, Manglore; Brajendra Tripathi, Co-Editor, Sahitya Amrit, New Delhi; Dr. Anne Marie Brinsmead, Associate Program Director, Ryerson University, Toronto; Dr. Carl Saiphoo, Prof. University of Toronto; BVK Shastri, Prof. Sanskrit, Hindu University of America, Florida; Dr. John McLeod, Prof. of History, University of Louisville, Kentuckey; Dr. Jyotsna Kalvar, Prof. HDFS, Penn State University; the late Joseph Skulj, Historian, Toronto; James Feeney, Super. Research, MSSB; Richard Szpin, Cont. Ed., MSSB; Olav Vanderzon, Manager. Comp. Metro Toronto Ref. Library; Father Terry Gallagher, Scarborough Foreigh Mission Soc.; Dinanath Batra, Vidya Bharti; Shankar Tatwawadi, Foreign Cor. HSS, London; Swami Ved Bharati, Himalayan Yoga, Rishikesh, Sharda Shastriji, President HIL and most important of all, the letters of appreciation from his hundreds of happy and grateful students. Prof. Narale is one of the most sought after Hindi and Sanskrit lyrisist in Toronto, Canada.

Sangitmahamahopadhyay Pandit Dilip Chander Vedi

Guru of Sangitacharya Dev Bansraj

"A Guru of Gurus"
"Charmed audiences to full capacity"
"Received the highest praise from all his counterparts"

The late **Sangitmahamahopadhyay Pandit Dilip Chander Vedi** (1901-1992) comes from Anandpur, Punjab where he was initially trained in vocal music by Dhrupadopadhyay Uttam Singh, of the Tilwandi Gharana of Punjab. His love for music brought him to Mumbai where he became the disciple of the great vocalist **Pandit Bhaskar Rao Bakhle**. Vediji was only 21 years old when Pandit Bhaskar Rao passed away yet still he left an everlasting impression on him. Continuing on with his training Vediji became the disciple of the great **Ustad Faiyaz Hussain Khan** of the Agra Gharana who was the Guru Bhai of Bhaskar Rao. He also learned from **Alladiya Khan** a close friend of Bhaskar Rao of the Jaipur Gharana.

    This versatile genius was the most prominent vocalist and true replica of his Guru, Pandit Bhaskar Rao Bakhle. In addition he was also a proficient harmonium player and fluent in Hindi, Urdu, Punjabi, Marathi and English. Pandit Dilip Chander Vedi was recognised throughout the length and breadth of India as an outstanding performing vocalist of distinction for more than four decades. He was honoured and respected by Musicians, Music Societies and Music lovers through out India.

Here is some of what his elders and contemporaries had to say :

February 1925 - At the luncheon of the 4th All India Music Conference held at the Kesar Bagh Hotel in Lucknow, Pandit Bhatkhande said, " I am very much impressed with Vediji's style of singing, his voice and techniques are really excellent."

May 1925 - At Bhalla Nivas, after listening to Vediji's performance Rabindranath Tagore said, "Your music is truly marvellous, I invite you to come the Shanti Niketan and let the listeners know how to sing in the various styles of Hindustani Music."

Feb. 21st, 1932 - Also from the South Vediji has been praised. The great scholar, author and teacher of Carnatic Music, Sri. C.R. Srinivasa Iyengar wrote in the Hindu (Madras), "Even within the limited scope of my comparative study of the two schools of music, I have come to decide that the south has a great deal to learn from the north. He (Vediji) has a wonderful practice such as that cannot even be dreamed of by any here, he keeps singing side by side the swaras and akaras in three octaves and three kalas."

February 1932 - The famous violinist Pt. Sundaram Aiyar wrote in the leading Telegu daily, Andhra Patrika, that Vediji's music "was music which could melt a stone."

November 1932 - In the welcome address of the Music Function held under the Presidency of the Chief Justice of the Mysore High Court, several Carnatic Musicians agreed, that in chastity of note, purity of raga, excellence of grace, and perfection of time, Vediji was unmatched.

January 14th 1933 - Presiding at the Annual Function of the Musical Arts Society in Bombay, the great Alladiya Khan, congratulated the society for inviting D.C Vedi to sing saying, " It was with Vediji that the great tradition of his gurus, Bhaskar Rao and Faiyaz Khan was being truly retained."

December 1934 - Speaking at the desire of the organizers of the 6th All India Music Conference held in Banaras, Nasiruddin Khan (the father of the Dagar Brothers) expressed his opinion saying, "Vediji was the best Khayal Singer among the participants at the Conference."

April 1937 - In connection with the Bengal Music Conference, at a tea party held in Calcutta at the residence of Mr. K.S. Nahar, the famous Rajab Ali Khan of Devas expressed his heartfelt admiration for Vediji saying "He was indeed the true disciple of the great Bhaskar Rao, Maharashtra's unmatched Khayal Singer."

December 1937 - The famous sarod player Baba Allauddin Khan, speaking at the All India Music Conference held at Agra University, expressed his great admiration for the "**Raga Vedi-ki-Lalit**" discovered by Vediji, who also composed pieces from that Raga for Allauddin's Maihar Band.

January 1938 - Vediji was awarded, " The King Wajid Ali Shah Gold Medal " for best Thumri singer and the "Abdul Karim Khan Medal" for best Khayal singer at the All India Music Conference held in Calcutta.

October 1938 – In a letter to the Ministry of Education of Bengal, the great Ustad Faiyaz Khan wrote "Altogether, Mr Vediji possesses a combination of qualities which can hardly be found in any other of his colleagues."

1941- At the Radio Station in Lahore, Wahid Khan remarked, "It is a pity and a surprise that Punjab, having produced such a diamond as Vediji, had not taken proper benefit from him."

1944 - The well-known Mirashi Bua, a disciple of Gwalior Gharana, presided over the Bharat

Gayan Samaj function in Poone, said in his speech, "Vediji was the best disciple of his Guru, that the society should be congratulated for inviting him and he should be invited again and again so that young singers could hear his masterful style and learn."

November 1946 - At the Lahore Radio Station, Ustad Bade Ghulam Ali Khan expressed his view to Pt. P.D. Jivanlal Mattu saying, "Although I only liked very few vocalists, Vediji was first among those who I liked" he further remarked, "Some people sing well and others are good theorists, but in Vediji both qualities together are wonderfully developed."

January 1951- At Ahmadabad, during the All India Music Conference held in memory of Ustad Faiyaz Khan Mr. Desai, District Engineer and close friend of Pt. Omar Nath reported the latter's saying, "Do not say that I do not appreciate other's music, I appreciate the music of Vediji very much, you must listen to him several times."

October 1964 – Pandit Dilip Chander Vedi was given the tite "**Sangitmahamahopadhyay**" by the All India Gandharva Mahavidyalay Mandal at the occasion of the All India Music Teachers Conference held in Jaipur.

1971- Vediji was elected as a "Fellow" of the Sangeet Natak Academy. For this occasion, Pt. K.C. Brihaspati wrote in his letter to Vediji, "there are few who really sing with understanding, you have a most important position among them."

1978 - At the time of Vediji's release of duties as Senior Professor of vocal music at the Bharatiya Kala Kendra, the Government of India recognized Pandit Dilip Chander Vedi's achievements and contributions to Hindustani Music by awarding him the post of Producer (Emeritus) of All India Radio, "He was the first musician ever to be honoured with that post."

Pandit Dilip Chander Vedi did not tolerate mediocre. Many musicians feared him, he never hesitated to challenge anyone not adhering to the rules of music and boasting to be what they are not. **Vediji says, "Music is a fine art, fine arts require fine brains, fine brains is what we call nature's gift or naturally gifted."**

Vediji was not only a great singer, but he was also a great educator as well. Among some of his most notable disciples are the late Pt. Amar Nath, the late Pt. Hussan Lal, Pt. Harish Chander Bali, Master Bhagavan Das Saini, Shri Sohan Singh, Shri M.R. Gautam, Smt. Bhupender Seetal, Shri Vinod Kumar, Smt. Lalita Ramanujam, Smt. Manik Varma, Shri Madan Lal Bali, Baldev Bali, Veena Gupta, Santosh Banerjee, Sohan Lal Seth, the late Anita Roy Chowdhary, Dinesh Kumar Prabhakar, **Sangitacharya Dev Bansraj Ramkissoon**, Nupur Roy Chaudhuri, and many others who have received training from him to some extent.

Students from all over the world came to learn from Vediji, from Canada, USA, Holland, France, England, Africa, Trinidad, Fiji etc. He has students who are engaged in all fields of Indian Music, such as performing, composing, research, film, advising and teaching. Some of his students collectively have prepared a commemorative volume of his theoretical understanding and musical compositions, Alaps, Madhya-Alaps, Bandishes and Tanas, for preservation so that this knowledge cannot be lost to humanity. The greatest possession of this "**Master of Masters**" **Pandit Dilip Chander Vedi** was his systematic insight into Raga melody.

Padmabhushan
Pandit Devabrata (Debu) Chaudhuri D.Litt

(Former Dean and Head, Faculty of Music & Fine Arts, University of Delhi)

Guru of Sangitacharya Dev Bansraj

"Sitar Maestro"

Pandit Devabrata Chaudhuri, popularly known as "Debu" is a recipient of the prestigious Govt. **PADMABHUSHAN** Award and **National Sangeet Natak Akademy** Award for his special contribution in the field of music in the year 1993. He received his early training from the late Panchu Gopal Datta and later for 38 years from the senior most traditional exponent of Sitar Maestro **USTAD MUSHTAQ ALI KHAN** of **"SENIA GHARANA"** (till his death in the year 1989), the only traditional school of Indian Classical Music, named after the great **TANSEN,** the father of Indian Music. The beauty of this style is that it is the only Gharana (school of music) which plays Sitar with 17 frets, whereas other Maestros of Sitar plays with 19 or 20 frets.

Pt. Chaudhuri is the only artist in India who is not only carrying on this tradition but also spreading it amongst his students. As a Maestro of Sitar, educationist of the highest order, a devoted Guru and a reputed author has made Pt. Chaudhuri a rare artist of India having all these great qualities in him.

Born in 1934 and now 76 yrs old, he made his public debut at the age of 13 in Calcutta as a young star on the horizon and made his first broadcast on **All India Radio** in the year 1948. This is Panditji's 63rd year of broadcasting on the **National Network All India Radio** and retired as former Dean & Head from the **Faculty of Music & Fine Arts**, University of Delhi in the year 1999.

Pt. Chaudhuri has a unique combination of achievements which is rare in the domain of Indian Classical Music because of his contribution in the field as an **Internationally famed Sitar Maestro**, performing for the last 67 years; taught in the University for 40 years; published 6 books; trained more than 1000 students; guided more than 39 Ph. D. scholars; trained more than 38 students who are at present professor of music and A.I.R. & T.V. artist.

Creation of New Ragas / Book Publication :

Pandit Chaudhuri is the creator of eight new ragas: Bisweswari, Palas-Sarang, Anuranjani, Ashiqui Lalit, Swanandeswari, Kalyani Bilawal, Shiva Manjari and Prabhati Manjar (named after his late wife "**Manju**").

He is the author of six books including "Sitar and It's Techniques," "Ustad Mushtaq Ali Khan & Music of India," "On Indian Music," "Guldasta," "Indian Music" - Incredible India Series (Publisher Wisdom Tree) & "Indian Music and Sitar ."

Awards & Honours :

- Recepient of "Padmabhushan" from the Hon'ble President of India, Sangeet Natak National Akademy Award, Delhi Govt Parishad Samman Award, Delhi's Tansen Award and many awards from India and abroad; specially awarded by the "Malliyoor Ganesha Puraskaram," Kottayam from South India.
- Recipient of Hony. D.Litt Degree from the only Music University in India.
- Honoured by the Bundelkhand University as a " Life Time Professor."
- Recipient of the Hony. Doctorate Degree from the only University of Music in Chattisgarh "Indira Kala Sangeet Viswavidyalaya" (Khairagarh).

Contribution in the field :

- Performing Sitar for the last 69 years;
- Taught at the University of Delhi for 40 years;
- Traveled all over the World and performed more than 70 times;
- Lectured on our Music & Culture all over the World Including 150 Universities (in the USA);
- Author of 6 books on Indian Music;
- 39 Ph.D. Scholars received Doctorate Degrees under his guidance;
- Trained over 1000 students including Indian and foreign students;
- Recorded 67 Cassettes, E.P's, L.P's, & CD's all over the World;
- Recongnised as a most senior national artist of A.I.R.;
- Performed at all leading Music Conferences in India and abroad;
- Representative of the only Sitar Player's School of Music (Gharana) of " Senia Tradition" from the time of " Masit Sen " the originator of Masit Khani Baaj (style) and playing Sitar with 17 frets, the only Gharana of Sitar players in India;
- Introduced Indian Music in different schools in the UK (Leicestershire) sponsored by ICCR (Govt. of India) in the year 1986-87;
- Delivered 87 lecture demonstrations and performed 27 concerts in 67 days at the official Festival of India & Sweden, held in Sweden in 1988. A record in itself which deserves a special mention (sponsored by ICCR, Ministry of Ext. Affairs);
- Visitor's nominee at various Central Universities;

- Member of the Governing Council at various Colleges in Delhi;
- Creator of 8 New Ragas, a great contribution to Indian Classical Music;
- The only Sitar player sent twice by the Govt. of India to teach Indian Music in Syria;
- Member of UGC, AIR, Ministry of Culture & various Universities;
- Advisor to the project to propagate our Music in the UK, Mauritius University;
- Attended more than 55 Seminars and read papers at different music symposiums & festivals both National and International, including Unesco festival at Perth, Australia;
- Visiting Professor of MIU, IOWA, USA;
- More than 40 students are now performing on the AIR & TV and more than 500 students are now engaged in the teaching profession in Colleges and Universities all over India & abroad;
- At present constructed a building at Jasola in the name of "Ustad Mushtaq Ali Khan" called "UMAK CENTRE FOR CULTURE" to impart training in Indian Classical Vocal and Instrumental Music.

GHARANA

The word "GHARANA" is derived from the hindi word "Ghar" which literally means "house" or "a prestigious family." It refers to the city or village of a particular music teacher or a family of musicians or its direct descendants where the musical ideology was originated, it's concept was peculiar to North Indian Music. Gharanas came into existence at various cities or villages in India and became popular in the home of Master Musicians.

Every Gharana has its own distinctive features and style of presentation which was created by a **Maestro**, who took various compositions (Raagas) and gave a new outlook with its innovation or mastery of its highly exceptional creativity. Some of the Gharanas as we know today are: Gwalior Gharana, Agra Gharana, Delhi Gharana, Talwandi Gharana, Jaipur Gharana, Senia Gharana, Kirana Gharana, Patiala Gharana, etc. The creators of these Gharanas had various ways of performing Ragas but, always maintained the rich traditions, the distinctive features and qualities of their respective Gharana.

Indian Classical Music has been carried on as a family tradition from generation to generation and passed on from father to son. This tradition is also taught, practiced, and imparted from the Guru to the student **(Guru – Shishya – Parampara)**. The student is carefully selected by the Guru, who then gives his utmost attention by imparting the knowledge and experience which he acquired over the years. This concept of the Guru - Shishya Parampara leads to the continuity of

In this 21st century Gharanas have lost their importance to the younger generation due to geographics and the lack of hereditary, also the difference in styles which are peculiar of each other. Many decades ago Indians migrated to Trinidad and Tobago and over the years was determined to preserve their music, traditional roots and ideals. Today, **Sangitacharya Dev Bansraj** created a new style of singing called **"Tarouba Gharana"** which reflects the evolusionized **Trinidad Style** of Indian Classical Music while maintaining the true form of the Raaga, to satisfy the palates of the younger generation of this era.

Endorsements

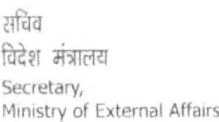

Amarendra Khatua

सत्यमेव जयते

सचिव
विदेश मंत्रालय
Secretary,
Ministry of External Affairs

महानिदेशक
भारतीय सांस्कृतिक सम्बंध परिषद्
DIRECTOR GENERAL
INDIAN COUNCIL FOR
CULTURAL RELATIONS
(ICCR)

MESSAGE

It is my pleasure to go through well-known Guru Pandit Dev Bansraj's brilliant book "Nayi Sangeet Roshni". All the new compositions in the tome are based on various ragas including Dhrupad, Dhamar, Khayal, Thumri, Ghazal and many more. Being the senior most disciple of Pandit Dilip Chander Vedi and Pandit Debu Chaudhuri (Dev Bansraj came to India with ICCR Scholarship and learnt carefully at Sriram Bharatiya Kala Kendra in 1968), he has illustrated his mastery as a vocalist, composer and a musicologist. He has popularized Indian Classical music in Canada and many other countries and this book on Indian classical vocal music will enhance his contribution in the field.

2. My heartiest congratulations to Pandit Dev Bansraj for the wonderful compositions and notations. I am sure, this book will encourage the present generation to be interested in Indian Classical Music. I wish him, his creativity and the publication all success.

amark

(Amarendra Khatua)

आजाद भवन, इन्द्रप्रस्थ एस्टेट, नई दिल्ली–110002 / Azad Bhawan, Indraprastha Estate, New Delhi-110002
टेली./Tel.: 23378103, 23370471, फैक्स/Fax: 23378647, ई–मेल/E-mail: dg.iccr@nic.in, वेबसाइट/Website: www.iccr.nic.in

STRINGS N' STEPS (A class for the Mass)

Registered Under Society Act XXI of 1860, Regn. No. S – E / 32 / Distt. South – East / 2013.

To
Pandit Dev Bansraj
Eminent Vocalist & Musicologist
Brampton, Canada.

Respected Pandit ji,

We, 'Strings N Steps' an organization of Indian Classical Music and Dance, based in New Delhi, heartily congratulate you for your Book 'Nayi Sangeet Roshni'. We appreciate the contents and information you have put in the book and we are sure it will be very much useful for 'Indian Classical Music' Students. This book is a combination of traditional and experimental compositions which is a very rare phenomenon and it shows your skillful hard work and research which you have done throughout your life.

We wish you all the very best for your new release of this book and a very healthy and musical life ahead.

Warm Regards,

Sangeeta Majumder
(General Secretary)

Neel Ranjan Mukherjee
(Director)

Office: E–892, Chittaranjan Park, New Delhi, India – 110019. 76/5, Beleghata Main Road, Kolkata, India – 700010.
E-mail: stringsnsteps@gmail.com   website: www.stringsnsteps.org

Pandit Debu Chaudhuri

Res.: J-1852, Chittaranjan Park, New Delhi-110 019, India Tel. : 91-11-2627 8877, 4160 3344 Tel/Fax : 91-11-2627 1060
Off.: UMAK Centre for Culture, FC-33, Plot No-8, JASOLA (Opp. Sarita Vihar), New Delhi-110025
E-mail : sitardebu@yahoo.com Website : www.debuchaudhuri.com

PADMABHUSHAN

21. 3. 2013.

It gives me a great pleasure in praising the efforts of my student. MR. BANSRAJ RAMKISSOON in writing the Book entitled "NAYI SANGEET ROSHNI" which is a rare attempt in documenting more than 100 compositions. I am indeed very happy to praise his honest efforts to contribute something new in the field.
I wish him all success in his efforts.

Recipient of ***Hony. D.Litt*** degree from ***I.K.S.V. University; "Padmabhushan" Award*** from ***President of India; Sangeet Natak Akademy Award; Parishad Samman,*** Delhi Government; Formerly ***Dean & head*** - Faculty of Music & Fine Arts, University of Delhi; ***Convenor*** - Visiting Commitee & Expert Member, ***University Grants Commission;*** Founder ***Chairperson "Culturecouncil"***, University of Delhi; ***Member-Governing Body*** of ***American Institute of Indian Studies, Visitors Nominee*** of ***Visva Bharati University & Hyderabad University*** Hony Secy. ***UMAK Centre for Culture; Hony. Life time Professor*** of Music, Bundelkhand University.

Bharat Ratna

Dr. Ustad Bismillah Khan

D. L. itt. (Honoris Causa)

CK 46/62, SARAI HARHA, VARANASI- 221001 (U. P.) INDIA
PHONE : 2352836 * FAX : 2412036 * CABLE : SHAHNAI

2062

"नई संगीत रौशनी" भारतीय शास्त्रीय संगीत के लिए एक बहुत ही उपयोगी पुस्तक है। मैं बहुत उत्साहित हूँ और पंडित देव-बंशराज जी को दिली मुबारकबाद देता हूँ कि उन्होंने 108 (एक सौ आठ) नए बंदीशों की रचना की और उन्हें लिपिबद्ध किया एवं श्री रत्नाकर-नराले जी ने इसे शब्दों में ढाला जो कि अपने आप में भविष्य में एक मिसाल कायम करने वाला है।

अत: मेरी हार्दिक शुभकामनाएँ है पंडित बंशराज जी को उनके इस नए पुस्तक के विमोचन के लिए।

— समस्त परिवार की ओर से,

शुभकामनाओं सहित:

Nazim Hussain

— उस्ताद नाज़िम हुसैन (तबला वादक)
(सुपुत्र भारत रत्न उस्ताद बिस्मिल्लाह खान)

दिनांक:- 15 मार्च 2013, शुक्रवार
(वाराणसी, उ०प्र०)

FEW OTHER SIGNIFICANT AWARDS

Bharat Ratna
Shahnai- Nawaz of International repute
Academy Award of Holder of India & Nepal
(Reception of coveted titles Padma Shri, Padam Bhushan, Padam Vibhushan, Rajiv Gandhi Sadbhasvna Award Sangeet Samrat, Shanai Chakravorty)
Soviet Land Nehru Award, Tansen Award (M. P. Govt.) Kala Saraswati (A. P. Govt.)
Swarlay Award (T. N. Govr.) Yash Bharti (U. P. Govt.)

HONORIS CAUSA DOCTORATE OF

Shanti Niketan Bolpur (Bengal)
Marathwada University (Maharashtra)
Banaras Hindu University (Varanasi)
M. G. Kashi Vidyapeeth (Varanasi)

Padmabhushan Awardee
Ustad Sabri Khan

Sahitaya Kala Parishad Awardee
U.P. Sangeet Natak Academy Awardee
National Sangeet Natak Academy Awardee
Tagore Ratna of National Sangeet Natak Academy
Sr. Fellowship Award-Deptt. of Culture. Govt. of India
Padmashri Award-President of India
Lifetime Achievement Award-Legends of India Minister of Culture
Prasar Bharti-AIR National Artist Award
Padmabhushan Award – President of India

764,(Makhan Singh Block). Asiad Village Complex. New Delhi – 110049. Tel: 011-26492098

Date:20/04/2012

Mr. Dev Bansraj
Saaz-O-Aawaaz
Academy of Indian Music
Brampton, Ontario
Canada

I would like to congratulate Shri Dev Bansraj for his excellent efforts in creating the **"Tarouba Gharana"**. Also for composing and writing English Notations for many difficult Ragas, Bandish, Bhajans & Keertans for his new book **"Nayi Sangeet Roshani"**. My regards to Dr. Ratnakar Narale for Lyrics & Translation.

I appreciate the contribution of Shri Dev Bansraj, Teacher of the Saaz-O-Aawaaz Academy of Indian Music in Canada where many Canadian students are receiving training of Indian Music as well as understanding about the rich heritage of Music India is blessed with. My congratulations also on the success of the Annual Graduation Ceremony of the Saaz-o-Academy of Indian Music.

I wish Shri Dev Bansraj and his Academy all the success for their future endeavours.

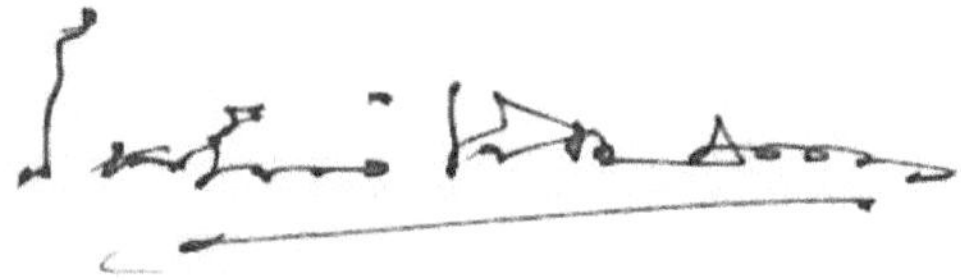

USTAD SABRI KHAN

Amjad Ali Khan

Padmavibhushan

Message

I am happy to know that Guru Pandit Dev Bansraj, a well known vocalist, composer and musicologist, living in Canada is going to release his first book on Indian classical vocal music *'Nayi Sangeet Roshni'* carrying 108 new compositions based on various ragas including the concepts of *Dhrupad, Dhamar, Khayal, Thumri, Ghazal etc*. I am sure that the book will be of great help and very useful for younger generation.

My heartiest congratulations to Pandit Dev Bansraj for the wonderful compositions and notations and to Shri Ratnakar Narale for his wonderful lyrics.

I wish them all the very best of their new release.

Best wishes,

Amjad ali khan

Amjad Ali Khan
March 23, 2013

3, Sadhana Enclave, Panchsheel Park, New Delhi-110 017
Tel : 91-11-26017062, 26016082, Fax : 26018011 E-mail : music@sarod.com Website : www.sarod.com

---

Sarod Maestro Amjad Ali Khan received the award of Padma Shri in 1975, the Padma Bhushan in 1991, and the Padma Vibhushan in 2001, and was awarded the Sangeet Natak Akademi Award for 1989 and the Sangeet Natak Akademi Fellowship for 2011. He was awarded the Fukuoka Asian Culture Prize in 2004. The U.S. state Massachusetts proclaimed April 20 as Amjad Ali Khan Day in 1984. Amjad was made an honorary citizen of Houston, Texas, and Nashville, Tennessee, in 1997, and of Tulsa, Oklahoma, in 2007. He received the Banga-Vibhushan in 2011.

PADMASHRI AWARDEE
Ustad Ghulam Sadiq Khan
(Vocalist)
Ex-Senior Music Lecturer
Faculty of Music & Fine Arts
University of Delhi
Mall Road, Delhi-110007 (INDIA)
Phone : 27667608

786

Padma Shri

Resi.: E-59, Chota Singh Block
Asiad Village
New Delhi - 110049 (INDIA)
Phone : 2649 3409
Mob. : 9911002481

Date..March 24..........2013....

Message

I am very happy to know that Pt. Dev Bansraj, a well known vocalist, composer and musicologist, living in Canada is going to release his first book on Indian classical vocal music "Nayi Sangeet Roshni" carrying 108 new compositions based on various ragas including Dhrupad, Dhamar, Khayal, Thumri, Ghazal etc. and I personally found this book very useful for upcoming generations.

My heartiest congrats to Pandit Dev Bansraj for the wonderful composition and notation and Shri Ratnakar Narale for his lyrics.

I wish them all the very best of their new release.

Ghulam Sadiq Khan
(USTAD) GHULAM SADIQ KHAN)

Rashid Mustafa Thirakwa

Farukabad Gharana

I am extremely happy and honoured to know that "Guru Pandit Dev Bansraj", a well known vocalist, Composer and Musicologist, living in Toronto, Canada, is going to release his book on Indian Classical Vocal Music "NAYEE SANGEET ROSHNI". This book is carrying 108 new compositions based on various Ragas, including Dhrupad, Dhamar, Khayal, Thumri, Ghazal, Bhajan, Hori, Chaiti, Kajri, Keertan, etc.. Lyrics provided for the book by "Shri Ratnakar Narale" (a famous Canadian Lyricists). The book is very useful for the music lovers and as well as students of Indian Music.

I appreciate Pandit Bansraj for his limitless efforts towards the Indian music and sending my heartiest congratulations to my friend for the wonderful compositions and notations.

I wish him all the very best for his new release.

USTAD
RASHID MUSTAFA THIRAKWA
Rashid Mustafa

March 22, 2013

Delhi : 71, Krishan Kunj Extn., Street No. 4, Laxmi Nagar, Delhi-110092 Telefax : 91-11-2450210 E-mail : rmthirakwa@hotmail.com
Mumbai : G-201, Sameer Appartments, (Behind Avinash Building), 7 Bunglow, Versova, Andheri West, Mumbai - 400 058

Rita Swami Choudhary
Deputy Secretary (Music)

संगीत नाटक अकादेमी
Sangeet Natak Akademi
NATIONAL ACADEMY OF MUSIC, DANCE AND DRAMA, INDIA
RABINDRA BHAVAN, FEROZE SHAH ROAD, NEW DELHI-110 001
Tel. : 91-11-23387246, 23387247, 23387248, 23382495
Fax : 91-11-23382659, 23385715 Gram : NATAKADEMI
E-mail : mail@sangeetnatak.gov.in
Website:http://www.sangeetnatak.gov.in

Message

I am pleased to know that Shri Dev Bansraj, a well known composer and musicologist in the field of Hindustani music, is releasing his first book on perception and basic elements of music *Nayi Sangeet Roshni* comprising 108 unique compositions of various ragas.

I convey my best wishes for the release of this book.

Rita Swami Choudhary

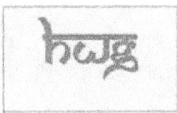

Hindi Writers Guild

Registered Charitable Organization
Charity Registration No. 91666 6754 RR0001

Mailing Address
3577 Nablus Gate
Mississauga ON L5B 3J9
Email: hindiwg@gmail.com
Web: hindiwritersguild.com/

Contacts

Vijaya Kumar Vikrant - Director	Suman Kumar Ghai - Director	Dr. Shailja Saksena - Director
905 279 6860 ** vijaya.vikrant@rogers.com	416 286 3249 ** sumankghai@yahoo.ca	905 847 8663 ** shailjasaksena@gmail.com

January 8, 2013

Our best compliments to Sangeetacharya Dev Bansraj and Prof. Ratnakar Narale, for adding a new chapter in the history of Indian music with their unique bilingual book *"Nayi Sangeet Roshani."* Hindi Writers Guild is honored to review this book and express their comments on the monumental undertaking by the authors.

For learning, teaching and enjoying of Indian classical music on Harmonium and Tabla, this book is first of its kind wherein all new compositions are based on tunes in various Raagas and Taals. There is hardly an aspect of Indian music which is not covered in this book. Additionally, due to its being written in Hindi and English languages, it can be enjoyed equally well by Hindi speaking and English speaking admirers. For the benefit of the non-Hindi speaking people, the English version gives the meaning of each of the 108 compositions in the book.

Covering nearly 40 Raagas, in various styles, the compositions exhibit the beauty of Khayal, Taan, Tarana, Thumri, Dhrupad, Chaity, Kajri, Hori, Tilana, etc; offer Bhajans, Kirtans, and Geets; adds spice with Ghazal and Chutney written on Krishna; and generates nationalistic feelings with Patriotic songs. There is hardly any deity, saint or festival for which one may not find a song in this great book. Care has been taken to cover the entire social spectrum of these subjects. For the Krishna-Leelas and Ramayana, this book is truly an ocean of beautiful songs.

Most important contribution of this book to the faculty of the Indian music is the development of a novel idea of starting a Sthayee Lai of Kirtan and concluding it with the Kaharva Taal of Bhajan. This innovation named "Kirjan," lets one enjoy a simple Kirtan like a charming Bhajan. Many such lovely Kirjans are found in this book.

We hope this work of genius will become an inspiration to all music writers and poets. For this novel and delightful work we congratulate the authors and offer them our best wishes.

Vijaya K. Vikrant, P. Eng.
Director
Hindi Writers Guild

HARMONIUM OCTAVES WITH DIFFERENT 'Sa' KEYS

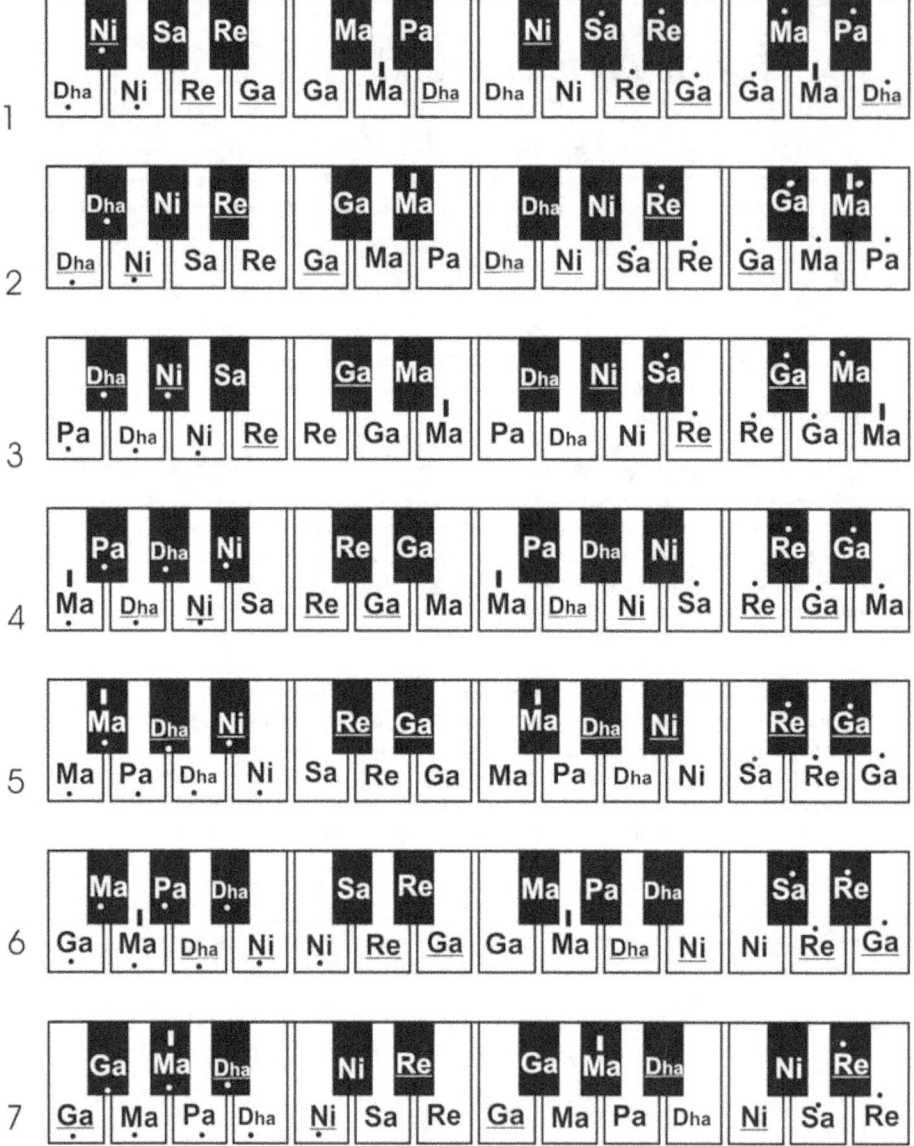

(1) **Maddhya Saptak** : The notes which are neither high nor low are in the Maddhya Saptak (middle octave) and carry no symbol in the notation system. e.g. *(Re)*. (2) **Taar Saptak** : The notes which are higher than the Maddhya Saptak. It's symbol is shown by a dot above the note. e.g. *(Ġa)*. (3) **Mandra Saptak** : The notes which are lower than the Maddhya Saptak. It's symbol is shown by a dot under the note. e.g. *(Ḍha)*. (4) **Shuddha Swaras** : There are seven standard notes in Indian Classical Music which carry no symbol and are called Shuddha Swaras (pure notes). e.g. (Sa Re Ga Ma Pa Dha Ni). (5) **Komal Swaras** : The notes that are underlined or carry a horizontal line under them are called Komal Swaras (flat notes). e.g. Re Ga Dha Ni. (6) **Teevra Swara** : The note which carries a small vertical line above it is called Teevra Swara (sharp note). e.g. Ma. (7) **Achal Swaras** : These two notes Sa and Pa are referred to as Achal Swaras (immovable notes).

DIRECTIONS FOR TEACHERS AND STUDENTS
VOCAL MUSIC

1) Using any Swara (note) as 'Sa' the teacher should guide the student to practice imitating the Swara again and again. The teacher should themselves pronounce the note 'Sa'distinctly in a melodious voice and encourage the student to practice the same repeatedly.

2) The teacher should not allow any student to sing simultaneously with him/her. The teacher should first sing and then allow the student to imitate.

3) The teacher should pay special attention so that no student sings in an unnatural voice.

4) Utmost attention should be paid to the pitch of the Swaras being sung by the student and his/her breathing pattern.

5) There should not be more than three or four students singing together.

6) Before teaching any Sargam Geet (notes collectively used in a composition) it is essential to make sure that the student has correctly mastered each Swar. The knowledge of Sargam leads to the knowledge of Raaga (melody). Therefore, special efforts should be made to ensure that the student have a sound knowledge of the Swaras.

7) Students should try to advance themselves in the practice of the 'Vikrita Swaras' (altered notes) eg : <u>Re</u> <u>Ga</u> <u>Dha</u> <u>Ni</u> which are known as komal swaras (flat/soft notes) and Ma tivra (sharp note) only after a thorough practice of the Shuddha Swaras (pure notes).

8) Before teaching the tune of any Raaga or song, the student should first practice reading and pronouncing the Swaras indicated over the words of the song before attempting to sing the song.

The knowledge of Tala (rhythm) and Matras (beats) should be taught to the student even before teaching them the Swaras. It is very essential that before learning any Sargam Geet the student should have a clear concept of Tala and Matra.

ALANKARS

(1) **Aroha**   Sa Re Ga Ma Pa Dha Ni Ṡa.
    Avroha Ṡa Ni Dha Pa Ma Ga Re Sa.

(2) **Aroha**   SaSa ReRe GaGa MaMa PaPa DhaDha NiNI ṠaṠa.
    Avroha ṠaṠa NiNi DhaDha PaPa MaMa GaGa ReRe SaSa.

(3) **Aroha**   SaSaSa ReReRe GaGaGa MaMaMa PaPaPa DhaDhaDha NiNiNi ṠaṠaṠa.
    Avroha ṠaṠaṠa NiNiNi DhaDhaDha PaPaPa MaMaMa GaGaGa ReReRe SaSaSa.

(4) **Aroha**   SaRe ReGa GaMa MaPa PaDha DhaNi NiṠa.
    Avroha ṠaNi NiDha DhaPa PaMa MaGa GaRe ReSa.

(5) **Aroha**   SaReGa ReGaMa GaMaPa MaPa Dha PaDhaNi DhaNiṠa.
    Avroha ṠaNiDha NiDhaPa DhaPaMa PaMaGa MaGa Re GaReSa.

(6) **Aroha**   SaReGaMa ReGaMaPa GaMaPaDha MaPaDhaNi PaDhaNiṠa.
    Avroha ṠaNiDhaPa NiDhaPaMa DhaPaMaGa PaMaGaRe MaGaReSa.

(7) **Aroha**   SaReGaMaPa ReGaMaPaDha GaMaPaDhaNi MaPaDhaNiṠa.
    Avroha ṠaNiDhaPaMa NiDhaPaMaGa DhaPaMaGaRe PaMaGaReSa.

(8) **Aroha**   SaReGaMaPaDha ReGaMaPaDhaNi GaMaPaDhaNiṠa.
    Avroha ṠaNiDhaPaMaGa NiDhaPaMaGaRe DhaPaMaGaReSa.

(9) **Aroha**   SaReGaMaPaDhaNi ReGaMaPaDhaNiṠa.
    Avroha ṠaNiDhaPaMaGaRe NiDhaPaMaGaReSa.

(10) **Aroha**   SaGa ReMa GaPa MaDha PaNi DhaṠa.
    Avroha ṠaDha NiPa DhaMa PaGa MaRe GaSa.

(11) **Aroha**   SaSaGaGa ReReMaMa GaGaPaPa MaMaDhaDha PaPaNiNi DhaDhaṠaṠa.
    Avroha ṠaṠaDhaDha NiNiPaPa DhaDhaMaMa PaPaGaGa MaMaReRe GaGaSaSa.

(12) **Aroha**   SaMa RePa GaDha MaNi PaṠa.
    Avroha ṠaPa NiMa DhaGa PaRe MaSa.

(13) **Aroha**   SaRe SaGa SaMa SaPa SaDha SaNi SaṠa.
    Avroha ṠaNi ṠaDha ṠaPa ṠaMa ṠaGa ṠaRe ṠaSa.

TABLA TAALS

1. **Dadra Taal** : 6 matras

X	0
Dha Dhi Na	Dha Ti Na

2. **Rupak Taal** : 7 matras

X	2	3
Tee Tee Na	Dhee Na	Dhee Na

3. **Teevra Taal** : 7 matras

X	2	3
Dha Din Ta	Tita Kat	Gadi Gina

4. **Kaharva Taal** : 8 matras

X	0
Dha Ge Na Tin	Na Ke Dhin Na

5. **Jhap Taal** : 10 matras

X	2	0	3
Dhi Na	Dhi Dhi Na	Ti Na	Dhi Dhi Na

6. **Ek Taal** : 12 matras

X	0	2	0	3	4
Dhin Dhin	Dhage Tirkita	Too Na	Kat Ta	Dhage Tirkita	Dhin Na

7. **Chautaal** : 12 matras

X	0	2	0	3	4
Dha Dha	Din Ta	Kit Dha	Din Ta	Tit Kat	Gadi Gina

8. **Teen Taal** : 16 matras

X	2	0	3
Dha Dhin Dhin Dha	Dha Dhin Dhin Dha	Dha Tin Tin Ta	Ta Dhin Dhin Dha

9. **Deepchandi Taal** : 14 matras

X	2	0	2
Dha Dhin ऽ	Dha Ge Tin ऽ	Ta Tin ऽ	Dha Ge Dhin ऽ

10. **Dhamar Taal** : 14 matras

X	2	0	3
Ka Dhe te Dhe te	Dha ऽ	Ga Te Te	Te Te Ta ऽ

HINDI ALPHABET हिंदी वर्णमाला

अ a	आ ा aa	इ ि i	ई ी ee	उ ु u	ऊ ू oo	ऋ ृ ri
ए े e	ऐ ै ai	ओ ो o	औ ौ au	अं ं m̃	अँ ँ m̐	अः ः ḥ
	क ka	ख kha	ग ga	घ gha	ङ nga	
	च cha	छ chha	ज ja	झ jha	ञ nya	
	ट ṭa	ठ ṭha	ड ḍa	ढ ḍha	ण ṇa	
	त ta	थ tha	द da	ध dha	न na	
	प pa	फ pha	ब ba	भ bha	म ma	
	य ya	र ra	ल la	व va	श sha	
		ष ṣha	स sa	ह ha		
		क्ष kṣa	त्र tra	ज्ञ gya		

Designed by : Ratnakar Narale

Saaz-O-Aawaaz, Academy of Indian Music

PRONOUNCING HINDI CHARACTERS

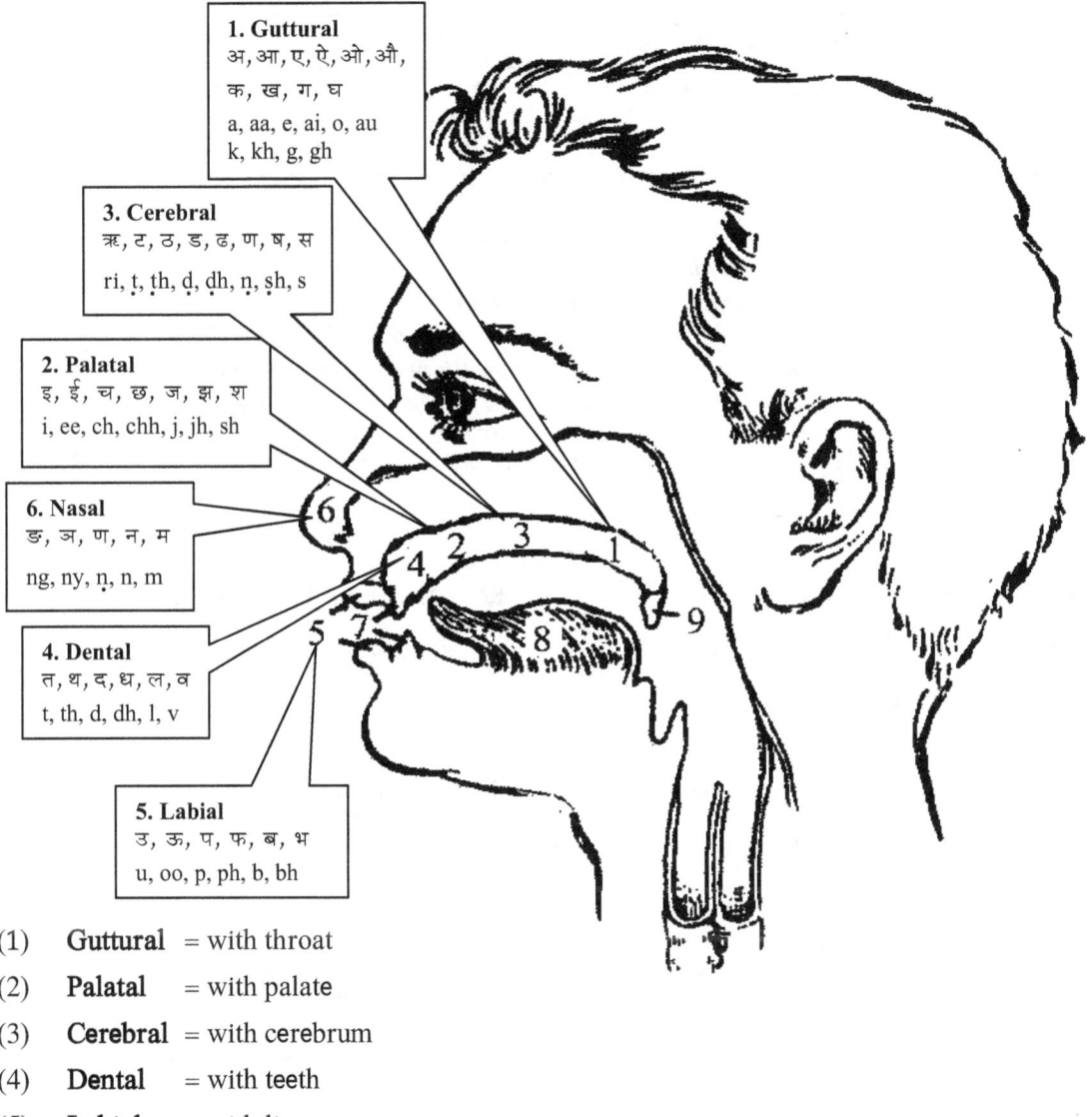

(1) **Guttural** = with throat
(2) **Palatal** = with palate
(3) **Cerebral** = with cerebrum
(4) **Dental** = with teeth
(5) **Labial** = with lips
(6) **Nasal** = with nose
(7) **Teeth,** (8) **Tongue** (9) **Uvula**

PLEASE NOTE : In any Hindi word, when written in English script, **the sound of letter 'e' (ए) is 'ay' as in Bay**, not like 'i' or 'ee' (इ, ई) as in English words Be or Bee. Therefore, the Hindi word 'meraa' (मेरा) sounds like '**mayraa**,' not miraa or meeraa. (e = ए). Also, please note that letters "aa" indicate long sound of letter "a" for example : Raam or Raama = राम not Raamaa रामा, here "Raa" has long "aa" sound and "ma" has short "a" sound.

Khayal : Raaga Yaman - Teen Taal			
Thaat	Kalyan	Vadi	Gandhar - Ga
Aroha	Sa Re Ga Ma Pa Dha Ni Sa	Samvadi	Nishad - Ni
Avroha	Sa Ni Dha Pa Ma Ga Re Sa	Jaati	Sampurna-Sampurna 7/7
Pakad	Ni Re Ga, Re Sa, Pa Ma Ga, Re Sa	Time	First part of the night

1. Ganesh Vandana

Sthayi : ***Mangal vandana sumiran pyaare,***
Sukha-kar gaan Ganesh tumhaare.

Antara : ***1. Ganapati Bappa param piyaare, Gan naayak Vighnesh dulaare.***
2. Nihaar sundar kaam sukhaare, Bhagatan aate charan tihaare.

Sthayi : *O Lord Ganesh! your remembrance is holy. Your chant is pleasing.*
Antara : 1. *O Dear Ganapati Bappa! you are remover of our miseries.*
2. *Seeing your beautiful deeds, the devotees bow at your feet.*

STHAYI

0				3				X				2			
Ni	–	Pa	Pa	Re	–	Sa	Sa	Ga	Re	Ma	DhaPa	Re	–	Sa	–
Man	*--*	*ga*	*la*	*van*	*--*	*da*	*na*	*su*	*mi*	*ra*	*na-*	*pyaa*	*--*	*re*	*--*
Ni	Ni	Re	Re	Ga	–	Ma	Ma	Ni	Dha	Pa	Pa	Re	–	Sa	–
Su	*kha*	*ka*	*ra*	*gaa*	*--*	*na*	*Ga*	*ne*	*--*	*sha*	*tu*	*mhaa*	*--*	*re*	*--*
Ni	–	Pa	Pa	Re	–	Sa	Sa	Ga	Re	Ma	DhaPa	Re	–	Sa	–
Man	*--*	*ga*	*la*	*van*	*--*	*da*	*na*	*su*	*mi*	*ra*	*na-*	*pyaa*	*--*	*re*	*--*

ANTARA-1

0				3				X				2			
Pa	Ga	Pa	Pa	Sa	--	Sa	--	Ni	Re	Ga	Re	Ni	Re	Sa	--
Ga	*na*	*pa*	*ti*	*Ba*	*--*	*ppa*	*--*	*pa*	*ra*	*ma*	*pi*	*yaa*	*--*	*re*	*--*
Sa	Ga	Re	Sa	Sa	Ni	Dha	Pa	Ga	Ma	Dha	Pa	Re	–	Sa	–
Ga	*na*	*naa*	*--*	*ya*	*ka*	*Vi*	*gh*	*ne*	*--*	*sha*	*du*	*laa*	*--*	*re*	*--*
Ni	–	Pa	Pa	Re	–	Sa	Sa	Ga	Re	Ma	DhaPa	Re	–	Sa	–
Man	*--*	*ga*	*la*	*van*	*--*	*da*	*na*	*su*	*mi*	*ra*	*na-*	*pyaa*	*--*	*re*	*--*

Sthayi Taan : ***Mangal vandana***

1. NiRe GaMa PaDha NiRe I SaNi DhaPa MaGa ReSa

Mangal vandanaa

2. NiRe GaMa GaRe GaMa I PaDha PaMa GaRe Sa–

Mangal vandana

3. GaRe SaNi DhaNi ReGa | MaDha PaMa GaRe Sa-

Antara Taan : *Ganapati Bappa --*

4. NiSa DhaNi PaDha MaPa | GaMa ReGa SaRe NiSa

Ganapati Bappa parama piyaare --

5. GaRe GaRe SaNi Sa- | NiDha NiDha PaMa Pa-
   GaRe GaRe SaNi DhaPa | NiNi DhaPa MaGa ReSa

Bhajan : Raaga Yaman
Teen Taal 16 Matra / Kaharva
2. Lakshmi Vandana

Sthayi : *Bhaagya Lakshmi, Chanchal Devi; Siddhi daayini, Taap haarini, Sundar mangal aarti teri.*

Antara : 1. *Paavan moorat soorat pyaari, Dhan ki Devi man ko sukhaari.*
2. *Kangan Kundal Kundan Kanthi, Painjan Angad Bindi Mundari.*
3. *Baajat Dholak Ghungharu Ghanti, Gaat hain Sant Mahant Pujaari.*
4. *Naarad Shaarad pushpa ki vrishti, Kuber Kinnar Shankar Gauri.*

Sthayi : O Goddess of Fortune! O Lakshmi! O Chanchala Devi!
O Giver of success! O Remover of suffering! we are doing your beautiful Aarti.

Antara : 1. Your image is holy and face is lovely. You are the Goddess of Wealth. You please our mind.
All the devotees are at your feet.
2. Your armlet, bangles, ear-rings, necklace, ring and Bindi are beautiful.
3. We are playing Dholak, Ghunghru and Ghanti.
The devotees, Saints and Priests are singing.
4. Narada, Sharada, Kubera, Kinnara and Gauri are showering flowers on you.

STHAYI

0				3				X				2			
Ga	-	Ga	GaPa	Re	Re	Sa	Re	Ma	-	MaDha	Pa	Re	-	Sa	-
Bhaa	-	gya	La-	-	ksh	mi	-	Chan	-	cha	la	De	-	vi	-
Ni	Dha	Ni	Re	Ma	Ma	Ma	-	Ma	Dha	Ni	Dha	Ma	Dha	Pa	-
Si	--	ddhi	daa	--	yi	ni	--	Taa	--	pa	haa	--	ri	ni	--
Pa	--	Sa	Ni	Pa	--	Ma	Ga	Ga	Re	Ga	Pa	Re	-	Sa	-
Sun	--	da	ra	man	--	ga	la	aa	--	ra	ti	te	--	ri	--
Ga	-	Ga	GaPa	Re	Re	Sa	Re	Ma	-	MaDha	Pa	Re	-	Sa	-
Bhaa	-	gya	La-	-	ksh	mi	-	Chan	-	cha	la	De	-	vi	-

ANTARA-1

0				3				X				2			
Ma	–	Ga	Ga	Ma	–	Dha	Dha	DhaNi	Sa̍	Sa̍	Sa̍	Ni	Ṙe	Sa̍	–
Paa	--	va	na	moo	--	ra	ta	soo	--	ra	ta	pyaa	--	ri	--
Ni	Ṙe	Ġa	Ṙe	Ni	Ṙe	Sa̍	–	Ga	Ma	Dha	Pa	Re	–	Sa	–
Dha	na	ki	--	De	--	vi	--	ma	na	ko	su	khaa	--	ri	--
Ga	–	Ga	GaPa	Re	Re	Sa	Re	Ma	–	MaDha	Pa	Re	–	Sa	–
Bhaa	–	gya	La-	–	ksh	mi	–	Chan	–	cha	la	De	–	vi	–

Bhajan : Raaga Yaman
Kaharva Taal
3. Yogeshvar Krishna Vandana

Sthayi : *Jana gana vandana karate hain tuma ko, Devaki Nandana jaya jaya jaya ho.*
Antara : 1. *Naath jagat ke taarak tum ho, Vighna Vinaashaka Maadhava jaya ho.*
        2. *Bhakti yog tum deenaa jag ko, Bhagat sakha prabhu Mohan jaya ho.*
        3. *Karma yog Yogeshvar tum se, Paarth saarathi Keshav jaya ho.*

Sthayi : O Devaki Nandana Shri Krishna! all people pay homage to you. O Krishna! victory be yours.
Antara : 1. You are the Lord of this world. You are the remover of obstacles.
        2. You gave the Bhakti-Yoga to the world. O Friend of the Devotees! O Mohana! victory to you.
        3. O Yogeshvara! the Karma-Yoga is from you. O Arjuna's Charioteer! victory be yours.

STHAYI

X				0				X				0			
–	NiNi	Re	Re	Ga	–	Pa	–Pa	Re	Re	–Ga	Re	Ṇi	Re	Sa	–
–	Jan	ga	na	van	--	da	-na	ka	ra	-te	hain	tu	ma	ko	--
–	Pa	–Ma	Ga	Pa	–	Pa	Pa	–	MaDha	Ni	Dha	Pa	Pa	Ma	Ga
–	De	-va	ki	Nan	--	da	na	--	jaya	ja	ya	ja	ya	ho	–
–	NiNi	Re	Re	Ga	–	Pa	–Pa	Re	Re	–Ga	Re	Ṇi	Re	Sa	–
–	Jan	ga	na	van	--	da	-na	ka	ra	-te	hain	tu	ma	ko	--

ANTARA-1

X				0				X				0			
–	PaGa	Pa	Pa	Sa̍	Sa̍	Sa̍	–	–	NiṘe	Ġa	Ṙe	Ni	Ṙe	Sa̍	–
–	Naa-	th	ja	ga	ta	ke	–	–	taa-	ra	ka	tu	ma	ho	–
–	SaNi	Dha	Pa	Pa	Dha	Ma	Pa	–	MaDha	Ni	Dha	Pa	Pa	Ma	Ga
–	Vigh	na	vi	naa	--	sha	ka	–	Maa-	dha	va	ja	ya	ho	–
–	NiNi	Re	Re	Ga	–	Pa	–Pa	Re	Re	–Ga	Re	Ṇi	Re	Sa	–
–	Jan	ga	na	van	--	da	-na	ka	ra	-te	hain	tu	ma	ko	--

Khayal : Raaga Bilawal - Teen Taal			
Thaat	Bilawal	Vadi	Dhaivat - Dha
Aroha	Sa Re Ga Ma Pa Dha Ni Ṡa	Samvadi	Gandhar - Ga
Avroha	Ṡa Ni Dha Pa Ma Ga Re Sa	Jaati	Sampurna-Sampurna 7/7
Pakad	Ga Re, Ga Pa, Dha, Ni Ṡa	Time	First part of the day

4. Aaj chalo hum

Sthayi : ***Aaj chalo hum sab mil gaayen, Krishna ke sundar naam sunaayen.***

Antara : ***1. Keshav Maadhav bhaate sab ko, Devaki nandan man bharmaaye.***

2. Paavan gaayan gaate tumaro, Giridhar hum ko sab mil jaaye.

Sthayi : *Let us chant Krishna's beautiful names today.*

Antara : *1. The names Keshava and Madhava and Devaki-Nandana are pleasing to our mind.*

2. O Giridhara Krishna! singing the auspicious names of yours, we achieve everything.

STHAYI

0				3				X				2			
DhaNi	Ṡa	Dha	Pa	Ma	Ga	Ma	Re	Ga	Ma	Pa	Ga	Ma	Re	Sa	–
Aa-	--	*ja*	*cha*	*lo*	--	*hu*	*ma*	*sa*	*ba*	*mi*	*la*	*gaa*	--	*yen*	--
Sa	Ga	Ma	Re	Ga	Pa	Ni	Ni	DhaNi	ṠaRe	Ni	Ṡa	Ni	Dha	Pa	–
Kri	*sh*	*na*	*ke*	*sun*	--	*da*	*ra*	*naa-*	*- -*	*ma*	*su*	*naa*	--	*yen*	--
DhaNi	Ṡa	Dha	Pa	Ma	Ga	Ma	Re	Ga	Ma	Pa	Ga	Ma	Re	Sa	–
Aa-	--	*ja*	*cha*	*lo*	--	*hu*	*ma*	*sa*	*ba*	*mi*	*la*	*gaa*	--	*yen*	--

ANTARA-1

0				3				X				2			
Ga	–	Pa	Pa	Ṡa	–	Ṡa	Ṡa	Dha	Ni	Ṡa	Ṙe	Ga	Ṙe	Ṡa	–
Ke	--	*sha*	*va*	*Maa*	--	*dha*	*va*	*bha*	--	*te*	--	*sa*	*ba*	*ko*	--
Ṡa	Ġa	Ṙe	Ṡa	Ṡa	Ni	Dha	Pa	Dha	Ni	Ṡa	Ṙe	ṠaṘe	ṠaNi	DhaPa	MaGa
De	--	*va*	*ki*	*nan*	--	*da*	*na*	*ma*	*na*	*bha*	*ra*	*maa*	--	*ye*	--
DhaNi	Ṡa	Dha	Pa	Ma	Ga	Ma	Re	Ga	Ma	Pa	Ga	Ma	Re	Sa	–
Aa-	--	*ja*	*cha*	*lo*	--	*hu*	*ma*	*sa*	*ba*	*mi*	*la*	*gaa*	--	*yen*	--

Sthayi taan : ***Aaj chalo huma***

1. GaPa DhaNi ṠaṘe ṠaNi | DhaPa MaGa MaRe Sa–

Aaj chalo huma

2. ṠaNi DhaPa MaGa MaRe | GaMa PaGa MaRe Sa–

Aaj chalo huma

3. ṠaṘe ĠaṘe ṠaNi DhaPa | ṠaNi DhaPa MaGa ReSa

Antara taan : *Keshav Maadhava*

4. SaNi DhaPa MaGa ReSa | GaPa DhaNi Sa- Sa-
Keshav Maadhava bhaate sab ko
5. GaPa DhaNi SaRe GaRe | SaNi DhaPa MaGa MaRe
   GaPa NiNi Sa- GaPa | NiNi Sa- GaPa NiNi

Bhajan : Raaga Bilawal
Teen Taal 16 Matra / Kaharva Taal
5. Siyaapati Raam Sumiran

Sthayi : *Raam Siyaapati Praana-piyaare, Anjani nandan daas tihaare.*
Antara : 1. *Raam Narottam bhaju re man men, Naam manohar saanjh sakaare.*
2. *Karuna kirpa kaaraj nyaare, Leejo sharan men Raagahav pyaare.*
3. *Haariyo Prabhu ji aap hamaare, Paap karam ke avagun saare.*
4. *Baalmik Tulasi gaat tihaare, Gaan amar jo Jag ujiyaare.*

Sthayi : O Rama! O Husband of Sita! you are dearer than my own life.
Your servant is Anjani's son Hanuman.
Antara : 1. O Mind! chant day and night the beautiful names of the most superior person, Rama.
2. Rama's deeds and mercy are unique. O Rama! please take me at your feet.
3. O Lord! please remove my vices and sins of bad karmas.
4. Sages Valmiki and Tulsidasa are singing your immortal songs, which enlighten the world.

STHAYI

3				X				2				0			
Ga	Pa	Ni	Ni	Sa	-	Sa	Sa	Sa	Re	Sa	Sa	SaNi	DhaPa	MaGa	MaRe
Raa	--	ma	Si	yaa	--	pa	ti	Praa	--	na	pi	yaa	--	re	--
Ga	Ma	Pa	Ga	Ma	Re	Sa	Sa	Sa	-	Ga	Re	Sa	Ni	Dha	Pa
An	--	ja	ni	nan	--	da	na	daa	--	sa	ti	haa	--	re	--
Ga	Pa	Ni	Ni	Sa	-	Sa	Sa	Sa	Re	Sa	Sa	SaNi	DhaPa	MaGa	MaRe
Raa	--	ma	Si	yaa	--	pa	ti	Praa	--	na	pi	yaa	--	re	--

ANTARA-1

3				X				2				0			
Pa	-	Ni	Ni	Sa	-	Sa	Sa	Sa	Ga	Ga	Ma	Ga	Re	Sa	-
Raa	--	ma	Na	ro	--	tta	ma	bha	ju	re	--	ma	na	men	--
Sa	-	Ga	Re	Sa	Ni	Dha	Pa	Sa	Ni	Dha	Pa	SaNi	DhaPa	MaGa	MaRe
Naa	--	ma	ma	no	--	ha	ra	saan	--	jh	sa	kaa	--	re	--
Ga	Pa	Ni	Ni	Sa	-	Sa	Sa	Sa	Re	Sa	Sa	SaNi	DhaPa	MaGa	MaRe
Raa	--	ma	Si	yaa	--	pa	ti	Praa	--	na	pi	yaa	--	re	--

Khayal : Raaga Khamaj - Teen Taal

Thaat	Khamaj	Vadi	Gandhar - Ga
Aroha	Sa Ga Ma Pa, Dha Ni Ṡa	Samvadi	Nishad - Ni
Avroha	Ṡa Ni Dha Pa, Ma Ga, Re Sa	Jaati	Shadav-Sampurna 6/7
Pakad	Ni Dha, Ma Pa Dha, Ma Ga, Pa Ma Ga Re Sa	Time	Second part of Night

6. Ek Se Dooja

Sthayi : *Eka se dooja deep jalaao, Parampara kee reet chalaao.*
Antara : 1. *Man andhiyaara, door bhagaao, Chaand jeevan men chaar lagaao.*
   2. *Jag mag aabha tan men jagaao, Gyaan jyoti man se na bujhaao.*

Sthayi : Light one lamp with other and continue the tradition of guru-pupil succession.
Antara : 1. Remove the darkness from your mind. Make your life successful and prosperous.
   2. Let the bright light shine in your heart. Let not the lamp of knowledge turn off.

STHAYI

0				3				X				2			
ṠaNi	Ṡa	Ni	Ni	DhaPa	Dha	Ma	Ga	Ga	Ma	Pa	Dha	Ni	–	Ṡa	–
E-	--	ka	se	doo	--	ja	--	dee	--	pa	ja	laa	--	o	--
Ṡa	Ġa	–	Ṁa	Ġa	Ṙe	Ni	Ṡa	Pa	Ni	Ṡa	Ṙe	ṠaNi	Ṡa	Ni	Dha
Pa	ram	--	pa	ra	--	kee	--	ree	--	ta	cha	laa-	--	o	--
ṠaNi	Ṡa	Ni	Ni	DhaPa	Dha	Ma	Ga	Ga	Ma	Pa	Dha	Ni	–	Ṡa	–
E-	--	ka	se	doo	--	ja	--	dee	--	pa	ja	laa	--	o	--

ANTARA-1

0				3				X				2			
Ga	Ma	Dha	Ni	Ṡa	–	Ṡa	–	Pa	Ni	Ṡa	Ṙe	NiṘe	Ṡa	Ni	Dha
Ma	na	an	dhi	yaa	--	ra	--	doo	--	ra	bha	gaa-	--	o	--
Ṡa	–	Ġa	Ṁa	Ġa	Ṙe	Ni	Ṡa	Pa	Ni	Ṡa	Ṙe	ṠaNi	Ṡa	Ni	Dha
Chaan	--	da	jee	va	na	men	--	chaa	--	ra	la	gaa-	--	o	--
ṠaNi	Ṡa	Ni	Ni	DhaPa	Dha	Ma	Ga	Ga	Ma	Pa	Dha	Ni	–	Ṡa	–
E-	--	ka	se	doo	--	ja	--	dee	--	pa	ja	laa	--	o	--

Sthayi Taan : *Eka se dooja --*

1. GaMa PaMa PaDha NiṠa | NiDha PaMa GaRe Sa–

Eka se dooja --

2. GaMa PaDha NiṠa ṘeṠa | NiDha PaMa GaRe Sa–

Eka se

3. NiSa GaMa PaMa GaMa | PaDha PaMa GaMa PaDha | NiDha PaMa GaRe Sa–

Antara Taan : *Man andhi*

4. GaMa DhaNi ṠaĠa ṘeṠa | NiDha PaMa PaDha NiṠa | NiDha PaMa GaRe Sa–

Man andhiyara, door bha

5.　GaMa PaDha | NiSa DhaNi | SaGa MaGa ReSa NiDha | PaDha PaMa GaRe Sa- |
　　GaMa DhaNi Sa- GaMa | DhaNi Sa- GaMa DhaNi

Bhajan : Raaga Khamaj
Dadra Taal
7. Maharshi Valmiki

Sthayi : *Dhyaan magan, sumiran rata, Nayan moonde, bhoole bhaan,*
Jaap chalat, paap jalat, Raam Raam, japat naam.
Antara : 1. *Bhava viraaga, veeta-raaga, Charama yaag, parama tyaag,*
Karma virat, dhyaan nirat, Nitya ghatat, punya kaama.
　　　　2. *Rava nivaanta, poorna shaant, Man nitaant, vigat bhraant,*
Dhyeya atal, hetu suphal, Shoonya vileen, poojya dhaam.

Sthayi :　Sage Valmiki is deeply meditating on Rama, his eyes closed, he has lost himself.
Antara : 1.　Detached from the worldly life, he is in the great Yajna.
　　　　　He is focused and busy composing Ramayan. The holy work is steadily progressing.
　　　2.　There is no sound, everything is absolutely quiet. He is thinking quietly contained in himself,
　　　　　Fixed on his aim, he is merged in the infinite zero and is one with the holy abode.

STHAYI

X			0			X			0		
Sa	–	Sa	Ga	Ga	Ma	Pa	Dha	Ga	Ma	Pa	Dha
Dhyaa	--	na	ma	ga	na	su	mi	ra	na	ra	ta
SaNi	ReSa	Ni	Dha	Ma	Ma	MaPa	Dha	Ma	Ga	–	Ga
Na-	ya-	na	moon	--	de	bhoo-	--	le	bhaa	--	na
Ni	–	Ni	Ni	Sa	Sa	NiDha	Ni	Pa	Dha	Ni	Sa
Jaa	--	pa	cha	la	t	paa-	--	pa	ja	la	t
Pa	Sa	Ni	Dha	Ma	Ma	MaPa	Dha	Ma	Ga	–	Ga
Raa	--	ma	Raa	--	ma	ja	pa	t	naa	--	ma

ANTARA-1

X			0			X			0		
Ga	Ma	Ga	Ma	Ni	Dha	DhaNi	Sa	Ni	Sa	–	Sa
Bha	va	vi	raa	--	ga	vee-	--	ta	raa	--	ga
Pa	Ni	Ni	Ni	Sa	Sa	PaNi	SaRe	Sa	Ni	Dha	Dha
Cha	ra	ma	yaa	--	ga	pa	ra	ma	tyaa	--	ga
Sa	Sa	Sa	Ga	Ga	Ma	Pa	Dha	Ga	Ma	Pa	Dha
Ka	r	ma	vi	ra	ta	dhyaa	--	na	ni	ra	ta
Sa	Ni	Ni	Dha	Ma	Ma	MaPa	Dha	Ma	Ga	–	Ga
Ni	--	tya	gha	ta	ta	pu-	n	ya	kaa	--	ma

Sthayi Taan :   *Dhyaan magan*
1.   NiSa GaMa PaMa I GaMa PaDha PaMa I GaMa PaDha NiDha I PaMa GaRe Sa–
Dhyaan magan
2.   GaMa PaMa GaMa I PaDha PaMa GaMa I PaDha NiSa NiDha I PaMa GaRe Sa–
Dhyaan magan
3.   NiSa GaMa PaDha I NiDha PaMa GaMa I PaDha NiSa NiDha I PaMa GaRe Sa–

Antara Taan :   *Bhav viraaga*
4.   NiSa GaMa PaDha I NiSa NiDha PaMa I GaMa PaDha NiDha I PaMa GaRe Sa–
Bhav viraaga
5.   GaMa PaDha NiSa I ReSa NiDha PaMa I GaMa PaDha NiDha I PaMa GaRe Sa–

Dhamar : Hori Khamaj
Taal Dhamar
8. Hori khedat Kanha

Sthayi :   *Hori khedata mero Kanha, braj men; Ranga Dhamaara hai aaj, braj men.*
Antara : *1. Gwaalin Raadha naach nachat hai, Laal gaal men laaj lajat hai,*
Pichakaari kee dhaar, braja men.
2. Baal baala jhoola jhulat hain, Gop nand men gol ghumat hain,
Rangan kee bauchhaar, braj men.

Sthayi :   My Kanha is playing Holi, in the village of Braj. The colours are being sprayed in the Braj.
Antara : 1. Radha is dancing. She is smiling with her rosy cheeks.
Colours are being sprayed in the Braj.
2. Boys and girls are swinging on the swings. The Gops are dancing in circles around them.
Colours are being sprayed in the village of Braj.

STHAYI

0			2		3		X			2		3	
Sa	Ga	Ma	Pa	Dha	Ni	ReSa	Ni	Dha	Pa	Ga	Ma	Ga	–
Ho	ri	khe	da	ta	me	ro-	Ka	--	nha	bra	ja	men	--
Ma	Ga	Sa	Ni	Dha	Sa	Sa	Sa	Ga	Ma	Pa	Dha	Ma	Ga
Ran	ga	Dha	maa	--	ra	hai	aa	--	ja	bra	ja	men	--
Sa	Ga	Ma	Pa	Dha	Ni	ReSa	Ni	Dha	Pa	Ga	Ma	Ga	–
Ho	ri	khe	da	ta	me	ro-	Kaa	--	nhaa	bra	ja	men	--

ANTARA-1

0			2		3		X			2		3	
Ma	NiDha	Ni	Sa	Ni	Sa	–	Ni	Sa	Sa	Ni	Sa	Ni	Dha
Gwaa	li-	na	Raa	--	dha	--	naa	ch	na	cha	ta	hai	--
Ma	NiDha	Ni	Sa	–	Ni	Sa	Ni	Sa	Sa	Ni	Sa	Ni	Dha
Laa	--	la	gaa	--	la	me	laa	ja	la	ja	ta	hai	--

Ga	Ga	Ma	Pa	Dha	NiṘe	Ṡa	**Ni**	Dha	Pa	Ga	Ma	Ga	–
Pi	cha	kaa	ri	--	kee	--	dhaa	--	ra	bra	ja	men	--
Ma	Ga	Sa	**Ni**̣	Ḍha	Sa	Sa	Sa	Ga	Ma	Pa	Dha	Ma	Ga
Ran	g	Dha	maa	--	ra	hai	aa	--	ja	bra	ja	men	--
Sa	Ga	Ma	Pa	Dha	Ni	ṘeṠa	**Ni**	Dha	Pa	Ga	Ma	Ga	–
Ho	ri	khe	da	ta	me	ro-	Kaa	--	nhaa	bra	ja	men	--

Bhajan : Raaga Khamaj
Kaharva Taal
9. Ramayana ki Amar Kahani

Sthayi : *Raamayan kee amar kahaani, Munivar kaha gaye dhyaani re,*
Raam Kathaa kee Amrit Vaani, Sun sun jan bhaye gyaani re.
Antara : 1. *Raam naam kaa chal kar jaadu, Paap taap sab bhaage re,*
Paapi lutera Ratnakar bhi, Ban gayo Baalmeeki aage re.
2. *Vachan pita kaa sir par dhar ke, Tyaaga raaj ko haasi re.*
Saukan maan kee tripti karane, Banaa Raam vanavaasi re,
3. *Sukh dukh dono samaan kar ke, Jas kahati hai Geeta re,*
Saath pati ke ban ko nikali, Dharma-chaarini Seeta re.

Sthayi : The immortal story of Ramayan, is narrated by the great sage Valmiki.
People have earned wisdom, listening the divine words of the Rama's story.
Antara : 1. With the magic of Rama's name, sins and troubles run away.
The sinful robber Ratnaakar, became sage Valmiki with this magic.
2. Holding his father's promise at heart, Rama renounced the kingdom with a smiling face.
To make his step mother happy, Rama lived in the forest.
3. Making pleasures and pains equal, as said in the Geeta, Righteous Sita went with her husband.

STHAYI

X				0				X				0			
Pa	Dha	Ma	--	Ga	Ga	Re	Sa	Sa	Sa	Ga	Ga	Ma	--	Ma	--
Raa	--	ma	--	ya	na	kee	--	a	ma	ra	ka	haa	--	ni	--
Ga	Ma	Pa	Pa	Pa	Pa	Dha	Ṡa	**Ni**	Dha	Pa	Ma	MaDha	PaDha	MaPa	Ga
Mu	ni	va	ra	ka	ha	ga	ye	dhya	--	ni	--	re-	--	--	--
Ga	Ma	Dha	Dha	Dha	–	Dha	–	Dha	**Ni**	Dha	**Ni**	Pa	Dha	Pa	–
Raa	--	ma	ka	tha	--	ki	--	a	m	ri	ta	Vaa	--	ni	--
Ga	Ma	Pa	Pa	Pa	Pa	Dha	Ṡa	**Ni**	Dha	Pa	Ma	MaDha	PaDha	MaPa	Ga
su	na	su	na	ja	na	bha	ye	gyaa	--	ni	--	re-	--	--	--
Pa	Dha	Ma	--	Ga	Ga	Re	Sa	Sa	Sa	Ga	Ga	Ma	--	Ma	--
Raa	--	ma	--	ya	na	ki	--	a	ma	ra	ka	haa	--	ni	--

ANTARA-1

X				0				X				0			
Ga	Ma	Dha	Ni	Ṡa	Ṡa	Ṡa	–	Ni	Ni	Ṡa	Ṙe	Ni	Ṡa	N̲i̲	Dha
Raa	*--*	*m*	*naa*	*--*	*ma*	*ka*	*--*	*cha*	*la*	*ka*	*ra*	*jaa*	*--*	*du*	*--*
Ni	–	Ni	Ni	Ṡa	Ṡa	Ṡa	Ṡa	Pa	Ni	Ṡa	Ṙe	N̲i̲	–	Dha	Pa
paa	*--*	*pa*	*taa*	*--*	*pa*	*sa*	*ba*	*bhaa*	*--*	*ge*	*--*	*re*	*--*	*--*	*--*
Ga	–	Ga	Ma	Dha	–	Dha	–	Dha	N̲i̲	Dha	N̲i̲	Pa	Dha	Pa	–
Paa	*--*	*pi*	*lu*	*te*	*--*	*ra*	*--*	*Ra*	*t*	*na*	*--*	*ka*	*ra*	*bhi*	*--*
Ga	Ma	Pa	Pa	Pa	Pa	Dha	Ṡa	N̲i̲	Dha	Pa	Ma	MaDha	PaDha	MaPa	Ga
ba	*na*	*ga*	*yo*	*Baa*	*l*	*mee*	*ki*	*aa*	*--*	*ge*	*--*	*re-*	*--*	*--*	*--*

Khayal : Raaga Kafi – Teen Taal			
Thaat	Kafi	Vadi	Pancham - Pa
Aroha	Sa Re G̲a̲ Ma Pa Dha N̲i̲ Ṡa	Samvadi	Shadaj - Sa
Avroha	Ṡa N̲i̲ Dha Pa Ma G̲a̲ Re Sa	Jaati	Sampurna-Sampurna 7/7
Pakad	Sa Sa, Re Re, G̲a̲ G̲a̲, Ma Ma, Pa	Time	Mid Night

10. Prabhu Miloge Ab Kabhoon

Sthayi : ***Prabhu miloge ab kabhoon, Kaho miloge ab kabhoon,***
Birahan ansuan kaise sahoon.

Antara : *1.* ***Nish din tarasat barasat naina, Haal main man kaa kaase kahoon;***
Kaho miloge ab kabhoon.

2. ***Man bechaina, mushkil raina, Tum bin Sajana! kaise rahoon,***
Kaho miloge ab kabhoon.

Sthayi : *O My Lord! when will I see you again? Please tell me, When will I see you again?*

Antara : 1. *Day and night my eyes are awaiting you. My tears flow.*
Who may I tell the state of my mind? when will I see you again?

2. *My mind is restless, the nights are difficult. Without you, how may I live?*
When will I see you again?

STHAYI

		0				3				X				2			
Sa	Ṇ̲i	Sa	Re	–	Re	G̲a̲	G̲a̲	Ma	Ma	Pa	–	–	Ma	G̲a̲	Re	Sa	Ṇ̲i
Pra	*bhu*	*mi*	*lo*	*--*	*ge*	*a*	*ba*	*ka*	*ba*	*hoon*	*--*	*--*	*--*	*--*	*--*	*Ka*	*ho*
		Sa	Re	--	Re	G̲a̲	G̲a̲	Ma	Ma	Pa	--	--	Ma	G̲a̲	Re	--	--
		mi	*lo*	*--*	*ge*	*a*	*ba*	*ka*	*ba*	*hoon*	*--*	*--*	*--*	*--*	*--*	*--*	*--*
		Re	N̲i̲	Dha	N̲i̲	Pa	Dha	Ma	Pa	ṠaN̲i̲	DhaPa	Ma	Pa	G̲a̲	Re	Sa	Ṇ̲i
		bi	*ra*	*ha*	*na*	*an*	*su*	*a*	*na*	*kai–*	*--*	*se*	*sa*	*hoon*	*--*	*Pra*	*bhu*

ANTARA-1

0				3				X				2			
Ma	Ma	Pa	Dha	Ni	Ni	Sa	Sa	SaRe	GaRe	SaRe	NiSa	Re	Ni	Sa	–
Ni	*sha*	*di*	*na*	*ta*	*ra*	*sa*	*ta*	*ba*	*ra-*	*sa*	*ta*	*nai*	--	*na*	--
Ni	–	Ni	Ni	Dha	Ni	Pa	Dha	Ni	Re	Sa	Re	Ni	–	Dha	Pa
Haa	--	*la*	*main*	*ma*	*na*	*ka*	--	*kaa*	--	*se*	*ka*	*hoon*	--	*Ka*	*ho*
Pa	Ni	Dha	Ni	Pa	Dha	Ma	Pa	PaDha	NiSa	NiDha	PaMa	Ga	Re	Sa	Ni
mi	*lo*	--	*ge*	*a*	*ba*	*ka*	*ba*	*hoon–*	--	--	--	--	--	*Pra*	*bhu*

Sthayi Taan : ***Prabhu miloge ab***

1. SaRe GaMa GaRe SaRe I GaMa PaMa GaRe Sa–

Prabhu miloge ab

2. SaRe GaMa PaDha NiSa I NiDha PaMa GaRe Sa–

Prabhu miloge ab

3. PaDha NiSa DhaNi Sa– I NiDha PaMa GaRe Sa–

Antara Taan : ***Nish din***

4. ReGa MaPa DhaNi SaNi I DhaPa DhaNi SaRe GaRe I
SaNi DhaPa MaGa ReSa

Nish din tarasat barasat nainaa --

5. PaMa GaMa GaRe SaNi I Sa– NiDha PaDha PaMa I
GaRe DhaNi SaRe GaRe I SaNi DhaPa MaGa ReSa

Bhajan : Raaga Kafi

Kaharva Taal

11. Krishna's Birthday

Sthayi : ***Jhanak jhanak jhan, rainaa saari baaje. Paayal kee jhankaar, ri.***
Sakhi Raadha ke man pyaar, ri.

Antara : ***1. Janam din hai aaj Hari ka, Vrindaavan tyauhaar, ri.***
Gal phoolan ke haar hain daare, Laal peele rang daar, ri.
Saari kunja galin men, Hari kee jai jai kaar, ri.

2. ***Mor mukut hai sheesh pe dhaare, Bansidhar Gopaal, ri.***
Kar men murali, naina hain kaare, Tilak chandan laal, ri.
Aaj Raadha se milne, Manvaa hai bekaraar, ri.

Sthayi : *The ankle bracelets are ringing all night, with clinging sounds.*
O Lord! Radha is in love.

Antara : 1. *Today is Krishna's Birthday. It's a festive time at Vrindavana.*
Girls wearing colourful garlands of red and yellow flowers.
They are chanting in every street of Vrindavana.

2. *Hari is wearing a crown of peacock feathers.*
He has flute in the hand, Kajal in the eyes, red bindi on the forehead.
He is eager to meet Radha today. His mind is restless.

STHAYI

X				0				X				0			
N̲i	Dha	Pa	N̲i	Dha	Pa	Pa	--	Ma	--	N̲i	Pa	G̲a	Re	Sa	Ṇi
Jha	na	ka	jha	na	ka	jhan	--	rai	--	naa	--	saa	ri	baa	je
Sa	--	Re	Re	G̲a	--	Ma	Ma	Pa	--	--	Ma	G̲a	Re	Sa	Ṇi
paa	--	ya	la	kee	--	jha	na	kaa	--	--	ra	ri	--	Sa	khi
Sa	--	Re	--	G̲a	--	Ma	Ma	PaDha	N̲i	--	Pa	G̲a	Re	Sa	Ṇi
Raa	--	dha	--	ke	--	ma	na	pyaa	--	--	ra	ri	--	baa	je
Sa	--	Re	Re	G̲a	--	Ma	Ma	Pa	--	--	--	--	Pa	--	--
paa	--	ya	la	kee	--	jha	na	kaa	--	--	--	--	r	--	--

ANTARA-1

X				0				X				0			
--	Ma	Ma	Ma	Pa	Pa	Ni	--	--	NiṠa	Ni	Pa	NiṠa	Ṙe	Ṙe	--
--	Ja	na	ma	di	na	hai	--	--	aa–	j	Ha	ri–	--	ka	--
--	Ṡa	Ṙe	ṠaN̲i	Dha	Dha	Ma	Pa	Ni	--	--	Ni	Ṡa	--	--	--
--	Vrin	--	daa	va	na	tyau	--	haa	--	--	ra	ri	--	--	--
--	ṠaN̲i	Dha	Pa	Dha	Dha	Dha	--	--	DhaDha	N̲i	Ṡa	N̲i	--	Dha	Pa
--	Gal	phoo	--	la	na	ke	--	--	haar	hain	--	daa	--	re	--
--	Ni	Ni	Ni	Ni	--	Ṡa	Ṙe	Ṡa	--	--	Pa	Pa	--	Pa	Pa
--	Laa	l	pee	le	--	ran	ga	daa	--	--	ra	ri	--	saa	ri
Ma	--	N̲i	Pa	G̲a	Re	Sa	--	--	SaSa	Re	--	G̲a	--	Ma	--
Kun	--	ja	ga	li	na	men	--	--	Hari	kee	--	jai	--	jai	--
Pa	--	--	Ma	G̲a	Re	Sa	Ṇi	Sa	--	Re	Re	G̲a	--	Ma	Ma
kaa	--	--	ra	ri	--	baa	je	paa	--	ya	la	kee	--	jha	na
PaDha	N̲i	--	Pa	G̲a	Re	Sa	Ṇi	Sa	--	Re	Re	G̲a	--	Ma	Ma
kaa	--	--	ra	ri	--	baa	je	paa	--	ya	la	kee	--	jha	na
Pa	--	--	--	--	Pa	--	--								
kaa	--	--	--	--	r	--	--								

Bada Khayal : Raaga Bhairav - Teen Taal		
Thaat	Bhairav
Aroha	Sa R̲e Ga Ma Pa D̲ha Ni Ṡa
Avroha	Ṡa Ni D̲ha Pa Ma Ga R̲e Sa
Pakad	Ga Ma D̲ha, D̲ha, Pa, Ga Ma R̲e, R̲e Sa
Vadi	Dhaivat - D̲ha
Samvadi	Rishabh - R̲e
Jaati	Sampurna-Sampurna 7/7
Time	First part of the day

12. Siyaa Awadh Men Aayee

Sthayi : ***Siya Awadh men aayi Sakhi! Siyaa Awadh men aayi, Eri,***
Aashaayen man men laayee, Chitta men aas jagaayi, Sakhi.

Antara : *1.* ***Magar ujadata ghar Siya paayi,***
Dukhi bhayi Seeta Maaee, Sakhi.

2. ***Ab to us ka ek Sahayi, Raam Sakha Sukhadayi, Sakhi.***

Sthayi : *Seeta came to Ayodhya, Seeta came to Ayodhya, O Dear!*
She came with hopes and with desires in her heart.

Antara : *1.* *But, she found a destroyed home, and she became very unhappy, O Dear!*
2. *Now she has only one support, Rama the joy giver companion, O Dear!*

STHAYI

0				3				X				2			
Ga	Ma	Dha	Dha	Pa	Pa	Pa	Dha	DhaPa	MaPa	Ma	–	Ga	–	Ma	Ga
Si	*ya*	*--*	*A*	*wa*	*dh*	*men*	*--*	*aa–*	*--*	*yi*	*--*	*--*	*--*	*Sa*	*khi*
Ga	Ma	Dha	Dha	Pa	Pa	Pa	Dha	DhaPa	MaPa	Ma	--	Ga	--	GaMaPa	Ma
Si	*ya*	*--*	*A*	*wa*	*dh*	*men*	*--*	*aa–*	*--*	*yi*	*--*	*--*	*--*	*E – –*	*ri*
Ga	Re	GaMa	Pa	MaGa	Re	–	Sa	Dha	Dha	Ni	Sa	Re	–	Sa	–
Aa	*--*	*--*	*--*	*shaa–*	*--*	*--*	*yen*	*ma*	*na*	*men*	*--*	*laa*	*--*	*yi*	*--*
Ni	Sa	Ga	Ma	Pa	–	Ga	Ma	PaDha	NiSa	Ni	DhaPa	Ma	Pa	Ma	Ga
Chi	*tta*	*men*	*--*	*aa*	*--*	*sa*	*ja*	*gaa–*	*--*	*--*	*--*	*--*	*yi*	*Sa*	*khi*
Ga	Ma	Dha	Dha	Pa	Pa	Pa	Dha	DhaPa	MaPa	Ma	–	Ga	–	Ma	Ga
Si	*ya*	*--*	*A*	*wa*	*dh*	*men*	*--*	*aa–*	*--*	*yi*	*--*	*--*	*--*	*Sa*	*khi*

ANTARA-1

0				3				X				2			
Ma	Ma	Ma	Ma	Dha	Dha	Ni	–	Sa	Sa	Sa	Sa	Ni	Re	Sa	–
Ma	*ga*	*ra*	*u*	*ja*	*da*	*ta*	*--*	*gha*	*ra*	*Si*	*ya*	*paa*	*--*	*yi*	*–*
Sa	Re	Ga	Ma	Ga	Re	Sa	–	DhaNi	Sa	Ni	DhaPa	Ma	Pa	Ma	Ga
Du	*khi*	*bha*	*yi*	*See*	*--*	*ta*	*--*	*Ma–*	*--*	*--*	*--*	*--*	*ee*	*Sa*	*khi*
Ga	Ma	Dha	Dha	Pa	Pa	Pa	Dha	DhaPa	MaPa	Ma	–	Ga	–	Ma	Ga
Si	*ya*	*--*	*A*	*wa*	*dh*	*men*	*--*	*aa-*	*--*	*yi*	*--*	*--*	*--*	*Sa*	*khi*

Sthayi Taan : ***Siya Awadh men --***

1. NiSa GaMa PaDha NiSa I SaNi DhaPa MaGa ReSa

Siya Awadh men --

2. MaGa ReSa NiSa GaMa I PaMa GaMa GaRe SaSa

Siya Awadh men --

3. DhaNi Sa- GaMa DhaNi | SaNi DhaPa MaGa ReSa

Antara Taan : *Magar u*

4. NiSa GaMa DhaNi SaRe | SaNi DhaPa MaPa GaMa

    PaMa GaMa GaRe Sa-

Magar ujadata --

5. GaMa DhaNi SaRe GaRe | SaNi DhaPa MaGa ReSa

Magar ujadata ghar Siya

6. GaMa PaDha NiSa ReRe | SaSa GaGa ReRe SaSa |

    NiSa ReRe SaSa NiDha | PaMa GaRe Sa- GaMa | PaDha NiSa DhaNi Sa-

Khayal : Raaga Bhairav - Teen Taal
13. Jai Mahesh

Sthayi : *Jai Mahesh, nirgam teri maaya, Leela se Jag too bharamaaya,*
Dhoop kahin par, hai kahin chhaaya.

Antara : 1. *Saap gale men daala toone, Ganga Maiya teri jataa men,*
Aankh teesari vinaash laane, Naari nateshvara anupam kaaya.
   2. *Chhaalaa hiran ki teri katee pe, Chanda saaje teri jataa men,*
Paahi paahi re kripaalu pyaare, Daas tumhaari sharan men aaya.

Sthayi : Victory to you, O Mahesha! your grace is formless. With your magic the whole world is confused.
Some place there is light and at other place there is darkness.

Antara : 1. You are wearing a snake around your neck. Ganga is flowing from your black hair,
You open the third eye to dissolve the world. Half-man half-woman is your unique form.
   2. Deer hide is around your waist. The moon is shining on your forehead.
Please save us! O Merciful Dear Lord! this devotee has surrendered at your feet.

STHAYI

0				3				X				2			
MaPa	Dha	Pa	Ma	Pa	Ga	Ma	Ma	Ga	Ga	Ma	Ga	Re	-	Sa	-
Jai-	--	Ma	he	--	sha	ni	r	ga	ma	te	ri	maa	--	ya	--
Ni	Dha	Ni	Sa	Re	-	Sa	Sa	Ga	Ma	Pa	Ma	Re	-	Sa	-
Lee	--	laa	--	se	--	ja	ga	too	--	bha	ra	maa	--	ya	--
Ni	Sa	Ga	Ma	Pa	Dha	Pa	Pa	Ma	Dha	Sa	Ni	DhaNi	DhaPa	MaPa	GaMa
Dhoo	--	pa	ka	hin	--	pa	ra	hai	--	ka	hin	chhaa-	--	ya-	--
MaPa	Dha	Pa	Ma	Pa	Ga	Ma	Ma	Ga	Ga	Ma	Ga	Re	-	Sa	-
Jai-	--	Ma	he	--	sha	ni	r	ga	ma	te	ri	maa	--	ya	--

ANTARA-1

0			3			X			2		
Ma	-	Pa Pa	Dha	-	Ni -	Sȧ	-	Sȧ -	Ni	Rė	Sȧ -
Saa	--	pa ga	le	--	men --	daa	--	la --	too	--	ne --
Ni	Dha Dha	-	Ni	Sȧ	Sȧ -	NiSȧ	Rė	Sȧ Sȧ	Ni	Sȧ	Dha Pa
Gan	-- ga	--	Mai	--	ya --	te-	--	ri ja	taa	--	me --
Ga	Ma Pa	Dha	Sȧ	Ni	Dha Pa	Ma	Ga	Ma Ma	GaRė	-	Sa -
Aa	n kh	tee	--	sa	ri --	vi	naa	-- sha	laa	--	ne --
Ṇi	Sa Ga	Ma	Pa	Dha	Pa Pa	Ma	Dha	Sȧ Ni	DhaNi	DhaPa	MaPa GaMa
Naa	-- ri	na	te	--	shva ra	a	nu	pa ma	kaa–	--	-- ya–
MaPa	Dha Pa	Ma	Pa	Ga	Ma Ma	Ga	Ga	Ma Ga	Re	-	Sa -
Jai-	-- Ma	he	--	sha	ni r	ga	ma	te ri	maa	--	ya --

Bhajan : Raaga Ahir Bhairav - Kaharva Taal
14. Shivji Vandana

Sthayi : *Arpan hai Ahidhari, Umapati! Darshan do Tripuraari!*
Nath hamaare bhole bhaale, Hum hai teree balihaari.

Antara : 1. *Aas lagaaye saanjh sakaare, Daya dikha do Shekhar pyaare,*
Shiva Shankar jee leela dikha do, Bhaal-chandra Shashidhari.

2. *Saamb Sadaashiva Khewan haare, Tumhe manaate, bhagatan saare,*
Bhav saagar ko paar karaao, Gangadhar Hitakari.

Sthayi : O Shiva! O Umapati! I surrender to you. Please appear. O Shiva! we are your devotees.

Antara : 1. Day and night we wait for you. O Dear Shekhara! please have mercy on us.
O Shiva Shankar! please show us your char, O Shashidhaari! the bearer of Moon.

2. O Saamb Sadashiva! O Khevanahare (boatman)! all devotees are requesting you to be merciful.
Please take us beyond the worldly ocean, O Gangadhara! O Hitakari!

STHAYI

X			0			X			0		
-	MaGa	Re Sa	Ṇi	Pạ	-Ni Re	Sa	-	Sa Sa	Ma	-	Ga Ga
--	Ar	pa na	hai	--	--A hi	dha	--	ri U	ma	--	pa ti
-	MaGa	Re Sa	Ṇi	Pạ	-Ni Re	Sa	-	Sa -	-	-	- -
--	Dar	sha na	do	--	--Tri pu	ra	--	ri --	--	--	-- --
-	MaGa	Re Ṇi	Re	-	Re -	-	SaRe	Ma Ga	Ma	-	Ma -
--	Naa	th ha	maa	--	re --	--	bho-	le --	bhaa	--	le --
-	MaDha	Dha Dha	Dha	Ni	-Sȧ Rė	Sȧ	-	Sȧ -	Ni	Dha	Pa Ma
--	Hum-	hai te	ree	--	-ba li	haa	--	ri --	--	--	-- --
-	GaPa	Ga Re	Sa	Ṇi	-Ni Re	Sa	-	Sa Sa	Ṇi	Pạ	Re Re
--	hum	hai te	re	--	-ba li	haa	--	ri U	ma	--	pa ti

–	MaGa	Re	Sa	N̤i	Ṗa	-N̤i	Re	Sa	–	Sa	Sa	–	–	–	–
--	Ar-	pa	na	hai	--	--A	hi	dha	--	ri	--	--	--	--	--

ANTARA-1

X				0				X				0			
–	Ma	Dha	Ni	Ṡa	–	Ṡa	Ni	–	Ṙe	-Ṙe	Ṡa	Ni	Ṙe	Ṡa	–
--	Aa	sa	la	gaa	--	ye	--	--	saan	-jha	sa	ka	--	re	--
–	Ma	Dha	Ni	Ṡa	–	Ṡa	Ni	–	Ṙe	-Ṙe	Ṡa	Ni	Ṙe	Ṡa	–
--	Da	ya	di	kha	--	do	--	--	She	-kha	ra	pyaa	--	re	--
–	SaṘe	Ga	Ṙe	Ṡa	Ṡa	NiDha	PaDha	–	NiDha	Pa	Ma	Ma	–	Pa	Ga
--	Shiva	Shan	--	ka	ra	jee-	--	--	lee-	la	di	kha	--	do	--
–	GaPa	Ga	Re	Sa	N̤i	N̤i	Re	Sa	–	Sa	Sa	N̤i	Ṗa	Re	Re
--	Bhaa-	la	chan	--	dra	Sha	shi	dha	--	ri	U	ma	--	pa	ti
–	MaGa	Re	Sa	N̤i	Ṗa	-N̤i	Re	Sa	–	Sa	–	–	–	–	–
--	Ar	pa	na	hai	--	--A	hi	dha	--	ri	--	--	--	--	--

Khayal : Raaga Aasavari - Teen Taal			
Thaat	Aasavari	Vadi	Dhaivat - Dha
Aroha	Sa Re Ma Pa, Dha Ṡa	Samvadi	Gandhar - Ga
Avroha	Ṡa Ni Dha Pa Ma Ga, Re Sa	Jaati	Audav-Sampurna 5/7
Pakad	Re Ma Pa Dha, Ma Pa Ga, Re Sa	Time	Second part of the Day

15. Akhiyan Men

Sthayi : *Ankhiyan men jo ansuan aaye, Saawan ke baadal barsaaye.*
Antara : 1. *Til kaajal ka jal men pighala, Gaal pe kaali ghata umdaaye.*
  2. *Gaal pe kaali ghata Siyaa ke, Dekh piyaa ka dil kalapaaye.*

Sthayi : The tears came in the eyes. As if it is the Spring rain.
Antara : 1. The black Kajal dot on Sita's cheek, melted with the tears, and spread on cheeks like a cloud.
  2. Seeing that black cloud on Sita's cheek, Rama's heart ached with uneasy feeling.

STHAYI

0				3				X				2			
Ṡa	Ṡa	NiṠa	ṘeṠa	NiDha	–	PaDha	MaPa	Ga	Re	Ma	Ma	Pa	–	Pa	–
An	khi	ya-	na-	men	--	jo-	--	an	su	a	na	aa	--	ye	--
Pa	Dha	Ṡa	Re	SaṘe	Ga	Re	Ṡa	Ṡa	Ni	Ṙe	Ṡa	Dha	–	Pa	–
Saa	--	wa	na	ke-	--	baa	--	da	l	ba	r	saa	--	ye	--
Ṡa	Ṡa	NiṠa	ṘeṠa	NiDha	–	PaDha	MaPa	Ga	Re	Ma	Ma	Pa	–	Pa	–
An	khi	ya-	na-	men	--	jo-	--	an	su	a	na	aa	--	ye	--

ANTARA-1

```
  0                    3                   X                    2
  Ma   Ma   Pa   --   |Dha  Dha  Pa   Dha | S'a   S'a   S'a  -- | R'e   N'i   S'a  --
  Ti   l    kaa  --   |ja   la   ka   --  | ja    la    men --  | pi    gha   la   --

  Pa   --   Pa   Dha  |S'a   --  S'a   R'e| SaR'e G'a   R'e  S'a| N'iDha --   Pa   --
  Gaa  --   l    pe   |kaa   --  li    -- | gha   ta    u    ma | daa   --    ye   --

  Pa   --   Pa   Dha  |S'a   --  S'a   -- | S'a   G'a   R'e  S'a| SaR'e S'aN'i Dha  Pa
  Gaa  --   l    pe   |kaa   --  li    -- | gha   ta    u    ma | daa–  --    ye   --

  S'a  S'a  NiSa ReSa |NiDha --  PaDha MaPa| Ga    Re    Ma   Ma | Pa    --    Pa   --
  An   khi  ya-  na-  |men   --  jo    --  | an    su    a    na | aa    --    ye   --
```

Sthayi Taan : *Ankhiyan men jo --*

1. SaRe MaPa NiNi DhaPa | MaPa DhaPa GaGa ReSa

   Ankhiyan men jo --

2. ReMa PaNi DhaPa MaPa | NiNi DhaPa MaGa ReSa

   Ankhiyan men jo --

3. MaPa DhaS'a R'eS'a DhaPa | S'aNi DhaPa MaGa ReSa

Antara Taan : *Til kaa --*

4. MaPa DhaPa MaPa DhaS'a | G'aG'a R'eR'e S'aS'a NiDha

   MaPa DhaPa Ga Ga Re Sa

   Til kaajal ka jal men pighala --

5. SaRe MaPa Dha Dha S'a– | DhaS'a R'eS'a DhaPa MaPa |

   G'aG'a R'eS'a R'eS'a DhaPa | S'aNi DhaPa MaGa ReSa

   Til kaajal ka --

6. SaRe MaMa ReMa PaPa | NiNi DhaPa MaPa DhaPa |

   DhaS'a R'eS'a G'aG'a R'eS'a | NiDha PaMa GaRe Sa– |

   MaPa DhaDha S'a– MaPa | DhaDha S'a– MaPa DhaDha

Bhajan : Raaga Aasavari
Kaharva Taal
16. Balarama Sudama

Sthayi : *Nand Bal-Raama sanga Sudaama, Devaki Nandan Hari Ghanashyaama.*
Gwaalin Raadha Maiya Yashoda, Gopi Gopaala, Gokul dhaama.

Antara : *1. Meree jeevan saagar naiya, Krishna Kanhaiya, kahat Sudaama.*
Nand ke ghar se maakhan chhup ke, Laat Damodar, khaat Sudaama.

2. Madhuban men Hari dhenu charaawat, Sang gawan ke jaat Sudaama,
Jamuna tat par phorat mataki, Nand Laala ke, saath Sudaama.

3. ***Panaghat par jab baansuri baaje, Sudh budh kho kar, gaat Sudaama.***
Jal kreeda se wastra Gopi ke, Shyaama churaavat, Lajat Sudaama.

6. ***Kamsa milan jab jaat Mukunda, Raadha Yashoda, roat Sudaama.***
Dwaarika Nagari raaj mahal men, Krishna se karata, Baat Sudaama.

Sthayi : *Nand Balarama and Sudama are with Devaki's son, Shri Krishna;*
Also there is Radha with Mother Yashoda, Gops and Gopis, in Gokul.

Antara : 1. *The boat of my life is Krishna Kanhaiya, says Sudama.*
Damodar Krishna brings butter from the house of Nanda, and Sudama eats it too.

2. *Krishna goes to Madhuban and also Sudama goes with the cows,*
Krishna breaks Gopi's water pots at the Jamuna river, and Sudama joins him in the play.

3. *When Krishna plays the flute on the bank of the Jamuna. Sudama starts singing obliviously.*
When the Gopis are bathing at the pond, Krishna steals their clothes, Sudama blushes.

4. *Krishna is going to meet Kamsa. Radha, Yashoda and Sudama are crying.*
At the palace of Dwarka, Sudama is sitting on Krishna's throne talking to King Krishna.

STHAYI

X				0				X				0			
–	PaDha	Ma	Pa	Ga	–	Re	Sa	–	ReMa	Pa	Sa	Dha	–	Pa	–
–	*Nand*	*Ba*	*l*	*raa*	*--*	*ma*	*--*	*--*	*san--*	*ga*	*Su*	*daa*	*--*	*ma*	*--*
–	PaDha	Sa	Re	SaRe	Ga	Re	Sa	–	SaNi	Re	Sa	Dha	–	Pa	–
–	*De--*	*va*	*ki*	*Nan-*	*--*	*da*	*na*	*--*	*Hari*	*Gha*	*na*	*shyaa*	*--*	*ma*	*--*
–	PaDha	Ma	Pa	Ga	–	Re	Sa	–	ReMa	Pa	Sa	Dha	–	Pa	–
–	*Gwaa-*	*li*	*na*	*Raa*	*--*	*dha*	*--*	*--*	*Mai--*	*ya*	*Ya*	*sho*	*--*	*da*	*--*
–	PaDha	Sa	Re	SaRe	Ga	Re	Sa	–	SaNi	Re	Sa	Dha	–	Pa	–
–	*Go--*	*pi*	*Go*	*paa–*	*--*	*la*	*--*	*--*	*Go--*	*ku*	*l*	*dha*	*--*	*ma*	*--*

ANTARA-1

X				0				X				0			
–	Ma	–	Pa	Dha	–	Dha	Dha	–	Sa–	Sa	Sa	Ga	Re	Sa	–
–	*Me*	*--*	*ree*	*jee*	*--*	*wa*	*na*	*--*	*saa-*	*ga*	*ra*	*nai*	*--*	*ya*	*--*
–	PaPa	Pa	Dha	Sa	–	Sa	–	–	SaGa	Re	Sa	Dha	–	Pa	–
–	*Krish*	*na*	*Ka*	*nhai*	*--*	*ya*	*--*	*--*	*kaha*	*t*	*Su*	*daa*	*--*	*ma*	*--*
–	PaDha	Ma	Pa	Ga	Ga	Re	Sa	–	ReMa	Pa	Sa	Dha	Dha	Pa	–
–	*Nan-*	*da*	*ke*	*gha*	*r*	*se*	*--*	*--*	*maa-*	*kha*	*na*	*chhu*	*p*	*ke*	*--*
–	PaDha	Sa	Re	SaRe	Ga	Re	Sa	–	SaNi	Re	Sa	Dha	–	Pa	–
–	*Laa-*	*t*	*Da*	*mo–*	*--*	*da*	*ra*	*--*	*khaa–*	*t*	*Su*	*daa*	*--*	*ma*	*--*
–	PaDha	Ma	Pa	Ga	–	Re	Sa	–	ReMa	Pa	Sa	Dha	–	Pa	–
--	*Nand*	*Ba*	*l*	*raa*	*--*	*ma*	*--*	*--*	*san--*	*g*	*Su*	*daa*	*--*	*ma*	*--*

Khayal : Raaga Bhairavi - Teen Taal			
Thaat	Bhairavi	Vadi	Madhyam - Ma
Aroha	Sa Re Ga Ma Pa Dha Ni Ṡa	Samvadi	Shadaj - Sa
Avroha	Ṡa Ni Dha Pa Ma Ga Re Sa	Jaati	Sampurna-Sampurna 7/7
Pakad	Ma Ga, Re Ga, Sa Re Sa, Dha Ni Sa	Time	First part of the Day

17. Maar Kankariyaa

Sthayi : ***Maar kankariya phori gagariya,***
Bheeg gayi re Kaanha mori chunariya.

Antara : ***1. Jamuna se main sakhi, apani dagariya,***
Neer nayana ki na, leeni khabariya.
2. Jamuna ka neer na, mori gagariya
Kaise ab jaaoon Sakhi, apani atariya.

Sthayi : *Throwing a pebble, you broke my water pitcher, O Kanha, my scarf got wet.*

Antara : 1. *O Sakhi! I was on my way from Jamuna river, He didn't even care for the tears in my eyes.*
2. *I don't have Jamuna water and I have a broken vessel, O Dear! how may I go home now?*

STHAYI

0				3				X				2			
Ni	Sa	Ga	Ma	Pa	NiDha	Pa	–	MaGa	–	Pa	Ma	Re	Re	Sa	–
Maa	*--*	*r*	*kan*	*ka*	*ri*	*ya*	*--*	*pho*	*--*	*ri*	*ga*	*ga*	*ri*	*ya*	*--*
Pa	–	Pa	Pa	Pa	Ni	Dha	Pa	Ga	–	Pa	Ma	Re	Re	Sa	–
Bhee	*--*	*ga*	*ga*	*yi*	*re*	*Kaa*	*nha*	*mo*	*--*	*ri*	*chu*	*na*	*ri*	*ya*	*--*
Ni	Sa	Ga	Ma	Pa	NiDha	Pa	–	MaGa	–	Pa	Ma	Re	Re	Sa	–
Maa	*--*	*r*	*kan*	*ka*	*ri*	*ya*	*--*	*pho*	*--*	*ri*	*ga*	*ga*	*ri*	*ya*	*--*

ANTARA-1

0				3				X				2			
Dha	Ma	Dha	Ni	Ṡa	–	Ṡa	Ni	Ṡa	Ġa	Ṙe	Ġa	Ṡa	Ṙe	Ṡa	–
Ja	*mu*	*na*	*se*	*main*	*--*	*sa*	*khi*	*a*	*pa*	*ni*	*da*	*ga*	*ri*	*ya*	*--*
Ṡa	Ṙe	Ni	Ṡa	Pa	Ni	Dha	Pa	Ga	–	Pa	Ma	Re	Re	Sa	–
Nee	*--*	*r*	*na*	*ya*	*na*	*ki*	*na*	*lee*	*--*	*ni*	*kha*	*ba*	*ri*	*ya*	*--*
Ni	Sa	Ga	Ma	Pa	NiDha	Pa	Ma	Ga	–	Pa	Ma	Re	Re	Sa	–
Maa	*--*	*r*	*kan*	*ka*	*ri*	*ya*	*--*	*pho*	*--*	*ri*	*ga*	*ga*	*ri*	*ya*	*--*

Sthayi Taan : ***Maar kankariya --***

1. NiSa GaMa PaDha NiṠa | Ni Dha PaMa Ga Re Sa–

Maar kankariya --

2. ṠaṘe ṠaNi DhaPa MaPa | GaMa PaMa Ga Re Sa–

Maar kan

3. NiSa GaMa PaDha NiṠa | Ġa Ġa ṘeṠa Ni Dha PaPa | Ni Ni DhaPa MaGa ReSa

Antara Taan : *Jamuna se*

4. NiSa GaMa PaMa GaMa | PaDha PaMa PaDha NiSa |
    NiDha PaMa Ga Re Sa–
    Jamuna se

5. PaMa Ga Re SaRe GaMa | PaMa PaDha NiSa Ga Re |
    SaNi DhaPa MaGa ReSa
    Jamuna se main sakhi

6. SaRe Ga Ga Re Ga MaMa | GaMa PaPa MaPa Dha Dha |
    PaDha Ni Ni Dha Ni SaSa | Dha Ni SaSa Dha Ni SaSa |
    Dha Ni Sa,Dha NiSa, Dha Ni | SaNi DhaPa MaGa ReSa

Bhajan : Raaga Bhairavi
Kaharva Taal
18. Prabhu Bataao

Sthayi :   *Prabhu bataao dukhi jahaan ka, Ajeeb khelaa kyon hai rachaya,*
           Ye shor dukhiyon ki aatama ka, Kaho Prabhuji kyon hai machaya?

Antara : 1. *Yahaan na koi kisi ka bhaai, Na dosti men kahin sachaai,*
            Ye haal jeene ka is jahaan men, Bataao Prabhuji kyon hai banaaya?

         2. *Kahin ladaaee ya bevafaaee, Magar bhalaaee na de dikhaaee,*
            Behaal aansoo Peenaa jahaan men, Bataado Prabhuji kyon hai sanaaya?

         3. *Kahin buraaee, kahin duhaaee, Kahin judaaee, kahin rulaaee,*
            Ye saaz rone ka is jahaan men, Na jaane Prabhuji kyon hai bajaaya?

Sthayi :   O Lord tell us, why have you created this strange world of pain and suffering?
           And, why have you filled in it this noise of the sobs of the hurtful souls?

Antara : 1. No one is anyone's brother here, Nor is there any honesty in their friendship,
            Such state of affair in this world, O Lord! why have you created?

         2. Either the people fight or they deceive each other, but you don't see good people around,
            Why in this world, O Lord! have you soaked hearts with sadness and tears?

         3. Either there is wickedness, or there is a call for help, or parting, or a cry of sorrow,
            Why, O Lord! in this world have you played the sad music?

STHAYI

X				0				X				0			
Sa	Pa	–	Pa	Pa	Dha	Ma	Pa	Pa	PaDha	Sa	Ni	Dha	–	Pa	
Pra	bhu	--	ba	taa	--	o	--	du	khi	--	ja	haan	--	ka	--
Ga	Ma	–	Dha	Pa	Ma	Ga	Sa	Sa	NiDha	–	Ni	SaRe	Ga	Ga	
A	jee	--	b	khe	--	laa	--	kyon	hai	--	ra	cha	--	ya	--
Ga	Ma	–	Dha	Pa	Ma	Ga	Sa	Sa	NiDha	–	Ni	Sa	–	Sa	–
A	ji	--	b	khe	--	laa	--	kyon	hai	--	ra	cha	--	ya	--

Sa	Pa	-	Pa	Pa	Dha	Ma	Pa	Pa	PaDha	S̊a	Ni	Dha	-	Pa	-
Ye	sho	--	r	du	khi	yon	--	ki	aa	--	t	ma	--	ka	--
G̲a	Ma	-	D̲ha	Pa	Ma	G̲a	Sa	Sa	Ni̲Dha	-	Ni	SaRe	G̲a	G̲a	-
Ka	ho	--	Pra	bhu	--	ji	--	kyon	hai	--	ma	cha	--	ya	--
G̲a	Ma	-	D̲ha	Pa	Ma	G̲a	Sa	Sa	Ni̲Dha	-	Ni	Sa	-	Sa	-
Ka	ho	--	Pra	bhu	--	ji	--	kyon	hai	--	ma	cha	--	ya	--
Sa	Pa	-	Pa	Pa	Dha	Ma	Pa	Pa	PaDha	S̊a	Ni	Dha	-	Pa	-
Pra	bhu	--	ba	taa	--	o	--	du	khi	--	ja	haan	--	ka	--

ANTARA-1

X				0				X				0			
G̲a	Ma	-	Ma	Ni̲Dha	-	Ni	-	Ni	S̊a	-	S̊a	Ni	R̊e	S̊a	-
Ya	haan	--	na	ko	--	ee	--	ki	si	--	ka	bha	--	ee	--
Ni	Ni	-	Ni	S̊a	-	S̊a	-	S̊a	Ni	R̊e	S̊a	Ni̲Dha	-	Pa	-
Na	do	--	sa	ti	--	men	--	ka	hin	--	sa	cha	--	ee	--
Pa	Pa	-	Pa	Pa	Dha	Ma	Pa	Pa	PaDha	S̊a	Ni	Dha	-	Pa	-
Ye	haa	--	l	jee	--	ne	--	ka	isa--	--	ja	haan	--	men	--
G̲a	Ma	-	D̲ha	Pa	Ma	G̲a	Sa	Sa	Ni̲Dha	-	Ni	SaRe	G̲a	G̲a	-
Ba	taa	--	o	Pra	bhu	ji	--	kyon	hai	--	ba	naa	--	ya	--
G̲a	Ma	-	D̲ha	Pa	Ma	G̲a	Sa	Sa	Ni̲Dha	-	Ni	Sa	-	Sa	-
Ba	taa	--	o	Pra	bhu	ji	--	kyon--	hai	--	ba	naa	--	ya	--

Bhajan : Raaga Bhairavi - Teevra Taal
19. Raam Bhakt Hanuman

Sthayi : *Shri Raam ka shubh naam likh likh, Pavan sut sheelaa tarai,*
Jal setu bandhan, sindhu taaran, Kapeesh dal seva karai.

Antara : 1. *Jaambuwant Sugriv Hanumat, Raam kaaj karan khatai,*
Nal Neel Angad Rish Marut Hari, Raam ka shubh naam ratai.

2. *Bhaanu aatap tanu tapaa kar, Swed bindu jal men girai,*
Us poojya paawan neer men shilaa, Setu taran kaaj karai.

3. *Lanka dahanan, Raavan hanan, Sindhu yojan shat udai,*
Kapi Vaayu-putra dal vaanar gan, Raam naam mod lutai.

Sthayi : Writing Shri Rama's name over and over, Hanuman is working hard in doing service to Rama, by building a bridge to cross the ocean.

Antara : 1. The monkeys namely Sugriva, Jamavata, Sushena, Neel, Nal, Angada, Risha and Maruta Are also chanting Rama's name and giving service in Rama's cause.

2. The hot sun is scorching their bodies. Drops of their sweat are falling in the ocean, And in that sanctified water, the stones for the bridge are floating.

3. For burning Lanka, and for killing the ten-headed Ravana,
Hanumana is flying the distance of one hundred Yojans,
The monkeys of the army of Vayu-Putra Lord-Hanumana, Are enjoying Rama's chant.

STHAYI

		X			2		3		X			2		3	
Sa	Re	Ṇi	–	Sa	Ga	–	Ma	Ga	Pa	–	Dha	Pa	Pa	Pa	Pa
Shri	--	*Raa*	--	*ma*	*ka*	--	*shu*	*bha*	*naa*	--	*ma*	*li*	*kha*	*li*	*kha*
		Pa	Pa	Pa	Dha	Ma	Pa	Ni	Dha	Pa	Ma	Re	-	Sa	Re
		Pa	*va*	*n a*	*su*	*ta*	*shee*	--	*laa*	--	*ta*	*rai*	--	*ja*	*l*
		Ṇi	–	Sa	Ga	–	Ma	Ga	Pa	–	Dha	Pa	–	Pa	Pa
		se	--	*tu*	*ban*	--	*dha*	*na*	*sin*	--	*dhu*	*taa*	--	*ra*	*n*
		Pa	Pa	Pa	Dha	Ma	Pa	Ni	Dha	Pa	Ma	Re	-	Sa	Re
		Ka	*pee*	*sha*	*da*	*la*	*se*	--	*va*	--	*ka*	*rai*	--	*Shri*	--

ANTARA-1

X			2		3		X			2		3	
Ga	–	Ma	Dha	–	Ni	Ni	Ṡa	–	Ṡa	Ni	Ṙe	Ṡa	Ṡa
Jaam	--	*bu*	*wan*	--	*ta*	*Su*	*gri*	--	*va*	*Ha*	*nu*	*ma*	*ta*
Ni	–	Ni	Ṡa	–	Ṡa	Ṡa	ṠaNi	Ṙe	Ṡa	Dha	Pa	Ga	Ga
Raa	--	*ma*	*kaa*	--	*ja*	*ka*	*ra--*	*na*	*kha*	*tai*	--	*Na*	*la*
Pa	–	Pa	Pa	Dha	Ni	Ṡa	Pa	Ni	Dha	Pa	Ma	Ga	Ga
Nee	--	*la*	*An*	--	*ga*	*da*	*Ri*	*sha*	*Ma*	*ru*	*ta*	*Ha*	*ri*
Pa	–	Pa	Dha	Ma	Pa	Ni	Dha	Pa	Ma	Re	–	Sa	Re
Raa	--	*ma*	*Raa*	--	*ma*	*naa*	--	*ma*	*ra*	*tai*	--	*Shri*	--

Khayal : Raaga Bhupali - Teen Taal			
Thaat	Kalyan	Vadi	Gandhar - **Ga**
Aroha	Sa Re Ga, Pa, Dha Ṡa	Samvadi	Dhaivat - **Dha**
Avroha	Ṡa Dha Pa, Ga Re Sa	Jaati	Audav-Audav 5/5
Pakad	Sa Re Ga, Re, Sa Ḍha, Sa Re Ga, Pa Ga, Dha Pa Ga, Re Sa	Time	First part of the night

20. Saawana Ritu Aayo

Sthayi : ***Saawan ritu aayo, sukh laayo,***
Barakha jhari rim jhim barsaayo.

Antara : *1.* ***Dharati pahane sundar gahane,***
Rangin waale harit suhaane.

2. ***Baadal shital karat fuhaare,***
Koyal manjul koohu pukaare.

Sthayi : *The Spring Season has arrived. The showers are drizzling.*

Antara : 1. *Earth is wearing beautiful ornaments in pleasing green colour.*

2. *The clouds are sprinkling cold water drops,*
and the Koyal bird is chirping Koo hu Koo hu.

STHAYI

0				3				X				2			
GaPa	DhaSa	Dha	Pa	Ga	Re	Sa	Re	^{Sa}Dha	–	Sa	Re	Ga	–	Ga	–
Saa-	*--*	*wa*	*na*	*ri*	*tu*	*aa*	*--*	*yo*	*--*	*su*	*kha*	*laa*	*--*	*yo*	*--*
Ga	Ga	Ga	Re	Ga	Pa	Dha	Sa	Dha	Sa	Dha	Pa	Ga	Re	Sa	–
Ba	*ra*	*kha*	*--*	*jha*	*ri*	*ri*	*ma*	*jhi*	*ma*	*ba*	*ra*	*saa*	*--*	*yo*	*--*
Ga	Ga	Ga	Re	Ga	Pa	Dha	Sa	Dha	Sa	Dha	Pa	DhaSa	DhaPa	GaRe	Sa–
Ba	*ra*	*kha*	*--*	*jha*	*ri*	*ri*	*ma*	*jhi*	*ma*	*ba*	*ra*	*saa–*	*--*	*yo–*	*--*
GaPa	DhaSa	Dha	Pa	Ga	Re	Sa	Re	^{Sa}Dha	–	Sa	Re	Ga	--	Ga	–
Saa-	*--*	*wa*	*na*	*ri*	*tu*	*aa*	*--*	*yo*	*--*	*su*	*kha*	*laa*	*--*	*yo*	*--*

ANTARA-1

0				3				X				2			
Pa	Pa	Pa	Ga	Pa	Pa	Sa	Dha	Sa	–	Sa	Sa	Sa	Re	Sa	–
Dha	*ra*	*ti*	*--*	*pa*	*ha*	*ne*	*--*	*sun*	*--*	*da*	*ra*	*ga*	*ha*	*ne*	*--*
Dha	–	Dha	Dha	Sa	–	Re	–	SaRe	Ga	Re	Sa	DhaSa	DhaPa	GaRe	Sa–
Ran	*--*	*gi*	*na*	*waa*	*--*	*le*	*--*	*ha*	*ri*	*ta*	*su*	*haa–*	*--*	*ne–*	*--*
GaPa	DhaSa	Dha	Pa	Ga	Re	Sa	Re	^{Sa}Dha	–	Sa	Re	Ga	--	Ga	–
Saa–	*--*	*wa*	*na*	*ri*	*tu*	*aa*	*--*	*yo*	*--*	*su*	*kha*	*laa*	*--*	*yo*	*--*

Sthayi Taan : ***Saawan ritu aa --***

1. SaRe GaPa DhaSa DhaPa I SaSa DhaPa GaRe Sa–

Saawan ritu aa --

2. SaRe GaPa DhaSa ReGa I ReSa DhaPa GaRe Sa–

Saavan ritu aa --

3. SaSa DhaPa DhaDha PaGa I PaPa GaRe GaGa ReSa

Antara Taan : ***Dharti --***

4. SaSa DhaSa DhaPa GaPa I DhaSa ReSa DhaSa DhaPa I
GaPa DhaPa GaGa ReSa

Dharti pahane sundar

5. SaRe GaGa ReGa PaPa I GaPa DhaDha PaDha SaSa I
PaDha SaSa PaDha SaSa I PaDha Sa,Pa DhaSa, PaDha I
SaSa DhaPa GaGa ReSa

Bhajan : Raaga Bhupali
Kaharva Taal
21. Raam ka sumiran

Sthayi : *Naam japan kar le, Tan man se.*
Sukh dukh ghadi Hari Hari man bhaj le.
Antara : 1. *Man men bhar le poojan kar le, Andar Raam ka sumiran dhar le.*
2. *Jis ke mukh men Raam basaa hai, Jivan maano vahi bhalaa hai.*
3. *Jis ne sukh men naam liyaa hai, Deepak jaano vahi jalaa hai.*
4. *Zahari duniyaa log lutere, Raam teraa rakhavaaraa.*

Sthayi : Chant the name of Rama, with your body, mind and soul.
In the good as well as bad moments, keep chanting Hari, Hari.
Antara : 1. Store Hari's name in your heart and worship it. Keep remembering Rama in your mind.
2. He who has Rama's name fixed in his mouth, has fulfilled his life.
3. He who remembers Rama even in good moments, the lamp of wisdom is lit for him.
4. In this poisonous world, where the people are vicious, Rama is your only protector.

STHAYI

X			0				X			0			
–	SaRe	Ga	Re	Sa	Dha	Sa	Re	Ga	–	Ga	Pa	Re Re	Sa –
--	Naa–	ma	ja	pa	na	ka	ra	le	--	ta	na	ma na	se --
–	GaGa	Ga	Re	Ga	Pa	Pa	Pa	–	GaPa	Dha	Pa	Ga Re	Sa –
–	Sukha	du	kha	gha	di	Ha	ri	--	Hari	ma	na	bh ja	le –
–	SaRe	Ga	Re	Sa	Dha	Sa	Re	Ga	–	Ga	Pa	Re Re	Sa –
--	Naa–	ma	ja	pa	na	ka	ra	le	--	ta	na	ma na	se --

ANTARA-1

X			0				X			0			
–	PaGa	Pa	Dha	Ṡa	Ṡa	Ṡa	–	–	SaRe	Ġa	Ṙe	Ṡa Ṡa	Dha Pa
–	Man	men	--	bha	ra	le	--	--	poo–	ja	na	ka ra	le –
–	PaGa	Pa	Dha	Ṡa	Ṡa	Ṡa	–	–	SaRe	Ġa	Ṙe	Ṡa Dha	Ṡa –
–	Man	men	--	bha	ra	le	--	--	poo–	ja	na	ka ra	le –
–	PaĠa	Ṙe	Ṡa	Ṡa	–	Dha	Pa	–	GaPa	Dha	Pa	Ga Re	Sa –
–	An–	da	r	Raa	--	ma	kaa	--	sumi	ra	na	dha ra	le –
–	SaRe	Ga	Re	Sa	Dha	Sa	Re	Ga	–	Ga	Pa	Re Re	Sa –
--	Naa–	ma	ja	pa	na	ka	ra	le	--	ta	na	ma na	se --

Khayal : Raaga Vrindavani Sarang - Teen Taal

Thaat	Kafi	Vadi	Rishabh - Re
Aroha	Ṇi Sa Re, Ma Pa NiṠa	Samvadi	Pancham - Pa
Avroha	Ṡa Ni Pa Ma Re Sa	Jaati	Audav-Audav 5/5
Pakad	Ṇi Sa Re, Ma Re, Pa Ma Re, Ṇi Sa	Time	Third part of the day

22. Kangana Khana Khana

Sthayi : *Kangan khan khan goonj rachaayo,*
Sun dhun mero jiya harashaayo.

Antara : *1. Ghoonghar bolat, kundal dolat, Paayal chham chham dhooma machaayo.*
2. Sundar soorat, mangal moorat, Jhaanjhana jhan jhan dhun bajaayo.

Sthayi :   The bangles are making khan-khan sound, and giving joy to my heart.
Antara :   1. The Ghungru (bells) are resounding and the Kundals (ear-rings) are swinging,
   The Cham Cham of the Payal Ankle bracelets are creating a commotion.
   2. The face is beautiful. The image is auspicious. The bells are clinging.

STHAYI

0				3				X				2			
PaNi	Ṡa	Ni	Pa	Ma	Pa	Ni	Ni	Ṡa	–	Ni	Pa	ReMa	PaMa	Re	Sa
Kan–	--	ga	na	kha	na	kha	na	goon	--	ja	ra	cha	--	yo	--
Ṇi	Ṇi	Sa	Sa	Re	–	Sa	–	Re	Ma	PaNi	PaMa	Re	–	Sa	–
Su	na	dhu	na	me	--	ro	--	ji	ya	ha-	ra-	sha	--	yo	--
PaNi	Ṡa	Ni	Pa	Ma	Pa	Ni	Ni	Ṡa	–	Ni	Pa	ReMa	PaMa	Re	Sa
Kan–	--	ga	na	kha	na	kha	na	goon	--	ja	ra	cha	--	yo	--

ANTARA-1

0				3				X				2			
Ma	–	Pa	Pa	Ni	Pa	Ni	Ni	Ṡa	–	Ṡa	Ṡa	Ṙe	–	Ṡa	Ṡa
Ghun	--	gha	ra	bo	--	la	ta	kun	--	da	la	do	--	la	ta
Ni	Ṡa	Ṙe	Ṁa	Ṗa	Ṁa	Ṙe	Ṡa	Ni	Ṡa	Ṙe	Ṡa	Ni	Ṡa	Ni	Pa
Paa	--	ya	la	chha	ma	chha	ma	dhoo	--	ma	ma	chaa	--	yo	--
PaNi	Ṡa	Ni	Pa	Ma	Pa	Ni	Ni	Ṡa	–	Ni	Pa	ReMa	PaMa	Re	Sa
Kan–	--	ga	na	kha	na	kha	na	goon	--	ja	ra	cha	--	yo	--

Sthayi Taan : *Kangan khan khan*

1. NiSa ReMa PaNi Ṡa– | PaNi PaMa ReSa NiSa
   Kangan

2. NiSa ReMa ReSa NiSa | NiSa ṘeṀa ṘeSa NiSa | NiNi PaMa ReSa NiSa
   Kangan khan khan goonj rachaayo --

3. ReRe SaSa NiNi PaPa | NiNi PaMa ReRe Sa– |

NiSa ReMa PaNi Sa– | Ni– Sa– PaNi Sa–

Antara Taan : *Ghunghar bolat kundal dolata*

4. ReMa PaNi SaNi PaMa | PaNi PaMa ReSa NiSa |

NiSa ReMa ReSa NiSa | PaNi PaMa ReSa NiSa

Ghunghar bolat

5. SaRe MaMa ReMa PaPa | MaPa NiNi PaNi SaSa |

NiSa ReRe MaMa ReSa | ReRe SaNi SaSa NiPa |

NiNi PaMa PaPa MaRe | MaMa ReSa NiSa ReMa |

PaNi Sa– NiNi Sa– | NiSa ReMa PaNi Sa– |

NiNi Sa– NiSa ReMa | PaNi Sa– NiNi Sa–

Khayal : Raaga Vrindavani Sarang : Teen Taal

23. Chham Chham Ghungharu

Sthayi : ***Chham chham ghungharu paayal baaje,***
Bansi sundar sang men saaje.

Antara : ***1. Nand ka nandan raas rachaave,***
Raadha diwaani thumak thumak kar naache.
2. Vrindavan ki kunj galin ko,
Chaand chaandani cham-cham chamakaave.

Sthayi : *The bells of the Radha's bracelet are sounding chham chham,*
With them, Krishna is playing the flute.

Antara : *1. Krishna is arranging the Raas Dance. Crazy Radha is dancing thumak thumak.*
2. The beautiful isles of Vrindavan, are glowing with the moon light.

STHAYI

0				3				X				2			
Sa	Sa	SaRe	SaNi	PaNi	PaMa	Re	Sa	Ma	Re	Pa	Ma	Pa	–	ReMa	PaNi
Chha	*ma*	*chha-*	*ma-*	*ghun-*	*gha-*	*ru*	*--*	*paa*	*--*	*ya*	*la*	*baa*	*--*	*je-*	*–*
Sa	Sa	SaRe	SaNi	PaNi	PaMa	Re	Sa	Ma	Re	Pa	Ma	Pa	–	Pa	–
Chha	*ma*	*chha-*	*ma-*	*ghun-*	*gha*	*ru*	*--*	*paa*	*--*	*ya*	*la*	*baa*	*--*	*je-*	*–*
Ma	Pa	SaRe	NiSa	Ni	–	PaMa	Pa	Re	Ma	Ni	PaMa	Re	–	Sa	–
Ban	*--*	*see-*	*--*	*sun*	*--*	*da-*	*ra*	*san*	*--*	*ga*	*men–*	*saa*	*--*	*je*	*--*
Sa	Sa	SaRe	SaNi	PaNi	PaMa	Re	Sa	Ma	Re	Pa	Ma	Pa	–	ReMa	PaNi
Chha	*ma*	*chha-*	*ma-*	*ghun-*	*gha-*	*ru*	*--*	*paa*	*--*	*ya*	*la*	*baa*	*--*	*je-*	*–*

ANTARA-1

X				2				0				3			
Ma	--	Pa	Pa	Ni	Pa	Ni	Ni	Sa	--	Sa	Sa	Ni	--	Sa	--
Nan	*--*	*da*	*ka*	*nan*	*--*	*da*	*na*	*raa*	*--*	*sa*	*ra*	*chaa*	*--*	*ve*	*--*
Ni	Sa	Re	Re	Ma	--	Re	Sa	Ni	Sa	Re	Sa	Ni	Sa	Ni	Pa
Raa	*--*	*dha*	*di*	*wa*	*--*	*ni*	*--*	*thu*	*ma*	*ka*	*thu*	*ma*	*ka*	*ka*	*ra*
MaPa	NiSa	ReMa	PaMa	ReSa	NiSa	NiPa	MaPa	Sa	Sa	SaRe	SaNi	PaNi	PaMa	Re	Sa
naa-	*--*	*--*	*--*	*--*	*che-*	*--*	*--*	*Chha*	*ma*	*chha-*	*ma-*	*ghun-*	*gha-*	*ru*	*--*

Bhajan : Raaga Vrindavani Sarang
Teen Taal
24. Nand Kishor

Sthayi : *Nand Kishor ko yaad kar le, Sukh dukh chinta, us par chhod de.*

Antara :
1. *Prabhu bin ab tera, kaun hai kaun hai,*
   Zara dil kee sun, Hari bin dukhiyara.
2. *Araj bina Prabhu, maun hai maun hai, Yaad kare to, jivan ujiyaara.*
3. *Hari bin kya kuchh, aur hai aur hai,*
   Aru kuchh ho na ho, us bin nahin chaara.

Sthayi : Always remember Nand-Kishor Krishna. Leave your worries and sadness to Him.

Antara :
1. Without Hari, now who is yours? Just listen your heart, without Hari it is sad.
2. Without prayers, Hari is quiet. If you pray to him, your life will be enlightened.
3. Is there anything other than Hari? May be or may not, without him, there is no other way.

STHAYI

0				3				X				2			
ReMa	PaNi	Pa	Ma	PaNi	PaMa	Re	Sa	Re	–	–	Re	Ma	Re	Ni	Sa
Nan-	*--*	*da*	*Ki*	*sho-*	*--*	*ra*	*ko*	*yaa*	*--*	*--*	*da*	*ka*	*ra*	*le*	*--*
Ni	Pa	Ni	Ni	Sa	–	Sa	–	Re	Ma	Ni	Pa	MaRe	–	Re	Sa
Su	*kha*	*du*	*kha*	*chin*	*--*	*taa*	*--*	*u*	*sa*	*pa*	*ra*	*chho*	*--*	*da*	*de*
ReMa	PaNi	Pa	Ma	PaNi	PaMa	Re	Sa	Re	–	–	Re	Ma	Re	Ni	Sa
Nan-	*--*	*da*	*Ki*	*sho-*	*--*	*ra*	*ko*	*yaa*	*--*	*--*	*da*	*ka*	*ra*	*le*	*--*

ANTARA-1

0				3				X				2			
Ma	Ma	Pa	Pa	Ni	Pa	Ni	Ni	Sa	–	Sa	Sa	Re	–	Ni	Sa
Pra	*bhu*	*bi*	*na*	*a*	*ba*	*te*	*ra*	*kau*	*--*	*na*	*hai*	*kau*	*--*	*na*	*hai*
Re	Ma	Re	Sa	Ni	Sa	Ni	Pa	Ma	Pa	Ni	Pa	MaRe	Re	Ni	Sa
Za	*ra*	*di*	*l*	*kee*	*--*	*su*	*na*	*Ha*	*ri*	*bi*	*na*	*du*	*khi*	*ya*	*ra*
ReMa	PaNi	Pa	Ma	PaNi	PaMa	Re	Sa	Re	–	–	Re	Ma	Re	Ni	Sa
Nan-	*--*	*da*	*Ki*	*sho-*	*--*	*ra*	*ko*	*yaa*	*--*	*--*	*da*	*ka*	*ra*	*le*	*--*

Khayal : Raaga Bhimpalasi - Teen Taal			
Thaat	Kafi	Vadi	Madhyam - Ma
Aroha	Ni Sa Ga Ma, Pa Ni Sa	Samvadi	Shadaj - Sa
Avroha	Sa Ni Dha Pa, Ma Ga Re Sa	Jaati	Audav-Sampurna 5/7
Pakad	Ni Sa Ma, Ma Pa Ga Ma, Ga, Re Sa	Time	Third part of the day

25. Saawan Aayo

Sthayi : ***Garjat barsat saawan aayo, Pyaasan dukhiyan ke man bhaayo.***

Antara : *1.* ***Sab ke man men josh jagaayo,***
Ban men papiha bahu harashaayo, Mor Koyaliya naach nachaayo.

2. ***Taru belee par phool khilaayo,***
Hari hariyaali anoop bichhayo, Dukhi nainan ki aas bujhaayo.

Sthayi : *With clouds roaring, the Spring season came,*
And gave joy to the hearts of the sad and thirsty people.

Antara : *1. It gave inspiration to everybody's mind. In the forest, it made the Papiha bird very happy,*
And it made the peacock and the blackbird dance.

2. Flowers are blooming on the trees and vines. It spread the green carpet of grass on the ground.
It quenched the thirst of the sad people.

STHAYI

0				3				X				2			
PaNi	SaNi	Dha	Pa	Ni	DhaPa	Ma	Pa	Ga	Re	(Sa)Ni	Sa	Ma	–	Ma	–
Ga–	*ra–*	*ja*	*ta*	*ba*	*ra–*	*sa*	*ta*	*saa*	*--*	*wa*	*na*	*aa*	*--*	*yo*	*--*
Ga	–	Ma	Pa	Sa	Sa	NiDha	Pa	Ga	Re	(Sa)Ni	Sa	Ma	–	Ma	–
Pyaa	*--*	*sa*	*na*	*du*	*khi*	*ya–*	*na*	*ke*	*--*	*ma*	*na*	*bha*	*--*	*yo*	*--*
PaNi	SaNi	Dha	Pa	Ni	DhaPa	Ma	Pa	Ga	Re	(Sa)Ni	Ni	Sa	–	Sa	–
Ga–	*ra–*	*ja*	*ta*	*ba*	*ra–*	*sa*	*ta*	*saa*	*--*	*wa*	*na*	*aa*	*--*	*yo*	*--*

ANTARA-1

0				3				X				2			
Pa	Pa	Pa	–	Ma	NiPa	Ga	Ma	Pa	–	Ni	Sa	Ga	Re	Sa	–
Sa	*ba*	*ke*	*--*	*ma*	*na–*	*men*	*--*	*jo*	*--*	*sha*	*ja*	*gaa*	*--*	*yo*	*--*
Ni	Ni	Sa	Ga	Re	–	Sa	–	Ni	Ni	Ni	Ni	Dha	–	Pa	–
Ba	*na*	*men*	*pa*	*pi*	*--*	*ha*	*--*	*ba*	*hu*	*ha*	*ra*	*shaa*	*--*	*yo*	*--*
Pa	Sa	Ni	Sa	Pa	Ni	Dha	Pa	Ga	Re	(Sa)Ni	Sa	Ma	–	Ma	–
Mo	*--*	*ra*	*ko*	*ya*	*li*	*ya*	*--*	*naa*	*--*	*ch*	*na*	*chaa*	*--*	*yo*	*--*
PaNi	SaNi	Dha	Pa	Ni	DhaPa	Ma	Pa	Ga	Re	(Sa)Ni	Ni	Sa	–	Sa	–
Ga–	*ra–*	*ja*	*ta*	*ba*	*ra–*	*sa*	*ta*	*saa*	*--*	*wa*	*na*	*aa*	*--*	*yo*	*--*

Sthayi Taan : *Garjata barsata*

1. NiSa GaMa PaNi Ṡa– । NiDha PaMa GaRe Sa–

Garjata barsata

2. GaMa PaMa PaNi Ṡa– । ṠaNi DhaPa MaGa ReSa

Garjata

3. PaMa GaMa GaRe Sa– । GaMa PaNi ṠaNi DhaPa । MaPa GaMa GaRe Sa–

Antara Taan : *Sab ke --*

4. MaGa ReSa NiSa GaMa । PaNi PaNi ṠaNi DhaPa । MaPa GaMa GaRe Sa–

Sab ke --

5. NiSa GaMa PaMa GaMa । PaNi DhaPa MaPa GaMa । PaNi PaNi Ṡa– Ṡa–

Sab ke man men josh ja

6. NiSa GaMa PaNi DhaPa । MaPa GaMa PaNi ṠaĠa ।

ṘeṠa NiDha PaMa GaMa । PaNi Ṡa– GaMa PaNi । Ṡa– GaMa PaNi Ṡa–

Bhajan : Raaga Bhimpalasi : Kaharva Taal

26. Mathura Mat Jaa Kanhaiya

Sthayi : ***Jaane de mohe Mathura Maiya, Sang mere Baladaau Bhaiya.***

Antara : 1. ***Vrindavan hai swarga samaana, Mathura maraghat bani hai daiya,***
Mat ja Kans ke pas Kanhaiya.

2. ***Dahi makhan hai Vrindavan men, Gop Gopika Gwale Gaiya,***
Mat ja mat ja padoon main painya.

3. ***Sat Chit Aanand apane man men, Mathura bani hai maut ki shaiya,***
Jamuna ke tu par na jainya.

Sthayi : *O Mother Devaki! please let me go to Mathura. I have Brother Balarama with me.*

Antara : 1. *Vrindavana is like heaven. Kansa's Mathura has become a graveyard, My God!*
O Kanhaiya! please don't go near that evil Kansa.

2. *In Vrindavana we have plenty of Dahi (curd) and Makhan (butter).*
Here we have cows and cowherds. Please don't go, I beg you.

3. *Here we have peace of mind and joy. Mathura is a death-bed right now,*
Please don't go beyond the Jamuna river, O Krishna!

STHAYI

0				X				0				X			
GaMa	PaNi	Dha	Pa	–	Pa	Ma	NiPa	Ga	Re	–	Ni	Sa	–	Sa	–
Jaa–	*ne–*	*de*	--	--	*mo*	--	*he–*	*Ma*	*thu*	--	*ra*	*Mai*	--	*ya*	--
–	Pa	NiSa	Ga	Re	–	Sa	Sa	–	Pa	–	GaMa	Ga	Re	Sa	–
--	*San*	*-ga*	*me*	*re*	--	*Ba*	*la*	--	*daa*	--	*u--*	*bhai*	--	*ya*	--
GaMa	PaNi	Dha	Pa	–	Ma	–	NiPa	Ga	Re	–	Ni	Sa	–	Sa	–
Jaa–	*ne–*	*de*	--	--	*mo*	--	*he–*	*Ma*	*thu*	--	*ra*	*mai*	--	*ya*	--

ANTARA-1

0				X				0				X			
–	GaMa	Pa	Ni	Sa	Sa	Sa	–	–	PaNi	Sa	Ga	Re	–	Sa	–
–	Vrin–	da	--	va	na	hai	--	--	swar	ga	sa	maa	--	na	--
–	Ni	Ni	Ni	Sa	Sa	Sa	Sa	–	Ni	Ni	Ni	Dha	Pa	Pa	–
–	Ma	thu	ra	ma	ra	gha	ta	--	ba	ni	hai	dai	--	ya	--
–	PaNi	Sa	Ga	Re	–	Sa	Sa	–	PaNi	Sa	Ni	Dha	–	Pa	–
–	Mat	ja	--	Kan	--	sa	ke	--	paa	sa	Ka	nhai	--	ya	--
GaMa	PaNi	Dha	Pa	–	Pa	Ma	NiPa	Ga	Re	–	Ni	Sa	–	Sa	–
Jaa–	ne–	de	--	--	mo	--	he–	Ma	thu	--	ra	Mai	--	ya	--

Khayal : Raaga Des - Teen Taal			
Thaat	Khamaj	Vadi	Rishabh - Re
Aroha	Ni Sa Re, Ma Pa, Ni Sa	Samvadi	Pancham - Pa
Avroha	Sa Ni Dha Pa, Dha Ma Ga, Re Ga, Ni Sa	Jaati	Audav-Sampurna 5/7
Pakad	Re Ma Pa, Ni Dha Pa, Pa Dha Pa Ma Ga Re Ga, Ni Sa	Time	Second part of the night

27. Vibhishan ko boli Seeta

Sthayi : *Vibhishan se boli Seeta, Raagahav se kaho darshan dijyo.*
Antara : 1. *Raagahav aao meri nagariya, Daiya re daiya,*
Raama leejyo khabariya. Nish din mera sumiran kijyo.
2. *Yaad kare hai tori sajaniya, Raah me teri,*
Raama mori nazariya, Vaanar sena saath me leejyo.

Sthayi : Seeta said to Vibhishan, please give my message and ask Rama to come quickly.
Antara : 1. O Rama, please come here and see me, I think of you day and night.
  2. Your dear Seeta is thinking of you, and waiting for you.
     Her eyes waiting for your arrival. Bring the army of the monkeys with you.

STHAYI

0				3				X				2			
Re	Re	Ma	Ma	Pa	–	Ni	–	Sa	–	Ni	Sa	PaNi	SaRe	Ni	Sa
Vi	bhi	sha	na	se	--	bo	--	li	--	--	--	See	--	ta	--
Re	Ni	Dha	Pa	MaPa	DhaPa	MaGa	Re	Re	Ga	Re	Ma	GaRe	Ga	Ni	Sa
Raa	--	gha	va	se	--	ka	ho	da	ra	sha	na	dee	--	jyo	--
Re	Re	Ma	Ma	Pa	–	Ni	–	Sa	–	Ni	Sa	PaNi	SaRe	Ni	Sa
Vi	bhi	sha	na	ko	--	bo	--	li	--	--	--	See	--	ta	--

ANTARA-1

0				3				X				2			
Ma	--	Ma	Ma	Pa	--	Ni	--	Sȧ	--	Sȧ	Sȧ	Ṙe	Ni	Sȧ	--
Raa	--	gha	va	aa	--	o	--	me	--	ri	na	ga	ri	ya	--
Ni	SaṘe	Ṙe	Ma	Ġa	Ṙe	Ni	Sȧ	Pa	Ni	Sȧ	Ṙe	Ni	Dha	Pa	—
Da	iyare	dai	ya	Raa	--	ma	--	lee	--	jyo	kha	ba	ri	ya	--
Sȧ	Sȧ	Ni	Ni	Dha	Pa	Ma	Pa	Ma	Pa	Dha	PaMa	GaRe	Ga	Ṇi	Sa
Ni	sha	di	na	me	--	ra	--	su	mi	ra	na	ki	--	jyo	--
Re	Re	Ma	Ma	Pa	–	Ni	–	Sȧ	–	Ni	Sȧ	PaNi	SaṘe	Ni	Sȧ
Vi	bhi	sha	na	ko	--	bo	--	lee	--	--	--	See	--	ta	--

Sthayi Taan : *Vibhishan se bo --*

1. SaRe MaPa NiSȧ ṘeSȧ | NiDha PaMa GaRe Sa–
   Vibhishan se bo --

2. MaPa NiSȧ ṘeSȧ NiSȧ | NiDha PaMa GaRe Sa–
   Vibhishan ko boli Sita --

3. SȧṘe SȧNi DhaPa SȧNi | DhaPa MaPa DhaPa NiDha |
   PaMa GaRe GaSa ReRe | MaMa PaPa NiNi Sȧ–

Antara Taan : *Raagahav aao meri nagariya --*

4. NiSa ReGa MaGa ReSa | NiSa ReGa MaGa ReSa |
   NiDha PaMa GaRe Sa– | PaNi SȧPa NiSȧ PaNi
   Raagahav aao --

5. SȧNi DhaPa NiDha PaMa | GaRe SaNi Sa– Sa– | ReMa PaDha MaPa NiNi |
   Sȧ– — ReMa PaDha | MaPa NiNi Sȧ– — | ReMa PaDha MaPa NiNi

Tarana : Raaga Des
Teen Taal
Naa Dir Dir Daa Nita Taare Deem

Sthayi : *Naa Dir Dir Daa Nita Taare Deem, Tana Nana Nana*
Dra Tana Dra Tana Deem, Toom Tana Nana Nana

Antara : *U Da Taana U Da Taana Dim Tana Nana Nana*
Ta deem Ta Deem Deem, Toom Tana Nana Nana
Dha Tir Kit Tak Tu Na Kit Tak Dha - Kat -
Dha - Kat - Dha Tir Kit Tak Tu Na Kit Tak
Dha Tir Kit Tak Tu Na Kit Tak

STHAYI

0				3				X				2			
Re	**Re**	**Ma**	**Ma**	**Pa**	**Pa**	**Ni**	**Ni**	**Ṡa**	--	**Ṡa**	**Ṙe**	**Ṡa**	**N̲i̲**	**Dha**	**Pa**
Na	*Dir*	*Dir*	*Daa*	*Ni*	*Ta*	*Taa*	*Re*	*Deem*	--	*Ta*	*na*	*Na*	*na*	*Na*	*na*
Ṡa	**Ṙe**	**Ṡa**	**N̲i̲**	**Dha**	**Pa**	**Dha**	**Ma**	**Ma**	**Pa**	**Dha**	**Pa**	**Ma**	**Ga**	**Re**	**Sa**
Dra	*Ta*	*na*	*Dra*	*Ta*	*na*	*Deem*	--	*Toom*	--	*Ta*	*na*	*Na*	*na*	*Na*	*na*
Re	**Re**	**Ma**	**Ma**	**Ma**	**Pa**	**Ni**	**Ni**	**Ṡa**	--	**Ṡa**	**Ṙe**	**Ṡa**	**N̲i̲**	**Dha**	**Pa**
Na	*Dir*	*Dir*	*Daa*	*Ni*	*Ta*	*Taa*	*Re*	*Deem*	--	*Ta*	*na*	*Na*	*na*	*Na*	*na*

ANTARA-1

0				3				X				2			
Ma	**Ma**	**Ma**	**Ma**	**Pa**	**Pa**	**Ni**	**Ni**	**Ṡa**	--	**Ṡa**	**Ṡa**	**Ṡa**	**Ṡa**	**Ṡa**	**Ṡa**
U	*da*	*Taa*	*na*	*U*	*da*	*Taa*	*na*	*Deem*	--	*Ta*	*na*	*Na*	*na*	*Na*	*na*
Ni	**Ṡa**	**Ṙe**	**Ṁa**	**Ġa**	**Ṙe**	**Ni**	**Ṡa**	**Pa**	**Ni**	**Ṡa**	**Ṙe**	**N̲i̲**	**Dha**	**Pa**	**Pa**
Ta	*Deem*	--	*Ta*	*Dee*	*m*	*Dee*	*m*	*Too*	*m*	*Ta*	*na*	*Na*	*na*	*Na*	*na*
Ṡa	**Ṡa**	**Ṡa**	**Ṡa**	**N̲i̲**	**N̲i̲**	**Dha**	**Pa**	**Ṡa**	--	--	--	**Ṡa**	**Ṡa**	**Ṡa**	**Ṡa**
Dha	*Tir*	*Kit*	*Tak*	*Tu*	*Na*	*Kit*	*Tak*	*Dha*	--	--	--	*Dha*	*Tir*	*Kit*	*Tak*
N̲i̲	**N̲i̲**	**Dha**	**Pa**	**Ṡa**	--	--	--	**Ṡa**	**Ṡa**	**Ṡa**	**Ṡa**	**N̲i̲**	**N̲i̲**	**Dha**	**Pa**
Tu	*Na*	*Kit*	*Tak*	*Dha*	--	--	--	*Dha*	*Tir*	*Kit*	*Tak*	*Tu*	*Na*	*Kit*	*Tak*
Re	**Re**	**Ma**	**Ma**	**Pa**	**Pa**	**Ni**	**Ni**	**Ṡa**	--	**Ṡa**	**Ṙe**	**Ṡa**	**N̲i̲**	**Dha**	**Pa**
Na	*Dir*	*Dir*	*Daa*	*Ni*	*Ta*	*Taa*	*Re*	*Deem*	--	*Ta*	*na*	*Na*	*na*	*Na*	*na*

Bhajan : Raaga Des - Kaharva Taal

28. Saraswati Vandana

Sthayi : ***Jhanana jhana veena ki jhanakaar,***
Hataaye bhagatan ka man bhaar.

Antara : ***1. Mangal sundar gaan tihaare, Aa kar do deedaar,***
Nayanana pyaase pyaas bujhave, Paavan roop tihaar.

2. Gyan ki Devi daan kalaa ka, Param tera upkaar,
Roop salona hath men veena, Shaarad naam tihaar.

3. Jeevan ye sangeet suhaana, Geet karo saakaar,
Maa mamta ka deep jagaa ke, Door karo andhakaar.

Sthayi : *O Saraswati! the strings of your Veena are relieving the load off the minds of the devotees.*

Antara : *1. Please come before us and listen to our auspicious and beautiful song,*
Your glimpse will quench our thirst.

2. O Goddess of knowledge! please bestow arts upon us and make us useful.
With your pleasing form holding the Veena, we call you Sharada.

3. This life is a lovely music, O Mother! please let our wishes come true.
Please light the lamp of Motherly love and remove the darkness from our hearts.

STHAYI

	0				X				0				X			
Pa	MaGa	Re	Ga	Sa	–	MaRe	–	Ma	Pa	–	Dha	Ni	Dha	Pa	Pa	Pa
Jha	*na-*	*na*	*jha*	*na*	--	*vee-*	--	*na*	*kee*	--	*jha*	*na*	*kaa*	--	*r*	*ha*
	MaGa	Re	Ga	Sa	–	MaRe	Ma	Ma	Pa	–	Dha	Ni	Dha	Pa	Pa	Pa
	ta-	--	*ye*	--	--	*bhaga*	*ta*	*na*	*ka*	--	*ma*	*na*	*bhaa*	--	*r*	*Jha*
	MaGa	Re	Ga	Sa	–	MaRe	–	Ma	Pa	–	Dha	Ni	Dha	Pa	Pa	–
	na-	*na*	*jha*	*na*	--	*vee-*	--	*na*	*kee*	--	*jha*	*na*	*kaa*	--	*r*	--

ANTARA-1

0				X				0				X			
–	NiDha	(Pa)Ma	Ma	Pa	–	Pa	Pa	–	NiDha	Ma	Ma	Pa	–	Pa	–
--	*Man--*	*ga*	*la*	*sun*	--	*da*	*ra*	--	*gaa-*	*na*	*ti*	*ha*	--	*re*	--
–	MaPa	Ni	Ni	Ni	Ṡa	Ṙe	Ni	Ṡa	–	–	Pa	Ni	–	Ma	Pa
--	*aa--*	*ka*	*ra*	*do*	--	*dee*	--	*da*	--	--	--	--	--	--	*r*
–	MaPa	Ni	Ni	Ni	Ṡa	Ṙe	Ni	Ṡa	–	–	–	–	–	–	Ṡa
--	*aa--*	*ka*	*ra*	*do*	--	*dee*	--	*da*	--	--	--	--	--	--	*r*
–	PaPa	Ni	Ṡa	Ṙe	–	Ṙe	–	–	Ṡa–	Ṙe	Ġa	Ni	–	Ṡa	–
--	*Naya*	*na*	*na*	*pya*	--	*se*	--	--	*pya--*	*sa*	*bu*	*jha*	--	*ve*	--
–	Ni	Ni	Ni	Ni	–	Ṡa	Ṙe	Ṡa	–	–	Pa	Ni	–	Ma	Pa
--	*paa*	*va*	*na*	*roo*	--	*pa*	*ti*	*ha*	--	--	--	--	--	--	*r*
–	Ni	Ni	Ni	Ni	–	Ṡa	Ṙe	Ni	Dha	Pa	Dha	MaGa	Re	Ga	Sa
--	*paa*	*va*	*na*	*roo*	--	*pa*	*ti*	*ha*	--	*r*	*Jha*	*na-*	*na*	*jha*	*na*

Khayal : Raaga Hamir - Teen Taal			
Thaat	Kalyan	Vadi	Dhaivat - Dha
Aroha	Sa Re Sa, Ga Ma Dha, Ni Dha, Ṡa	Samvadi	Gandhar - Ga
Avroha	Ṡa Ni Dha Pa, M̍a Pa Dha Pa, Ga Ma Re Sa	Jaati	Shadav-Sampurna 6/7
Pakad	Sa, Re Sa, Ga Ma Dha	Time	First part of the Night

29. Nayanava Kajarare

Sthayi : ***Nayanava kajarare chhalakaye neer.***

Antara : *1.* ***Manava kaahe jiya kalpaaye, Paagal nish din mohe tarpaaye,***
Aaja Sajanava thak gayo manava, Na dharat bilkul dheer.

2. ***Jiyara kaiso hum bahalayen, Nainan ansuan se bhar aaye,***
Kaahe sajanava karat na batiya, Na sunat birahan geet.

Sthayi : *The eyes with Kajal are shedding tears.*

Antara : 1. *Why my mind is bothering me. Making me crazy. It is torturing me day and night, O Dear! please come, my heart can't wait without you.*

2. *How may I console my heart? My eyes are filled with tears. Why, O Dear! you are not talking, nor listening to my sorrowful song.*

STHAYI

	2				0				3				X			
Ni	DhaNi	SaRe	Sa	–	Sa	Ni	Dha	Pa	MaDha	MaPa	Ga	Ma	NiDha	–	Dha	Ni
Na	*ya–*	*na-*	*va*	--	*ka*	*ja*	*ra*	*re*	*chha–*	*la -*	*kaa*	*ye*	*nee*	--	*ra*	*na*
	DhaNi	SaRe	Sa	–												
	ya–	*na-*	*va*	--												

ANTARA-1

0				3				X				2			
Pa	Pa	Pa	–	Sa	–	Sa	–	Ni	Dha	Sa	Sa	Sa	Re	Sa	–
Ma	*na*	*va*	--	*kaa*	--	*he*	--	*ji*	*ya*	*ka*	*la*	*pa*	--	*ye*	--
Dha	–	Dha	Dha	Sa	Sa	Sa	Sa	Sa	Re	Sa	Ni	Dha	–	Pa	–
Pa	--	*ga*	*la*	*ni*	*sha*	*di*	*na*	*mo*	*he*	*ta*	*ra*	*pa*	--	*ye*	--
Ni	Sa	Ga	Ga	Ma	Re	Sa	–	Dha	Ni	Sa	Re	SaRe	SaNi	Dha	Pa
Aa	--	*ja*	*sa*	*ja*	*na*	*va*	--	*tha*	*ka*	*ga*	*yo*	*ma*	*na*	*va*	--
Sa	Ni	Dha	Pa	MaDha	MaPa	Ga	Ma	NiDha	–	Dha	Ni	DhaNi	SaRe	Sa	–
Na	*dha*	*ra*	*ta*	*bi–*	*l*	*ku*	*la*	*dhee*	--	*ra*	*Na*	*ya–*	*na–*	*va*	--

Sthayi Taan : ***Nayanava kajara***

1. SaRe SaSa DhaDha PaPa I MaPa DhaPa GaMa ReSa

   Nayanava kajara

2. GaMa DhaNi SaNi DhaPa I MaPa DhaPa GaMa ReSa

   Nayanava

3. DhaNi SaRe SaNi DhaPa I MaPa DhaNi SaNi DhaPa I MaPa DhaPa GaMa ReSa

Antara Taan : ***Manva --***

4. SaNi DhaPa MaPa DhaNi I SaNi DhaPa MaPa DhaPa I

   GaMa ReSa NiDha Sa–

5. ***Manva kaahe jiya kalpaaye --***

   GaMa DhaNi SaRe SaNi I DhaPa MaPa GaMa DhaNi I

   SaNi DhaPa MaPa GaMa I DhaDha PaPa GaMa ReSa

Khayal : Raaga Bihag - Teen Taal				
Thaat	Bilawal		Vadi	Gandhar - Ga
Aroha	Ṇi Sa Ga, Ma Pa, Ni Sȧ		Samvadi	Nishad - Ni
Avroha	Sȧ Ni, Ḍha Pa, Ṁa Pa Ga Ma Ga, Re Sa		Jaati	Audav-Sampurna 5/7
Pakad	Ṇi Sa, Ga Ma Pa, Ṁa Pa Ga Ma Ga, Re Sa		Time	2nd part of the Night

30. Nainana Men

Sthayi : *Nainana men tumari mooratiya, Man men dole tava sooratiya,*
Sumiran men beete din ratiya.

Antara : *1. Kachhu na shoraba naa katu batiya, Bhav saagar ho amrit paniya.*
2. Sneha pyar men guzre sadiyan, Ganga jal si bahati nadiya.

Sthayi : 1. In my eyes is your image. In my mind is your face. Thinking of you passes my night.
Antara :   May there be no complaint. May there be no bitterness. May the world be filled with nectar.
      2. May the decades be spent in love and affection, like the holy waters of the river Ganga.

STHAYI

0				3				X				2			
Sa	–	Ga	Ma	Pa	–	Ni	Ni	Sȧ	–	NiDha	Ni	Pa	Ṁa	GaMa	Ga
Nai	--	*na*	*na*	*men*	--	*tu*	*ma*	*ri*	--	*moo–*	--	*ra*	*ti*	*ya–*	--
GaMa	Pa	Ga	Ma	Ga	Re	Sa	–	Ṇi	Pa̱	Ṇi	–	Sa	Sa	Sa	–
Ma	*na*	*men*	--	*do*	--	*le*	--	*ta*	*va*	*soo*	--	*ra*	*ti*	*ya*	--
Sa	Ṇi	Sa	Ma	Ga	Ma Pa	Ni	Pa	Ṁa	GaPa	Ma	Ga	Re	Sa	–
Su	*mi*	*ra*	*na*	*men*	--	*bee*	--	*te*	--	*di-*	*na*	*ra*	*ti*	*ya*	--
Sa	–	Ga	Ma	Pa	–	Ni	Ni	Sȧ	–	NiDha	Ni	Pa	Ṁa	GaMa	Ga
Nai	--	*na*	*na*	*men*	--	*tu*	*ma*	*ri*	--	*moo–*	--	*ra*	*ti*	*ya–*	--

ANTARA-1

0				3				X				2			
Ma	Ga	Ma	Pa	–	Pa	Ni	–	Sȧ	–	Sȧ	Sȧ	Ni	Ṙe	Sȧ	–
Ka	*chhu*	*na*	*sho*	--	*ra*	*ba*	--	*naa*	--	*ka*	*tu*	*ba*	*ti*	*ya*	--
Pa	Ni	Sȧ	Ġa	Ġa	Ṙe	Sȧ	Ni	Pa	Ṁa	GaPa	Ma	Ga	Re	Sa	–
Bha	*va*	*sa*	--	*ga*	*ra*	*ho*	--	*a*	*ma*	*ri-*	*ta*	*pa*	*ni*	*ya*	--
Sa	–	Ga	Ma	Pa	–	Ni	Ni	Sȧ	–	NiDha	Ni	Pa	Ṁa	GaMa	Ga
Nai	--	*na*	*na*	*men*	--	*tu*	*ma*	*ri*	--	*moo–*	--	*ra*	*ti*	*ya–*	--

Sthayi Taan : *Nayanan men tum*

1. N̤iSa GaMa PaNi PaNi | ṠaNi DhaPa MaGa ReSa

Nayanan men tum

2. GaMa PaNi ṠaĠa ReṠa | NiDha PaMa GaRe Sa–

Nayanan men tum

3. GaMa PaNi ṠaNi DhaPa | MaPa GaMa GaRe Sa–

Antara Taan : *Kachhu na sho*

4. PaMa GaMa Ga– ReSa | NiNi DhaPa MaPa GaMa |

   PaMa GaMa GaRe Sa–

Kachhu na sho

5. MaGa ReSa N̤iSa GaMa | PaNi ṠaṘe ṠaNi DhaPa | GaMa PaMa GaRe Sa–

Kachhu na shorabaa --

6. PaNi ṠaĠa MaGa ReSa | NiDha PaMa GaMa PaNi |

   ṠaNi DhaPa MaPa GaMa | PaMa GaMa GaRe Sa– |

   GaMa PaNi Ṡa– GaMa | PaNi Ṡa– GaMa PaNi

Tarana : Raaga Bihag

Teen Taal, Drut Lay
Naa Dir Dir Daani Ta Tare Deem

Sthayi : *Naa Dir Dir Daani Ta Tare Deem Tana Nana Nana*
Dim Tana Tana Nana, Tadaare Tadaare Daani
Ta Deem Tanana Dere, Toom Tana Nana Nana
Naa Dir Dir Daani Ta Tare Deem Tana Nana Nana

Antara : *Deem Deem Toom Toom Tana Nana Nana Nana*
Tadare Tadaare Daani, Toom Tana Nana Nana
Naa Dir Daani Toon Dir Daani, Deem Tana Nana Nana Nana
Dha Tir Kit Tak Tuna Kit Tak, Dha - Kat - Dha Tir Kit Tak Tu
Na Kit Tak Dha - Kat Dha Tir Kit Tak Too Na Kit Tak Dha -

STHAYI

0				3				X				2			
Sa	Ma	Ga	Ma	Pa	Pa	Ni	Ni	Ṡa	–	Ṡa	Ni	Dha	Ni	Pa	Pa
Na	*Dir*	*Dir*	*Daa*	*Ni*	*Ta*	*Ta*	*Re*	*Deem*	*--*	*Ta*	*na*	*Na*	*na*	*Na*	*na*
Pa	–	Ga	Ma	Ga	Re	Sa	Sa	N̤i	P̤a	N̤i	N̤i	Sa	Sa	Sa	Sa
Deem	*--*	*Ta*	*na*	*De*	*Re*	*Naa*	*--*	*Ta*	*Daa*	*re*	*Ta*	*Daa*	*re*	*Daa*	*ni*
Sa	N̤i	Sa	Ma	Ga	Ma	Pa	Ni	Pa	Ma	Ga	Ma	Ga	Re	Sa	Sa
Ta	*Deem*	*--*	*Ta*	*na*	*na*	*De*	*re*	*Tu*	*m*	*Ta*	*na*	*Na*	*na*	*Na*	*na*
Sa	Ma	Ga	Ma	Pa	Pa	Ni	Ni	Ṡa	–	Ṡa	Ni	Dha	Ni	Pa	Pa
Na	*Dir*	*Dir*	*Daa*	*Ni*	*Ta*	*Ta*	*Re*	*Deem*	*--*	*Ta*	*na*	*Na*	*na*	*Na*	*na*

ANTARA-1

0				3				X				2			
Pa	-	Ṡa	--	Ṡa	--	Ṡa	--	Ṡa	Ṡa	Ṡa	Ṡa	Ni	Ṙe	Ṡa	Ṡa
Deem	--	*Deem*	--	*Toom*	--	*Toom*	--	*Ta*	*na*	*Na*	*na*	*Na*	*na*	*Na*	*na*
Ṡa	Ġa	Ġa	Ṁa	Ġa	Ṙe	Ni	Ṡa	Ni	Pa	Ni	Ni	Ṡa	Ṡa	Ṡa	Ṡa
Ta	*daa*	*re*	*Ta*	*daa*	*re*	*Daa*	*ni*	*Too*	*m*	*Ta*	*na*	*Na*	*na*	*Na*	*na*
Ni	Ṡa	Ġa	Ṙe	Ṡa	Ni	Dha	Pa	Ga	Ma	Pa	Ma	Ga	Re	Sa	Sa
Naa	*Dir*	*Daa*	*Ni*	*Tu*	*Dir*	*Daa*	*Ni*	*Deem*	--	*Ta*	*na*	*Na*	*na*	*Na*	*na*

Bhajan : Raaga Bihag

Kaharva Taal

31. Lakshmi Vandana

Sthayi : ***Jaya Lakshmi Dhan Daayini jai ho, Jan gan jeevan shubh sukh kar ho.***
Jaya Janani Var daayini var do, Sat chit se mam tan man bhar do.

Antara : ***1. Kar kamalon men padam tihaare, Laal kamal par pad hain tumhaare.***
2. Keyur Kanthi Mundari Maala, Haar mukut nath kaajal kaalaa.
3. Dhan ki raashi kar men tumhaare, Bhaag jagaati hai pal men hamare.
4. Jai Jai Devi Jai Jagadambe, Teri sharan men hai bhagtan bande.

Sthayi : *Victory to you, O Goddess Lakshmi! the Giver of wealth*
O Goddess! please make our lives fortunate and filled with happiness.
Victory to you, O Mother! O Giver of boons! please give us a boon,
And make my body, soul and mind filled with truth and peace.

Antara : *1. In your hands you have a lotus flower, And your feet are on a red lotus.*
2. You are wearing arm bracelets, garland, ring, nose-pin and Kajal (black antimony).
3. In your hands is a pile of money, which makes us fortunate in a single moment.
4. Victory to you, O Jagadamba! your devotees bow at your feet.

STHAYI

0				X				0				X			
–	GaMa	Pa	Ṡa	Ni	–	Pa	Pa	–	PaMa	Ga	Ma	Ga	Ga	^Re^Sa	–
–	*Jaya*	*La*	*ksh*	*mi*	--	*Dha*	*na*	--	*Daa-*	*yi*	*ni*	*ja*	*ya*	*ho*	--
–	ṆiPa	Ṇi	Ṇi	Sa	–	Sa	Sa	–	PaMa	Ga	Ma	Ga	Ga	^Re^Sa	–
--	*Jana*	*ga*	*na*	*jee*	--	*va*	*na*	--	*shubha*	*su*	*kh*	*ka*	*ra*	*ho*	--
–	GaMa	Pa	Ṡa	Ni	–	Pa	Pa	–	PaMa	Ga	Ma	Ga	Ga	^Re^Sa	–
–	*Jaya*	*Ja*	*na*	*ni*	--	*Va*	*ra*	--	*daa-*	*yi*	*ni*	*va*	*ra*	*do*	--
–	ṆiPa	Ṇi	Ṇi	Sa	–	Sa	Sa	–	PaMa	Ga	Ma	Ga	Ga	^Re^Sa	–
--	*Sata*	*chi*	*ta*	*se*	--	*ma*	*ma*	--	*ta na*	*ma*	*na*	*bha*	*ra*	*do*	--
–	GaMa	Pa	Ṡa	Ni	–	Pa	Pa	–	PaMa	Ga	Ma	Ga	Ga	^Re^Sa	–
–	*Jaya*	*La*	*ksh*	*mi*	--	*Dha*	*na*	--	*Daa-*	*yi*	*ni*	*ja*	*ya*	*ho*	--

ANTARA-1

0				X				0				X			
–	GaMa	Pa	Ni	Sȧ	–	Sȧ	–	–	SȧSȧ	Sȧ	Sȧ	Ni	Ṙe	Sȧ	–
–	*Kara*	*ka*	*ma*	*lon*	*--*	*men*	*--*	*--*	*pada*	*ma*	*ti*	*ha*	*--*	*re*	*--*
–	Sȧ	–Gȧ	Ma	Gȧ	Ṙe	Ni	Sȧ	–	GaMa	Pa	Ma	Ga	Ga	ᴿᵉSa	–
–	*Laa*	*--la*	*ka*	*ma*	*la*	*pa*	*ra*	*--*	*pada*	*hain*	*tu*	*mha*	*--*	*re*	*--*
–	GaMa	Pa	Sȧ	Ni	–	Pa	Pa	–	PaMa	Ga	Ma	Ga	Ga	ᴿᵉSa	–
–	*Jaya*	*La*	*ksh*	*mi*	*--*	*Dha*	*na*	*--*	*Daa-*	*yi*	*ni*	*ja*	*ya*	*ho*	*--*

Khayal : Raaga Bageshri - Teen Taal

Thaat	Kafi	Vadi	Madhyam - Ma
Aroha	Ni Sa Ma Ga Ma, Dha Ni Sȧ	Samvadi	Shadaj - Sa
Avroha	Sȧ Ni Dha, Ma Pa Dha Ga, Ma Ga Re Sa	Jaati	Audav-Sampurna 5/7
Pakad	Sa, Ni Dha Sa, Ma Dha Ni Dha, Ma, Ga Re, Sa	Time	Mid Night

32. Raat Suhaani Suhaag ki

Sthayi : *Raat suhaani suhaagi. Re Sajanawa! Madhur sukhaari.*
Antara : *1. Suman ki sej saji, Motiyan maala.*
Shobhivant jhoola hai, chandan waala.
2. Resham ki chadariya, zari buti bela.
Saj dhaj aayi mai, kaajal kaala.

Sthayi : The lovely night of honeymoon, O Darling! sweet night.
Antara : 1. The bed is decorated with flowers, and pearl strings.
There is an embelished sandlewood swing.
2. There is a silk bed sheet, with gold fiber designs.
I came all dressed up, with black Kajal in my eyes.

STHAYI

	3				X				2				0			
Ga	Ma	Dha	–	Dha	Ni	–	Dha	Ma	Ma	Ga	Ma	Ga	Re	–	Sa	Ga
Raa	*--*	*ta*	*--*	*su*	*haa*	*--*	*ni*	*--*	*su*	*--*	*--*	*--*	*haa*	*--*	*ni*	*Raa*
	Ma	Dha	–	Dha	Ni	–	Dha	Ma	Ma	Ga	Ma	Ga	Re	–	Sa	–
	--	*ta*	*--*	*su*	*haa*	*--*	*ni*	*--*	*su*	*haa*	*ni*	*su*	*haa*	*--*	*gi*	
	Ga	Ma	Dha	Ni	DhaNi	Sȧ	–	–	–	MaGa	Ma	Ga	Re	–	Sa	Ga
	Re	*sa*	*ja*	*na*	*vaa--*	*--*	*--*	*--*	*--*	*madhu*	*ra*	*su*	*kha*	*--*	*ri*	*Raa*
	Ma	Dha	–	Dha	Ni	–	Dha	Ma	Ma	Ga	Ma	Ga	Re	–	Sa	Ga
	--	*ta*	*--*	*su*	*haa*	*--*	*ni*	*--*	*su*	*--*	*--*	*--*	*haa*	*--*	*ni*	*Raa*

ANTARA-1

2				0				3				X			
Ga	Ma	Dha	NiDha	Sa	Sa	Sa	Sa	Dha	Ni	Sa	Ma	Ga	Re	Sa	–
Su	*ma*	*na*	*ki--*	*se*	*ja*	*sa*	*ji*	*mo*	*ti*	*ya*	*na*	*maa*	*--*	*la*	*--*
Dha	Dha	PaDha	NiDha	Ma	Ga	Ma	Ga	Re	–	Sa	–	Ma	Dha	Ni	Sa
sho	*bhi*	*van-*	*--ta*	*jhoo*	*--*	*--*	*--*	*la*	*--*	*hai*	*--*	*chan*	*--*	*da*	*na*
Ma	Ga	Ma	Ga	Re	–	Sa	Ga	Ma	Dha	–	Dha	Ni	–	Dha	Ma
waa	*--*	*--*	*--*	*la*	*--*	*--*	*Raa*	*--*	*ta*	*--*	*su*	*haa*	*--*	*ni*	*--*

Sthayi Taan : ***Raat suhaani***

1. SaNi DhaNi SaGa MaDha I NiSa NiDha MaGa ReSa

Raat suhaani

2. GaMa DhaNi SaRe SaNi I DhaMa GaMa GaRe Sa–

Raat suhaani

3. GaMa DhaNi SaRe GaRe I SaNi DhaMa GaRe Sa–

Antara Taan : ***Suman ki sej saji***

4. MaDha NiSa DhaNi Sa– I DhaNi DhaMa GaRe Sa–

Suman ki

5. SaNi DhaNi SaGa MaGa I MaDha MaDha NiDha NiSa I
NiDha MaGa MaGa ReSa

Suman ki sej saji, Motiyan

6. MaGa MaGa ReSa NiSa I MaGa MaGa ReSa GaMa I
GaMa Dha– MaDha MaDha I Ni– DhaNi DhaNi Sa– I
MaGa MaGa ReSa NiSa I DhaNi SaDha NiSa DhaNi I
SaNi DhaMa GaRe Sa– I GaMa DhaNi Sa– GaMa I
DhaNi Sa– GaMa DhaNi

Bhajan : Raaga Bageshri - Kaharva

33. Panchavati

Sthayi : ***Nish din sang men, Naath hamaare! Pichhe pichhe saath tihare;***
Pag pag chalun main, panth nihare.

Antara : *1.* ***Raahon men kaante hain bikhare, Pashu beshumaar dore daare;***
Dhokha pal chhin Asur janan se, Dagmag hain ab bhaag hamaare.

2. ***Chal kar jojan saanjh sakaare, Awadh Nagar ko peechhe chhore;***
Aaye Panchavati ke dwaare, Manahar sthaan jo bhaan ko haare.

3. ***Is thal ko aawaas banaayen, Van tapobhoomi jaana jaaye;***
Ramayan kee neev sajaayen, Jan hit ka itihaas rachaayen.

Sthayi : O My Master! I am day and night with you, walking behind you;
Watching my every step in the path.
Antara : 1. There are thorns and rocks in the path, countless animals are keeping watch on us;
Every moment we have danger from evil people too, our future is questionable.
2. Walking miles for day and night, leaving the city of Ayodhya,
We have arrived at the border of Panchavati, this beautiful place is stealing our hearts.
3. Let's make this nice place our abode, and this forest will be known as Tapo-bhumi,
Let's lay the foundation of Ramayan, And, let's write new history for the benefit of the people.

STHAYI

X				0			X				0			
Sa	Ga	Ma	Dha	–	PaDha	SaNi	DhaPa	Ga	–	Re	Re	Ma	–	Ma	–
Ni	sha	di	na	--	san--	--	gamen	Naa	--	tha	ha	maa	--	re	--
–	MaGa	Re	Sa	Re	–	Re	–	–	ReGa	Ma	Dha	Pa	–	Ma	–
--	Pi--	chhe	--	pi	--	chhe	--	--	saa-	tha	ti	haa	--	re	--
–	MaDha	Dha	Dha	Dha	Dha	Ni	Dha	Sa	–	Ni	Dha	Ma	Ga	Re	Sa
--	paga	pa	ga	cha	lun	main	--	pan	--	tha	ni	haa	--	re	--
Sa	Ga	Ma	Dha	–	PaDha	SaNi	DhaPa	Ga	–	Re	Re	Ma	–	Ma	–
Ni	sha	di	na	--	san--	--	gamen	Naa	--	tha	ha	maa	--	re	--

ANTARA-1

X				0			X				0			
--	Ma	Ga	Ma	Dha	--	Ni	Dha	Sa	--	Sa	--	Re	Ni	Sa	--
--	Raa	--	hon	men	--	kaan	--	te	--	hain	--	bi	kha	re	--
–	NiNi	Sa	Ga	Re	Sa	Sa	–	Ni	–	Sa	–	Ni	–	Dha	–
--	Pashu	be	shu	maa	--	ra	--	do	--	re	--	daa	--	re	--
–	Dha	–	Dha	PaDha	Ni	Dha	Dha	–	MaGa	Ma	Ga	Re	Re	Sa	–
--	Dho	--	kha	pa--	la	chhi	na	--	asu	ra	ja	na	na	se	--
–	NiSa	Ma	Ma	Dha	–	Ni	Dha	Sa	–	Ni	Dha	Ma	Ga	Re	Sa
--	daga	ma	ga	hain	--	a	ba	bhaa	--	ga	ha	maa	--	re	--
Sa	Ga	Ma	Dha	–	PaDha	SaNi	DhaPa	Ga	–	Re	Re	Ma	–	Ma	–
Ni	sha	di	na	--	san--	--	gamen	Naa	--	tha	ha	maa	--	re	--

Khayal : Raaga Kedar - Teen Taal			
Thaat	Kalyan	Vadi	Madhyam - Ma
Aroha	Sa Ma, Ma Pa, Dha Pa, Ni Dha Sa	Samvadi	Shadaj - Sa
Avroha	Sa Ni Dha Pa, Ma Pa Dha Pa Ma, Re Sa	Jaati	Audav-Shadav 5/6
Pakad	Sa Ma, Ma Pa, Ma Pa Dha Pa Ma, Re Sa	Time	First part of the Night

34. Murali Sunat Hai Raadha

Sthayi : *Murali sunat hai Shyam ki Raadha, Mor papiha naachat thaiya,*
Neel gagan men chaand hai aadha.
Antara : 1. *Koyal kuhu kuhu sundar baandha, Saurabh Champak Rajani gandha,*
Vrindavan men dang hai Vasudha.
2. *Hindole par jhoolat jhoola, Mohan Gopiyan Gopi Baala,*
Bansi bajaavat Devaki nanda.

Sthayi :   Radha is hearing Krishna's flute.
           The peacock and papiha birds are dancing in rhythm. There is half-moon in the sky.
Antara : 1. The Koyal (black bird) is chirping sweet sound of Koohu Koohu.
            Fragrance of Champak and Night Jasmine flowers is in the air. Raadha is speechless in Vrindavan.
         2. On the swings are swinging Mohan with Gopis and Raadha.
            Devaki-nanda Sri Krishna is playing the flute.

STHAYI

0				3				X				2			
SaRe	Sa	Ma	Ma	Pa	Pa	MaPa	DhaPa	Sa̍	–	Dha	Pa	MaPa	DhaPa	Ma	ReSa
Mu-	ra	li	su	na	ta	hai	--	Shya	--	ma	ki	Raa-	--	dha	--
SaRe	–	Ma	Ga	Pa	–	Pa	–	DhaNi	Sa̍	Dha	Pa	MaPa	DhaPa	Ma	–
Mo-	--	ra	pa	pi	--	ha	--	naa-	--	cha	ta	thai	--	ya	--
Sa̍	–	Sa̍	Sa̍	Ni	Dha	Sa̍	Re̍	Sa̍	–	Dha	Pa	MaPa	DhaPa	Ma	ReSa
Nee	--	la	ga	ga	na	men	--	chaan	--	da	hai	aa-	--	dha	--
SaRe	Sa	Ma	Ma	Pa	Pa	MaPa	DhaPa	Sa̍	–	Dha	Pa	MaPa	DhaPa	Ma	ReSa
Mu-	ra	li	su	na	ta	hai	--	Shya	--	ma	ki	Raa-	--	dha	--

ANTARA-1

0				3				X				2			
Pa	–	Pa	Pa	Sa̍	Sa̍	Sa̍	Sa̍	Sa̍	–	Sa̍	Sa̍	NiSa̍	Re̍	Sa̍	–
Ko	--	ya	la	ku	hu	ku	hu	sun	--	da	ra	baan	--	dha	--
Sa̍	Dha	Dha	Dha	Sa̍	–	Sa̍	Sa̍	DhaNi	Sa̍	Dha	Pa	MaPa	DhaPa	Ma	–
Sau	--	ra	bha	Cham	--	pa	ka	Ra-	ja	ni	--	gan-	--	dha	--
Sa̍	–	Sa̍	–	Ni	Dha	Sa̍	Re̍	Sa̍	–	Dha	Pa	MaPa	DhaPa	Ma	ReSa
Vrin	--	da	--	va	na	men	--	dan	--	ga	hai	Va-	su	dha	--
SaRe	Sa	Ma	Ma	Pa	Pa	MaPa	DhaPa	Sa̍	–	Dha	Pa	MaPa	DhaPa	Ma	ReSa
Mu-	ra	li	su	na	ta	hai	--	Shya	--	ma	ki	Raa-	--	dha	--

Sthayi Taan : *Murali sunat hai --*

1. SaSa MaMa ReRe PaPa | MaPa DhaPa MaMa ReSa

   Murali sunat hai --

2. SaSa MaGa PaMa DhaPa | MaPa DhaPa MaMa ReSa

   Murali sunat hai --

3. MaPa DhaDha PaPa DhaNi | SaSa DhaPa MaMa ReSa

Antara Taan : ***Koyal kuhu kuhu***

4. MaPa DhaNi SaNi DhaPa | MaPa DhaPa MaMa ReSa

Koyal kuhu kuhu sundar baandha --

5. SaSa MaGa PaMa DhaPa | NiDha SaNi ReSa DhaPa |

MaPa DhaNi SaNi DhaPa | MaPa DhaPa MaMa ReSa

Koyal kuhu kuhu

6. SaNi DhaPa MaPa DhaNi | SaNi DhaPa MaMa ReSa |

SaSa MaMa PaPa MaPa

MaPa DhaPa NiDha SaNi | ReSa MaMa ReSa DhaPa |

MaPa DhaPa MaMa ReSa

Bhajan : Raaga Kedar - Kaharva Taal

35. Kaanan Le Chalo Mohe

Sthayi : ***Kaanan le chalo saath naath mohe, Man men udaasee re,***
Sath chaloongi van Dandak main, Ban kar daasee re.

Antara : *1.* ***Jangal mangal sthaan karenge, Nirjan bhumi swarg kahenge,***
Prabhu! main tumari, Janam janam ki, hoon Sahavasee re.

2. ***Jahaan Pati hai vahaan Sati ho, Jahaan Raam hai vahaan Siyaa ho,***
Tum Deepak, chhaaya main tumari, Jug chaurasee re.

Sthayi : *O Dear Husband! please take me to the forest with you,*
I will walk with you in the Dandaka forest, as your maid servant.

Antara : 1. *We will make the barren forest a place of pilgrimage, and call it a heaven.*

2. *Wife should be where husband is. Sita should be where Rama is.*
You are the lamp and I am your shadow, since the last eighty-four yugs (ages).

STHAYI

X				0				X				0			
–	SaRe	Sa	Ma	Ma	–	Ma	Ga	Pa	–	Pa	Pa	–	Dha	Ma	Pa
--	*Kaa-*	*na*	*na*	*le*	--	*cha*	*lo*	*saa*	--	*tha*	*naa*	--	*tha*	*mo*	*he*
–	DhaSa	Dha	Pa	Pa	–	MaPa	DhaPa	Ma	–	–	Sa	Re	–	Sa	–
--	*mana*	*men*	*u*	*daa*	--	*see-*	--	*re-*	--	--	--	--	--	--	--
–	SaRe	Sa	Ma	Ma	–	Ma	Ga	Pa	Pa	Pa	–	Pa	Dha	Ma	Pa
--	*Saa-*	*tha*	*cha*	*loon*	--	*gi*	--	*va*	*na*	*Dan*	--	*da*	*ka*	*me*	--
–	DhaSa	Dha	Pa	Pa	–	MaPa	DhaPa	Ma	–	–	Sa	Re	–	Sa	–
--	*bana*	*ka*	*ra*	*daa*	--	*see-*	--	*re*	--	--	--	--	--	--	--
–	SaRe	Sa	Ma	Ma	–	Ma	Ga	Pa	–	Pa	Pa	–	Dha	Ma	Pa
--	*Kaa-*	*na*	*na*	*le*	--	*cha*	*lo*	*saa*	--	*tha*	*naa*	--	*tha*	*mo*	*he*

ANTARA-1

X				0				X				0			
–	Pa	–Pa	Pa	Ṡa	–	Ṡa	Ṡa	Dha	Ni	Ṡa	Ṙe	Ṡa	Ni	Dha	Pa
--	*Jan*	*-ga*	*la*	*man*	--	*ga*	*la*	*sthaa*	--	*na*	*ka*	*ren*	--	*ge*	--
–	Pa–	Pa	Pa	Ṡa	–	Ṡa	–	Dha	Ni	Ṡa	Ṙe	Ṡa	Ni	Dha	Pa
--	*Nir*	*ja*	*na*	*bhu*	--	*mi*	--	*swa*	*r*	*ga*	*ka*	*hen*	--	*ge*	--
–	ĠaĠa	Ġa	Ṁa	Ṙe	Ṙe	Ṡa	–	–	NiNi	Ni	Ṡa	Dha	Dha	Pa	–
–	*Prabhu*	*main*	--	*tu*	*ma*	*ri*	--	--	*jana*	*ma*	*ja*	*na*	*ma*	*ki*	--
–	Pa	Pa	Pa	Pa	–	MaPa	DhaPa	Ma	–	–	Sa	Re	–	Sa	–
--	*Hun*	*sa*	*ha*	*vaa*	--	*see-*	--	*re*	--	--	--	--	--	--	--
–	SaRe	Sa	Ma	Ma	–	Ma	Ga	Pa	–	Pa	Pa	–	Dha	Ma	Pa
--	*Kaa-*	*na*	*na*	*le*	--	*cha*	*lo*	*saa*	--	*tha*	*naa*	--	*tha*	*mo*	*he*

Khayal : Raaga Alhaiya Bilawal - Teen Taal			
Thaat	Bilawal	Vadi	Dhaivat - Dha
Aroha	Sa, Re, Ga Re Ga Pa Ni Dha Ni Ṡa	Samvadi	Gandhar - Ga
Avroha	Ṡa Ni Dha Pa, Dha N̲i̲ Dha Pa, Ma Ga Ma Re, Sa	Jaati	Shadav–Sampurna 6/7
Pakad	Ga Re, Ga Pa, Ma Ga Ma Re, Ga Pa Dha Ni Ṡa	Time	First part of the day

36. Saaf Kaho Tum

Sthayi : ***Saaf kaho tum dil men kya hai, Hans kar baat bataao hum ko.***

Antara : *1.* ***Sachche bol sukhaave rab ko, Mil jul kar sukh aave sab ko.***

2. Pyaare shabad suhaave man ko, Tan se door bhagaave ghum ko.

Sthayi : *Please say clearly, what is on your mind. Please tell me with a smile.*

Antara : 1. True words please the Lord. With love everyone gets pleasure.

2. Loving words are soothing to the mind. They drive away any burden off the mind.

STHAYI

0				3				X				2			
DhaNi	ṠaṘe	ṠaNi	Dha	N̲i̲Dha	Pa	Ma	Ga	Ga	Pa	Ni	–	Ṡa	–	Ṡa	–
Saa-	--	*--f*	*ka*	*ho*	--	*tu*	*ma*	*di*	*la*	*men*	--	*kya*	--	*hai*	--
Ga	Ga	MaGa	Re	Ga	Pa	Ni	Ni	Ṡa	–	Ṙe	Ṡa	Dha	N̲i̲	Dha	Pa
Han	*sa*	*ka*	*ra*	*baa*	--	*ta*	*ba*	*taa*	--	*o*	--	*ha*	*ma*	*ko*	--
DhaNi	ṠaṘe	ṠaNi	Dha	N̲i̲Dha	Pa	Ma	Ga	Ga	Pa	Ni	–	Ṡa	–	Ṡa	–
Saa-	--	*--f*	*ka*	*ho*	--	*tu*	*ma*	*di*	*la*	*men*	--	*kya*	--	*hai*	--

ANTARA-1

0				3				X				2			
Ga	–	Pa	–	Pa	–	Ni	Dha	Ṡa	–	Ṡa	–	Ṡa	Ṙe	Ṡa	–
Sa	--	chche	--	bo	--	la	su	kha	--	ve	--	ra	ba	ko	--
Ṡa	Ṡa	Ġa	Ṁa	Ṙe	Ṙe	Ṡa	Ṡa	DhaNi	SaRe	SaNi	Ṡa	Dha	Ni	Dha	Pa
Mi	la	ju	la	ka	ra	su	kha	aa	--	ve	--	sa	ba	ko	--
DhaNi	SaRe	SaNi	Dha	NiDha	Pa	Ma	Ga	Ga	Pa	Ni	–	Ṡa	–	Ṡa	–
Saa-	--	--f	ka	ho	--	tu	ma	di	la	men	--	kya	--	hai	--

Sthayi taan : *Saaf kaho tum*

1. SaRe GaRe GaPa DhaNi | ṠaNi DhaPa MaGa ReSa
   Saaf kaho tum

2. GaPa DhaNi SaNi DhaNi | DhaPa MaGa MaRe Sa–
   Saaf ka

3. GaRe GaPa DhaNi SaRe | GaRe SaNi DhaPa DhaNi | DhaPa MaGa MaRe Sa–

Antara taan : *Sachche bol sukhaave rab ko --*

4. GaRe ṠaNi DhaPa DhaNi | DhaPa MaGa MaRe Sa– |
   GaPa DhaNi Ṡa– GaPa | DhaNi Ṡa– GaPa DhaNi
   Sachche bol sukhaave rab ko --

5. GaPa DhaNi ṠaṘe ṠaNi | DhaNi DhaPa MaGa MaRe | DhaNi Ṡa,Dha NiṠa, NiṠa |
   DhaNi DhaPa MaGa MaRe | ṠaNi DhaPa MaGa MaRe | GaPa DhaNi Ṡa– Ṡa– |
   GaPa DhaNi Ṡa– Ṡa– | GaPa DhaNi Ṡa– Ṡa–

Khayal : Raaga Marwa – Teen Taal

Thaat	Marwa	Vadi	Rishabh - Re
Aroha	Ṇi Re, Ga Ṁa Dha, Ni Re, Ṡa	Samvadi	Dhaivat - Dha
Avroha	Ṙe, Ni Dha, Ṁa Ga Re, Sa	Jaati	Shadav-Shadav 6/6
Pakad	Ṇi Re Ga Ṁa Dha Ṁa Ga Re, Ga Ṁa Ga, Re Sa	Time	Last part of the day

37. Raghupati Raghava

Sthayi : *Raghupati Raagahav Raam Dulaare, Sadaa dukhon ko harna hamaare,*
Binti karat hum bhagatan, saare.

Antara : 1. *Haath jod ke sharan me teri, Tan man arpan charan me leejyo,*
Sufal subhag shubha gaan tihaare.

2. *Priya Jaanaki paas sadaa hi, Pavan tanaya Prabhu daas tumhaare,*
Sapanan me Prabhu aao hamaare.

Sthayi : O Dear Raghupati Rama! we devotees are requesting you to please remove our suffering.

Antara : 1. We surrender to you with folded hands, and with our body and soul.
Your prayers give us success and good luck.
2. You have Dear Janaki with you and Hanuman is always at your service.
O Lord! please visit us in our dreams.

STHAYI

0				3				x				2			
Ṇi	Re	Ga	Ma	Dha	Ma	Dha	Dha	Sa	–	NiRe	NiDha	Dha	Ma	Ma	Ga
Ra	ghu	pa	ti	Raa	--	gha	va	Raa	--	ma-	du	laa	--	re	--
Ma	Ga	–	MaGa	Re	–	Sa	–	Dha	Ni	Dha	Ma	Ga	Re	Sa	–
Sa	daa	--	du	khon	--	ko	--	ha	ra	na	ha	maa	--	re	--
Ṇi	Re	Ga	Ga	Ma	Ma	Dha	Dha	Ni	Ni	Dha	Ma	GaRe	Ga	Re	Sa
Bi	na	ti	ka	ra	ta	hu	ma	bha	ga	ta	na	saa	--	re	--
Ṇi	Re	Ga	Ma	Dha	Ma	Dha	Dha	Sa	–	NiRe	NiDha	Dha	Ma	Ma	Ga
Ra	ghu	pa	ti	Raa	--	gha	va	Raa	--	ma-	du	laa	--	re	--

ANTARA-1

0				3				x				2			
Ma	Ga	Ma	Dha	Sa	Sa	Sa	–	Sa	Sa	Sa	Sa	Re	–	Sa	–
Haa	--	tha	jo	--	da	ke	--	sha	ra	na	me	te	--	ri	--
Ni	Re	Ga	Re	Ma	Ga	Re	Sa	Sa	Re	Ni	Dha	Ma	Ga	Re	Sa
Ta	na	ma	na	a	ra	pa	na	cha	ra	na	me	lee	--	jyo	--
Ṇi	Re	Ga	Ga	Ma	Ma	Dha	Dha	Ni	–	Dha	Ma	GaRe	Ga	Re	Sa
Su	fa	la	su	bha	ga	shu	bha	gaa	--	na	ti	haa	--	re	--
Ṇi	Re	Ga	Ma	Dha	Ma	Dha	Dha	Sa	–	NiRe	NiDha	Dha	Ma	Ma	Ga
Ra	ghu	pa	ti	Raa	--	gha	va	Raa	--	ma-	du	laa	--	re	--

Sthayi Taan : *Raghupati Raagahav*

1. NiRe GaMa DhaNi DhaMa | GaMa DhaMa GaRe Sa–

Raghupati Raagahav

2. GaMa DhaNi MaDha NiRe | NiDha MaDha MaGa ReSa

Raghupati

3. NiRe GaMa DhaDha MaDha | NiSa NiDha MaGa MaDha
NiDha MaGa ReGa ReSa

Antara Taan : *Haath jod ke sharan me teri --*

4. DhaDha MaDha MaGa ReSa | NiNi DhaNi DhaMa GaRe |
Sa– NiRe GaMa DhaDha | MaDha NiDha MaGa ReSa

Haath jod ke sharan men

5. NiRe GaGa ReGa MaMa | GaMa DhaDha MaDha NiNi |

   DhaNi ReRe NiRe GaGa |

   GaGa ReSa ReRe SaNi | SaSa NiDha NiNi DhaMa |

   DhaDha MaGa MaMa GaRe

   GaGa ReSa NiRe GaMa | DhaNi DhaMa GaMa DhaMa |

   GaRe GaMa GaRe Sa–

	Khayal : Raaga Durga – Teen Taal		
Thaat	Bilaval	Vadi	Madhyam -Ma
Aroha	Sa Re Ma Pa Dha Sa	Samvadi	Shadaj - Sa
Avroha	Sa Dha Pa Ma Re Sa	Jaati	Audav-Audav 5/5
Pakad	Pa, Ma Pa, Dha Ma Re -- Pa, Pa Dha, Ma Re Dha Sa	Time	Late Night

38. Dhundhat Paagal Nain

Sthayi : *Dhundhat paagal nain hamaare, Mandir mandir it ut tohe,*
Aan baso man more.

Antara : *1. Shiv Om Shankar Saamb Sadaashiv, Har Gangaadhar pyaare.*
Din men nis men kabahun bolo, Honge darasan tore.

Sthayi : My imprudent eyes search for you, here and there from temple to temple.
Antara : 1. Please come and reside in my heart, O Har Gangadhar!
At day time or at night time, when will I see you, please tell me.

STHAYI

0				3				X				2			
Sa	–	Dha	Pa	Ma	–	Re	Sa	Re	Pa	Pa	Ma	PaDha	PaMa	Re	Sa
Dhun	--	dha	ta	paa	--	ga	la	nai	--	na	ha	maa	--	re	--
Ma	–	Pa	MaRe	Dha	Sa	Sa	Sa	Re	Ma	Pa	Dha	PaDha	Sa	Pa	Dha
Man	--	di	ra	man	--	di	ra	i	ta	u	ta	to	--	he	--
Re	–	Sa	Dha	Sa	–	Dha	Pa	MaPa	DhaSa	DhaPa	MaPa	DhaPa	Ma	Re	Sa
Aa	--	na	ba	so	--	ma	na	mo	--	--	--	--	--	--	re
Sa	–	Dha	Pa	Ma	–	Re	Sa	Re	Pa	Pa	Ma	PaDha	PaMa	Re	Sa
Dhun	--	dha	ta	paa	--	ga	la	nai	--	na	ha	maa	--	re	--

ANTARA-1

0				3				X				2			
Ma	Ma	Pa	Dha	Ṡa	–	Ṡa	Ṡa	Dha	–	Ṡa	Ṙe	Ṡa	Dha	Ṡa	Ṡa
Shi	*va*	*O*	*m*	*Shan*	*--*	*ka*	*ra*	*Saam*	*--*	*ba*	*Sa*	*daa*	*--*	*shi*	*va*
Ṡa	Dha	Ṡa	–	Ṙe	–	Ṙe	Ṙe	ṠaṘe	Ṁa	Ṙe	Ṡa	DhaṠa	DhaPa	Ma	–
Ha	*ra*	*Gan*	*--*	*gaa*	*--*	*dha*	*ra*	*pyaa*	*--*	*--*	*--*	*re*	*--*	*--*	*--*
Re	Ma	Pa	–	Dha	Ṡa	DhaṠa	ṘeṠa	Dha	Dha	Ma	–	Ma	Pa	MaPa	Dha
Di	*na*	*men*	*--*	*ni*	*sa*	*men*	*--*	*ka*	*ba*	*hun*	*--*	*bo*	*--*	*lo*	*--*
Ṙe	–	Ṡa	Dha	Ṡa	Ṡa	Dha	Pa	MaPa	DhaṠa	DhaPa	MaPa	DhaPa	Ma	Re	Sa
Hon	*--*	*ge*	*--*	*da*	*ra*	*sa*	*na*	*to*	*--*	*--*	*--*	*--*	*--*	*re*	*--*
Ṡa	–	Dha	Pa	Ma	–	Re	Sa	Re	Pa	Pa	Ma	PaDha	PaMa	Re	Sa
Dhun	*--*	*dha*	*ta*	*paa*	*--*	*ga*	*la*	*nai*	*--*	*na*	*ha*	*maa*	*--*	*re*	*--*

Sthayi Taan : ***Dhundhat paagal***

1. ReMa ReSa DhaṠa DhaPa I MaPa DhaPa MaMa ReSa

Dhundhat paagal

2. DhaPa MaPa DhaṠa DhaPa I MaPa DhaPa MaMa ReSa

Dhundhat paagal

3. MaMa ReSa DhaPa MaPa I DhaṠa DhaPa MaMa ReSa

Antara Taan : ***Shiv Om***

4. SaRe MaMa ReSa ḌhaSa I SaRe MaPa DhaṠa DhaPa I
MaPa DhaPa MaMa ReSa

Shiv Om

5. ṠaṠa DhaṠa DhaPa MaPa I DhaṠa ṘeṠa DhaṠa DhaPa I
MaPa DhaPa MaMa ReSa

Shiv Om Shankar Saamb Sadaashiv

6. ReMa PaDha PaMa ReMa I PaDha PaMa ReRe Sa -- I
ṠaṠa DhaṠa ṘeṀa ṘeṠa I DhaṠa DhaPa MaMa ReSa

Khayal : Raaga Tilang - Teen Taal			
Thaat	Khamaj	Vadi	Gandhar - Ga
Aroha	Sa Ga Ma Pa Ni Ṡa	Samvadi	Nishad - Ni
Avroha	Ṡa Ni Pa Ma Ga Sa	Jaati	Audav-Audav 5/5
Pakad	Ni, Pa, Ga Ma Ga, Sa	Time	2nd part of the Night

39. Bhajan : Sita's request to Rama

Sthayi : ***Sainya mohe sang le chalo daiya, Akeli chhod nahi jainya.***

Antara : *1.* ***Vish ka pyaala peeke maroongi, Padoongi tohare painya.***

2. *Tan man sab balihaari jaaoon, Suno re Raam Ramaiya.*

Sthayi : *O My Dear Husband! please take me with you, Please don't leave me here alone.*
Antara : 1. *I will die drinking a glass of poison. I beg you falling at your feet.*
2. *I have given you my mind and soul. Please listen O Rama! O Ramaiya!*

STHAYI

X				2				0				3			
Ṡa	–	Pa	Ṡa	Ni	Pa	Ga	Ma	Ga	–	–	Sa	Ga	Ma	PaNi	MaPa
Sain	--	*ya*	*mo*	*he*	--	*san*	*ga*	*le*	--	--	*cha*	*lo*	*dai*	*ya-*	–
Sa	Sa	Ga	Ma	Pa	Pa	Ni	Ṡa	PaNi	ṠaĠa	ṠaĠa	ṠaNi	PaNi	PaMa	GaMa	Ga–
A	*ke*	*li*	*chho*	--	*da*	*na*	*hi*	*jain-*	--	--	--	*ya-*	--	--	--
Ṡa	–	Pa	Ṡa	Ni	Pa	Ga	Ma	Ga	–	–	Sa	Ga	Ma	PaNi	MaPa
Sain	--	*ya*	*mo*	*he*	--	*san*	*ga*	*le*	--	--	*cha*	*lo*	*dai*	*ya-*	--

ANTARA-1

X				2				0				3			
Ga	Ma	Pa	Ni	Ṡa	–	Ṡa	–	Pa	Ni	Ṡa	Ġa	ṠaṘe	NiṠa	Ni	Pa
Vi	*sha*	*ka*	--	*pyaa*	--	*la*	--	*pee*	--	*ke*	*ma*	*roon*	--	*gi*	--
Sa	Sa	Ga	Ma	Pa	Pa	Ni	Ṡa	PaNi	ṠaĠa	ṠaĠa	ṠaNi	PaNi	PaMa	GaMa	Ga–
Pa	*doon*	--	*gi*	*to*	*ha*	*re*	--	*pain-*	--	--	--	*ya–*	--	--	--
Ṡa	–	Pa	Ṡa	Ni	Pa	Ga	Ma	Ga	–	–	Sa	Ga	Ma	PaNi	MaPa
Sain	--	*yaa*	*mo*	*he*	--	*san*	*ga*	*le*	--	--	*cha*	*lo*	*dai*	*ya-*	–

Sthayi Taan : ***Sainya mohe sang***

1. **GaMa PaNi PaNi PaMa । GaMa PaMa GaMa GaSa**

Sainya mohe sang

2. **ṠaNi PaMa GaMa PaNi । ṠaNi PaMa GaMa GaSa**

Sainya mo

3. **SaGa MaPa GaMa PaGa । MaPa NiṠa PaNi ṠaĠa । ṠaNi PaMa GaMa GaSa**

Antara Taan : ***Vish ka pyaalaa --***

4. **SaGa MaMa GaMa PaPa । MaPa NiNi PaNi ṠaṠa**

Vish ka pyaalaa peeke maroongee --

5. **PaMa GaMa Ga– Sa– । ṠaNi PaMa GaMa GaSa ।**
GaMa PaMa PaNi ṠaĠa । ṠaNi PaMa GaMa GaSa

Vish ka --

6. **ṠaNi PaMa GaMa GaSa । ĠaĠa ṠaṠa NiNi PaMa । PaNi ṠaNi PaMa GaMa ।**
PaNi PaMa GaMa GaSa । ṠaNi PaMa GaMa GaSa ।
GaMa PaNi Ṡa– GaMa । PaNi Ṡa– GaMa PaNi

Bhajan : Raaga Tilang
Kaharva Taal

40. Bhaj Saamb Shivam

Sthayi : Man bhaj le Saamb Shivam,
Manava mangal gaan tu gaa re, Vande Shivam Sundaram.

Antara : 1. Gaa kar pyaara naam Shiva ka, Kar le taraas tu kam,
Saans saans men Gauri Naath ko, Nish din aru har dum.

2. Paa kar nyaara pyaar Shiva ka, Har le darad sitam,
Baar baar nit vandana karo, Bhole Naath Shubham.

Sthayi : O My Mind! please worship Samb Shivam.
O My Mind! please sing the auspicious song, Salute the beautiful Shiva.

Antara : 1. Singing of the lovely name of Shiva, removes your pains,
In every breath we worship Gauri Natha day and night.

2. Having received the unique love from Shiva,
We remove our sorrow and difficulties, Again and again we pray to Bhole-Nath Shiva.

STHAYI

0				X				0				X			
–	GaMa	Pa	Ni	Sa	–	Ni	Pa	–	NiPa	Ma	Ga	Ma	–	–	–
–	Man	bha	ja	le	--	--	--	--	Saam	ba	Shi	vam	--	--	--
–	GaMa	Ma	Sa	Ga	–	Ma	Pa	–	PaSa	Ni	Pa	Ma	–	Ga	–
–	Man	va	--	man	--	ga	la	--	gaa-	na	tu	gaa	--	re	--
–	Sa	-Sa	Sa	Ni	Pa	-Ma	Ma	Pa	–	–	–	Ma	Pa	Ma	Ga
–	Van	--de	Shi	vam	--	--Sun	da	ram	--	--	--	--	--	--	--
–	GaMa	Pa	Ni	Sa	–	Ni	Pa	–	NiPa	Ma	Ga	Ma	–	–	–
–	Man	bha	ja	le	--	--	--	--	Saam	ba	Shi	vam	--	--	--

ANTARA-1

0				X				0				X			
–	MaPa	Ni	Ni	Sa	–	Sa	–	–	Ni	-Sa	Sa	Ni	Sa	Ni	Pa
–	Gaa--	ka	ra	pyaa	--	ra	--	--	naa	-ma	Shi	va	--	ka	--
–	NiNi	Ni	Ni	Ni	–	Sa	Ga	Sa	–	Ni	–	Pa	–	Ma	Ga
–	Kara	le	ta	raa	--	sa	tu	kam	--	--	--	--	--	--	--
–	GaMa	Pa	Ni	Sa	Sa	Sa	–	–	NiSa	Ga	Sa	Ni	Sa	Ni	Pa
–	Saan	sa	saan	--	sa	men	--	--	Gau--	ri	Naa	--	tha	ko	--
–	SaSa	Sa	Sa	Ni	Pa	Ma	Ma	Pa	–	–	–	Ma	Pa	Ma	Ga
–	Nish	di	na	a	ru	ha	ra	dum	--	--	--	--	--	--	--

–	GaMa	Pa	Ni	Ṡa	–	Ni	Pa	–	NiPa	Ma	Ga	Ma	–	–	–
–	*Man*	*bha*	*ja*	*le*	*--*	*--*	*--*	*--*	*Saam*	*ba*	*Shi*	*vam*	*--*	*--*	*--*

Khayal : Raaga Jaunpuri - Teen Taal			
Thaat	Aasavari	Vadi	Dhaivat - Dha
Aroha	Sa Re Ma Pa, Dha, Ni Ṡa	Samvadi	Gandhar - Ga
Avroha	Ṡa Ni Dha Pa, Ma Ga, Re Sa	Jaati	Shadav-Sampurna 6/7
Pakad	Ma Pa, Ni Dha Pa, Dha Ma Pa Ga, Re Ma Pa	Time	Second part of the day

41. Man Rijhave

Sthayi : ***Man rijhaave sunahara hiran rang,***
Bagiya men mori kreedat koodat,
Mriga lasit, karat mora manava dang.

Antara : ***1. Thumkat fudkat naach nachaave,***
Mridu chhaala mora chitta lubhaave,
Chanchal nainana man bharamaaye, Taahi chaah karat mohe tang.
2. Mrig kee maaya Siya nahi jaani,
Maarichi ko vo mrig maani,
Drishti Siya ki bhayi deevaani, Tin lalachaavat kanj ang.

Sthayi : The golden colour of the deer is attracting my mind,
He is jumping and playing in my garden. The lush skin of the deer is charming my heart.

Antara : 1. The deer is dancing in rhythm, the soft skin is attracting my mind,
His quick eyes are stealing my heart, the desire to want that deer is driving me crazy.
2. Sita did not understand the illusion of the Golden Deer.
She thought Marichi was a deer. The deer's colour has deluded Sita.

STHAYI

		0				3				X				2			
Pa	Ma	Pa	Ṡa	Dha	Pa	Ga	Re	Sa	Re	Re	Ma	Ma	Pa	–	Pa	Pa	Ma
Ma	*na*	*ri*	*jhaa*	*ve*	*su*	*na*	*ha*	*ra*	*--*	*hi*	*ra*	*na*	*ran*	*--*	*ga*	*Ma*	*na*
		Pa	Ṡa	Dha	Pa	Ga	Re	Sa	Re	Re	Ma	Ma	Pa	–	Pa	Pa	Dha
		ri	*jhaa*	*ve*	*su*	*na*	*ha*	*ra*	*--*	*hi*	*ra*	*na*	*ran*	*--*	*ga*	*ba*	*gi*
		Ṡa	–	Ṡa	NiṠa	Ṙe	Ṡa	Dha	Pa	Ga	Ga	Re	Ma	Ga	Re	Sa	Sa
		ya	*--*	*men*	*mo-*	*--*	*ri*	*kree*	*--*	*da*	*ta*	*koo*	*--*	*da*	*ta*	*Mri*	*ga*
		Sa	Re	Ma	Ma	Pa	Pa	Pa	Dha	Ni	Ṡa	Ṙe	Ġa	Ṡa	Dha	Pa	Ma
		la	*si*	*ta*	*ka*	*ra*	*ta*	*mo*	*ra*	*ma*	*na*	*va*	*dan*	*--*	*ga*	*Ma*	*na*

ANTARA-1

0				3				X				2			
Ma	Ma	Pa	Pa	Dha	Dha	Ni	Ni	Sa	–	Sa	Sa	Re	Ni	Sa	–
Thu	*ma*	*ka*	*ta*	*fu*	*da*	*ka*	*ta*	*naa*	--	*cha*	*na*	*cha*	--	*ve*	--
Pa	Pa	Pa	Dha	Sa	–	Sa	Re	SaRe	Ga	Re	Sa	Ni	Sa	Dha	Pa
Mri	*du*	*chhaa*	--	*la*	--	*mo*	*ra*	*chi-*	--	*tta*	*lu*	*bha*	--	*ve*	--
Sa	–	Sa	Sa	Dha	–	Ma	Pa	Ga	Ga	Re	Ma	Ga	Re	Sa	–
Chan	--	*cha*	*la*	*nai*	--	*na*	*na*	*ma*	*na*	*bha*	*ra*	*maa*	--	*ye*	--
Sa	Re	Ma	–	Pa	Pa	Pa	Dha	Ni	Sa	Re	Ga	Sa	Dha	Pa	Ma
Taa	*hi*	*chaa*	--	*ha*	*ka*	*ra*	*ta*	*mo*	--	*he*	*tan*	--	*ga*	*Ma*	*na*

Sthayi Taan : ***Man rijhaave sunaha***

1. PaDha PaMa PaDha NiSa I NiDha PaMa GaRe SaSa

Man rijhaave sunaha

2. NiDha PaMa PaDha NiSa I NiDha PaMa GaRe SaSa

Man rijhaave sunaha

3. MaGa ReSa ReMa PaNi I SaNi DhaPa MaGa ReSa

Antara Taan : ***Thumakat fudkat***

4. SaRe MaPa DhaNi SaRe I SaNi DhaPa MaGa ReSa

Thumakat fudkat

5. PaDha NiSa ReGa ReSa I Ni Dha PaMa GaRe SaSa

Thumakat fudkat naach nachaave --

6. SaRe GaRe SaRe MaPa I DhaPa MaPa DhaNi SaRe I
SaNi DhaPa DhaNi SaRe I SaNi DhaPa MaGa ReSa

Tarana : Raaga Jaunpuri

Teen Taal

Dir Dir Tana Nana

Sthayi : ***Dir Dir Tana Nana Tana, Toom Tana Nana Nana***
Nitaa Na Dere Naa Tadaa Re Daani
Toom Taanana Nana, Dim Tanana Nana
Tadare Tadare Dani, Taadaare Taadaare Daani

Antara : ***O de Tana O de Tana, Deem Tana Nana Nana***
Taadeem Taanana Nana, Toom Tana Nana Nana
Naa Dir Daani Tun Dir Daani, Tadaare Tadaare Daani.

STHAYI

0				3				X				2			
Sa	**Sa**	**Re**	**Re**	**Ma**	**Ma**	**Pa**	**Pa**	**Ni**	**Dha**	**Dha**	**Pa**	**Pa**	**Pa**	**Pa**	**Pa**
Dir	*Dir*	*Ta*	*na*	*Na*	*na*	*Ta*	*na*	*Too*	*m*	*Ta*	*na*	*Na*	*na*	*Na*	*na*
Pa	**Ṡa**	**–**	**Ṡa**	**Ṡa**	**Ni**	**Dha**	**Pa**	**Ga**	**Re**	**–**	**Ma**	**Ga**	**Re**	**Sa**	**–**
Ni	*taa*	*--*	*Na*	*De*	*re*	*Na*	*--*	*Ta*	*da*	*--*	*Re*	*Da*	*--*	*ni*	*--*
Sa	**Ṡa**	**–**	**Ṡa**	**Ṡa**	**Ṡa**	**Ṡa**	**Ṡa**	**Ni**	**Ṡa**	**Ni**	**Ṙe**	**Ṡa**	**Ni**	**Dha**	**Pa**
Too	*m*	*--*	*Ta*	*na*	*na*	*Na*	*na*	*Dee*	*--*	*m*	*Ta*	*na*	*na*	*Na*	*na*
Pa	**Ṡa**	**Ni**	**Ṡa**	**Pa**	**Dha**	**Ma**	**Pa**	**Ga**	**Ga**	**Re**	**Ma**	**Ga**	**Re**	**Sa**	**Sa**
Na	*dir*	*Daa*	*ni*	*tu*	*Dir*	*Daa*	*ni*	*Ta*	*daa*	*re*	*Ta*	*daa*	*re*	*Daa*	*ni*
Sa	**Sa**	**Re**	**Re**	**Ma**	**Ma**	**Pa**	**Pa**	**Ni**	**Dha**	**Dha**	**Pa**	**Pa**	**Pa**	**Pa**	**Pa**
Dir	*Dir*	*Ta*	*na*	*Na*	*na*	*Ta*	*na*	*Too*	*m*	*Ta*	*na*	*Na*	*na*	*Na*	*na*

ANTARA-1

0				3				X				2			
Ma	**Ma**	**Pa**	**Pa**	**Dha**	**Dha**	**Ni**	**Ni**	**Ṡa**	**Ṡa**	**Ṡa**	**Ṡa**	**Ṙe**	**Ni**	**Ṡa**	**Ṡa**
Dir	*Dir*	*Ta*	*na*	*Dir*	*Dir*	*Ta*	*na*	*Too*	*m*	*Ta*	*na*	*Na*	*na*	*Na*	*na*
Ni	**Ni**	**–**	**Ni**	**Ṡa**	**Ṡa**	**Ṡa**	**Ṙe**	**Ṡa**	**Ġa**	**Ṙe**	**Ṡa**	**Ni**	**Ṡa**	**Dha**	**Pa**
Taa	*deem*	*--*	*Ta*	*na*	*na*	*Na*	*na*	*Too*	*m*	*Ta*	*na*	*Na*	*na*	*Na*	*na*
Pa	**Ṡa**	**Ni**	**Ṡa**	**Pa**	**Dha**	**Ma**	**Pa**	**Ga**	**Ga**	**Re**	**Ma**	**Ga**	**Re**	**Sa**	**Sa**
Naa	*Dir*	*Daa*	*ni*	*Tun*	*Dir*	*Daa*	*ni*	*Ta*	*daa*	*re*	*Ta*	*daa*	*re*	*daa*	*ni*
Sa	**Sa**	**Re**	**Re**	**Ma**	**Ma**	**Pa**	**Pa**	**Ni**	**Dha**	**Dha**	**Pa**	**Pa**	**Pa**	**Pa**	**Pa**
Dir	*Dir*	*Ta*	*na*	*Na*	*na*	*Ta*	*na*	*Too*	*m*	*Ta*	*na*	*Na*	*na*	*Na*	*na*

Khayal : Raaga Bahar - Ek Taal			
Thaat	Kafi	Vadi	Madhyam - Ma
Aroha	Sa Ma, Ma Pa Ga Ma, Dha Ni Ṡa	Samvadi	Shadaj - Sa
Avroha	Ṡa, Ni Pa Ma Pa, Ga Ma, Re Sa	Jaati	Shadav-Shadav 6/6
Pakad	Sa Ma, Ma Pa Ga Ma, Ni Dha Ni Ṡa	Time	Night

42. Ritu Basant

Sthayi : ***Bindu bindu ambu jharat, Ritu Basant aayi,***
Sheetal pavan puravaaee, Man men umang hai laayi.

Antara : ***Rang rang manjariyaan, Phool phool chancharik,***
Papaiyaa ki madhur taan, More man bhaayi.

Sthayi : *The Basant (spring) season has come. Rain is falling drop by drop.*
The easterly flowing cool breeze has given inspiration to my mind.

Antara : *The colourful pinnacles on the plants, the Bumble bees swarming on the flowers.*
The sweet chirping of the Koyal (black bird) pleased my mind.

STHAYI

X		0		2		0		3		4	
Ni	Ṡa	Ṙe	Ṡa	Ni	Ṡa	NiDha	Ni	Pa	Pa	Pa	Pa
Bin	--	du	bin	--	du	am-	--	bu	jha	ra	ta
Ma	Pa	NiPa	Ga	--	Ma	Ma	Ni	Dha	Ni	--	Ṡa
Ri	tu	Ba-	san	--	ta	aa	--	--	yi	--	--
NiDha	Ni	Pa	Pa	Ma	Pa	Ga	Ga	Ma	Re	--	Sa
Shee--	--	ta	la	pa	va	na	pu	ra	va	--	ee
Sa	Ma	Ma	Pa	Ga	Ma	Ni	Dha	Ni	--	Ṡa	--
ma	na	men	u	man	--	ga	hai	laa	--	yi	--

ANTARA-1

X		0		2		0		3		4	
Ma	Ga	Ma	Ni	Dha	Ni	Ṡa	--	Ṡa	Ni	Ṡa	--
Ran	--	ga	ran	--	ga	man	--	ja	ri	yaan	--
Ni	--	Ni	Ni	Ṡa	Ṡa	Ni	Ṡa	Ṙe	ṠaNi	--	Dha
Phoo	--	la	phoo	--	la	chan	--	cha	ri	--	ka
Ṡa	MaGa	Ṁa	Ṙe	Ġa	Ṙe	Ni	Ṡa	Ṙe	ṠaNi	--	Dha
Pa	pai-	--	yaa	--	ki	ma	dhu	ra	taa	--	na
DhaNi	Ṡa-	NiṠa	DhaNi	Ṡa-	NiPa	MaPa	Ni-	PaMa	GaMa	ReSa	NiSa
Mo-	--	--	re-	--	--	ma-	--	na-	bhaa-	--	yi-

Barhat : *Bindu bindu ambu jharat, Ritu Basant aayi,*

1. ṠaṘe ṠaṠa Ni – Dha – Ni – – Ṡa,
   Aa-- -- -- -- -- yi -- -- --,

   Ga – Ma – Ni – Dha – Ni – – Ṡa,
   Aa -- -- -- -- -- yi -- -- --,

   Ni Pa Pa Ni Ma Pa – Ga – – Ma Ma,
   Ri tu Ba -- san -- -- -- -- -- t,

   Sa Ma – – Pa Ga – Ma – Ma,
   Ba San -- -- -- -- -- -- --,

   Ma – Ni – Dha – Ni – – Ṡa
   Aa -- -- -- -- yi -- -- --

2. *Bindu bindu ambu jharat, Ritu Basant aayi,*

   ṠaṘe NiṠa Ni – Dha – Ni – – Ṡa,
   Aa-- -- -- -- -- -- -- yi,

```
              DhaNi  SaRe  -  ReGa  ReSa   Ni  Sa,
              Aa--    --   --  --    --    --  --,
              SaRe  NiSa  Ni  -  Dha  -  Ni  -  Sa,
              Aa--   --   --  -- --  -- yi  --  --
              Dha  -  Ni  -  Sa  -  MaGa  -  MaGa  -  Ma  Re  Sa,
              Aa    --  --  -- --  --  --   --  --   --  --  --  --,
              SaRe  NiSa  Ni  Dha  -  Ni  -  Sa
              Aa--   --   --   --  -- yi  --  --
```

Sthayi Taan : *Bindu bindu*

1. NiDha NiSa | NiPa MaPa | GaMa ReSa

   Bindu bindu

2. NiSa ReSa | NiPa MaPa | GaMa ReSa

   Bindu bindu

3. SaSa MaMa | PaMa GaMa | NiDha NiSa

Antara Taan : *Ranga ranga*

4. DhaNi SaDha | NiSa DhaNi | SaRe SaSa | GaMa ReSa | NiSa GaMa | ReSa NiSa
   NiDha NiSa | NiPa MaPa | GaMa ReSa

   Ranga ranga manjariyaan --

5. DhaNi SaRe | SaSa DhaNi | SaSa NiPa | MaPa NiNi | PaMa GaMa | ReSa NiSa |
   SaSa MaMa | PaMa GaMa | NiDha NiSa | GaMa ReSa | NiSa GaMa | ReSa NiSa

Bhajan : Raaga Bahar
Kaharva Taal

43. Hari Darshan

Sthayi :   *Mohe Hari darashan ki aas lagi, Mohe chaatak jaisi pyaas lagee.*

Antara : 1. *Raam Chandra mohe daras dilaado, Kirpaa ka mohe payas pilaado,*
            Raagahava ji mose naina milaado, Pal bhar hi sahi, koi baat nahi.

         2. *Nand Laal Hari raah dikhaado, Jeevan ki mohe chaah dilaado,*
            Maadhav mohe chaina dilaado, Chhan bhar hi sahi, koi baat nahin.

         3. *Naam manohar man men basaado, Priya Sakhe mora kaaj karaado,*
            Baansuri ki mohe bain sunaado, Ek sur hi sahi, koi baat nahin.

Sthayi :   I have a longing to see Hari. I am thirsty like a Chaatak bird.
            The bird waits all summer for rain drops to fall in his mouth, without drinking any other water.

Antara : 1. O Rama Chandra! please give me a glimpse. Please give me the Amrit (nectar) of your mercy.
            O Raghava! please look at me, doesn't matter even if just for a moment.

         2. O Krishna, please show me the way to you, please teach me the way of living.
            O Madhava! please give me peace of mind, doesn't matter even if just for a moment.

         3. Please fix your beautiful name in my heart, O Dear! please do this much for me.
            Please sing me a tune of your flute, doesn't matter even if you play just one note.

STHAYI

	X				0				X				0			
Ni Ṡa	–	ṠaṠa	Ni	Pa	Ma	Pa	Ga	Ma	Ma	Ni	Dha	Ni	Ṡa	–	Ni	Ṡa
Mo he	--	*Hari*	*da*	*ra*	*sha*	*na*	*ki*	--	*aa*	--	*sa*	*la*	*gee*	--	*Mo*	*he*
	–	ṠaṘe	Ṡa	Ṙe	Ni	Ṡa	Ni	Pa	Ga	–	Ga	Ma	Re	Sa	Ni	Ṡa
	–	*chaa--*	*ta*	*ka*	*jai*	--	*si*	--	*pya*	--	*sa*	*la*	*gee*	--	*Mo*	*he*

ANTARA-1

X				0				X				0			
–	Pa	–Pa	Pa	Ma	Pa	Ga	Ma	Ma	Ni	Dha	Ni	Ṡa	–	Ṡa	–
--	*Raa*	*-ma*	*Chan*	--	*dra*	*mo*	*he*	*da*	*ra*	*sa*	*di*	*la*	--	*do*	--
–	Ni	–Ni	Ni	Ṡa	–	Ṡa	–	Ni	Ṡa	Ṙe	Ṡa	Ni	Ṡa	Ni	Pa
--	*Kir*	*-paa*	*kaa*	*mo*	--	*he*	--	*pa*	*ya*	*sa*	*pi*	*la*	--	*do*	--
–	Ġa	–Ġa	Ṁa	Ṙe	–	Ṡa	Ṡa	Ni	–	Dha	Dha	Ni	–	Ṡa	–
--	*Raa*	*-gha*	*va*	*ji*	--	*mo*	*se*	*nai*	--	*na*	*mi*	*la*	--	*do*	--
–	Ṡa	–Ni	Pa	Ma	Pa	Ga	MaMa	Ma	Ni	Dha	Ni	Ṡa	–	Ni	Ṡa
--	*Pal*	*-bha*	*ra*	*hi*	*sa*	*hi*	*koi*	*baa*	--	*ta*	*na*	*hin*	--	*Mo*	*he*

Khayal : Raaga Bhinna Shadaja - Teen Taal			
Thaat	Bilaval	Vadi	Madhyam - Ma
Aroha	Sa Ga Ma Dha Ni Ṡa	Samvadi	Shadaj - Sa
Avroha	Ṡa Ni Dha Ma Ga Sa	Jaati	Audav-Audav 5/5
Pakad	Ga Ma Dha Ma Ga Sa, Ṇi Sa Ḍha Ṇi Sa Ma, Ga Ma Ga Sa	Time	Second part of Night

44. Damak Dihkave Damaniya

Sthayi : ***Damak dikhave daamaniya,***
Sarsar baadariya jal barsat,
Kad kad kadkat bijuriya

Antara : *1.* ***Moraniya naache, Mor Papiha,***
Thumakat thirakat naachat thaiya.

2. ***Thandhi fuhaar de gudgudiyan,***
Man mora pranaya ke geet rachaiya

Sthayi : *The thunder is roaring, The clouds are pouring rain, the lightening is sparkling.*

Antara : 1. *The peacock is dancing, the black bird is dancing, shaking their bodies.*

2. *The clod breeze is giving me goose bumps, and my mind is composing love songs.*

STHAYI

3				x				2				0			
Ṡa	Ni	Dha	Ga	Ma	Ga	–	Sa	–	Ṇi	Sa	Dha	Ṇi	SaGa	MaDha	NiṠa	Ṡa
Da	ma	ka	--	di	kha	--	ve	--	daa	--	ma	ni	ya--	----	----	da
	Ni	Dha	Ga	Ma	Ga	–	Sa	–	Ṇi	Sa	Dha	Ṇi	SaGa	MaDha	NiṠa	Ni
	ma	ka	--	di	kha	--	ve	--	daa	--	ma	ni	ya--	----	----	Sa
Ṡa	Ġa	Ṡa	Ṡa	Ni	Dha	Dha	Dha	Ma	–	Ga	Ma	Ga	Ga	Sa	Sa
ra	sa	--	ra	baa	--	da	ri	ya	--	ja	la	ba	ra	sa	ta
Ṇi	Sa	Dha	Ṇi	Sa	Ga	Ma	Dha	Ga	Ma	Dha	Ni	SaGa	MaDha	NiṠa	Ṡa
ka	da	ka	da	ka	da	ka	ta	bi	--	ju	ri	ya--	----	----	da
	Ni	Dha	Ga	Ma	Ga	–	Sa	–	Ṇi	Sa	Dha	Ṇi	SaGa	MaDha	NiṠa	Ṡa
	ma	ka	--	di	kha	--	ve	--	daa	--	ma	ni	ya--	----	----	--

ANTARA-1

3				x				2				0			
Ga	Ma	Dha	–	Ni	Ṡa	–	Ni	–	Ṡa	–	Ni	Ṡa	Ṁa	Ġa	Ṡa	Ġa
Mo	--	ra	--	ni	ya	--	naa	--	che	--	Mo	r	Pa	pi	ha	thu
Ṁa	Ġa	Ṡa	Ṡa	Ni	Dha	Dha	Dha	Ma	–	Ga	Ma	GaMa	DhaNi	Ṡa	Ṡa
ma	ka	--	ta	thi	ra	ka	ta	naa	--	cha	ta	thai--	----	ya	da
Ṇi	Dha	Ga	Ma	Ga	–	Sa	–	Ṇi	Sa	Dha	Ṇi	SaGa	MaDha	NiṠa	Ṡa
ma	ka	--	di	kha	--	ve	--	daa	--	ma	ni	ya--	----	----	da

Sthayi Taan : *Damak di*

1. MaGa SaṆi DhaṆi SaṆi | DhaṆi DhaMa DhaṆi SaGa |
   MaGa SaṆi Sa–

   Damak di

2. SaṆi DhaṆi SaGa MaGa | SaGa MaDha MaGa SaṆi |
   DhaṆi Sa– Sa–

   Damak di

3. SaSa GaMa GaGa SaSa | GaMa DhaDha GaMa GaGa |
   SaṆi DhaṆi Sa–

Antara Taan : *morani*

4. SaSa GaMa GaGa SaSa | GaMa DhaNi DhaDha MaMa |
   GaMa GaGa SaSa

   morani

5. GaMa DhaNi ṠaNi DhaNi | ṠaNi DhaMa GaMa GaGa | SaṆi DhaṆi Sa–

Khayal : Raaga Malkauns - Teen Taal

Thaat	Bhairavi	Vadi	Madhyam - Ma
Aroha	Sa Ga Ma, Dha Ni Sa	Samvadi	Shadaj - Sa
Avroha	Sa Ni Dha Ma, Ga Ma Ga Sa	Jaati	Audav-Audav 5/5
Pakad	Dha Ni Sa Ma, Ga Ma Ga, Sa	Time	Third part of Night

45. Dil Dharak Dharak Bole

Sthayi : *Dil dharak dharak bole mero, Aji kahane do jo kahna ho,*
Mujhe apane dil ka kona do.

Antara : 1. *Geet purana yaad aata ho, Dil se dil ka naata ho.*
Aji, baat tihaaree ek nazar kee, Pher ke mukh rukh yon naa do.

2. *Raat guzaari deevaane ne, Baith Shama par Parvane ne,*
Aaj tumhaare saath chaloon main, Meeta ko tum dukh yon naa do.

Sthayi : My heart is throbbing, "dharak dharak," O Dear!
Please let it say what it wants. Please give me a place in your heart.

Antara : 1. Hope you remember our old song. Hope our hearts are still connected.
O Dear! it is just a matter of your single glimpse.
Please don't give me that attitude by turning your face away.

2. I spent the night in your craze, like a moth sitting on the lamp.
Today I may burn with you. Please do not hurt this friend in this manner.

STHAYI

X				2				0				3			
Dha	Ni	Ga	Sa	Sa	Ga	Sa	Sa	Ni	Dha	NiDha	Ma	SaNi	Dha Ni	DhaNi	Sa	Sa	Sa
Di	l	dha	ra	ka	dha	ra	ka	bo	--	le-	--	me-	--	ro	--	A	ji

| Sa | Sa | Ni | Dha | Ni | - | Dha Ma | Dha | Dha | Ma | Ga | Ma | - | Ga | Sa |
| ka | ha | ne | -- | do | -- | jo -- | ka | ha | na | -- | ho | -- | Mu | jhe |

| Ni | Sa | Ga | Ma | Dha | Dha | Ga Ma | GaMa | Dha Ni | SaGa | SaNi | Dha Ni | Sa- | Dha | Ni |
| a | pa | ne | -- | di | l | ka -- | ko- | -- | -- | naa- | -- | do- | Di | l |

ANTARA-1

X				2				0				3			
Ga	-	Ma	Ma	Dha	-	Ni	-	Sa	-Sa	Sa	-	Sa	Ni	Sa	-
Gee	--	ta	pu	ra	--	na	--	yaa	--d	aa	--	ta	--	ho	--

| Sa | Sa | Sa | - | Sa | Sa | Ni | Dha | Ma | Dha | Ni | - | Dha | Ni | Dha | Ma |
| Di | la | se | -- | di | la | ka | -- | naa | -- | ta | -- | ho | -- | A | ji |

| Dha | Ni | Sa | Ma | Ga | Sa | Sa | - | Ga | - | Ni | Ni | Sa | Sa | Sa | - |
| baa | -- | ta | ti | haa | -- | ree | -- | e | -- | ka | na | za | ra | kee | -- |

| Sa | Ma | Ga | Sa | Sa | Sa | Ni | Ni | Dha Ni | SaGa | SaGa | SaNi | Dha Ni | Sa- | Dha | Ni |
| phe | -- | ra | ke | mu | kha | ru | kha | yon- | -- | naa- | -- | do- | -- | Di | l |

Sthayi Taan : *Dil dharak dharak*

1. SaGa MaDha NiSa DhaNi | SaNi DhaMa GaMa GaSa

Dil dharak dharak

2. GaMa Dha Ni SaDha NiSa | Dha Ni SaNi DhaMa GaSa

Dil dharak dharak

3. GaMa Dha Ni SaGa SaNi | Dha Ni DhaMa GaMa GaSa

Antara Taan : *Geet puraana yaad aata ho --*

4. SaSa GaGa SaSa MaMa | GaGa MaMa Ga Ga Dha Dha |
   MaMa Dha Dha MaMa NiNi | Dha Dha NiNi Dha Dha SaSa

Geet puraana yaad aata ho --

5. SaSa NiDha NiNi DhaMa | Dha Dha MaGa MaMa GaSa |
   SaGa MaMa GaMa Dha Dha | MaDha NiNi Dha Ni SaSa |
   SaNi DhaMa GaMa GaSa | GaMa Dha Ni Sa- Sa- |
   GaMa Dha Ni Sa- Sa- | GaMa Dha Ni Sa- Sa-

Tarana : Raaga Malkauns - Teen Taal (Drut Laya)

Tana Naa Dir Dir Daani

Sthayi : *Naa Dir Dir Toom Taare Deem Tana Nana Nana*
Dere Na Dere Na Taare Deem Tana Nana Nana.

Antara : **O De Ta Na O De Ta Na Deem** *Tana Nana Nana*
Ta Deem Deem Ta Na Na Toom *Tana Nana Nana*
Deem Deem Tana Nana, Deem Deem Tana Nana
Tite Kata Gadi Gina Dha - - -
Tite Kata Gadi Gina Dha - - - Tite Kata Gadi Gina.

STHAYI

0				3				X				2			
Ga	Ma	Ga	Sa	--	Dha	--	Ni	Sa	--	Ma	Ma	Ga	Ma	Ga	Sa
Na	*dir*	*dir*	*toom*	*--*	*taa*	*--*	*re*	*deem*	*--*	*ta*	*na*	*na*	*na*	*na*	*na*
Ga	Ga	Ga	Ma	Ma	Ma	Dha	Ni	Sa	--	Dha	Ni	Dha	Ma	Ga	Sa
De	*re*	*na*	*de*	*re*	*na*	*taa*	*re*	*deem*	*--*	*ta*	*na*	*na*	*na*	*na*	*na*
Ga	Ma	Ga	Sa	--	Dha	--	Ni	Sa	--	Ma	Ma	Ga	Ma	Ga	Sa
Na	*dir*	*dir*	*toom*	*--*	*taa*	*--*	*re*	*deem*	*--*	*ta*	*na*	*na*	*na*	*na*	*na*

ANTARA-1

0				3				X				2			
Ga	Ga	Ma	Ma	Dha	Dha	Ni	Ni	Sȧ	–	Sȧ	Sȧ	Gȧ	Ni	Sȧ	Sȧ
O	de	ta	na	O	de	ta	na	deem	--	ta	na	na	na	na	na
Ni	Ni	Ni	Ni	Ni	Ni	Ni	Ni	Dha	Ni	Sȧ	Ni	Dha	Ni	Dha	Ma
Ta	dee	m	dee	m	ta	na	na	too	m	ta	na	na	na	na	na
Sȧ	--	Gȧ	Ma	Gȧ	Gȧ	Sȧ	Sȧ	Ga	--	Ga	Ma	Ga	Sa	Sa	Sa
Dee	m	dee	m	ta	na	na	na	deem	--	dee	m	ta	na	na	na
Ga	Ga	Ma	Ma	Dha	Dha	Ni	Ni	Sȧ	–	Sȧ	–	Ga	Ga	Ma	Ma
Ti	te	ka	ta	ga	di	gi	na	dha	--	--	--	ti	te	ka	ta
Dha	Dha	Ni	Ni	Sȧ	–	Sȧ	–	Ga	Ga	Ma	Ma	Dha	Dha	Ni	Ni
Ga	di	gi	na	dha	--	--	--	ti	te	ka	ta	ga	di	gi	na
Ga	Ma	Ga	Sa	–	Dha	–	Ni	Sa	–	Ma	Ma	Ga	Ma	Ga	Sa
Na	dir	dir	toom	--	taa	--	re	deem	--	ta	na	na	na	na	na

Khayal : Raaga Malkauns
Teen Taal
46. Rim Jhim Barasata Saavana Aayo

Sthayi : *Rim jhim barsat baadal garjat, Saavan aayo, Rang laayo re.*
Antara : *1. Panchavati ke har praangan men, Phool gulaali, bikharaayo re.*
           2. Siya ki kutee ke dar aangan men, Gut par paani, uchhalaayo re.

Sthayi : The rain is drizzling and the clouds are roaring,
The Spring has arrived and it brought colours with it.
Antara : 1. In every front yard of Panchavati, crimson flowers have bloomed.
2. In the front yard of the cottage of Sita, it splashed drops on her ponytail.

STHAYI

0				3				X				2			
–	MaGa	Ma	Ma	Ni	Dha	-Ni	Ni	Sȧ	–	Dha	Ni	Dha	Ma	Ga	Sa
–	Rim	jhi	ma	ba	ra	-sa	a	baa	--	da	la	ga	ra	ja	ta
–	Sa	-Sȧ	Sȧ	Ni	–	Ni	Dha	–	Dha Ni	Sȧ	Ni	Dha	Ma	Ga	Sa
–	Saa	-va	na	aa	--	yo	--	--	rang	laa	--	yo	--	re	--
–	MaGa	Ma	Ma	Ni	Dha	-Ni	Ni	Sȧ	–	Dha	Ni	Dha	Ma	Ga	Sa
–	Rim	jhi	ma	ba	ra	-sa	ta	baa	--	da	la	ga	ra	ja	ta

ANTARA-1

0				3				X				2			
−	MaGa	Ma	Ma	Dha	−	Ni	−	−	SaSa	Sa	−	Ga	Ni	Sa	−
−	Pan-	cha	va	ti	--	ke	--	--	har	praan	--	ga	na	men	--
−	Ni	-Ni	Ni	Ni	−	SaNi	Dha	−	Dha Ni	Sa	Ni	Dha	Ma	Ga	Sa
−	Phoo	-la	gu	laa	--	li	--	--	bikha	ra	--	yo	--	re	--
--	MaGa	Ma	Ma	Ni	Dha	-Ni	Ni	Sa	−	Dha	Ni	Dha	Ma	Ga	Sa
−	Rim	jhi	ma	ba	ra	-sa	ta	--	baa-	da	la	ga	ra	ja	ta

Bhajan : Raaga Malkauns
Kaharva Taal
47. Krishna Sudama

Sthayi : *Jag alag alag kahata donon, Jo alag kahata use rahne do.*

Antara : 1. *Bachapan ke hain donon saathi, Bhava-saagar men, bichhude hain.*
Krishna Sudama roop alag hain, Nar Naarayan, ek hi hain.

2. *Aar hai Gokul paar Mathura, Donon Jamuna teer pe hain,*
Raadha sakhi hai sakha Sudama, Sakhi sakha sab, ek hi hain.

3. *Rank Sudama Raja Hari hain, Keval maukhik antar hai.*
Antar tan ka, nahin hai man ka, Do tan do man, ek hi hain.

Sthayi : The world says Krishna and Sudama are two different persons.
Let them say whatever they want. Leave him alone who thinks of them differently.

Antara : 1. They are childhood friends, got separated in this worldly ocean.
Krishna and Sudama are two forms, but Nar and Narayan, both are one.

2. On this side is Gokul, on the other side is Mathura. Both are on the banks of one Jamuna.
Radha is friend and Sudama is friend. friends all are one.

3. Sudama is poor, Krishna is a king, the difference is only verbal.
The difference is of the bodies only, but not of mind. Two bodies and two minds are one.

STHAYI

		X				0				X				0			
Ma	Ma	−	GaMa	Ga	Sa	Ni	Sa	Dha	Ni	Sa	−	Ma	−	Ma	−	Ma	−
Ja	ga	--	ala	ga	a	la	ga	ka	ha	ta	--	do	--	non	--	jo	--
		−	GaMa	Ga	Sa	Ni	Sa	Dha	Ni	Sa	−	Ma	−	Ma	−	Ma	Ma
		−	ala	ga	ka	ha	ta	u	se	ra	ha	ne	--	do	--	ja	ga
		−	GaMa	Ga	Sa	Ni	Sa	Dha	Ni	Sa	−	Ma	−	Ma	−	Ma	Ma
		--	ala	ga	a	la	ga	ka	ha	ta	--	do	--	non	--	Ja	ga

ANTARA-1

X				0				X				0			
–	GaGa	Ma	Ma	Dha	–	Ni	Dha	–	Ṡa	–	Ṡa	Ġa	Ni	Ṡa	–
--	*Bacha*	*pa*	*na*	*ke*	--	*hain*	--	--	*do*	--	*non*	*saa*	--	*thi*	–
–	NiNi	Ni	–	Ni	Ni	Ni	Dha	–	Dha Ni	Ṡa	Ni	Dha	–	Ma	–
--	*Bhava*	*saa*	--	*ga*	*ra*	*men*	--	--	*bichhu*	*de*	--	*hain*	--	--	--
--	Dha Ni	Ṡa	Ġa	Ġa	–	Ġa	Ṡa	–	ṠaṀa	Ġa	Ṡa	Ni	Ni	Ṡa	–
--	*Kri--*	*shna*	*Su*	*da*	--	*ma*	--	--	*roo--*	*pa*	*a*	*la*	*ga*	*hain*	--
--	ṠaṀa	Ṁa	Ġa	Ġa	Ṡa	Ni	Dha	–	Dha Ni	Ṡa	Ni	Dha	Ma	Ma	Ma
--	*Nar*	*Naa*	--	*ra*	--	*ya*	*na*	--	*e-*	*ka*	*hi*	*hain*	--	*Ja*	*ga*

Khayal : Raaga Shankara

Jhap Taal

48. Maa Shaarade

Sthayi : ***Sangeet Daayini! Bhaarti! Veena vaadini!***
Saraswati Maa! Param var de.

Antara : ***Vaageshvari! Gyaan taru ko amar kar de,***
Shaarde! taar de, Maa! Jholi bhar de.

Sthayi : *O Goddess of Music, Bharati! Veena Vaadini!*
O Mother Saraswati! Give me a supreme boon.
Fill me with knowledge, Make me successful.
I pray you, please give me a boon.

Antara : *O Mother! please make the tree of knowledge immortal.*
O Sharda! please save us. O Mother! fulfill our desires.

STHAYI

X		2			0		3		
PaNi	Ṡa	Ni	Pa	Pa	Ga	Pa	Ṡa	Ni	–
San-	--	*gee*	--	*ta*	*daa*	--	*yi*	*ni*	--
Pa	Ga	Ga	Ga	Pa	ReGa	Re	Sa	–	Sa
Bhaa	--	*ra*	*ti*	--	*vee-*	--	*na*	--	*vaa*
P̣a	P̣a	Sa	–	Sa	Pa	Ga	Pa	Pa	–
--	*di*	*ni*	--	*Sa*	*ra*	--	*swa*	*ti*	--
PaNi	Ṡa	Ni	Pa	Pa	PaGa	Pa	ReGa	-Re	Sa
Maa–	--	*pa*	*ra*	*ma*	*va*	*ra*	*-de*	--	--

ANTARA-1

X		2			0		3		
PaGa	Pa	Ṡa	–	Ṡa	Ṡa	–	ṠaNi	Ṙe	Ṡa
Vaa–	--	*ge*	--	*shva*	*ri*	--	*gyaa*	--	*na*
Ṡa	Ġa	Ġa	–	Ṗa	Ġa	Ṙe	ṠaṘe	Ṡa	Ṡa
ta	*ru*	*ko*	--	*a*	*ma*	*ra*	*ka-*	*ra*	*de*
Ni	Dha	Ni	SaṘe	NiṠa	Ni	Dha	Ni	^{Dha}Pa	–
Shaa	--	*ra*	*de–*	--	*taa*	--	*ra*	*de*	--
Ṡa	Ni	Pa	Ga	Pa	ReGa	Re	Sa	–	–
Maa	--	*jho*	--	*li*	*bha*	*ra*	*de*	--	--
PaṄi	Ṡa	Ni	Pa	Pa	Ga	Pa	Ṡa	Ni	–
San-	--	*gee*	--	*ta*	*daa*	--	*yi*	*ni*	--

Sthayi Taan : ***Sangeet daayini --***

1. SaSa GaGa I PaPa NiṠa ṘeṠa I NiDha PaPa I GaPa GaRe SaSa

Sangeet daayini --

2. PaGa PaPa I NiṠa ṘeṠa NiṠa I NiDha PaPa I GaPa GaRe SaSa

Sangeet daayini --

3. SaSa GaGa I PaPa NiṠa ĠaṘe I ṠaNi PaDha I PaPa GaRe SaSa

Antara Taan : ***Vaageshvari! Gyaan***

4. PaPa GaPa I NiṠa ĠaṘe ṠaNi I PaDha PaPa I GaPa GaRe SaSa

Vaageshva

5. SaSa GaGa I PaPa NiṠa ṘeṠa I PaDha PaPa I GaPa NiṠa ṘeṠa I NiDha PaDha I PaPa GaRe SaSa

Khayal : Raaga Shankara - Ek Taal			
Thaat	Bilawal	Vadi	Gandhar - Ga
Aroha	Sa Ga, Pa, Ni Dha, Ṡa	Samvadi	Nishad - Ni
Avroha	Ṡa Ni Pa, Ni Dha, Ṡa Ni Pa, Ga Pa, ^{Re}Ga Sa	Jaati	Audav-Shadav 5/6
Pakad	Ni Dha Ṡa Ni, Pa, Ga Pa, Ga ^{Re}Sa	Time	Second part of Night

49. Neela Kantha Bhole

Sthayi : *Neel kanth Bhole Gangadhar, He Shambho,*
Bhaalachandra Shashidhaari, Tripuraari Shulapaani.
Antara : *Vaikunth bihaari re! Raksha kar Gaurinaath,*
Mahadev Nandinaath, Shiva Shankar paahi maam.

Sthayi : O Neelkanth, O Bhole, O Gangadhar, O Shiva Shambho,
O Bhalchandra Shashidhari, O Tripurari, O Lord Shulapani!
Antara : O Baikuntha Bihari, O Gaurinath, please protect me.
O Mahadev, O Nandinath, O Shiva Shankara, please help me.

STHAYI

X		0		2		0		3		4	
Sa	–	Sa	Ni	Dha	Ni	Pa	–	NiDha		Sa	Ni	–
Nee	--	la	ka	n	tha	Bho	--	--		le	--
Pa	--	Pa	Ga	Ga	Pa	Re	Ga	Re	Ni	Re	Sa
Gan	--	ga	--	dha	ra	he	--	Sham	bho	--	--
Sa	Pa	Pa	Sa	--	Sa	Sa	Pa	Ga	Pa	--	Pa
Bhaa	--	la	chan	--	dra	Sha	shi	--	dha	--	ri
Pa	Ni	Sa	Re	Sa	–	Ni	Dha	Ni	Pa	Ga	Pa
Tri	pu	raa	--	ri	--	Shu	--	la	paa	--	ni

ANTARA-1

X		0		2		0		3		4	
PaGa	Pa	Sa	–	Sa	Sa	Sa	–	SaNi	Re	Sa	–
Vai-	--	kun	--	tha	bi	haa	--	ri	--	re	--
Sa	--	Ga	--	Ga	Pa	Re	Ga	Re	Ni	Re	Sa
Ra	--	ksha	--	ka	ra	Gau	--	ri	naa	--	tha
Sa	Sa	--	Pa	Ga	Ga	Pa	--	Pa	Ni	Sa	Sa
Ma	ha	--	de	--	va	Na	n	di	naa	--	tha
Pa	Ni	Sa	Re	Sa	Sa	Ni	Dha	Ni	Pa	Ga	Pa
Shi	va	Sha	n	ka	ra	paa	--	hi	maa	--	m

Barhat : *Neel kanth Bhole ....*

1. Ni Dha Pa – Ga – Pa ^{Re}Ga Re Sa,
   Bho -- -- -- -- -- -- -- le,
   Pa Ni Sa Ga – Pa ^{Re}Ga Re Sa,
   Nee -- -- -- la kan -- th,
   Sa – Pa Ga Pa ^{Re}Ga Re Sa
   Bho -- -- -- -- -- le

Neel kanth Bhole ....

2. **Sa – PaGa – Pa Ni – Pa Pa – Pa Ga Pa ^{Re}Ga Re Sa,**

   Nee -- ---- -- la kan -- -- th -- Bho -- -- -- -- le,

   Sa Ga Pa Ni – Dha Ṡa Ni Pa Ga Pa ^{Re}Ga – Re Sa,

   Nee la kan -- -- th Bho -- -- -- -- -- -- -- le,

Neel kanth Bhole ....

3. **PaGaPa Ni Ṡa – Ni Ṙe Ṡa –, Pa Ni Ṡa Ni Ṙe Ṡa,**

   Bho---- -- -- -- -- -- le --, Bho -- -- -- -- le,

   Ga Re Sa Ga Pa Ni Ṡa Ni Ṙe Ṡa – ṠaṘeNiṠa Ni – Dha Ṡa Ni,

   Nee -- -- la kan -- -- -- -- tha -- Bho---- -- -- -- -- le,

   Pa Ni Ṡa Ġa – Ṗa ^{Re}Ġa Ṙe Ṡa,

   Nee -- -- -- -- la kan -- th,

   ṠaṘe NiṠa Ni – DhaPa Ga Pa Ṡa Ni – DhaPa Ga –,

   Bho-- --- -- -- -- -- -- -- le -- --- -- --,

   Ga – Pa ^{Re}Ga Re Sa,

   Bho -- -- -- -- le,

Sthayi Taan : *Neel kanth*

1. **NiDha PaDha | PaPa GaPa | GaRe SaSa**

   Neel kanth

2. **SaSa GaGa | PaPa NiṠa | ṘeṠa NiṠa**

   Neel kanth Bhole --

3. **PaPa NiṠa | ṘeṠa NiṠa | NiDha PaPa | NiṠa ṘeṠa | NiDha PaPa | GaRe SaSa**

Antara Taan : *Vaikunth Bihaari Re --*

4. **PaPa NiṠa | ṘeṠa NiṠa | NiDha PaPa | GaPa NiDha | PaPa GaPa | GaRe SaSa**

   Vaikunth Bihaari Re --

5. **SaSa GaGa | PaPa NiṠa | ṘeṠa NiṠa | ĠaṘe ṠaṠa | NiDha PaPa | GaRe SaSa**

Khayal : Raaga Puriya - Teen Taal			
Thaat	Marwa	Vadi	Gandhar - Ga
Aroha	Ṇi Re Sa, Ga, Ma Dha Ni Re Ṡa	Samvadi	Nishad - Ni
Avroha	Ṙe, Ni Dha, Ma Dha Ga Ma Ga, Re Sa	Jaati	Shadav-Shadav 6/6
Pakad	Ga Ma Dha Ga Ma Ga, Ma Ga Re Sa, Ṇi Ḍha Ṇi, Re Sa	Time	Late afternoon

50. Paar karo Bhava Naiya

Sthayi : *Paar karo meri bhav naiya, Taar karo mera Ambe maiya.*
Antara : *1. Lut gayi meri prem ki nagari, Naath na aaye, haaye daiya!*
2. Lagti sooni gaao ki dagari, Raah takoon main aave sainya.

Sthayi :   O Ambe Maata! please cross me over the worldly ocean. Please protect me.
Antara :   1. My love has gone sour. My beloved has not returned home.
           2. The road to my town looks empty, as I await his arrival.

STHAYI

0				3				X				2			
GaMa	DhaMa	GaRe	GaMa	Ga	Re	Sa	--	NiRe	Sa	Ni	Dha	Ni	Re	Sa	--
Paa	--	--	--	ra	ka	ro	--	me-	ri	bha	va	nai	--	ya	--
Ma	--	Ga	Ma	Ga	Re	Sa	Sa	Ni	Re	Ni	Dha	Ma	Dha	Ma	Ga
Taa	--	ra	ka	ro	--	me	ra	A	m	be	--	mai	--	ya	--
GaMa	DhaMa	GaRe	GaMa	Ga	Re	Sa	--	NiRe	Sa	Ni	Dha	Ni	Re	Sa	--
Paa	--	--	--	ra	ka	ro	--	me-	ri	bha	va	nai	--	ya	--

ANTARA-1

0				3				X				2			
Ma	Ma	Ga	Ga	Ma	--	Dha	--	MaDha	Sa	Sa	Sa	Ni	Re	Sa	--
Lu	ta	ga	yi	me	--	ri	--	pre-	--	ma	ki	na	ga	ri	--
Ni	Re	Ni	Dha	Ma	Dha	Ma	Ga	Ma	Re	Ga	Ma	GaMa	DhaMa	GaRe	Sa-
Naa	--	tha	na	aa	--	ye	--	haa	--	ye	--	dai	--	ya	--
GaMa	DhaMa	GaRe	GaMa	Ga	Re	Sa	--	NiRe	Sa	Ni	Dha	Ni	Re	Sa	--
Paa	--	--	--	ra	ka	ro	--	me-	ri	bha	va	nai	--	ya	--

Sthayi Taan : *Paar karo --*

1. NiRe GaMa DhaNi MaDha | MaNi Ni,Dha MaGa ReSa

   Paar karo --

2. NiRe GaMa DhaNi ReSa | NiDha MaGa MaGa ReSa

   Paar karo --

3. NiDha MaGa ReSa NiRe | GaMa DhaMa MaGa ReSa

Antara Taan : *Lut gayi meri prem ki nagari --*

4. NiRe GaMa GaRe GaMa | DhaNi DhaMa DhaNi ReSa |
   NiDha MaGa ReGa MaDha | NiDha MaGa MaGa ReSa

   Lut gayi meri prem ki nagari --

5. MaGa ReSa NiDha MaGa | ReSa ReSa NiDha MaGa |
   ReSa NiRe GaMa DhaNi | ReSa NiDha MaGa ReSa

Khayal : Raaga Puriya Dhanashri - Teen Taal

Thaat	Poorvi	Vadi	Pancham - Pa
Aroha	Ṇi Re̱ Ga Ma Pa, Ma Dha̱ Pa, Ni Ṡa	Samvadi	Rishabh - Re̱
Avroha	Ṙe̱ Ni Dha̱ Pa, Ma Ga, Ma Re̱ Ga, Re̱ Sa	Jaati	Sampurna-sampurna 7/7
Pakad	Ṇi Re̱ Ga Ma Pa, Dha̱ Pa, Ma Ga, Ma Re̱ Ga, Re̱ Sa	Time	Evening

51. Jhanak jhanak Veena jhanakaari

Sthayi : *Jhanak jhanak veena jhankaari, Manjul mangal bansi pyaari.*

Antara : *1. Chham chham chham chham ghungharu bole,*
Paayal ruma jhum painjan baaje, Saath manjeera dhun hiya haari.

2. Sar sar sar sar ghunghata sarke, Kundal cham cham bindiya chamke,
Naachat chanchal Raadha Gauri.

Sthayi : The delicate and lovely flute is sweet,
And the ankle bracelets are resounding Jhanak Jhanak.

Antara : 1. The bells are clinking Cham Cham. The bracelet is making Run Jhun sound,
And the sound of the Manjeera is soothing to the heart.

2. The scarf is slipping from the head.
The earrings are glittering. Radha and Gauri are dancing in quick motions.

STHAYI

0				3				X				2			
Pa	Pa	Ma	Ga	Ma	Dha	Ni	Ṙe̱	Ni	Dha	Pa	Pa	MaDha	Pa	Ma	Ga
Jha	na	ka	jha	na	ka	vee	--	na	--	jha	na	kaa	--	ri	--
Pa	--	Ma	Ga	Ma	Re̱	Ga	Ga	Ma	Dha	Ma	Ga	Re̱	--	Sa	--
Man	--	ju	la	man	--	ga	la	ban	--	si	--	pyaa-	--	ri	--
Pa	Pa	Ma	Ga	Ma	Dha	Ni	Ṙe̱	Ni	Dha	Pa	Pa	MaDha	Pa	Ma	Ga
Jha	na	ka	jha	na	ka	vee	--	na	--	jha	na	kaa-	--	ri	--

ANTARA-1

0				3				X				2			
--	Ma	Ga	Ga	Ma	Ma	Dha	Dha	DhaNi	Ṡa	Ṡa	--	Ni	Ṙe̱	Ṡa	--
--	Chham	chha	ma	chha	ma	chha	ma	ghun-	gha	ru	--	bo	--	le	--
--	Ni	Ṙe̱	ĠaĠa	Ṙe̱Ġa	Ṙe̱	Ṡa	Ṡa	NiṘe̱	Ṡa	Ni	Dha	Ni	Dha	Pa	--
--	Paa	--	yala	ru	--	ma	jhu ma	pain-	--	ja	na	baa	--	je	--
--	Pa-	Ma	Ga	Ma	Re̱	Ga	--	Ma	Dha	Ni	Ṙe̱	DhaNi	Dha	Pa	--
--	Saa-	tha	man	jee	--	ra	--	dhu	na	hi	ya	haa-	--	ri	--
Pa	Pa	Ma	Ga	Ma	Dha	Ni	Ṙe̱	Ni	Dha	Pa	Pa	MaDha	Pa	Ma	Ga
Jha	na	ka	jha	na	ka	vee	--	na	--	jha	na	kaa	--	ri	--

Sthayi Taan : *Jhanak jhanak vee --*

1. NiRe GaMa DhaNi ReNi I DhaPa MaGa ReSa NiSa

Jhanak jhanak vee --

2. GaMa DhaNi ReGa ReSa I NiDha PaMa GaMa ReSa

Jhanak jhanak vee --

3. MaDha NiNi DhaNi DhaPa I MaDha PaMa GaMa ReSa

Antara Taan : *– Chham chham chham chham*

4. PaMa GaMa ReGa MaDha I NiRe SaNi DhaPa MaPa

– Chham chham chham chham Ghungharu bole --

5. NiRe GaMa DhaNi DhaPa I MaDha NiNi DhaNi DhaPa I
MaDha PaMa GaMa ReGa I PaMa GaMa GaRe Sa–

Khayal : Raaga Gaur Malhar - Teen Taal			
Thaat	Khamaj	Vadi	Madhyam - Ma
Aroha	Sa, Re Ga Re Ma Ga Re Sa, Re Pa, Ma Pa, Dha Ni Sa	Samvadi	Shadaj - Sa
Avroha	Sa, Dha Ni Pa Ma, Ga Re Ga (Re) Sa	Jaati	Sampurna-Sampurna 7/7
Pakad	Re Ga Re Ma Ga Re Sa, Re Pa, Ma Pa Dha Sa Dha Pa Ma	Time	Second part of Night

52. Kaari Badariya

Sthayi : ***Kaari baadariya bheeni chaadariya, Chadariya mori bheeni saanvariya.***

Antara : ***1. Pal chhin tadapat mora manava, Garjat barasat kaaro badarava,***
Adhir bhayi main baanvariya.

2. Kadakat chamakat bairee bijuriya, Aaja balamava mori dagariya,
Haar gayi main Saavariya.

Sthayi : The water from the black cloud wet my clothes. O Dear! my clothes became wet.

Antara : 1. My heart is pumping. Clouds are thundering and it's raining. I am going restless, O Dear!

2. The thunder is roaring and glittering. O Dear! please come. I am lost, O My love!

STHAYI

0				3				X				2			
–	Ga	Re	Ma	Ga	Re	Sa	–	GaRe	Ga	Ma	Pa	Ga	Pa	Ma	Ga
–	*Kaa*	*ri*	*baa*	*da*	*ri*	*ya*	*--*	*bhee--*	*--*	*ni*	*chaa*	*da*	*ri*	*ya*	*--*
–	GaRe	Pa	Pa	Pa	–	Pa	Pa	DhaNi	Sa	Dha	Pa	Ga	Pa	Ma	Ga
–	*Chaa--*	*da*	*ri*	*ya*	*--*	*mo*	*ri*	*bhee--*	*--*	*ni*	*saan*	*va*	*ri*	*ya*	*--*
–	GaRe	Pa	Pa	Pa	–	Pa	Pa	DhaNi	SaRe	SaNi	DhaPa	Ga	Pa	Ma	Ga
–	*Chaa--*	*da*	*ri*	*ya*	*--*	*mo*	*ri*	*bhee--*	*--*	*ni*	*saan--*	*va*	*ri*	*ya*	*--*

–	Ga	Re	Ma	Ga	Re	Sa	–	GaRe	Ga	Ma	Pa	Ga	Pa	Ma	Ga
–	*Kaa*	*ri*	*baa*	*da*	*ri*	*ya*	--	*bhee--*	--	*ni*	*chaa*	*da*	*ri*	*ya*	--

ANTARA-1

0				3				X				2			
–	PaGa	Pa	Pa	Ni	Dha	Ni	Ni	Sa	–	Sa	–	Ni	Re	Sa	–
--	*Pal*	*chhi*	*na*	*ta*	*da*	*pa*	*ta*	*mo*	--	*ra*	--	*ma*	*na*	*va*	--
–	NiNi	Ni	Ni	Ni	Ni	Ni	Ni	DhaNi	Sa	Ni	Sa	Dha	Ni	Dha	Pa
--	*Gar*	*ja*	*ta*	*ba*	*r a*	*sa*	*ta*	*kaa--*	--	*ro*	*ba*	*da*	*ra*	*va*	--
–	MaRe	Pa	Pa	Pa	Dha	Pa	–	DhaNi	Sa	Dha	Pa	Ga	Pa	Ma	Ga
--	*Adhi*	*ra*	*bha*	*yi*	--	*main*	--	*baan--*	--	*va*	*ri*	*ya*	--	--	--
–	MaRe	Pa	Pa	Pa	Dha	Pa	–	DhaNi	SaRe	SaNi	DhaPa	Ga	Pa	Ma	Ga
--	*Adhi*	*ra*	*bha*	*yi*	--	*main*	--	*saan--*	--	*va*	*ri-*	*ya*	--	--	--

Sthayi Taan : ***Kaari baadariya --***

1. NiSa ReGa MaPa MaGa I ReGa MaPa MaGa ReSa

   Kaari baadariya --

2. ReGa MaPa MaGa ReGa I MaPa DhaPa MaGa ReSa

   Kaari baadariya --

3. PaPa DhaPa MaGa ReGa I MaPa DhaPa MaGa ReSa

Antara Taan : ***Pal chhin tadapa***

4. MaGa ReRe PaPa DhaNi I SaSa DhaNi PaPa MaGa I ReSa

   Pal chhin tadapat mora manava --

5. MaGa ReRe PaPa DhaNi I PaPa DhaNi SaRe SaSa I

   PaPa DhaNi SaRe GaRe I SaSa DhaPa MaGa ReSa

Khayal : Raaga Todi - Teen Taal			
Thaat	Todi	Vadi	Dhaivat - Dha
Aroha	Sa Re Ga, Ma Dha, Pa, Ma Dha Ni Sa	Samvadi	Gandhar - Ga
Avroha	Sa Ni Dha Pa, Ma Ga, Re Ga Re Sa	Jaati	Sampurna-Sampurna 7/7
Pakad	Dha, Ni Sa, Re Ga Re Sa, Dha Pa Ma Ga, Re Ga Re Sa	Time	Second part of the Day

53. Rang Barse

Sthayi : ***Barse rang, chunariya pe, barse rang.***

Antara : *1.* ***Laal surakh mori bheegi chunariya,***
Laj kar odhi saanvariya, rang.

2. ***Rang ralit mori geelee chunariya,***
Tan sang laagi Saanvariya, rang.

Sthayi : *Colour is falling on my scarf, colour is falling.*

Antara : 1. *My scarf is soaked in Crimson red colour. I am wearing it blushfully, O Saavariya!*

2. *My colourful scarf is soaked, and stuck to my wet body, O Saavariya!*

STHAYI

	X				2				0				3			
DhaMa Dha	Ṡa	–	Ni	Dha	Ma	Ga	Re	Sa	Re	Ga	Re	Sa	–	Sa	DhaMa	Dha
Ba- ra	*se*	*--*	*--*	*--*	*--*	*--*	*ran*	*ga*	*chu*	*na*	*ri*	*ya*	*--*	*pe*	*ba-*	*ra*
	Ṡa	–	Ni	Dha	Ma	Ga	Re	Sa								
	se	*--*	*--*	*--*	*--*	*--*	*ran*	*ga*								

ANTARA-1

0				3				X				2			
Pa	–	Pa	Pa	Ma	Ga	Ma	Dha	Ṡa	–	Ṡa	Ṡa	Ni	Ṙe	Ṡa	–
Laa	*--*	*la*	*su*	*ra*	*kha*	*mo*	*ri*	*bhee*	*--*	*gi*	*chu*	*na*	*ri*	*ya*	*--*
Dha	Dha	Dha	Ġa	Ṙe	Ṡa	Ṡa	–	DhaNi	Ṡa	Ni	Dha	Ma	Ga	Re	Sa
La	*ja*	*ka*	*ra*	*o*	*--*	*dhi*	*--*	*saan–*	*--*	*va*	*ri*	*ya*	*--*	*ran*	*ga*
Re	Ga	Re	Sa	–	Sa	DhaMa	Dha								
chu	*na*	*ri*	*ya*	*--*	*pe*	*ba–*	*ra*								

Sthayi Taan : ***Barse -- -- -- -- --***

1. SaRe GaMa DhaNi ṠaNi | DhaPa MaGa ReGa ReSa

Barse -- -- -- -- --

2. SaRe Ga Re GaMa DhaNi | ṠaNi DhaPa MaGa ReSa

Barse -- -- -- -- --

3. GaMa DhaNi ṠaṘe ṠaNi | DhaPa MaGa Re Ga ReSa

Antara Taan : ***Laal surakh mori bheegi chunariya --***

4. SaRe GaMa GaRe GaMa | DhaNi DhaMa DhaNi ṠaṘe |
ṠaNi DhaNi ṠaṘe Ġa Ṙe | ṠaNi DhaPa MaGa ReSa

Laal surakh mori

5. GaGa ReGa ReSa NiSa | DhaNi SaRe GaRe SaSa |
SaRe GaMa Dha Dha MaDha | NiDha MaGa MaDha NiṠa |
DhaNi ṠaṘe ĠaṘe ṠaNi | DhaPa MaGa Re Ga ReSa

Khayal : Raaga Todi
Teen Taal
54. Meera Pi Gayi Vish

Sthayi : *Meera pi gayi vish ka pyaala,*
Naa huee ueema naa bhayi peera, Keshav ki sab leela.

Antara : 1. *Raana ji se naata tora,*
Jag jan se Meera mukh mora, Mohan sang man jora.

2. *Raadha-var ka naam piyaara,*
Gaayi nish din Hari Hari Meera, Hans kar jeevan chhoda.

Sthayi : Meera drank the glass of poison. She neither felt burning, nor pain,
It is the magic of Shri Krishna, Keshava.

Antara : 1. She broke off with Ranaji, and turned away her face from the world,
And made company with Shri Krishna Mohan.

2. Meeraa sang the loving name Hari! Hari! and she ended her life with a smile.

STHAYI

0				3				X				2			
Ni	Dha	Ni	–	Sa	–	Sa	Sa	Re	Ga	Ga	Ma	Re	Ga	Re	Sa
Mee	--	ra	--	pee	--	ga	yi	vi	sha	ka	--	pyaa	--	la	--
Ga	–	Ma	Pa	Dha	Dha	Ma	Ga	Ga	–	Ga	Ma	Re	Ga	Re	Sa
Naa	--	hu	ee	u	ee	ma	--	naa	--	bha	yi	pee	--	ra	--
Ga	–	Ma	Dha	Sa	–	Ni	Dha	DhaNi	SaRe	GaRe	SaNi	DhaPa	MaGa	ReGa	ReSa
Ke	--	sha	va	ki	--	sa	ba	lee-	--	--	--	--	--	la-	--

ANTARA-1

0				3				X				2			
Dha	Ma	Ma	Ga	Ma	–	Dha	–	DhaNi	Sa	Sa	–	Ni	Re	Sa	–
Raa	--	na	--	ji	--	se	--	naa	--	ta	--	to	--	ra	--
Ni	Dha	Ni	Ni	Sa	–	Sa	–	SaRe	Ga	Re	Sa	Ni	Sa	Ni	Dha
Ja	ga	ja	na	se	--	mee	--	ra-	--	mu	kha	mo	--	ra	--
Dha	–	Dha	Ga	Re	Sa	Sa	Sa	DhaNi	SaRe	GaRe	SaNi	DhaPa	MaGa	ReGa	ReSa
Mo	--	ha	na	se	--	ma	na	jo-	--	--	--	--	--	ra-	--
Ni	Dha	Ni	–	Sa	–	Sa	Sa	Re	Ga	Ga	Ma	Re	Ga	Re	Sa
Mee	--	ra	--	pee	--	ga	yi	vi	sha	ka	--	pyaa	--	la	--

Khayal : Raaga Basant - Teen Taal

Thaat	Poorvi	Vadi	Shadaja - Sa
Aroha	Sa Ga, Ma Dha Re Sa Ni Sa	Samvadi	Pancham - Pa
Avroha	Re Ni Dha Pa, Ma Ga Ma Ga, Ma Dha Ma Ga, Re Sa	Jaati	Audav-Sampurna 5/7
Pakad	Ma Dha, Re, Sa, Re Ni Dha Pa, Ma Ga Ma Ga, Re Sa	Time	Evening

55. Basant Barkha

Sthayi : *Rang gulon ki shobha nyaari, Gandha sugandhit hirdaya haari.*
Antara : 1. *Basant barkha barsat rim-jhim, Manjul rangon ki phulavaari.*
　　　　　2. *Mor Papiha Koyal kaari, Koojat kuhu kuhu baari baari.*

Sthayi : The beauty of fruits and flowers is unique. It is colourful, fragrant and overpowering the heart.
Antara : 1. The drizzles of Basant (spring) season, springs up the delicate flowerbeds.
　　　　　2. The Peacock and the Koyal (black bird) are chirping in turns.

STHAYI

0			3			X				2			
Sa	–	Ni	Dha	Pa	–	Ma	Ga	Ma	Dha	Ni	Sa	ReNi	Sa	Ma	Dha
Ran	--	ga	gu	lon	--	ki	--	sho	--	bha	--	nya-	--	ri	--
Sa	–	Ni	Dha	Pa	–	Ma	Ga	Ga	Ma	Dha	Ma	Ga	Re	Sa	–
Gan	--	dha	su	gan	--	dhi	ta	hi	ra	da	ya	haa	--	ri	--
Sa	–	Ni	Dha	Pa	–	Ma	Ga	Ma	Dha	Ni	Sa	ReNi	Sa	Ma	Dha
Ran	--	ga	gu	lon	--	ki	--	sho	--	bha	--	nya--	--	ri	--

ANTARA-1

0			3			X				2			
Ga	Ma	–	Dha	DhaNi	Sa	Sa	–	Sa	Sa	Sa	Sa	Ni	Re	Sa	Sa
Ba	san	--	ta	ba-	ra	kha	--	ba	ra	sa	ta	ri	ma	jhi	m
Ni	Re	Ma	Ga	Re	–	Sa	–	Ni	Dha	Sa	Sa	NiRe	SaNi	DhaPa	MaDha
Man	--	ju	la	ran	--	gon	--	ki	--	phu	la	vaa-	--	ri-	--
Sa	–	Ni	Dha	Pa	–	Ma	Ga	Ma	Dha	Ni	Sa	ReNi	Sa	Ma	Dha
Ran	--	ga	gu	lon	--	ki	--	sho	--	bha	--	nya-	--	ri	--

Sthayi Taan : *Rang gulon ki --*
1. SaSa MaMa GaGa MaDha | NiDha PaMa GaRe SaSa

Rang gulon ki --
2. SaSa MaGa MaDha NiSa | NiSa PaMa GaRe SaSa

Rang gulon ki --

3. GaMa DhaNi SaGa ReSa I NiDha PaMa GaRe SaSa

Antara Taan : *Basant barkha --*

4. MaGa MaDha NiSa ReSa I NiDha PaMa GaRe SaSa

Basant barkha barsat rim-jhim

5. SaNi DhaPa MaGa ReSa I SaSa MaMa GaGa MaDha I

NiSa ReSa NiSa ReSa I NiDha PaMa GaRe SaSa

Khayal : Raaga Darbari Kanada - Teen Taal			
Thaat	Aasavari	Vadi	Rishabh - Re
Aroha	Ni Sa Re [Ma]Ga – Ma Re Sa, Ma Pa, Dha, Ni Sa	Samvadi	Pancham - Pa
Avroha	Sa, Dha – Ni Pa, Ma Pa Ga Ma Re Sa	Jaati	Sampurna-sampurna 7/7
Pakad	Sa Re Ga, Re Re Sa, Dha, Ni Re Sa	Time	Late Night

56. Chham Chham Paayal

Sthayi : ***Chham chham Paayal Ghungharu baaje,***
Saath men dam dam Damru bole, Gauri Shankar Taandav naache.

Antara : ***1. Gal men maala sarp biraaje, Kati par hiran ki chhaala saaje,***
Shankha foonkate Bam Bam Bhole, Dharti Ambar sanga men dole.

2. Sir pe Ganga, Chandra jataa men, Tan par Bhasma vibhuti Shiva ke,
Aankh teesari Shankar khole, Dam Dam Dam Dam Damaru bole.

Sthayi : *The ankle bracelets are clanking Chham Chham, Damru is going Dam Dam Dam Dam,*
And, Shiva and Parvati are making the Tandava Dance.

Antara : 1. *Around Shiva's neck is the snake. On his waist is the deer hide,*
The earth and sky both are nodding in tune with his dance.

2. *Ganga is flowing from Shiva's head. The moon is on his forehead.*
Shankar is opening the third eye. Damroo is sounding Dum Dum Dum Dum.

STHAYI

		0				3				X				2			
Ma	Ma	Re	Re	–	Sa	Ni	Sa	Re	Pa	Ga	–	Ga	Ma	Re	Sa	Ma	Ma
Chha	*ma*	*chha*	*ma*	*--*	*paa*	*ya*	*la*	*ghun*	*gha*	*ru*	*--*	*baa*	*--*	*je*	*--*	*Chha*	*ma*
		Re	Re	–	Sa	Ni	Sa	Re	Pa	Ga	–	Ga	Ma	Re	Sa	–	–
		chha	*ma*	*--*	*paa*	*ya*	*la*	*ghun*	*gha*	*ru*	*--*	*baa*	*--*	*je*	*--*	*--*	*--*
		–	Ma	–Ma	Ma	Pa	Pa	Pa	Pa	–	MaPa	Sa	–	NiDha	–	Ni	Pa
		–	*Saa*	*-tha*	*men*	*da*	*ma*	*da*	*ma*	*--*	*dama*	*ru*	*--*	*bo-*	*--*	*le*	*--*
		--	Sa	--	Sa	Ni	Pa	Ma	Pa	Ga	--	Ga	Ma	Re	Sa	Ma	Ma
		–	*Gau*	*--*	*ri*	*Shan*	*--*	*ka*	*ra*	*Taan*	*--*	*da*	*va*	*naa*	*che*	*Chha*	*ma*

ANTARA-1

0				3				X				2			
Ma	Ma	Pa	–	<u>Ni Dha</u>	–	Ni	–	Ṡa	–	Ṡa	Ṡa	Re	<u>Ni</u>	Ṡa	–
Ga	*la*	*men*	*--*	*maa--*		*la*	*--*	*sar*	*--*	*pa*	*bi*	*raa*	*--*	*je*	*--*
<u>Ni</u>	Ṡa	Ṙe	Ṙe	Ṙe	Ṡa	Ṡa	Ṡa	<u>Ni</u>	Ṡa	Ṙe	Ṡa	<u>Ni</u>Dha	–	<u>Ni</u>	Pa
ka	*ti*	*pa*	*ra*	*hi*	*ra*	*na*	*ki*	*chha*	*--*	*la*	*--*	*saa*	*--*	*je*	*--*
Pa	Ṙe	Ṙe	Ṙe	–	Ṙe	Ṡa	Ṙe	<u>Ga</u>	–	<u>Ga</u>	Ṁa	Re	–	Ṡa	–
shan	*--*	*kha*	*foon*	*--*	*ka*	*te*	*--*	*Bam*	*--*	*Bam*	*--*	*Bho*	*--*	*le*	*--*
Ma	Pa	Ṡa	–	<u>Ni</u>	Pa	Ma	Pa	<u>Ga</u>	–	<u>Ga</u>	Ma	Re	Sa	Ma	Ma
Dha	*ra*	*ti*	*--*	*am*	*--*	*ba*	*ra*	*san*	*--*	*ga*	*men*	*do*	*le*	*Chha*	*ma*

Sthayi Taan : *Chham chham paayal*

1. MaPa <u>Ni</u> Dha <u>Ni</u> <u>Ni</u> PaPa | SaSa ReRe Sa<u>Ni</u> SaSa

   Chham chham paayal

2. MaPa <u>Ni</u> Dha <u>Ni</u> <u>Ni</u> SaSa | <u>Ni</u>Sa ReRe Sa<u>Ni</u> SaSa

   Chham chham paayal

3. SaSa ReRe Sa<u>Ni</u> SaSa | Ma<u>Ga</u> ReRe Sa<u>Ni</u> SaSa

Antara Taan : *Gal men maala sarp biraaje --*

4. SaSa ReRe Sa<u>Ni</u> SaSa | Ma<u>Ga</u> MaMa ReRe SaSa |
   MaPa <u>Ni</u> Dha <u>Ni</u><u>Ni</u> PaPa | Ma<u>Ga</u> MaMa ReRe SaSa

   Gal men maala sarp biraaje --

5. MaPa <u>Ni</u> Dha <u>Ni</u><u>Ni</u> ṠaṠa | <u>Ni</u> Dha <u>Ni</u> <u>Ni</u> ṘeṘe ṠaṠa |
   Ma<u>Ga</u> ṀaṀa ṘeṘe ṠaṠa | <u>Ni</u> Dha <u>Ni</u> <u>Ni</u> ṘeṘe ṠaṠa |
   ṠaṠa ṘeṘe Ṡa<u>Ni</u> ṠaṠa | <u>Ni</u> Dha <u>Ni</u> <u>Ni</u> PaMa PaPa |
   MaPa <u>Ni</u> Dha <u>Ni</u> <u>Ni</u> PaPa | Ma<u>Ga</u> MaMa ReRe SaSa

Bhajan : Raaga Darbari Kanada
Kaharva Taal
57. Pranav

Gurudev, Guruev, Gurudev!

Sthayi : *Mere Guru Shri Pranavananda, Kripa teri shubh Sachidananda.*

Antara : 1. *Roop sumangal trishul dhaari, Chhavi niranjan sundar saari,*
   Ubaariyo, bachaaiyo, Duaa dijo, Shiv Jagadananda.

2. *Arun vasan tav suchi naarangi, Gal maala rudraaksh ki labmi,*
   Ubaariyo, bachaaiyo, Duaa dijo, Guru Paramananda.

3. *Mriga chhaala par baitha jogi, Raah dikhaave jug upayogi,*
   Ubaariyo, bachaaiyo, Duaa dijo, Prabhu Aanandakanda

Sthayi :	O Godly Guru! O Godly Guru! O Godly Guru! O My Guru Shri Pranavananda. O Sachinanda! your grace is auspicious.

Antara :	1. O Lord Shiva! your figure with Trishul in your hand is beautiful and spotless pure,
	    O Lord! please protect me, please help me. Please bless me, O Jagadananda!
	2. O Guru! you are wearing a pure orange robe and a long Rudraksh mala around your neck,
	    O Lord! please protect me, please help me. Please bless me, O Paramananda!
	3. O Prabhu! you are sitting on the seat of deer hide, and showing us the right path.
	    O Lord! please protect me, please help me. Please bless me, O Anandkanda!

STHAYI

X				0				X				0			
Sa	NiSa	Re	Sa	NiDha	–	Dha	Ni	Ni	Re	Re	Sa	Sa	–	Sa	–
Me	re-	--	Gu	ru	--	Shri	--	Pra	na	va	--	nan	--	da	--
Ma	Ma	–	Ma	Pa	–	Pa	Pa	Pa	Ma	PaNi	Pa	Ga	Ma	Re	Sa
Kri	pa	--	te	ri	--	shu	bha	Sa	chi	da-	--	nan	--	da	--
Sa	NiSa	Re	Sa	NiDha	–	Dha	Ni	Ni	Re	Re	Sa	Sa	–	Sa	–
Me	re-	--	Gu	ru	--	Shri	--	Pra	na	va	--	nan	--	da	--

ANTARA-1

X				0				X				0			
Ma	–	Pa	Pa	NiDha	–	Ni	Ni	Sa̍	Sa̍	–	Sa̍	Re̍	Ni	Sa̍	–
Roo	--	pa	su	man-	--	ga	la	tri	shu	--	la	dha	--	ri	--
Ni	NiSa	Re̍	Re̍	Re̍	–	Sa̍	Sa̍	Sa̍	Ni	Re̍	Sa̍	NiDha	–	Ni	Pa
Chha	vi-	--	ni	ran	--	ja	na	sun	--	da	ra	saa	--	ri	--
Pa	Re̍	–	Re̍	Re̍	–	–	–	Re̍	Re̍	Sa̍	Re̍	MaGa	–	–	–
U	baa	--	ri	yo	--	--	--	ba	chaa	--	i	yo-	--	--	--
Ga	Ga	–	Ga	Ma	Re̍	Re̍	Sa̍	Sa̍	Ni	Re̍	Sa̍	NiDha	–	Ni	Pa
Du	aa	--	di	jo	--	Shi	va	Ja	ga	da	--	nan	--	da	--
Ma	Pa	Sa̍	Sa̍	Sa̍	–	Pa	Pa	Pa	Ma	PaNi	Pa	MaGa	Ma	Re	Sa
Du	aa	--	di	jo	--	Shi	va	Ja	ga	da--	--	nan	--	da	--
Sa	NiSa	Re	Sa	NiDha	–	Dha	Ni	Ni	Re	Re	Sa	Sa	–	Sa	–
Me	re-	--	Gu	ru	--	Shri	--	Pra	na	va	--	nan	--	da	--

Raag Darbari : Teen Tal ? Kaherva Taal
58. Jagata mahi

Sthayi :	*Jagat maahi hari ke bina sukh nahi,* *Raam bhagat ke pitu aru maaee, Aur na data koee.*
Antara :	1. *Raam pita aru Raam hi maata, Raam hi hai sukhadaaee.* 2. *Raam hamaaraa ek sahara, Raam! hamen tuu traahi.* 3. *Raam niyaara Raam piyaara, Raam! hamen paahi paahi.*

Sthayi :		*In this world there is no better helper than Shri Rama.*
		Raama is the father and the mother for a devotee, and no one else is better giver.
Antara :	*1.*	*Rama is father and mother. Rama is the happiness giver.*
	2.	*Rama is our only support. O Shri Rama! please protect us.*
	3.	*Rama is unique. Rama is dear. O Shri Rama! please save us.*

STHAYI

	2				0				3				X			
Sa	**Ḍha**	**Ṇi**	**Sa**	**Re**	**Re**	**MaGa**	**MaRe**	**Sa**	**Ḍha**	**Ṇi**	**-Re**	**Sa**	**Sa**	**–**	**Sa**	**–**
Ja	*ga*	*ta*	*ma*	*hi*	*Ha*	*ri--*	*--ke*	*bi*	*na*	*--*	*-su*	*kha*	*Na*	*--*	*hi*	*--*
	--	--	--	--	--	**Ḍha**	**ṆiRe**	**Re**	**Re**	**Re**	**Sa**	**Re**	**–**	**GaGa**	**Ga**	**Ma**
	--	--	--	--	--	*Raa*	*--ma*	*bha*	*ga*	*ta*	*ke*	*--*	*--*	*pitu*	*a*	*ru*
	Re	**–**	**Sa**	**–**	**–**	**Ma**	**–Ma**	**Ma**	**Pa**	**Ma**	**Ni**	**Pa**	**Ga**	**Ma**	**Re**	**Sa**
	maa	*--*	*ee*	*--*	*--*	*au*	*--r*	*na*	*daa*	*--*	*taa*	*--*	*Ko*	*--*	*ee*	*Ja*
	Ḍha	**Ṇi**	**Sa**	**Re**	**Re**	**MaGa**	**MaRe**	**Sa**	**Ḍha**	**Ṇi**	**-Re**	**Sa**	**Sa**	**–**	**Sa**	**–**
	ga	*ta*	*ma*	*hi*	*Ha*	*ri--*	*--ke*	*bi*	*na*	*--*	*-su*	*kha*	*Na*	*--*	*hi*	*--*

ANTARA-1

0				3				X				2			
–	**Ma**	**–Pa**	**Pa**	**Dha**	**–**	**Ni**	**Ni**	**Ṡa**	**–**	**Ṡa**	**Ṡa**	**Ṙe**	**Ni**	**Ṡa**	**–**
–	Raa	*--ma*	*pi*	*taa*	*--*	*a*	*ru*	*Raa*	*--*	*ma*	*hee*	*maa*	*--*	*ta*	*--*
–	**Ni**	**–Ni**	**Ni**	**Ṡa**	**Ni**	**–Ṙa**	**Ṡa**	**Dha**	**–**	**–**	**–**	**Ni**	**–**	**Pa**	**–**
--	*Raa*	*--ma*	*hee*	*hai*	*--*	*--su*	*kha*	*daa*	*--*	*--*	*--*	*ee*	*--*	*--*	*--*
–	**Ma**	**–Ma**	**Ma**	**Pa**	**Ma**	**–Ni**	**Pa**	**Ga**	**Ma**	**Re**	**Sa**	**Ḍha**	**Ṇi**	**Sa**	**Re**
--	*Raa*	*--ma*	*hee*	*hai*	*--*	*--su*	*kha*	*daa*	*--*	*ee*	*Ja*	*ga*	*ta*	*maa*	*hi*
Re	**MaGa**	**MaRe**	**Sa**	**Ḍha**	**Ṇi**	**-Re**	**Sa**	**Sa**	**-**	**Sa**	**-**	**–**	**–**	**–**	**–**
Ha	*ri--*	*--ke*	*bi*	*na*	*--*	*-su*	*kha*	*Na*	*--*	*hi*	*--*	*--*	*--*	*--*	*--*

Dhrupad : Raaga Tilak Kamod - Chautaal			
Thaat	Khamaj	Vadi	Shadaj - Sa
Aroha	Sa Re Ga Sa, Re Ma Pa Dha, Ma Pa, Ṡa	Samvadi	Pancham - Pa
Avroha	Ṡa Pa, Dha Ma Ga, Sa Re Ga, Sa Ṇi, P̣a Ṇi Sa Re Ga Sa	Jaati	Shadav-Sampurna 6/7
Pakad	P̣a Ṇi Sa Re Ga, Sa, Re Pa Ma Ga, Sa Ṇi	Time	Second part of Night

59. Raas Rachat Shri Gopaal

Sthayi : *Raas rachat Shri Gopaal, Raadha Raman Nandlaal,*
Bansi madhur mand chaal, Sang gop saare.
Antara : *Geet lalit sugam taal, Tilak bhaal rang laal.*
Mor mukut pushpa maal, Gol nayan kaare.

Sthayi : Shri Gopal Krishna, son of Nanda, beloved of Radha, is arranging the dance.
Antara : The song is beautiful and the tune is sweet. He has a red dot on his forehead.
He is wearing a peacock tiara and flower garland. His eyes are round and black.

STHAYI

X		0		2		0		3		4	
Ga	Re	Ma	Ga	Sa	Sa	Sa	Re	Ga	Ṅi	Sa	Sa
Raa	--	sa	ra	cha	ta	Shri	--	Go	paa	--	la
Ṇi	Ṗa	Ṇi	Sa	Sa	Sa	Re	Pa	Ma	GaRe	Ga	Sa
Raa	--	dha	ra	ma	na	Nan	--	da	laa-	--	la
Sa	--	Sa	Re	Ga	Sa	MaRe	Ma	Ma	Pa	--	Pa
Ban	--	si	ma	dhu	ra	man-	--	da	chaa	--	la
Ma	Re	Re	Ma	Pa	Pa	MaPa	DhaPa	Ma	Ga	Re	--
San	--	ga	Go	--	pa	saa-	--	re	--	--	--

ANTARA-1

X		0		2		0		3		4	
Ṁa	Pa	Ni	Ni	Ni	Ni	Ṡa	Ṡa	Ṡa	ṘeNi	Ṡa	Ṡa
Gee	--	ta	la	li	ta	su	ga	ma	taa-	--	la
Pa	Ni	Ni	Ni	Ṡa	Ṡa	PaNi	SaṘe	Ṡa	Ni	Dha	Pa
Ti	la	ka	bhaa	--	la	ran-	--	ga	laa	--	la
Pa	--	Ṙe	Ṙe	Ṙe	Ṙe	Ni	Ṡa	Ṙe	Ni	Dha	Pa
Mo	--	ra	mu	ku	ta	push	--	pa	maa	--	la
Ma	Re	Re	ᴾᵃMa	Pa	Pa	MaPa	DhaPa	Ma	Ga	Re	--
Go	--	la	na	ya	na	kaa-	--	re	--	--	--
Ga	Re	Ma	Ga	Sa	Sa	Sa	Re	Ga	Ṅi	Sa	Sa
Raa	--	sa	ra	cha	ta	Shri	--	Go	paa	--	la

Bhajan : Raaga Tilak Kamod
Kaharva Taal
60. Kit Gayi Seeta

Sthayi : *Kit gayi Seeta praan piyaari, Dhundhat dhundhat akhiyaan haari.*
Antara : *1. Bolo Lachhiman more bhaaee, Kahaan hai tori bhaujaaee,*
Shvaapad koee usko khaayi, Chhupi to nahin vo baithi.
Ya hai us ko Asur uthayi. Kit gayi ...
2. Kamal kusum sam komal kaaya, Kahaan gayi mori Jaaya,

Thagi Asuron ne rach kar maaya, Kahaan se sankat aaya,
Kho gayi re mori Seeta pyaari. Kit gayi ...

3. ***Sundar-tar ramani abhi-Raama, Anoop shubh roop lalaama,***
Kahaan gayi hai tu bin Raama, Taj apani kutiya dhaama,
Khoji hamne bhoomi saari. Kit gayi ...

Sthayi : *Where has my dear Sita gone! Searching for her, my eyes are tired.*

Antara : 1. *O Lakshmana! where is your Bhabhi. Has some animal eaten her, or is she hiding?*
Has some demon abducted her. Please search for Sita.

2. *Her body is soft like the lotus petals. Where is my wife?*
Have the demons cheated her, setting up a trap? It is injustice on me. I lost my dear Sita.

3. *She is very beautiful. Her beauty is unsurpassed.*
O Sita! where have you gone without Rama, leaving our hut? We searched all over for you.

STHAYI

X				0				X				0			
Ṇi	Sa	Re	Pa	Ma	Ga	Sa	Ṇi	Ṇi	P̣a	Ṇi	Sa	Re	Ga	Ṇi	Sa
Ki	*t*	*ga*	*yi*	*See*	*--*	*ta*	*--*	*pra*	*--*	*na*	*pi*	*yaa*	*--*	*ri*	*--*
Re	Ma	Pa	Dha	Ma	Pa	Ṡa	Ṡa	Pa	Dha	Ma	–	GaRe	Ga	Ṇi	Sa
Dhun	*--*	*dha*	*ta*	*dhun*	*--*	*dha*	*ta*	*a*	*khi*	*yaan*	*--*	*haa-*	*--*	*ri*	*--*
Ṇi	Sa	Re	Pa	Ma	Ga	Sa	Ṇi	Ṇi	P̣a	Ṇi	Sa	Re	Ga	Ṇi	Sa
Ki	*t*	*ga*	*yi*	*See*	*--*	*ta*	*--*	*pra*	*--*	*na*	*pi*	*yaa*	*--*	*ri*	*--*

ANTARA-1

X				0				X				0			
Ma	–	Ma	–	Pa	Pa	Ni	Ni	Ṡa	–	Ṡa	–	Ṙe	Ni	Ṡa	–
Bo	*--*	*lo*	*--*	*La*	*chhi*	*ma*	*na*	*mo*	*--*	*re*	*--*	*bhaa*	*--*	*ee*	*--*
Pa	Ni	–	Ṡa	Ṙe	–	Ṙe	Ṡa	Ṡa	–	Ṙe	Ġa	Ni	–	Ṡa	–
Ka	*haan*	*--*	*hai*	*to*	*--*	*ri*	*--*	*bhau*	*--*	*jaa*	*--*	*ee*	*--*	*--*	*--*
Ma	–	Ma	Ma	Pa	–	Ni	–	Ṡa	Ṡa	Ṡa	–	Ṙe	Ni	Ṡa	–
Shva	*--*	*pa*	*da*	*ko*	*--*	*ee*	*--*	*u*	*s*	*ko*	*--*	*kha*	*--*	*yi*	*--*
Pa	Ni	–	Ṡa	Ṙe	Ṙe	Ṙe	Ṡa	Ṡa	–	Ṙe	Ġa	Ni	–	Ṡa	–
Chhu	*pi*	*--*	*to*	*--*	*na*	*hin*	*--*	*vo*	*--*	*bai*	*--*	*thi*	*--*	*--*	*--*
Pa	Ni	Ṡa	Ṙe	Ni	Ṡa	Pa	–	Ṡa	Ṡa	Pa	Dha	MaPa	DhaPa	MaGa	ReSa
Ya	*--*	*hai*	*--*	*u*	*sa*	*ko*	*--*	*a*	*su*	*ra*	*u*	*tha*	*--*	*yi*	*--*
Ṇi	Sa	Re	Pa	Ma	Ga	Sa	Ṇi	Ṇi	P̣a	Ṇi	Sa	Re	Ga	Ṇi	Sa
Ki	*t*	*ga*	*yi*	*See*	*--*	*ta*	*--*	*pra*	*--*	*na*	*pi*	*yaa*	*--*	*ri*	*--*

National Song

Kaharva Taal

61. Trinidad and Tobago

Sthayi : ***Trinidad aur Tobago hamara,***
Is duniya me sab se hai pyaara.
Iski maati ki santaan hum hain,
Ye pyaara vatan hai hamaara.

Antara : ***1. Caribbean ke saagar ka moti, ye ujjval hai ambar ki jyoti,***
Ye kudrat ka daulat bhandaara,
Swarg bhumi ka sundar nazaara.

2. Yahaan dharmon ka bandhan nahin hai,
Aanakaani yahaan naa kahin hai,
Saare vatanon se hai ye niyaara,
Dharti par ye sab se dulaara.

3. Koee Hindu na Muslim Isaai, Saare insaan hain bhaee bhaee,
Ye Sangeet kalaa ka sitaara,
Desh ye hai hamaara jiyaara.

Sthayi : *Our dear country Trinidad and Tobago is unique in the whole world.*
We are children of its soil and this is our beloved homeland.

Antara : 1. It is a pearl from the Caribbean sea, and is a bright celestial illumination.
It is the storehouse of nature's wealth.
It is a heavenly view on the face of the earth.

2. Here there is no religious restriction. Here there is no pretense anywhere.
This land is special and unique from other lands.
It is the most loving place on the earth.

3. One is not identified as Hindu, Muslim or Christian.
Here all are human beings and brothers.
This jewel is rich in Music. This land is our heart.

STHAYI

		X				0				X				0			
Sa	Ga	Ma	-Ma	Ma	Ma	Pa	–	MaGa	Ga	Ma	–	Pa	–	–	–	Ma	Pa
Tri	*ni*	*da*	*-d*	*aur*	*To*	*ba*	*--*	*go-*	*ha*	*maa*	*--*	*ra*	*--*	*--*	*--*	*i*	*s*
		Ṡa	Ṡa	NiPa	Pa	Ni	Ni	Pa	Ga	Ma	–	Ma	–	–	–	Ni	Ni
		du	*ni*	*ya--*	*men*	*sa*	*b*	*se*	*hai*	*pya*	*--*	*ra*	*--*	*--*	*--*	*is*	*ki*
		Ṡa	–	Ṡa	Ṡa	Ṡa	Ġa	ṠaNi	Ni	Ṡa	Ṡa	Ṡa	–	–	–	–	Ṡa
		maa	*--*	*ti*	*ki*	*san*	*--*	*taa--*	*na*	*ha*	*ma*	*hai*	*--*	*--*	*--*	*--*	*ye*
		Ṁa	–	Ġa	Ṡa	Ġa	Ġa	ṠaNi	Ni	Ṡa	–	–	Ni	Pa	–	Ma	Pa
		pya	*--*	*ra*	*wa*	*ta*	*na*	*hai--*	*ha*	*maa*	*--*	*--*	*--*	*ra*	*--*	*Tri*	*ni*
		(Ma)Ga	-Ga	Ma	Ma	Pa	-Ni	Pa	Ma	Ma	-Ma	Ma	Ma	Ma	Ga	Sa	Ga
		da	*-d*	*Tri*	*ni*	*da*	*--d*	*Tri*	*ni*	*da*	*dand*	*To*	*ba*	*go*	*--*	*Tri*	*ni*

ANTARA-1

0				X				0				X			
–	NiSa	Ga	Re	Sȧ	Sȧ	Sȧ	–	–	NiSa	Ga	Re	Sȧ	–	Sȧ	–
--	Ca-	ri	--	bbe	an	ke	--	--	saa--	gar	ka	mo	--	ti	--
–	Sȧ-	Ni	Pa	Ni	Ni	Pa	Ma	–	GaMa	Pa	Ma	Ma	–	Ma	–
--	ye--	ujj	--	va	l	hai	--	--	am--	bar	ki	jyo	--	ti	--
–	NiSa	Ga	Re	Sȧ	Sȧ	Sȧ	–	–	NiSa	Ga	Re	Sȧ	–	Sȧ	–
--	ye--	ku	d	ra	t	ka	--	--	dau	lat	bhan	daa	--	ra	--
–	MaMa	Ga	Sȧ	Ga	–	Sȧ	Ni	Sȧ	–	Ni	Pa	Sȧ	–	–	Ni
--	svarg	bhu	--	mi	--	ka	--	sun	--	dar	na	zaa	--	--	--
Pa	–	Ma	Pa	MaGa	–Ga	Ma	Ma	Pa	–Ni	Pa	Ma	Ma	–Ma	Ma	Ma
ra	--	Tri	ni	da	--da	Tri	ni	da	--d	Tri	ni	da	dand	To	ba
Ma	–	Sa	Ga	Ma	–Ma	Ma	Ma	Ma	Pa	MaGa	Ga	Ma	–	Pa	–
go	--	Tri	ni	da	-d	aur	To	ba	--	go--	ha	maa	--	ra	--

Dhrupad (Tent Singing)
Kaharva Taal
62. Shiva Gauri

Sthayi :   *Ek ling Damrudhar, Jagadambike Bhava Tryambike!*
              Digambar Gangadhar, Shiv Shankar, Shiv Shankari.
Antara : 1. *He Mahesh Jaya Umesh, Rudra Bhadra Bhoot Naath,*
              He Bhavani Mahakaali, Traahi maam, Bhuvaneshvari!
         2. *Neelakanth Bhaalachandra, Bholenaath tum Anant!*
              Ambe Gauri Mahachandi, Paahi maam, Jagadeeshvari.

Sthayi :   O Shiva Eklinga! O Damrudhara! O Parvati Jagadambika, Bhava-tryambika!
              O Shiva Shankara! O Digambara ! O Gangadhara! O Parvati Shiva-Shankari!
Antara : 1. O Shiva Mahesha! victory to you O Umesha! O Rudra! OBharda! O Bhut Nath!
              O Parvati Shulapani Bhavaneshvari!
        2. O Shiva Neelakantha! O Bhalachandra, Bholenath! you are infinite!
              O Parvati! O Amba! O Gauri! O Mahachandi! please protect me, O Jagadeeshvari!

STHAYI

		X				0				X				0		
Ni	Ni	Sȧ	–	–	–	–	Ni	Ni	Pa	Ma	Ga	Ga	Ga	–	– MaDha	MaGa
E	ka	lin	--	--	--	--	ga	Da	ma	ru	--	dha	ra	--	-- Ja-	ga-
		Re	–	Re	Re	–	Sa	GaRe	Re	Sa	–	Sa	Sa	–	– Ni	NiDha
		dam	--	bi	ke	--	--	Bha-	va	Tryam	--	bi	ke	--	-- Di	gam-

Sa	--	--	--	--	--	NiDha	Sa	Ṇi	--	--	--	--	--	Ṇi	Re
bar	--	--	--	--	--	Gan	ga	dhar	--	--	--	--	--	Shi	va
Ma	--	Ma	Ma	Ga	--	Ga	Re	Re	Sa	Sa	Sa	--	--	Ni	Ni
Shan	--	ka	ra	--	--	Shi	va	Shan	--	ka	ri	--	--	E	ka

ANTARA-1

X				0				X				0			
Pa	Ga	Pa	Ṡa	--	Ṡa	Ṡa	Ṡa	Ṡa	Ṡa	--	Ṡa	Ṡa	--	Ṡa	Ṡa
He	--	Ma	he	--	sha	ja	ya	U	me	--	sha	Ru	--	dra	Bha
--	Ṡa	Ṡa	Ni	Ṙe	Ṡa	--	Ṡa	Ni	--	Ni	Ni	--	Ni	Ni	Ni
--	dra	Bhoo	--	ta	naa	--	tha	He	--	Bha	va	--	ni	ma	ha
--	Ni	--	Ni	DhaNi	Ṡa	Ṡa	Ṡa	Ṡa	Ṡa-	Ni	Dha	Ni	Pa	Ni	Ni
--	Kaa	--	li	tra-	--	hi	maa	m	Bhuva	ne	--	shva	ri	E	ka

Thumri (Tent Singing)
Kaharva Taal
63. Ghir aaye Saawan ke Baadar Kaare

Sthayi : *Ghir aaye Saawan ke, baadar kaare,*
Aa jaa ri sajniya, Papiha pukaare.

Antara : 1. *Matvaari Moraniya, naach dikhaave,*
Dhun ter Morva ki, Manva rijhaave.

2. *Meha re jhari tori, neha lagave,*
Sheetal rim jhim, Moti pasaare.

Sthayi : Please come, O Darling! the clouds of the Saavan are in the sky. Papiha is chirping.
Antara : 1. The self indulging peacock is dancing. The call of the peacock is pleasing the mind.
2. The drizzle is arousing the love, and the cold rain is spraying pearls on the ground.

STHAYI

	X				0				X				0			
Ga Ma	PaNi	Ṡa	Ni	Ṡa	--	Ni	Pa	Pa	Ga	--	Ma	--	Ga	--	Sa	--
Ghi ra	aa	--	--	--	--	ye	--	saa	wa	--	na	--	ke	--	--	--
	Ṇi	--	--	Ni	Sa	Ga	Ga	Ga	Ma	--	--	--	Ma	--	--	--
	--	--	--	baa	--	da	--	ra	kaa	--	--	--	re	--	--	--
	--	--	--	Ma	Pa	Ga	--	Ma	Pa	Dha	PaṠa	Ni	Dha	Pa	Pa	--
	--	--	--	Aa	--	ja	--	ri	sa	--	ja	--	ni	--	ya	--
	--	--	Pa	Pa	Dha	MaGa	Re	Ga	Ma	Pa	--	--	Pa	--	Ga	Ma
	--	--	Pa	pi	--	ha-	--	pu	kaa	--	--	--	re	--	Ghi	ra

ANTARA-1

X				0				X				0			
–	–	–	Ma	Pa	Ni	–	Ni	Ṡa	–	–	–	Ṡa	Ṡa	Ṡa	–
--	--	--	*Ma*	*ta*	*vaa*	--	*ri*	*mo*	--	--	--	*ra*	*ni*	*ya*	--
–	–	–	Ni	–	Ṡa	–	Ṡa	Ni	Ṡa	Ni	ReṠa	–	Ni	–	Pa
--	--	--	*naa*	--	*cha*	--	*di*	*kha*	--	--	--	*ve*	--	--	--
–	–	–	Ma	Pa	Ni	–	Ni	Ṡa	–	–	–	Ṡa	Ṡa	Ṡa	–
--	--	--	*Ma*	*ta*	*vaa*	--	*ri*	*mo*	--	--	--	*ra*	*ni*	*ya*	--
–	–	–	Ni	Ṡa	ṘeĠa	Ṁa	Ġa	Ṡa	–	NiṘe	Ṡa	Ni	–	Pa	–
--	--	--	*naa*	--	*cha*	--	*di*	*kha*	--	--	--	*ve*	--	--	--
--	–	–	Pa	Ṡa	Ṡa	–	Ṙe	Ni	–	Ni	–	Dha	Pa	Pa	–
--	--	--	*Dhu*	*na*	*te*	--	*r*	*mo*	--	*ra*	--	*va*	--	*ki*	--
--	--	--	Ga	Ma	Ga	Re	Ga	Ma	Pa	--	--	Pa	--	Ga	Ma
–	–	–	*Ma*	*na*	*va*	--	*ri*	*jha*	--	--	--	*ve*	--	*Ghi*	*ra*

Ghazal (Tent Singing)

Kaharva Taal

64. Raaha men Ghanshyaam Teri

Sthayi : ***Raaha men Ghanshyaam teri, baithe zamaana ho gaya,***
Raas me tu hai laga ye, tuk bahaana ho gaya.

Antara : ***1. Pi gayi vo zahar ka pyala, tu yog me tha kho gaya,***
Mat bata tu vo bahaana, ab puraana ho gaya.

2. Bansi teri hai suhaani, Raadhika se hai suna,
Ek hum ko sur suna de, bas lubhaana ho gaya.

3. Maana tu humdard hai, magar kahaan tu so gaya,
Kam se kam deedaar de de, bas rulaana ho gaya.

Sthayi : *An age has gone by awaiting for you, O Ghanashyam!*
You are busy in Raas Dance, is just an excuse.

Antara : *1. She drank the glass of poison, but you were busy in your yoga. This excuse is now old*
2. We have heard from Radha that your flute is sweet.
Let us hear at least one note.
3. You are kind, but where are you sleeping?
Please come in my dream, enough with waiting.

STHAYI

X				0				X				0			
–	Ni	Sa	Ga	Ma	–	Ma	Ma	–	PaDha	Ni	Dha	Pa	Dha	Ma	Ga
--	*Raa*	--	*ha*	*me*	--	*Gha*	*na*	--	*shya-*	--	*ma*	*te*	--	*ri*	--
–	Ga	Ga	Ga	Ma	–	PaNi	Pa	Ga	–	–	Ga	ReMa	GaRe	Ni	Sa
--	*bai*	*the*	*za*	*maa*	--	*na-*	--	*ho*	--	--	*ga*	*ya-*	--	--	--

-	Ni	Sa	Ga	Ma	-	Ma	-	-	PaDha	Ni	Dha	Pa	Dha	Ma	Ga
--	Raa	--	sa	me	--	tu	--	--	hai-	--	la	ga	--	ye	--
-	Ga	Ga	Ga	Ma	-	PaNi	Pa	Ga	-	-	Ga	ReMa	GaRe	Ni	Sa
-	tu	k	ba	haa	--	na-	--	ho	--	--	ga	ya-	--	--	--

ANTARA-1

x				0				x				0			
-	Ni	Pa	Pa	Ni	-	Ni	-	Sa-	-	Sa	Ni	Sa	-	Sa	-
--	Pi	--	ga	yi	--	vo	--	Zaha	--	r	ka	pya	--	la	--
-	Sa	Sa	Re	Ni	-	Pa	-	-	Ga	-	Pa	Ma	-	Ga	Sa
--	tu	yo	ga	men	--	tha	--	--	kho	--	ga	ya	--	--	--
-	Ni	Sa	Ga	Ma	Ma	Ma	-	-	PaDha	Ni	Dha	Pa	Dha	Ma	Ga
--	Ma	t	ba	ta	--	tu	--	--	vo-	--	ba	ha	--	na	--
-	Ga	Ga	Ga	Ma	-	PaNi	Pa	Ga	-	-	Ga	ReMa	GaRe	Ni	Sa
-	a	ba	pu	ra	--	na-	--	ho	--	--	ga	ya-	--	--	--
-	Ni	Sa	Ga	Ma	-	Ma	Ma	-	PaDha	Ni	Dha	Pa	Dha	Ma	Ga
--	Raa	--	ha	me	--	Gha	na	--	shya-	--	ma	te	--	ri	--

Chaiti (Tent Singing)
Deepchandi Taal
65. Chale Lanka Awadh Bihari

Sthayi : *Chale Lanka Awadh-Bihaari,*
Ho Raama, Dhanus jataa dhaari.

Antara : 1. *Neer nayanana sakal nar naari, Aarti karat manhaari.*
2. *Seeta chali sang Raghuvar pyaari, Ang pe peet vasan dhaari.*
3. *Peechhe Lakhan param suvichaari, Raaghav ka hitkaari.*

Sthayi : Lord Raama is going to Lanka, bearing Jata (long hair) and Dhanush (bow).
Antara : 1. People of Ayodhya are crying. Men and women are doing Raama's lovely Aarti.
2. Seeta, Raama's beloved, is sitting in Lanka, wearing a yellow sari.
3. Behind Raama and Sita is wise Lakshmana, the helper of Raama and Sita.

STHAYI

x			2				0			3			
Sa	Re	--	Ma	--	Ma	--	Ma	Pa	--	Dha	Sa	Sa	--
Cha	le	--	Lan	--	ka	--	A	wa	--	dha	--	Bi	--
Sa	--	--	Ni	--	Dha	Pa	Ga	--	MaGa	Ma	Dha	Pa	Pa
haa	--	--	ri	--	ho	--	Raa	--	--	ma	--	--	dha

Dha	Pa	-	Ma	-	Ma	Ga	Re	Ga	--	^{Re}Sa	--	--	--
nu	*sa*	--	*ja*	--	*taa*	--	*dha*	--	--	*ri*	--	--	--
Sa	Re	--	Ma	--	Ma	--	Pa	Dha	Pa	Ma	--	Re	--
Cha	*le*	--	*Lan*	--	*ka*	--	*A*	*wa*	--	*dha*	--	*Bi*	--
Ma	--	--	--	--	--	--	Ma	--	--	--	--	Re	Sa
haa	--	--	--	--	--	--	*ri*	--	--	--	--	--	--

ANTARA-1

X			2				0			3			
Ṡa	Ni	--	Dha	--	Ni	--	Ṡa	Ṙe	--	Ṡa	Ṡa	Ṡa	--
Nee	--	--	*ra*	--	*na*	--	*ya*	--	--	*na*	*na*	*sa*	--
Ni	Ni	--	Dha	Pa	Pa	Ma	Ma	Pa	--	Dha	--	ṘeṠa	--
ka	*la*	--	*na*	--	*ra*	--	*naa*	--	--	*ri*	--	*sa-*	--
Ṡa	Dha	--	Pa	--	Pa	--	Dha	Pa	--	Ma	--	Ma	Sa
ka	*la*	--	*na*	--	*ra*	--	*naa*	--	--	*ri*	--	*Aa*	--
Sa	Re	--	Ma	--	Ma	--	Ma	Pa	--	Dha	Ṡa	Ṡa	--
ra	*ti*	--	*ka*	--	*ra*	--	*ta*	--	--	*ma*	--	*na*	--
Ṡa	--	--	N̲i̲	--	Ḍ	Pa	Ga	--	MaGa	Ma	Dha	Pa	Pa
haa	--	--	*ri*	--	*ho*	--	*Raa*	--	--	*ma*	--	--	*dha*
Dha	Pa	--	Ma	--	Ma	Ga	Re	Ga	--	^{Re}Sa	--	--	--
nu	*sa*	--	*ja*	--	*taa*	--	*dha*	--	--	*ri*	--	--	--
Sa	Re	--	Ma	--	Ma	--	Pa	Dha	Pa	Ma	--	Re	--
Cha	*le*	--	*Lan*	--	*ka*	--	*A*	*wa*	--	*dha*	--	*Bi*	--
Ma	--	--	--	--	--	--	Ma	--	--	--	--	Re	Sa
haa	--	--	--	--	--	--	*ri*	--	--	--	--	--	--

Kajri (Tent Singing)

Kaharva Taal

66. Saawan ki Kajriya

Sthayi : ***Kaisi ye suhaani saawan ki kajriya,***
Shital rim jhim jhariya.

Antara : *1.* ***Garjat bijuriya, barsat badariya,***
Kaanha re chhalkat, mori gagariya.

2. ***Dur mori nagariya, chhod mori dagariya,***
Kaanha re bheeg gayi, mori chunariya.

3. ***Aaj tori saavariya, loongi khabariya,***
Naa kar barajori, more Kanaiya.

Sthayi : *How beautiful is this Kajri of Saavan (Spring season). It is a cold drizzle.*

Antara : *1.* *The thunder is glittering, the clouds are showering. O Kanha! water is splashing.*

2. *My village is far away, please leave my way. O Kaanha! my chunari (scarf) is wet.*

3. *O Darling! Today I will scold you. Please don't force me, O Kanhaiya.*

STHAYI

0				X				0				X			
Ma	--	Ma	--	Ma	Pa	Pa	N̲i̲	N̲i̲	--	N̲i̲	Dha	Pa	Dha	Dha	Dha
Kai	--	*si*	--	*ye*	--	*su*	--	*haa*	--	*ni*	--	*sa*	--	*wa*	*na*
Pa	Ma	Ma	--	Ma	--	Pa	--	Ma	--	Ga	--	Sa	--	Sa	--
ki	--	*ka*	--	*ja*	--	*ri*	--	*ya*	--	*shi*	--	*ta*	--	*la*	--
Ga	--	Ma	--	Pa	Dha	Pa	Dha	--	Ma	--	Ga	Ma	--	--	--
ri	--	*ma*	--	*jhi*	--	*ma*	--	--	*jha*	--	*ri*	*ya*	--	--	--
--	--	Ṡa	--	Ṡa	--	Ṡa	--	Ṡa	--	Ṡa	--	Ṡa	Ṙe	Ṡa	Ṙe
--	--	*Shi*	--	*ta*	--	*la*	--	*ri*	--	*ma*	--	*jhi*	--	*ma*	--
--	N̲i̲	--	Dha	Pa	--	--	--	--	--	Ga	--	Ga	Sa	Sa	--
--	*jha*	--	*ri*	*ya*	--	--	--	--	--	*Shi*	--	*ta*	--	*la*	--
Ga	--	Ma	--	Pa	Dha	Pa	Dha	--	Ma	--	Ga	Ma	--	--	--
ri	--	*ma*	--	*jhi*	--	*ma*	--	--	*jha*	--	*ri*	*ya*	--	--	--

ANTARA-1

0				X				0				X			
Ma	--	Ma	--	Ma	Pa	Pa	--	N̲i̲	--	N̲i̲	--	Ṡa	--	Ṡa	--
Ga	--	*ra*	--	*ja*	--	*ta*	--	*bi*	--	*ju*	--	*ri*	--	*ya*	--
Ṡa	--	Ṡa	--	Ṡa	--	Ṡa	N̲i̲	N̲i̲	Ṙe	Ṡa	Ṙe	N̲i̲	--	Dha	--
ba	--	*ra*	--	*sa*	--	*ta*	--	*ba*	--	*da*	--	*ri*	--	*ya*	--
Ma	--	Ma	--	Ma	Pa	Pa	--	N̲i̲	--	N̲i̲	--	Ṡa	--	Ṡa	--
Ga	--	*ra*	--	*ja*	--	*ta*	--	*bi*	--	*ju*	--	*ri*	--	*ya*	--
Ṡa	--	Ṡa	Ṙe	Ṙe	Ṁa	Ṁa	Ġ̲a̲	Ġ̲a̲	Ṙe	Ṙe	Ṡa	Ṡa	N̲i̲	Dha	--
ba	--	*ra*	--	*sa*	--	*ta*	--	*ba*	--	*da*	--	*ri*	--	*ya*	--
Ma	--	Ma	--	Ma	Pa	--	--	N̲i̲	N̲i̲	N̲i̲	N̲i̲	Dha	--	--	--
Kaa	--	*nha*	--	*re*	--	--	--	*chha*	*la*	*ka*	*ta*	*mo*	--	--	--
Pa	--	Ma	--	Ma	--	Pa	--	Ma	--	Ga	--	Ga	Sa	Sa	--
ri	--	*ga*	--	*ga*	--	*ri*	--	*ya*	--	*shi*	--	*ta*	--	*la*	--
Ga	--	Ma	--	Pa	Dha	Pa	Dha	--	Ma	--	Ga	Ma	--	--	--
ri	--	*ma*	--	*jhi*	--	*ma*	--	--	*jha*	--	*ri*	*ya*	--	--	--

Hori (Tent Singing) : Deepchandi Taal

67. Khedat Hori Krishna Muraari

Sthayi : *Sakhi sang khedat Hori, dekho Krishna Muraari.*

Antara :

1. *Chalaave pichkaari ho! Krishna Kanhaai, Dekhe Yashoda Maai,*
   Laal Gulaali ude rang ki dhaari, Kahe Raadha main to, Haari haari.
2. *Bajaave baansuri ho! Krishna Kanhaiya, Sunai hai Yashoda Maiya,*
   Baldaau Sudaama bajaave taadi, Sang Gop Gopi, Baari baari.
3. *Paniya bharan chali liye gagariya, ho Raadha Gwaalaniya,*
   Jamuna tat par sundar pyaari, Ye Shyaam ki Shyaama, Pyaari pyaari.

Sthayi : O Dear, behold! Krishna Murari is playing Hori with his friend Raadha.
Antara : 1. Krishna is spraying colours with his syringe, and Yashoda is watching,
There is red and pink spray. Raadha says, I loose, you win!
2. Krishna Kanhaiya is playing flute. Mother Yashoda is listening.
Balaram and Sudama are clapping hands, and the Gop Gopis turn by turn.
3. Milk maid Raadha, Shyama's friend, is going for fetching water.
She is at the bank of river Januna.

STHAYI

X			2				0			3			
Sa	Sa	–	Re	–	Re	–	Re	Ga	–	Ma	Pa	Ma	–
Sa	khi	--	san	--	ga	--	khe	--	--	da	--	ta	--
Pa	–	–	Pa	–	–	–	Ma	Ni	Pa	Ga	–	Re	Sa
Ho	--	--	ri	--	--	--	Ho	--	--	ri	--	--	--
Sa	Sa	–	Re	–	Re	–	Re	Ga	–	Ma	Pa	Ma	–
Sa	khi	--	san	--	ga	--	khe	--	--	da	--	ta	--
Pa	–	–	Pa	–	–	–	–	–	–	Ga	–	Ma	–
Ho	--	--	ri	--	--	--	--	--	--	de	--	kho	--
Pa	Dha	Pa	PaDha	Ni	Dha	Pa	Ma	Pa	–	Ga	–	Re	Sa
Kri	sha	--	na-	--	Mu	--	ra	--	--	ri	--	--	--
Sa	Sa	–	Re	–	Re	–	Re	Ga	–	Ma	Pa	Ma	–
Sa	khi	--	san	--	ga	--	khe	--	--	da	--	ta	--
Ni	Pa	–	Pa	–	–	–	–	–	–	–	–	–	–
Ho	--	--	ri	--	--	--	--	--	--	--	--	--	--

ANTARA-1

X			2				0			3			
Ṙe	Ṙe	--	Ṙe	--	Ṙe	Ṙe	Ṙe	Ma	Ġa	Ġa	--	Ġa	Ṙe
Cha	laa	--	ve	--	pi	cha	kaa	--	--	ri	--	ho	--
Ṡa	Ṙe	--	Ni	–	Pa	--	Ni	Ṡa	--	Ṙe	--	--	--
Kri	sha	--	na	--	Kan	--	haa	--	--	ee	--	--	--
Ṡa	Ṙe	–	Ni	–	Ni	–	Dha	–	–	Ma	–	Pa	–
De	--	--	khe	--	Ya	--	sho	--	--	da	--	--	--
Ni	–	–	–	–	Dha	Ni	Ṡa	–	–	–	–	–	–
Maa	--	--	--	--	--	--	ee	--	--	--	--	--	--
Ṡa	–	–	Ni	–	Dha	–	Dha	–	–	Dha	–	–	–
Laa	--	--	la	--	gu	--	laa	--	--	li	--	--	--
Dha	Dha	–	Ni	–	Ṡa	–	Ṙe	Ni	–	Dha	–	Pa	–
u	de	--	ran	--	ga	--	ki	--	--	dha	--	ri	--

Ga	Ma	–	Dha	–	Dha	–	Dha	Dha	–	Dha	–	–	–
laa	--	--	*la*	--	*gu*	--	*laa*	--	--	*li*	--	--	--
Dha	Dha	–	Ni	–	Ṡa	–	Ṙe	Ni	–	Dha	–	Pa	–
u	*de*	--	*ran*	--	*ga*	--	*ki*	--	--	*dha*	--	*ri*	--
Ni	Ni	--	Ni	--	Ni	--	Ni	Ṡa	--	Ṡa	--	--	--
Ka	*he*	--	*Raa*	--	*dha*	--	*main*	--	--	*to*	--	--	--
Ni	Ṡa	–	Ṡa	–	–	Ṙe	Ni	Dha	–	Ga	–	Ma	–
haa	--	--	*ri*	--	--	--	*haa*	--	--	*ri*	--	--	--
Dha	Pa	–	PaDha	Ni	Dha	Pa	Ma	Pa	–	Ga	–	Re	Sa
ran	--	--	*ga-*	--	*ki*	--	*dha*	--	--	*ri*	--	--	--

Tilana (Tent Singing)

Kaharva Taal

68. Toom Tana Nana Nana Deem

Sthayi : ***Toom Ta na Na na Na na Deem, Tadaare Daani,***
Nita Na Dere Naa, Tadaare Tadaare Daani,
Toom Ta na Na na Na na Deem, Tadaare Daani.

Antara : *1.* ***Shankh naad karaahin Shiva, Anahad Chhand Tarang,***
Bhole Shankar naachibe, Baaje Damroo sang.
Tadaare Daani, Toom Ta na Na na Na na Deem, Tadaare Daani.

2. ***Dha Dha Kit, Dha Dha Kit, Ta Kit Takaa Kit,***
Taandava Nritya dikhavain, Taa Deem Ta Deem Deem,
Ta Deem Tana Nana Na, Bhumandal sab dang, Tadaare Daani.

Antara : 1. Shiva is blowing his conch shell, and a wave of Anhad (divine) sound is viabrating the world, Bhole Shankar is dancing and playing his Damru. Tadaare Daani, ...

2. Dha Dha Kit, Dha Dha Kit,... Shiva is doing Tandava dance and the whole world is astonished.

STHAYI

X				0				X				0			
–	ṠaṠa	Ṡa	Ṡa	Ni	Dha	Pa	Dha	DhaṠa	Ni	Dha	Pa	Ma	Pa	Ga	Re
–	*Toom*	*Ta*	*na*	*Na*	*na*	*Na*	*na*	*Dee-*	--	*m*	*Ta*	*daa*	*re*	*Daa*	*ni*
–	SaSa	Re	Re	Ga	Ga	Ma	Ma	Pa	–	Pa	Dha	Ma	Pa	Ga	Re
–	*Toom*	*Ta*	*na*	*Na*	*na*	*Na*	*na*	*Dee*	--	*m*	*Ta*	*daa*	*re*	*Daa*	*ni*
-	SaSa	Re	Re	Ga	Ga	Ma	Ma	Pa	–	–	Pa	–	–	–	–
–	*Toom*	*Ta*	*na*	*Na*	*na*	*Na*	*na*	*Dee-*	--	--	*m*	--	--	--	--
--	Ni	Ni	Ni	Ni	Dha	Pa	Dha	Ni	Ṙe	Ṡa	Ṙe	Ni	Dha	Pa	Pa
--	*Ni*	*ta*	*Na*	*De*	*re*	*Naa*	--	*Ta*	*daa*	*re*	*Ta*	*daa*	*re*	*Daa*	*ni*

–	SaSa	Re	Re	<u>Ga</u>	<u>Ga</u>	Ma	Ma	Pa	–	Pa	<u>Dha</u>	Ma	Pa	<u>Ga</u>	Re
–	*Toom*	*Ta*	*na*	*Na*	*na*	*Na*	*na*	*Dee*	--	*m*	*Ta*	*daa*	*re*	*Daa*	*ni*
--	SaSa	Re	Re	<u>Ga</u>	<u>Ga</u>	Ma	Ma	Pa	–	–	Pa	–	–	–	–
–	*Toom*	*Ta*	*na*	*Na*	*na*	*Na*	*na*	*Dee-*	--	--	*m*	--	--	--	--

ANTARA-1

X				0				X				0			
--	Ma	--	Pa	Ni	--	Ni	Ni	Ṡa	--	Ṡa	--	Ṙe	Ni	Ṡa	--
--	*Shan*	--	*kha*	*naa*	--	*da*	*ka*	*raa*	--	*hin*	--	*Shi*	--	*va*	--
–	<u>NiNi</u>	<u>Ni</u>	<u>Ni</u>	<u>Ni</u>	Dha	Pa	Dha	<u>Ni</u>	Ṙe	Ṡa	Ṙe	<u>Ni</u>	Dha	Pa	–
--	*Ana*	*ha*	*da*	*Chhan*	--	*da*	*Ta*	*ran*	--	--	--	--	--	*ga*	--
–	PaPa	–	Ṙe	Ṙe	–	Ṙe	Ṙe	–	Ṡa	<u>Ni</u>	<u>Ni</u>	Dha	–	Pa	–
--	*Bho-*	--	*le*	*Shan*	--	*ka*	*ra*	--	*naa*	--	*chi*	*be*	--	--	--
–	Ṡa	–	Ṡa	<u>Ni</u>	Dha	Pa	Dha	DhaṠa	<u>Ni</u>	Dha	Pa	Ma	Pa	<u>Ga</u>	Re
–	*Baa*	--	*je*	*Da*	*ma*	*roo*	--	*san-*	--	*ga*	*Ta*	*daa*	*re*	*Daa*	*ni*
--	SaSa	Re	Re	<u>Ga</u>	<u>Ga</u>	Ma	Ma	Pa	–	–	Pa	–	–	–	–
–	*Toom*	*Ta*	*na*	*Na*	*na*	*Na*	*na*	*Dee-*	--	--	*m*	--	--	--	--

Folk Song - Chutney

Kaharva Taal

69. Hai re! Adaa Tori

Sthayi : ***Hai re! adaa tori kaatil, O' Barsaane ki Radhiya!***

Antara : ***1. Mur Mur kaahe ko, maare nazariya,***
Kaat karajva ko le gayi, Ho' Gori Gwaalin Gudiyaa.

2. Chup Chup jaaoon main Jamuna ki Nadiya,
Maar kankariya vo phori, Ho' Kaanha mori gagariya.

3. Nat khat aayo ri mori dagariya,
Dhar ke kalaai barajori, Ho' Kini raar Kanaiya.

Sthayi : *Your charm is captivator,*
O Raadha! you are from the village of Barsana!

Antara : *1. Why do you keep turning and looking at me! It is stealing my heart,*
O Cowmaid of the Braj!

2. While I was going to fetch water at the banks of Jamuna river.
Krishna threw a pebble and broke my water pitcher.

3. That naughty Krishna blocked my way.
He held my arm with force and fought with me.

STHAYI

X				0				X				0			
–	MaMa	Pa	Pa	Pa	–	Pa	Dha	Ma	–	Pa	Pa	Ni	–	Dha	Pa
--	*Hai*	*re*	*a*	*daa*	--	*to*	*ri*	*kaa*	--	*ti*	*la*	*O'*	--	*Ba*	*ra*
Dha	–	PaDha	Pa	Ma	Ma	Ma	–	–	MaMa	Pa	Pa	Pa	–	Pa	Dha
saa	--	*ne-*	*ki*	*Ra*	*dhi*	*ya*	--	--	*Hai*	*re*	*a*	*daa*	--	*to*	*ri*
Ma	–	Pa	Pa	Ni	–	Dha	Pa	Dha	–	PaDha	Pa	Ma	Ma	Ma	–
kaa	--	*ti*	*la*	*O'*	--	*Ba*	*ra*	*saa*	--	*ne-*	*ki*	*Ra*	*dhi*	*ya*	--
–	Pa	Ni	Ni	Ṡa	–	Ṡa	Ṡa	–	Ṡa	Ṡa	Ṡa	ṠaṘe	Ġa	Ṙe	Ṡa
--	*Hai*	*re*	*a*	*daa*	--	*to*	*ri*	--	*kaa*	*ti*	*la*	*O'*	--	*Ba*	*ra*
Ṡa	Ṙe	ṠaṘe	Ṡa	Ni	Ni	Dha	Pa	–	MaMa	Pa	Pa	Pa	–	Pa	Dha
saa	--	*ne-*	*ki*	*Ra*	*dhi*	*ya*	--	--	*Hai*	*re*	*a*	*daa*	--	*to*	*ri*

ANTARA-1

X				0				X				0			
–	PaPa	Ni	Ni	Ṡa	–	Ṡa	Ṡa	Ṡa	Ni	Ṙe	Ṡa	Ni	Ni	Dha	Pa
--	*Mud*	*Mu*	*d*	*kaa*	--	*he*	*ko*	*maa*	--	*re*	*na*	*ja*	*ri*	*ya*	--
–	Pa	Pa	Pa	Pa	Pa	Pa	Dha	Ma	–	Pa	Pa	Ni	–	Dha	Pa
–	*Kaa*	*t*	*ka*	*ra*	*ja*	*va*	*ko*	*le*	--	*ga*	*yi*	*ho*	--	*Go*	*ri*
Dha	–	PaDha	Pa	Ma	Ma	Ma	–	–	MaMa	Pa	Pa	Pa	–	Pa	Dha
Gwaa	--	*li-*	*na*	*gu*	*di*	*ya*	--	--	*Hai*	*re*	*a*	*daa*	--	*to*	*ri*
Ma	–	Pa	Pa	Ni	–	Dha	Pa	Dha	–	PaDha	Pa	Ma	Ma	Ma	–
kaa	--	*ti*	*la*	*O'*	--	*Ba*	*ra*	*saa*	--	*ne-*	*ki*	*Ra*	*dhi*	*ya*	--

Bhajan : Raaga Durga

Kaharva Taal

70. Durge Maa

Jai Jai Maa, Durge Maa. Jai Jai Maa, Ambe Maa.

Sthayi : ***Mohe, Bhav se taaro Durge Ma, More, Vighna utaaro Ambe Maa.***
Raah nahin hai tum bin Jag men, Chaaha nahin Bhava-saagar men.

Antara : *1.* ***Maata tum ho Kaali Karali, Devi Bhavani Sheron vaali,***
Leela tumari sab jag jaanat, Naarad Shaarad barnat Maa,
Devi, Bhaagya jagaado Chandi Maa, More, Vighna utaaro Ambe Maa.

2. ***Naata tumra aadi janam ka, Jai Jagadambe Jotaan vaali,***

De do darshan sapnan aa kar, Sundar mangal saj dhaj Maa,
Devi, Bhaagya jagaado Chandi Maa, More, Vighna utaaro Ambe Maa.

3. ***Maaya tumari nyaari niraali, Jai Jag-vande Laataan vaali,***
Jai Jai karte mahima ga kar, Shankar Kinnar Bhagtan Maa,
Devi, Bhaagya jagaado Chandi Maa, More, Vighna utaaro Ambe Maa.

Sthayi : *O Mother Durga! please save me from the worldly affairs, O Mother Amba!*
Please remove my obstacles. Without you I have no other way.
I have no desire in this world.

Antara : 1. *O Mother Kali! Devi Bhavani! Sheravali! world knows your leela (magic).*
Narad and Sharada sing you prayers.
O Goddess, please brighten up my fortune.

2. *I have relations with you from my previous lives.*
Victory to you O Jagadamba! Jotavali!
Please come in my dreams with nice attire and appear before me.
Please brighten up my fortune.

3. *Your grace is unique and different, O Laataan vaali (Durga)! the world worships you.*
Shiva, Kinnaras and devotees sing your greatness and your victory prayers,
O Goddess!

OPENING

		X				0				X				0			
Sa	**Sa**	**Re**	--	--	--	--	--	**Ma**	**Re**	**Sa**	--	--	--	--	--	**Sa**	**Re**
Jai	*Jai*	*Maa*	--	--	--	--	--	*Dur*	*ge*	*Maa*	--	--	--	--	--	*Jai*	*Jai*
		Pa	--	--	--	--	--	**Ma**	**Re**	**Ma**	--	--	--	--	--	**Sa**	**Sa**
		Maa	--	--	--	--	--	*Am*	*be*	*Maa*	--	--	--	--	--	*Mo*	*he*

STHAYI

X				0				X				0			
–	**DhaDha**	**Pa**	**Ma**	**Pa**	**–**	**Ma**	**Re**	**Re**	**Re**	**Pa**	**–**	**Pa**	**–**	**Ma**	**Pa**
--	*bhava*	*se*	--	*taa*	--	*ro*	--	*Du*	*r*	*ge*	--	*maa*	--	*Mo*	*re*
–	**DhaDha**	**Pa**	**Ma**	**Pa**	**–**	**Ma**	**Re**	**Re**	**–**	**Pa**	**Ma**	**Ma**	**–**	**Sa**	**Sa**
–	*vigh*	*na*	*u*	*taa*	--	*ro*	--	*Am*	--	*be*	--	*maa*	--	*Jai*	*Jai*
Re	--	--	--	--	--	**Ma**	**Re**	**Sa**	--	--	--	--	--	**Sa**	**Re**
Maa	--	--	--	--	--	*Dur*	*ge*	*Maa*	--	--	--	--	--	*Jai*	*Jai*
Pa	--	--	--	--	--	**Ma**	**Re**	**Ma**	--	--	--	--	--	--	--
Maa	--	--	--	--	--	*Am*	*be*	*Maa*	--	--	--	--	--	--	--
–	**Ma**	**–Pa**	**Dha**	**Ṡa**	**–**	**Ṡa**	**Dha**	**–**	**DhaṘe**	**Ṡa**	**Dha**	**Pa**	**Pa**	**Dha**	**[Pa]Ma**
–	*Raa*	*-ha*	*na*	*hin*	--	*hai*	--	--	*tuma--*	*bi*	*na*	*ja*	*ga*	*men*	--
–	**Dha**	**–Pa**	**Ma**	**Pa**	**–**	**Ma**	**Re**	**–**	**Re–**	**Pa**	**Ma**	**Ma**	**–**	**Sa**	**Sa**
–	*Chaa*	*-ha*	*na*	*hin*	--	*bha*	*va*	--	*Sa-*	*ga*	*ra*	*men*	--	*Mo*	*he*

ANTARA-1

X				0				X				0			
–	ṠaDha	Ṡa	–	Ṡa	Ṡa	Ṡa	–	–	Ṡa–	Ṙe	Dha	Ṡa	–	Ṡa	–
–	Maa--	ta	--	tu	ma	ho	--	--	Kaa--	li	Ka	raa	--	li	--
–	ṠaDha	Ṡa	Ṙe	Ṙe	–	Ṙe	–	–	ṠaṘe	Ṁa	Ṙe	Ṡa	–	Ṡa	–
--	De--	vi	Bha	va	--	ni	--	--	She--	ron	--	vaa	--	li-	--
–	Ṙe	–Ṡa	Dha	Ṡa	Ṡa	Dha	Pa	–	PaDha	Ma	Ma	Re	–	Sa	Sa
--	Lee	-la	--	tu	ma	ri	--	--	saba	ja	ga	jaa	--	na	ta
–	Ṡa–	Ṡa	Ṡa	ṠaDha	Ṙe	Ṡa	Ṡa	–	DhaDha	Ma	Ma	Pa	–	Ma	Pa
–	Naa-	ra	da	Sha-	--	ra	da	--	bara	na	ta	maa	--	De	vi
–	Dha–	Pa	Ma	Pa	–	Ma	Re	Re	–	Pa	–	Pa	–	Ma	Pa
–	bhaa-	gya	ja	gaa	--	do	--	chan	--	di	--	maa	--	Mo	re
–	DhaDha	Pa	Ma	Pa	–	Ma	Re	Re	–	Pa	Ma	Ma	–	Sa	Sa
--	vigh	na	u	taa	--	ro	--	Am	--	be	--	maa	--	Mo	he

Bhajan : Raaga Durga
Dadra Taal
71. Raam Naam Likho

Sthayi : *Raam likho, naam likho, Raam likho, naam re.*
Antara : 1. *Shila tare, setu bane, Swed bindu dhaar re,*
Raam japo, naam rato, Tabhi bane kaam re.
2. *Jaadu bhara, maha bhala, Raam Raam naam re,*
Kaam karo, kaam karo, Raam ko lo thaam re.
3. *Raah take, Siya vahaan, Raat divas jaag re,*
Anguthii ko dekh dekh, Kahe Prabho Raam re.

Sthayi : Keep writing Raama's name on the stones.
Antara : 1. The stones will float, the bridge will be built. Chant Raama's name, then only the job will be done.
2. Rama's name is magical and great, say Raam Raam, Embrace Raam! and Keep working.
3. Seeta is waiting there day and night, looking at the ring and remembering Raama.

STHAYI

X			0			X			0		
Dha	–	Dha	Pa	Ma	–	Pa	–	Pa	Ma	Re	–
Raa	--	ma	li	kho	--	naa	--	ma	li	kho	--
Sa	–	Sa	Sa	Dha	–	Pa	–	Ma	Ma	–	–
Raa	--	ma	li	kho	--	naa	--	ma	re	--	--
Dha	–	Dha	Pa	Ma	–	Pa	–	Pa	Ma	Re	–
Raa	--	ma	li	kho	--	naa	--	ma	li	kho	--

ANTARA-1

X			0			X			0		
Ma	--	Ma	Pa	Dha	--	Ṡa	--	Ṡa	Ṡa	Ṡa	--
Shi	--	*la*	*ta*	*re*	--	*se*	--	*tu*	*ba*	*ne*	--
Dha	–	Ṡa	Ṙe	–	Ṡa	Dha	–	Dha	Pa	–	–
Swe	--	*da*	*bin*	--	*du*	*dha*	--	*ra*	*re*	--	--
Dha	–	Dha	Pa	Ma	–	Pa	–	Pa	Ma	Re	–
Raa	--	*ma*	*ja*	*po*	--	*naa*	--	*ma*	*ra*	*to*	--
Sa	Sa	–	Dha	Dha	–	Pa	–	Ma	Ma	–	–
Ta	*bhi*	--	*ba*	*ne*	--	*kaa*	--	*ma*	*re*	--	--
Dha	–	Dha	Pa	Ma	–	Pa	–	Pa	Ma	Re	–
Raa	--	*ma*	*li*	*kho*	--	*naa*	--	*ma*	*li*	*kho*	--

Bhajan

Kaharva Taal

72. Ganga Maiya

Sthayi : ***Ganga Maiya tu mangal hai maata,***
Tera aanchal hai kitna suhaana,
Teri Lahron men hai gungunaata,
Maiya! Sangeet sargam taraana.

Antara : ***1. Nikli Shankar ki kaali jataa se, Tujh ko Bhagirath hai laaya dhara pe,***
Tujh ko Janhu ki kanya hai maana, Tera itihaas hai paavan puraana.
2. Tere jal me Himaalay ki maaya, Tujh me Jamuna ka paani samaaya,
Sharyu ko bhi gale se lagaaya, Tune unko bhi dini garima.
3. Tera tirath hai leela jagaata, Sare paapon se mukti dilaata,
Hai sanaatan tera mera naata, Badi paavan nadi tu meri Maa.
4. Aaj Shri Raam anchaal men tere, Siya Lachhiman hain godi men tere,
Saari nadiyon men tu Bhaagavaana, Isi kaaran tu sabki badi Maa.

Sthayi : *O Ganga! you are our holy mother. Your shelter is so loving.*
There is beautiful music in your waves.

Antara : *1. You arose from the hair of Shiva. Sage Bhagirath brought you to the earth.*
You are known as the daughter of King Janhu. Your history is auspicious and ancient.
2. There is magic of the waters of Himalaya in you.
Water of river Yamuna merges in you.
You have hugged the river Sharayu. You have given fame to them all.
3. Your holy water is magical, it cleanses all our sins.
I have an ancient relationship with you, you are our holy mother.
4. Today Raama, Sita and Lakshmana are in the boat in your waters, you are so lucky.
For this reason, you are called the "old grand mother" of all rivers.

STHAYI

X			0			X			0				
Ga	Ga	Ma	Pa	–	–	–	– MaPa	Ga	–	Ni	–	Ni	Dha Ni –Dha Pa
Gan	ga	Mai	ya	--	--	--	--	--	--	tu	--	man	ga l -hai --
Pa	–	Pa	–		–	–	–	–	Ga	–Re Sa	Sa	– Sa	Ni
maa	--	ta	--		--	--	--	--	te	--ra --	aan	-- chal	hai
–	Ni Dha	Sa	Ni	Dha	Pa	Pa	–	–	GaGa	Re Sa	Sa	– Sa	Ni
--	ki	t	na	su	haa	--	na	--	teri	le ha	ron	-- men	--
–	Ni Dha	Sa	Ni	Dha	Pa	Ma	Ga	Ma	Pa	–	–	– –	–
--	hai-	gun	gu	haa	ta	--	--	mai	ya				
–	Ni	–Ni	Ni	Re	Sa	–Dha	Pa	Pa	–	Pa –	–	– Ga	Ga
--	San	-gee	ta	sa	ra	-gam	ta	raa	--	nan	--	-- Gan	ga

ANTARA-1

X			0			X			0		
– Sa–	Sa Ni	Sa	–	Ni	Pa	– Sa–	Sa	Ni	Sa	– Ni	Pa
-- Nik-	li --	Shan	--	kar	ki	-- kaa-	li	ja	ta	-- se	--
– Sa–	Sa Ni	Sa	Sa Ni	Pa		– Sa–	Sa	Ni	Sa	– Ni	Pa
-- Tujh-	ko --	Bha	gi ra	th	hai	-- laa-	ya	dha	raa	-- pe	--
– Dha–	Dha Pa	Dha	Dha Dha	Dha		– SaNi	Dha Ni	Dha	Pa	– Pa	Pa
-- Tujh-	ko --	Ja	na hu	ki		-- kan-	ya-	hai	maa	-- na	--
– Dha–	Dha Pa	Dha	– Dha	Dha		– SaNi	Dha Ni	Dha	Pa	Pa Ga	Ga
-- Tera-	i ti	haa	-- s	hai		-- paa-	wan-	pu	raa	na Gan	ga

Bhajan : Raaga Pilu
Kaharva Taal
73. Seeta Maa

Sthayi : *Ro ro main to baanvariyaan; Mohe bachaao Saavariyaan.*

Antara : *1.* *Bholi jhutha kar paapi nazariya, Mohe utha kar jor jabariya,*
Laaya udaa kar, paar saagariya.

2. Raavan ki ye suvan nagariya, Mahal ye galiyaan, sundar bagiya,
Laagat mohe, bhuvan men ghatiya.

3. Mohe lubhaavat asuron ki mukhiya, Taane chubhaavat Raavan sakhiyaan,
Haay! rulaavat, laaj na rakhiyaan.

4. Khaat hai din dase naagin ratiya, Kaatat man aru kaampat chhatiya,
Naath vina ab, kaase kahun batiyaan.

5. Siya ko pukaarat Raamaji dukhiya, Rot hai Lachhiman vyaakul akhiyaan,
Aaya hai Hanumat, leke mundariya.

Sthayi :   Crying and crying I am going crazy, O My dear husband! please save me.
Antara : 1. Raavan, disguised his sinful face, picked me up forcefully and brought me beyond the ocean.
         2. The Golden City of Raavan, with beautiful gardens and palaces, feels to me like the worst place on earth.
         3. The Chief Maid of Raavan is trying to coax me to marry him.
             His maid servants are shamelessly taunting me, and make me cry.
         4. The days are hard and the night is biting like a snake. My mind pinching and my chest is pounding,
             Without you, O my dear husband! I have no one to tell my story.
         5. Sad Raama is also calling Sita! Sita! Lakshman is crying with tearful eyes,
             Hanuman has come with Raama's ring hidden in his mouth.

STHAYI

X				0				X				0			
Ga	Re	Sa	Ṇi	Sa	--	Re	Pa	Ga	Re	Sa	Ṇi	Sa	--	--	--
Ro	--	ro	--	main	--	to	--	baan	--	va	ri	yaan	--	--	--
Ma	Pa	Ni	Ni	Ṡa	--	NiDha	Pa	Ga	Ma	Dha	Pa	Ga	Re	Ṇi	Sa
Mo	--	he	ba	chaa	--	o --	--	Saan	--	va	ri	yaa	--	--	--
Ga	Re	Sa	Ṇi	Sa	--	Re	Pa	Ga	Re	Sa	Ṇi	Sa	--	--	--
Ro	--	ro	--	main	--	to	--	baan	--	va	ri	yaan	--	--	--

ANTARA-1

X				0				X				0			
Sa	-	Ga	Ma	Pa	-	Pa	Pa	-	GaMa	Ni	Pa	Ga	Re	Ṇi	Sa
Bho	--	li	jhu	tha	--	ka	ra	--	paa-	pi	na	za	ri	ya	--
Ga	-	Ga	Ga	Ma	-	Ma	Ma	PaDha	Ni	Dha	Ni	Pa	Dha	Pa	-
mo	--	he	u	tha	--	ka	ra	jo-	--	ra	ja	ba	ri	ya	--
Ni	-	Ni	Ni	Ṡa	-	NiDha	Pa	-	GaMa	Dha	Pa	Ga	Re	Ṇi	Sa
Laa	--	ya	u	daa	--	ka-	ra	--	paa-	ra	saa	ga	ri	ya	--
Ga	Re	Sa	Ṇi	Sa	--	Re	Pa	Ga	Re	Sa	Ṇi	Sa	--	--	--
Ro	--	ro	--	main	--	to	--	baan	--	va	ri	yaan	--	--	--

74. Saraswati Vandana - Rupak Taal

Sthayi :   *Devi Saraswati Gyaan do, Hum ko amar swar gaan do,*
             Hamra amar abhidhaan ho, Maa Shaarde vardaan do.
Antara : 1. *Teri karen hum aarti, Tere hi sut hum Bhaarti,*
             Sab vishva ka kalyaan ho, Maa Shaarde vardaan do.
         2. *Tum hi ho Buddhi daayini, tum hi maha Sukh kaarini,*
             Tum hi Gunon ki khaan ho, Maa Shaarde vardaan do.
         3. *Teri kripa se kaam ho, Jag men na hum naakaam ho,*
             Hum ko na kabhi abhimaan ho, Maa Shaarde vardaan do.
         4. *Tum ho Kala ki Devata, Devi hamen do yogyata,*
             Hum ko hunar paridhaan ho, Maa Shaarde vardaan do.
         ** *Maa Shaarde vardaan do, Maa Shaarde vardaan do,*
             Maa Shaarde vardaan do.
         ** This line comes only at the end of the last Antara.

Sthayi : *O Goddess Saraswati, Please give us knowledge, please give us the divine voice,*
May our name be immortal, O Goddess Sharda! please give us blessings.

Antara : 1. *We sing your Aarti. We are your Children. We are from Bharat (India).*
May the whole world prosper. O Goddess Sharda! please give us blessings.

2. *You are the Giver of talent. You are the giver of great pleasures.*
You are the treasure of virtues. O Goddess Sharda! please give us blessings.

3. *May our work be done with your grace. May we not fail in the world.*
May we ever not have an ego. O Goddess Sharda! please give us blessings.

4. *You are the Goddess of Arts. O Goddess! please give us ability.*
May we be skillful. O Goddess Sharda! please give us blessings.

INTRO

Ṡa – Ṙe Ṡa – NiDha PaMa Pa – Ma Ga –

GaPa NiPa Re – Re Re – Ga Pa Pa – Ma Ma –

STHAYI

		X			2		3		X			2		3	
Pa	--	NiDha	Ni	Pa	Ga	--	Ga	Sa	Ma	--	Pa	Ma	–	Sa	Sa
De	--	*vi-*	--	*Sa*	*ra*	--	*swa*	*ti*	*gyaa*	--	*na*	*do*	--	*Hu*	*ma*
		Ma	–	Pa	Dha	Dha	Ṙe	Ṡa	Dha	Ni	Pa	Dha	–	Pa	Pa
		ko	--	*a*	*ma*	*ra*	*swa*	*ra*	*gaa*	--	*na*	*do*	--	*Hu*	*ma*
		NiDha	Ni	Pa	Ga	Ga	Ga	Sa	Ma	--	Pa	Ma	--	Sa	–
		raa-	--	*a*	*ma*	*ra*	*a*	*bhi*	*dha*	--	*na*	*ho*	--	*Maa*	--
		Ma	–	Pa	Dha	–	Ṙe	Ṡa	Dha	Ni	Pa	Dha	–	Pa	–
		Shaa	--	*ra*	*de*	--	*va*	*ra*	*daa*	--	*na*	*do*	--	*De*	--

ANTARA-1

MaGa SaGa Ma Ma Ma Ma – Dha Pa MaPa Ni Ni Ni Ni –

Ṙe Ġa ṠaNi Dha – Ni Ġa Ṙe Ṡa

	X			2		3		X			2		3	
Ṡa	Ṡa	–	Ṡa	Ni	Ṡa	Dha	Ni	Ṙe	–	Ṙe	Ṙe	–	ṘeĠa	Ṁa
Te	*ri*	--	*ka*	*ren*	--	*hu*	*ma*	*aa*	--	*ra*	*ti*	--	*te-*	--
	Ṙe	–	Ġa	Ṡa	Ni	Dha	Ni	ĠaṘe	Ġa	Ṙe	Ṡa	–	Ṡa	–
	re	--	*hi*	*su*	*ta*	*hu*	*ma*	*Bhaa-*	--	*ra*	*ti*	--	*te*	--
	Ṙe	Ni	Ni	Dha	Pa	Pa	Pa	NiDha	Ni	Pa	Ma	--	Pa	Pa
	re	--	*hi*	*su*	*ta*	*hu*	*ma*	*Bhaa-*	--	*ra*	*ti*	--	*Sa*	*ba*
	NiDha	Ni	Pa	Ga	--	Ga	Sa	Ma	--	Pa	Ma	--	Sa	–
	vi-	--	*shva*	*ka*	--	*ka*	*l*	*ya*	--	*na*	*ho*	--	*Maa*	--
	Ma	–	Pa	Dha	–	Ni	Ṡa	Ṙe	–	Ni	Pa	Ga	Sa	–
	Shaa	--	*ra*	*de*	--	*va*	*ra*	*daa*	--	*na*	*do*	--	*De*	--
	NiDha	Ni	Pa	Ga	--	Ga	Sa	Ma	--	Pa	Ma	–		
	vi-	--	*Sa*	*ra*	--	*swa*	*ti*	*gyaa*	--	*na*	*do*	--		

** The following line only at the end of the last Antara :

Maa Shaarde vardaan do, Maa Shaarde vardaan do,
Maa Shaarde vardaan do, vardaana do, vardaan do.

	X			2		3		X		2		3	
Ma	--	Ma	--	Ma	Ma	--	Ma	Ma	Dha	--	Dha	Dha	--	Dha	--
Maa	--	Shaa	--	ra	de	--	va	ra	daa	--	na	do	--	Maa	--
Dha	--	Dha	Dha	--	Dha	Pa	Ni	--	Ni	Ni	--	Ni	--
		Shaa	--	ra	de	--	va	ra	daa	--	na	do	--	Maa	--
Ni	--	Ni	Ni	--	Ni	Dha	Ṡa	--	Ṡa	Ṡa	--	Ni	Dha
		Shaa	--	ra	de	--	va	ra	daa	--	na	do	--	va	ra
Ṡa	--	Ṡa	Ṡa	--	Ni	Dha	Ṡa	--	Ṙe	Ṡa	--	--	--
		daa	--	na	do	--	va	ra	daa	--	na	do	--	--	--

75. Guru Vandana
Kaharva Taal

Shloka : *Guru Brahma Shiva, Guru Vishnu hai, Guru charanan men gyaan sahi.*
Sthayi : *Guru Raam hai, Guru Shyaam hai, Shri Ganapati ka avataar vahi.*
Antara : 1. *Gyaan sikhaave, raah dikhaave, Guru ke tale andhakaar nahin.*
   2. *Bharam bhagaave, bhaagya jagaave, Guru se bada adhikaar nahin.*
   3. *Chhaav Guru hai, Naav Guru hai, Guru se badi patwaar nahin.*
   4. *Guru gun gaavo, Guru rin dhyaavo, Guru kirapa ka bhaar nahin.*

Shloka : Guru is Brahma, Guru is Vishnu. True knowledge is at the feet of the Guru.
Sthayi : Guru is Rama, Guru is Krishna, Guru is the manifestation of Ganesh.
Antara : 1. Guru gives us knowledge. Guru shows us the right path, there is no darkness around the Guru.
   2. Guru removes delusion. Guru gives good luck, there is no higher authority than the Guru.
   3. Guru is shelter. Guru is boat. There is no better protector than the Guru.
   4. Let's sing Guru's praises. Let us remember Guru's gift. The Guru's mercy is not a burden.

SHLOKA

-	ṠaṠa	Ṙe	Ṡa	Ṡa	-	Ṡa	Ṡa	-	ṠaṠa	Ṙe	Ṡa	Ni	-	Ni	-
--	Guru	Bra	--	hma	--	Shi	va	--	Guru	Vi	sh	nu	--	hai	--
-	NiNi	Ni	Ni	Ġa	Ġa	Ġa	Ṙe	-	ṘeĠa	Ṙe	Ṡa	Ṡa	-	-	-
--	Guru	cha	ra	na	na	men	--	--	gyaa	na	sa	hi	--	--	--
-	SaṘe	Ni	Dha	Pa	Pa	Pa	-	-	NiDha	NiPa	Ma	Ma	-	-	-
-	Guru	cha	ra	na	na	men	--	--	gyaa	na	sa	hi	--	--	--

STHAYI

X				0				X				0			
												–	–	Ma	Pa
												--	--	Gu	ru
Dha	-Dha	Dha	–	–	–	Pa	Ma	Pa	-Pa	Pa	–	–	–	MaGa	Re
Raa	-ma	hai	--	--	--	Gu	ru	Shya	-ma	hai	--	--	--	Shri	--
–	ReRe	Ga	Ga	Ma	–	Dha	Dha	–	Pa	Dha	Pa	Ma	Ma	MaGa	Re
--	Gana	pa	ti	kaa	--	a	va	--	taa	--	ra	va	hi	Shri	--
–	ReRe	Ga	Ma	Ma	–	Pa	Ṡa	–	NiDha	Pa	Ma	Ma	–	Ma	Pa
--	Gana	pa	ti	kaa	--	a	va	--	taa	ra	va	hi	--	Gu	ru

ANTARA-1

X				0				X				0			
–	Ṡa	-Ni	Dha	Ṡa	–	Ṡa	–	–	Ṡa	-Ni	Pa	Ṙe	–	Ṙe	–
--	Gyaa	-na	si	kha	--	ve	--	--	raa	-ha	di	kha	--	ve	--
–	Ṙe Ṙe	Ṙe	Ṙe	Ṙe	–	Ṙe	Ṙe	–	ṘeGa	Ṙe	Ṡa	Ṡa	–	–	–
--	Guru	ke	ta	le	--	an	dha	--	kaa-	ra	na	hin	--	--	--
--	ṠaṘe	Ni	Dha	Pa	–	Pa	Pa	–	Ni Dha	NiPa	Ma	Ma	–	Ma	Pa
--	Guru	ke	ta	le	--	an	dha	--	kaa	-ra	na	hin	--	Gu	ru

Bhajan
76. Lav Kush

Sthayi :   *Sunaa rahe hain Lav Kush sundar, Raamayan ka katha samundar.*
Antara : 1. *Brahma bola, Naarad dhaaya; Baalmik lekha, Shaarad Gaaya;*
         Mangal paavan ye Shlok Saagar; Aanandit hain Bhavani Shankar.
      2. *Awadh puri men Raghu kul Saaja, Do var deena Dasharath Raaja;*
         Kaikeyi Kubja racha kuchakkar; Bheja van men Raam sumangal.
      3. *Harin sunahara, Haran Siyaa ka; Jataayu Shabari; Vadha baali ka;*
         Lanka daahan; Setu bandhan; Lakhan sanjivan; Raavan bhanjan.
      4. *Lav Kush baalak ashva jeet kar, Haare Hanumat Bharat Lakhan dal;*
         Bhoop Awadh ka bana hai Raagahav; Harsh bhare hain dharati ambar.

Sthayi : *Lav and Kush are singing the beautiful ocean of stories of Ramayan.*
Antara : 1. *Brahma ordered and thus Narad came to Valmiki. Valmiki wrote and Saraswati sung it.*
       Hearing this holy ocean of shlokas, Shivaji and Parvati are happy.
    2. *The celebrated King Dasharath gave two boons to his queen Kaikeyi.*
       Her maid Kubja made an evil plan to send Rama to the forest.
    3. *The story of the Golden deer of Sita. The battle of Jatayu with Raavan.*
       The slaying of Baali. The burning of Lanka, and the death of Raavan.
    4. *Winning of the horse by Lav and Kush. Defeat of the armies of Maruti, Bharata and Lakshmana.*
       Anointment of Raama as the King of Ayodhya, and happiness that filled from the earth to the sky.

STHAYI

X				0				X				0			
Pa	DhaNi	Ṡa	Ni	Pa	Ma	Ma	–	–	MaDha	Ni	Dha	ᴾᵃMa	–	Ga	Ga
Su	naa-	--	ra	he	--	hain	--	--	Lava	Ku	sha	sun	--	da	ra
–	GaMa	Dha	Pa	Re	Re	Sa	–	Sa	Dha	–	Dha	NiDha	–	Pa	Pa
--	Raa-	ma	--	ya	na	ka	--	ka	tha	--	sa	mun-	--	da	ra
Pa	DhaNi	Ṡa	Ni	Pa	Ma	Ma	–	–	MaDha	Ni	Dha	ᴾᵃMa	–	Ga	Ga
Su	naa-	--	ra	he	--	hain	--	--	Lava	Ku	sha	sun	--	da	ra

ANTARA-1

X				0				X				0			
–	ĠaĠa	Ġa	Ṙe	Ġa	–	Ġa	–	–	ĠaĠa	Ġa	Ṁa	Ġa	Ṙe	Ṙe	–
--	Brah-	ma	--	bo		la	--	--	Naa-	ra	da	dhaa	--	ya	
–	NiṠa	Ni	Dha	Ni	Ṙe	Ṙe	–	–	NiṘe	Ġa	Ṙe	Ni	Ṙe	Ṡa	–
--	Baal	mi	k	le	--	kha	--	--	Shaa-	ra	da	gaa	--	ya	
–	Pa	–	ṠaNi	Pa	Ma	Ma	Ma	–	MaMaDha	Ni	Dha	Ma	–	Ga	Ga
--	Man	--	gala	paa	--	va	na	--	yeshlo	ka	--	Saa	--	ga	ra
–	GaMa	Dha	Pa	Re	Re	Sa	–	Sa	Dha	–	Dha	NiDha	Pa	Pa	Pa
--	Aa-	nan	--	di	ta	hain	--	Bha	vaa	--	ni	Shan-	--	ka	ra
Pa	DhaNi	Ṡa	Ni	Pa	Ma	Ma	–	–	MaDha	Ni	Dha	ᴾᵃMa	–	Ga	Ga
Su	naa-	--	ra	he	--	hain	--	--	Lava	Ku	sha	sun	--	da	ra

Bhajan

Kaharva Taal

77. Ambe Maa

Sthayi : *Ambe Maa varadan do main tere duaare,*
Binti suno, main aaj, O Maiya! tere charan men.

Antara : 1. *Shambhu Nandini singh viraaje, Shankh Dundubhi Danka baaje,*
Tera hi jai jai kaar, O Maiya! teenon bhuvan men.

2. *Gandha Pushpa Phal Tulsi dal se, Pooja teri man nirmal se,*
Maata Pita ka pyaar, O Maiya! tere nainan men.

3. *Haath Chakra aru Vajra viraaje, Khadga Padma aur Trishul saaje,*
Asuran ka sanghaar, O Maiya! tere vatan men.

4. *Bhaktan ke tu kaaj sanvaare, Aart janan ke kasht ubaare,*
Dinan par upkaar, O Maiya! teri sharan men.

Sthayi : O Mother Amba! please give me a boon. Listen my request today. O Mother! I am at your door.

Antara : 1. O Shambhu Nandini! you are riding a lion. Devotees are blowing Shankh, Dundubhi and Danka. They are saying "victory to you," O Mother! in the three worlds.

2. They are worshipping you with Sandlewood paste, flowers and Tulsi leaves. They worship you with clean heart. O Mother! in your eyes is the love of mother and father.

3. There are Chakra, Vajra, Khadg, Padma and Trishul in your hands.

O Mother! in your land there is destruction of the Asura (demons).
4. You assist your devotees in their works. You remove troubles of the people in difficulty.
O Mother! there is kindness for people who surrender to you.

STHAYI

X				0				X				0			
--	Ga	--	Ga	Ga	Re	Ga	Pa	Ma	--	--	Re	Ga	Re	Sa	Ṇi
--	Am	--	be	Maa	--	va	ra	daa	--	--	na	do	--	main	--
Sa	--	Re	Ma	Ga	Re	Sa	--	--	Ga	Ga	Ga	Ga	Re	Ga	Pa
te	--	re	du	aa	--	re	--	--	bin	ti	su	no	--	main	--
Ma	--	--	Re	Ga	Re	Sa	Ṇi	Sa	--	Re	Ma	Ga	Re	Sa	--
aa	--	--	j	O	--	Mai	ya	te	--	re	cha	ra	na	men	--

ANTARA-1

X				0				X				0			
–	Ga	–	GaMa	Pa	–	Pa	Ma	–	Dha	Dha	Ni	Dha	Pa	Pa	–
--	Sham	--	bhu	Nan	--	di	ni	--	sin	gha	vi	raa	--	je	--
–	Ga	–	GaMa	Pa	–	Pa	Pa	Ma	–	Dha	DhaNi	Dha	–	Pa	–
–	Shan	--	kha	Dun	--	du	bhi	--	--	Dan	ka--	baa	--	je	--
--	Ga	Ga	Ga	Ga	Re	Ga	Pa	Ma	--	--	Re	Ga	--	Sa	Ṇi
--	Te	ra	hi	ja	ya	ja	ya	kaa	--	--	ra	O	--	Mai	ya
Sa	--	Re	Ma	Ga	Re	Sa	--	--	Ga	Ga	Ga	Ga	Re	Ga	Pa
tee	--	no	bhu	va	na	men	--	–	bin	ti	su	no	--	main	--
Ma	--	--	Re	Ga	Re	Sa	Ṇi	Sa	--	Re	Ma	Ga	Re	Sa	--
aa	--	--	j	O	--	Mai	ya	te	--	re	cha	ra	na	men	--

Bhajan

Kaharva Taal

78. Govardhan Dhari Krishna

Sthayi : *Govardhan ko uthaaye Hari, Dekho dekho ji leela khari,*
Ungali par dhare, Vo samoocha giri, Aur bajaaye meethi baansuri.

Antara : 1. *Mathura ke pare paas men, Madhuban ki hari ghaas men,*
Gop Gopi lage khel men, Shri Hari the Sakha saath men,
Musla varsha kadi, jab achaanak giri,
Vraj men chinta bhayaanak padi. Ungli par dhare ...

2. *Vrajavaasi khade aas men, the bade aaj vishvaas men,*
sab khade the giri ke tale, sab ne aasha dhari man men,
Chaahe jitni buri, Vraj men baarish giri,
Sabko dukh se bachaaye Hari. Ungli par dhare ...

3. *Indra Bhagvaan jab thak gaye, Barasa kar baadal ak gaye,*
Shakra haar gaye aakhari, jhat se varsha fir band kari,
Bole teri khari, hove jai jai Hari, Teri Leela hai jaadu bhari. Ungli par dhare ...

Sthayi : *Krishna has picked up the Govardhan Mountain. Behold the true Divine Power.*

He picked up the mountain on his little finger, and played the sweet flute with the other hand.

Antara : 1. *Beyond Mathura, in the nearby green pasture of Madhuban,*
While the Gops and the Gopis were playing, and when Shri Hari Krishna was with them,
Torrential rain suddenly poured on that village, without a warning. The village dwellers became worried.
Krishna picked up the mountain on his little finger, and played the sweet flute with the other hand.

2. *The people of the village are waiting eagerly for Krishna's help. Today they have great confidence in him.*
All are standing under the mountain. They are sure that, doesn't matter how hard it rained,
Krishna will save them from the trouble.
Krishna picked up the mountain on his little finger, and played the sweet flute with the other hand.

3. *When Lord Indra got tired and the clouds got fed up of pouring the rains,*
Indra lost the contest, he immediately stopped the rain,
And said, O Krishna, yours is true victory. Your divine power is great.
Krishna! You pick the mountain up on your little finger, and you play the sweet flute with your other hand.

STHAYI

		X				0				X				0			
Sa	Sa	Ma	--	Ma	Ga	Dha	--	Pa	Ga	Ma	--	--	--	--	--	Ma	Ma
Go	*var*	*dhan*	--	*ko*	*u*	*tha*	--	*ye*	*Ha*	*ri*	--	--	--	--	--	*De*	*kho*
		Ga	--	Dha	Ma	Ga	--	Ma	Ga	Re	--	--	--	--	--	Ni	Sa
		de	--	*kho*	*ji*	*lee*	--	*la*	*kha*	*ri*	--	--	--	--	--	*un*	*g*
		Re	--	Dha	Dha	Pa	--	Ni	Sa	Re	--	Dha	Dha	Pa	--	Ni	Sa
		li	--	*par*	*dha*	*re*	--	*vo*	*sa*	*moo*	--	*cha*	*gi*	*ri*	--	*Aur*	*ba*
		Re	--	Ga	Ma	Pa	--	Pa	Ga	Ma	--	--	--	--	--	Sa	Sa
		jaa	--	*ye*	*mee*	*thi*	--	*baan*	*su*	*ri*	--	--	--	--	--	*Go*	*var*
		Ma	--	Ma	Ga	Pa	--	Ga	Pa	Pa	Ma	--	--	--	--	Sa	Sa
		dhan	--	*ko*	*u*	*tha*	--	*ye*	*Ha*	*ri*	--	--	--	--	--	*Go*	*var*

ANTARA-1

		X				0				X				0			
Sa	Sa	Ni	--	Re	Sa	^{Ni}Dha	--	Ni	Dha	Ma	--	--	--	--	--	Ma	Dha
Ma	*thu*	*ra*	--	*ke*	*pa*	*re*	--	*paa*	*sa*	*men*	--	--	--	--	--	*Ma*	*dhu*
		Ga	--	Ma	Dha	Ga	--	Ma	Ga	Re	--	--	--	--	--	Sa	Sa
		ban	--	*ki*	*ha*	*ri*	--	*ghaa*	*sa*	*men*	--	--	--	--	--	*Go*	*pa*
		Ni	--	Re	Sa	^{Ni}Dha	--	Ni	Dha	Ma	--	--	--	--	--	Ma	Dha
		Go	--	*pi*	*la*	*ge*	--	*khe*	*la*	*men*	--	--	--	--	--	*Shri*	*Ha*
		Ga	--	Ma	Dha	Ga	--	Ma	Ga	Re	--	--	--	--	--	Ni	Sa
		ri	--	*the*	*sa*	*kha*	--	*saa*	*tha*	*men*	--	--	--	--	--	*Mus*	*la*
		Re	--	Dha	Dha	Pa	--	Ni	Sa	Re	--	Dha	Dha	Pa	--	Ni	Sa
		var	--	*sha*	*ka*	*di*	--	*jab*	*a*	*cha*	--	*nak*	*gi*	*ri*	--	*Vraj*	*men*
		Re	--	Ga	Ma	Pa	--	Pa	Ga	Ma	--	--	--	--	--	Sa	Sa
		chin	--	*ta*	*bha*	*yaa*	--	*nak*	*pa*	*di*	--	--	--	--	--	*Go*	*Var*
		Ma	--	Ma	Ga	Pa	--	Ga	Pa	Pa	Ma	--	--	--	--	--	--
		dhan	--	*ko*	*u*	*tha*	--	*ye*	*Ha*	*ri*	--	--	--	--	--	--	--

Bhajan

Kaharva Taal

79. Ved Vaani

Sthayi : ***Sab log jahaan ke bhaaee hain, Sab ek hi path ke raahi hain,***
"Vasudhaiva kutumb" sachaaee hai.
Sab ek jagat ke vaasi hain, Sab ki ye Vasudha Maaee hai,
Sab ek hi kul ke sagaaee hain.

Antara : ***1. Sab Vedon ki ye vaani hai, Sab shubh vachanon ki ye Raani hai,***
Bas ek hamaari bhoomi hai, Aru ek hamaara swami hai,
Bas ek sabhi ka Saayi hai.

2. Sab jagat ka ek hi gyaani hai, Aur ek hi Antarayami hai,
Bas ek hamaara Daata hai, Aru ek hamaara Vidhaata hai,
Bas ek sabhi ka Sahaaee hai.

3. Rishi Muniyon ki ye bahkaani hai, Aur sab se param kahani hai,
Bas ek hamaara Karta hai, Jisne Jag reet banaaee hai,
Usne bhav preet basaaee hai.

Sthayi : *People of the world are all brothers. All are traders of One path.*
"The World is One Family." This is the truth.
We all are the dwellers of One world. This Earth is the Mother of Everyone.
We all are relatives belonging to One World Family.

Antara : *1. This is the utterance of the Scriptures. And it is the Queen of all righteous sayings.*
This is one land, and only One common Landlord. There is only One God for all of us.

2. There is only One who knows this universe. There is only One who pervades everything.
There is only One Giver and only One Protector. There is only One Shelter for all of us.

3. This is the proclamation from Saints and Sages. And this is the supreme story for Mankind.
There is only One Creator for all. He laid down the path of life, and poured love in this world.

STHAYI

		X				0				X				0			
Sa	Ṇi	Sa	--	Ga	Re	Sa	--	Ṇi	--	Sa	--	Re	Pa	^{Ma}Ga	--	Ga	Ma
Sa	*ba*	*lo*	--	*ga*	*ja*	*haan*	--	*ke*	--	*bha*	--	*ee*	--	*hain*	--	*Sa*	*ba*
		Ma	Ga	Pa	Ma	Ga	Ga	Re	Sa	Sa	--	Re	Ma	Ga	--	Ga	Ga
		e	--	*ka*	*hi*	*pa*	*tha*	*ke*	--	*raa*	--	*hi*	--	*hain*	--	*Va*	*su*
		GaRe	Sa	Sa	Sa	Re	–	Ga	Ma	Ga	Re	Sa	Ṇi	Sa	–	Sa	Ṇi
		dhai-	--	*va*	*ku*	*tum*	--	*ba*	*sa*	*cha*	--	*ee*	--	*hai*	--	*Sa*	*ba*
		Sa	--	Ga	Re	Sa	Sa	Ṇi	--	Sa	--	Re	Pa	^{Ma}Ga	--	Ga	Ma
		e	--	*ka*	*ja*	*ga*	*ta*	*ke*	--	*vaa*	--	*si*	--	*hain*	--	*Sa*	*ba*
		Ma	Ga	Pa	Ma	Ga	--	Re	Sa	Sa	--	Re	Ma	Ga	--	Ga	Ga
		ki	--	*ye*	*va*	*su*	--	*dha*	--	*maa*	--	*ee*	--	*hai*	--	*Sa*	*ba*
		GaRe	Sa	Sa	Sa	Re	Re	Ga	Ma	Ga	Re	Sa	Ṇi	Sa	–	Sa	Ṇi
		e-	--	*ka*	*hi*	*ku*	*la*	*ke*	*sa*	*gaa*	--	*ee*	--	*hain*	--	*Sa*	*ba*

ANTARA-1

		X				0				X				0			
Pa	Pa	Ma	Re	Ma	--	Pa	--	Pa	Ma	Pa	Ni	Dha	Pa	Pa	--	Pa	Pa
Sa	*ba*	*Ve*	*--*	*don*	*--*	*ki*	*--*	*ye*	*--*	*vaa*	*--*	*ni*	*--*	*hai*	*--*	*Sa*	*ba*
		Ma	Ga	Ga	Sa	Sa	Ga	Ma	Pa	Ga	Re	Sa	Ṇi	Sa	--	Sa	Ṇi
		shu	*bha*	*va*	*cha*	*non*	*--*	*ki*	*ye*	*raa*	*--*	*ni*	*--*	*hai*	*--*	*ba*	*sa*
		Sa	--	Ga	Re	Sa	--	Ṇi	--	Sa	--	Re	Pa	MaGa	--	Ga	Ma
		e	*--*	*ka*	*ha*	*ma*	*--*	*ri*	*--*	*bhu*	*--*	*mi*	*--*	*hai*	*--*	*A*	*ru*
		Ma	Ga	Pa	Ma	Ga	--	Re	Sa	Sa	--	Re	Ma	Ga	--	Ga	Ga
		e	*--*	*ka*	*ha*	*maa*	*--*	*ra*	*--*	*swa*	*--*	*mi*	*--*	*hai*	*--*	*Ba*	*sa*
		GaRe	Sa	Sa	Sa	Re	--	Ga	Ma	Ga	Re	Sa	Ṇi	Sa	--	Sa	Ṇi
		e	*--*	*ka*	*sa*	*bhi*	*--*	*ka*	*--*	*Saa*	*--*	*yi*	*--*	*hai*	*--*	*Sa*	*ba*

Bhajan

Kaharva Taal

80. Raadha Krishna

Sthayi : ***Khelat Raadha Nand Kishor, Nand Kishor Sakhi Nand Kishor, Gokul Waala Maakhan Chor.***

Antara : ***1. Gwaalin Raadha, Jhulat Jhula, Aanand Chaaron or.***
2. Baansuri ki dhun, sunat Gopika, Naachat man ka mor.
3. Gop Sudaama aru Balraam, Gaavat sudh budh chhor.
4. Baandhat Natakhat Maata Yashoda, Tooti jaave dor.
5. Saawan barkha, rim-jhim barsat, Kaali ghata ghanghor.

Sthayi : *Raadha and Krishna are playing. Krishna is the Gokul wala Makhan Chor (butter stealer).*

Antara : *1. The cow-maid Radha is swinging on the swings, all around is happiness.*
2. The Gopis are listening to the tune of his flute. The peacock in their mind is dancing along.
3. Sudama and Balarama are singing, oblivious to everything around them.
4. Mother Yashoda is trying to tie Krishna, but the rope keeps on breaking.
5. The drizzles of the Spring season are falling, and the black thick clouds are in the sky.

STHAYI

X				0				X				0			
Ma	Pa	Ma	Ga	Ma	–	Pa	–	Ni	Dha	Pa	Ma	Ma	–	–	Ma
Khe	*--*	*la*	*ta*	*Raa*	*--*	*dha*	*--*	*Nan*	*--*	*da*	*ki*	*sho*	*--*	*--*	*r*
Dha	–	Ni	Ni	Dha	–Dha	Pa	Ma	Dha	Pa	DhaṠa	Ni	Dha	–	Pa	Ma
Nan	*--*	*da*	*ki*	*sho*	*--r*	*sa*	*khi*	*Nan*	*--*	*da-*	*ki*	*sho*	*--*	*--*	*r*
Ma	Pa	Ma	Ga	Ma	–	Pa	–	Ni	Dha	Pa	Ma	Ma	–	–	Ma
Go	*--*	*ku*	*la*	*waa*	*--*	*la*	*--*	*Maa*	*--*	*kha*	*na*	*cho*	*--*	*--*	*r*
Ma	Pa	Ma	Ga	Ma	–	Pa	–	Ni	Dha	Pa	Ma	Ma	–	–	Ma
Khe	*--*	*la*	*ta*	*Raa*	*--*	*dha*	*--*	*Nan*	*--*	*da*	*ki*	*sho*	*--*	*--*	*r*

ANTARA-1

X				0				X				0			
–	MaPa	Ni	Ni	Ṡa	–	Ṡa	–	–	Ṡa	–Ṡa	Ṡa	Ni	Ṡa	Ni	Dha
–	Gwaa--	li	na	Raa	--	dha	--	--	Jhu	-la	ta	Jhu	--	la	--
–	Dha	Dha	Dha	Dha	Pa	Dha	Ṡa	Ni	–	Dha	–	Pa	–	Ma	–
–	Aa	nan	da	chaa	--	ron	--	o	--	--	--	--	--	r	--
–	Dha	Dha	Dha	Dha	Pa	Dha	Ṡa	Ni	–	–	–	Dha	–	Pa	Ma
–	Aa	nan	da	chaa	--	ron	--	o	--	--	--	--	--	--	r
Ma	Pa	Ma	Ga	Ma	–	Pa	–	Ni	Dha	Pa	Ma	Ma	–	–	Ma
Khe	--	la	ta	Raa	--	dha	--	Nan	--	da	ki	sho	--	--	r

Bhajan
Kaharva Taal
81. Diwali

Sthayi : *Ghar ghar deep jalaao Sakhi ri, aaj Diwali,*
Aatashabaazi jalaao re Bhaiya, aaj Diwali.
Antara : 1. *Lakshmi pooja karo re Bhaiya, Mridang Dhol bajaao, Sakhi ri.*
2. *Dhan Devi ki Aarti mangal, Keertan gaan sunaao, Sakhi ri.*
3. *Aaj ghar aayo Dasharath Nandan, Awadh men aanand chhaayo, Sakhi ri.*
4. *Baal Baalika vanita sundar, Rang rangoli sajaayo, Sakhi ri.*

Sthayi : Let's light lamps at every house. O Sakhi! today it's Diwali.
Antara : 1. Let's do pooja of Lakshmi. O Brother! please play your Dholak and Mridang. O Sakhi!
2. Let's sing Kirtans and songs and do auspicious Aarti of Dhan Devi Mata Lakshmi. O Sakhi!
3. Today Dasharatha's son Rama has come home from the forest. There is joy in Ayodhya. O Sakhi!
4. Small girls, boys and the beautiful ladies are drawing colourful Rangolis (designs), O Sakhi!

STHAYI

X				0				X				0			
Pa	Pa	Pa	Pa	Pa	Ni	Dha	Pa	Ma	--	Ma	Ma	Ma	Pa	Ma	Ga
Gha	ra	gha	ra	dee	--	pa	ja	laa	--	o	Sa	khi	ri	aa	ja
Ma	--	Pa	--	Dha	--	--	--	Ṡa	Ṡa	Ṡa	Ṡa	Ṡa	--	Ṡa	Ni
Di	--	wa	--	li	--	--	--	Gha	ra	Gha	ra	dee	--	pa	ja
Dha	–	Dha	Dha	Dha	Dha	Dha	Ma	–	MaDha	NiṘe	Ṡa	Dha	–	Pa	Ma
laa	--	o	Sa	khi	ri	aa	ja	--	Di--	wa	--	li	--	--	--
Pa	–	Pa	Pa	Pa	Ni	Dha	Pa	Ma	–	Ma	Ma	Ma	Pa	Ma	Ga
Aa	--	ta	sha	baa	--	zi	ja	laa	--	o	re	bhai	ya	aa	ja
Ma	–	Pa	–	Dha	–	Pa	Ma								
Di	--	wa	--	li	--	--	--								

ANTARA-1

X				0				X				0			
–	Ga	–Ga	–	Ga	Ma	Ma	–	–	DhaDha	Dha	Pa	Pa	Ma	Ma	–
–	Laksh	--mi	--	poo	--	ja	--	--	karo	re	--	bhai	--	ya	--
–	Sa	–Dha	Ni	Sa	–	Sa	Dha	–	DhaNi	Re	Sa	Dha	–	Pa	Ma
–	Laksh	--mi	--	poo	--	ja	--	--	karo	re	--	bhai	--	ya	--
–	Pa	Pa	Pa	Pa	Ni	Dha	Pa	Ma	–	Ma	Ma	Ma	Pa	Ma	Ga
---	Mri	dan	ga	Dho	--	la	ba	jaa	--	o	Sa	khi	ri	aa	ja
Ma	–	Pa	–	Dha	–	–	–								
Di	--	wa	--	li	--	--	--								

Bhajan

Kaharva Taal

82. Shiva Parvati Ganesh

Sthayi : *Shiva Parvati Ganesh, Jaya jaya Shiva Parvati Ganesh,*
Dhyaoon tumko, paaoon tumko, Vandan karoon Mahesh.

Antara : 1. *Jyon hi tumare sumiran keene, Sapanan tumne darshan deene,*
Bhav-saagar se sukh-saagar men, Door hue kalesh.

2. *Jo bhi tumare dar par aave, Pal men us ke ghar bhar jaave,*
Dukh jagat ke vo tar jaave, Teri kripa Umesh.

3. *Koi tum se alakh nahin hai, Saari tum se vyaapta Mahi hai,*
Teri kripa se hasrat meri, Purna huee ashesh.

Sthayi : O Shiva, Parvati Ganesha! Victory to you! may I pray to you to come in my dreams.
Antara : 1. As soon as I remembered you, you came in to my dreams,
From the worldly ocean, I came in the ocean of happiness. All my pains went away.
2. One who comes to you gets all his wishes. His worldly sufferings end. Such is your grace, O Lord!
3. No one is hidden from you. The world is pervaded by you. With your grace my wishes are fulfilled.

STHAYI

X				0				X				0			
–	MaPa	Ni	–	Ni	Sa	Pa	Pa	Pa	Dha	–	Pa	Ma	Ga	Sa	Ni
--	Shiva	Paa	--	rva	ti	--	Ga	ne	--	--	sha	ja	ya	ja	ya
–	NiSa	Re	Pa	Ma	Re	Sa	Ni	Sa	–	–	Sa	Ma	Re	Sa	Ni
--	Shiva	Paa	--	rva	ti	--	Ga	ne	--	--	sha	ja	ya	ja	ya
–	NiSa	Re	Pa	Ma	Re	Sa	Ni	Sa	–	–	Sa	–	–	–	–
--	Shiva	Pa	r	va	ti	--	Ga	ne	--	--	sh	--	--	--	--
–	MaPa	Ni	–	Ni	Ni	Ni	–	–	Sa	–	Sa	Re	Ni	Sa	–
--	Dhya	oon	--	tu	ma	ko	--	--	paa	--	oon	tu	ma	ko	--
–	Ni	–	NiNi	Dha	Ma	Pa	Dha	Pa	–	–	–	MaDha	PaMa	GaRe	SaNi

--	Van	--	dana	ka	roon	--	Ma	he	--	--	--	--	--	--	sh
-	NiSa	Re	Pa	Ma	Re	Sa	Ni	Sa	-	-	Sa	Ma	Ga	Sa	Ni
--	Shiva	Pa	--	rva	ti	--	Ga	ne	--	--	sha	ja	ya	ja	ya
-	NiSa	Re	Pa	Ma	Re	Sa	Ni	Sa	-	-	-	-	-	-	Sa
--	Shiva	Pa	r	va	ti	--	Ga	ne	--	--	--	--	--	--	sh

ANTARA-1

X				0				X				0			
-	Ni	Dha	Ma	Pa	Pa	Pa	-	-	NiDha	Ma	Ma	Pa	-	Pa	-
--	Jyon	--	hi	tu	ma	re	--	--	sumi	ra	na	kee	--	ne	--
-	NiDha	Ma	Ma	Pa	Pa	Pa	Sa	-	NiDha	Ma	Ma	Pa	-	Pa	-
--	Sa	pa	nan	tu	ma	ne	--	--	dar	sha	na	dee	--	ne	--
-	Ma	Pa	Ni	Ni	Sa	Sa	-	-	SaGa	Re	Sa	Re	Ni	Sa	-
--	Bha	va	saa	ga	ra	se	--	--	sukha	saa	--	ga	ra	men	--
-	Ni	-Ni	Ni	Dha	Ma	Pa	Dha	Pa	-	-	-	MaDha	PaMa	GaRe	SaNi
--	Doo	-ra	hu	e	--	--	ka	le	--	--	--	--	--	--	sh
-	NiSa	Re	Pa	Ma	Re	Sa	Ni	Sa	-	-	Sa	Ma	Ga	Sa	Ni
--	Shiva	Pa	--	rva	ti	--	Ga	ne	--	--	sha	ja	ya	ja	ya
-	NiSa	Re	Pa	Ma	Re	Sa	Ni	Sa	-	-	Sa	-	-	-	-
--	Shiva	Pa	r	va	ti	--	Ga	ne	--	--	sh	--	--	--	--

Bhajan
Kaharva Taal
83. Maakhan Chor

Sthayi : *Aayo ri Sakhi, Shyaam Sundar ghar aayo.*
Antara : 1. *Maakhan khaavat, nehaa lagaavat; Kaanha more man bhaayo.*
2. *Chhup chhup ke Sakhi, jaane kab aayo; Aapan khaayo, khilaayo.*
3. *Latki oonchi, dadhi ki gagariya; Lakutiya maar, giraayo.*
4. *Bole maakhan, main nahin khaayo; Mere mukh, lipataayo.*
5. *Bholi soorat daarat jaadu, manva mora bharamaayo.*

Sthayi : O Dear! my Shyam Sundar has come home.
Antara : 1. He eats Makhan (butter), and loves me dearly. I like Kaanha very much.
2. He comes quietly, no one knows when he comes. He eats Makhan and gives it to friends also.
3. I kept the pot of Dahi (curd) up high out of his reach, but he broke it with a stick..
4. He says I didn't eat the Makhan, they smeared it on my mouth.
5. His innocent face casts magic on me, my mind gets spellbound.

STHAYI

	0				X				0				X			
Ma	MaPa	Pa	Ma	Ga	–	ṠaNi	Ni	Ni	Dha	Ma	–Pa	Dha	Ma	–	Ma	Ma
Aa	*yo-*	*ri*	*Sa*	*khi*	--	*Shyaa--*	*ma*	*Sun*	*da*	*ra*	*--gha*	*ra*	*aa*	--	*yo*	*Aa*
	MaDha	PaDha	Ma	Ga	–	ṠaNi	Ni	Ni	Dha	Ma	–Pa	Dha	Ma	–	Ma	–
	yo	*ri--*	*Sa*	*khi*	--	*Shaa--*	*ma*	*Sun*	*da*	*ra*	*--gha*	*ra*	*aa*	--	*yo*	--

ANTARA-1

0				X				0				X			
–	Ma	–Dha	Ni	Ṡa	–	Ṡa	Ṡa	–	Ni	–Ni	Ṡa	Dha	Ṡa	Ni	Dha
--	*Maa*	*--kha*	*na*	*kha*	--	*va*	*ta*	--	*ne*	*--ha*	*la*	*gaa*	--	*va*	*ta*
–	Ma	–Dha	Ni	ṠaNi	Ṙe	Ṡa	Ṡa	–	Ni	–Ni	Ṡa	Dha	Ṡa	Ni	Dha
–	*Maa*	*--kha*	*na*	*kha*	--	*va*	*ta*	--	*ne*	*--ha*	*la*	*gaa*	--	*va*	*ta*
–	Ni	–Ni	Ni	NiṘe	Ṡa	NiDha	Pa	Ni	–	Dha	Ma	MaDha	PaDha	Ma	Ga
–	*Kaa*	*--nha*	*mo*	*re--*	--	*ma-*	*na*	*bhaa*	--	*yo*	*Aa*	*yo–*	*ri–*	*Sa*	*khi*

ANTARA-2

0				X				0				X			
–	ṠaṠa	Ṡa	Ṡa	Ṡa	–	Ṡa	Ṡa	–	Ni	–Ni	Ṡa	Dha	Ṡa	Ni	Dha
--	*Chhup*	*chhu*	*pa*	*ke*	--	*Sa*	*khi*	--	*jaane*	*-ka*	*ba*	*aa*	--	*yo*	--
–	MaMa	Dha	Ni	ṠaNi	Ṙe	Ṡa	Ṡa	–	Ni	–Ni	Ṡa	Dha	Ṡa	Ni	Dha
–	*Chhup*	*chhu*	*pa*	*ke--*	--	*Sa*	*khi*	--	*jaane*	*-ka*	*ba*	*aa*	--	*yo*	--
–	Ni	Ni	Ni	NiṘe	Ṡa	NiDha	Pa	Ni	–	Dha	Ma	MaDha	PaDha	Ma	Ga
-	*Aa*	*pa*	*na*	*kha*	--	*yo*	*khi*	*la*	--	*yo*	*Aa*	*yo-*	*ri-*	*Sa*	*khi*

Bhajan

Kaharva Taal

84. Hanuman

Sthayi : ***Bajaayo re, yuddha ka danka, Jaraayo Maaruti Lanka.***

Antara : ***1. Raavan ko kahe Vibhishan Bhaaee, Kaahe rakhai tu daar paraaee,***
Kapi ko saump de Seeta, Naheen maana vo Adbanga.

2. Asuran Kapi ki poonchh jalaaye, Daavaagni ko aap bulaaye,
Jalaayo sone ki Lakna, Raam ka daas ye baanka.

3. Shiva ji ka avataar sajaayo, Taandav thaiya naach rachaayo,
Dubaayo aag men Lanka, "Bachaao!" ek hai haanka.

Sthayi : *Hanuman blew the bugle of war, and then he burned Lanka.*

Antara : 1. *Vibhishana said to Ravana, "why are you keeping someone else's wife?*
Why don't you give Seeta to Hanuman?" but, that stubborn fellow did not listen.

2. *The demons put fire to the tail of Hanumana, and invited the destruction on their own,*

The devotee of Rama then burned the golden Lanka.

3. *He took the avatar of Shiva, and danced Tandava all over the city with his burning tail. As the city of Lanka burned, people cried, "help!"*

STHAYI

	0				X				0				X			
Dha	Ni	Ṙe	Ṡa	–	–	Ni	–	Ṡa	Dha	–	Pa	M̍a	Pa	–	–	Ma
Ba	*jaa*	*yo*	*re*	--	--	*yu*	--	*ddha*	*ka*	--	*dan*	--	*ka*	--	--	*ja*
	GaRe	Ga	^{Re}Sa	–	–	Ga	–	Ma	Dha	–	Ni	–	Ṡa	–	–	Dha
	raa–	–	*yo*	–	–	*Maa*	–	*ru*	*ti*	–	*Lan*	–	*ka*	–	–	–

ANTARA-1

0				X				0				X			
–	Pa	–Ga	Ma	Pa	–	Pa	Pa	–	NiNi	Ni	Ṡa	Dha	–	Pa	–
--	*Raa*	*-va*	*na*	*ko*	--	*ka*	*he*	--	*Vibhi*	*sha*	*na*	*bhaa*	--	*ee*	--
–	Pa	–Ga	Ma	Pa	–	Pa	–	–	Ni	–Ni	Ṡa	Dha	–	Pa	Pa
–	*Kaa*	*-he*	*ra*	*khai*	--	*tu*	--	--	*daa*	*--ra*	*pa*	*raa*	--	*ee*	*Ka*
Dha	Ṙe	Ṡa	–	–	Ni	–	Ṡa	Dha	–	Pa	M̍a	Pa	–	–	Ma
pi	--	*ko*	--	--	*sau*	--	*mpa*	*de*	--	*See*	--	*ta*	--	--	*na*
GaRe	Ga	^{Re}Sa	–	–	Ga	–	Ma	Dha	Dha	Ni	–	Ṡa	–	–	Dha
hin–	--	*maa*	--	--	*na*	--	*vo*	*a*	*da*	*ban*	--	*ga*	--	--	*Ba*
Ni	Ṙe	Ṡa	–	–	Ni	–	Ṡa	Dha	–	Pa	M̍a	Pa	–	–	Ma
jaa	*yo*	*re*	--	--	*yu*	--	*ddha*	*ka*	--	*dan*	--	*ka*	--	--	*ja*

Bhajan

Kaharva Taal

85. Datta

Sthayi : ***Datta Guru Mera jaya jaya ho. Datta Digambar, Shiva Shiva Om, Bolo; Sad Guru Mera, jai jai ho.***

Antara : ***1. Mukh maange daan deta, Sab se nyaara nyaara,***
Jag men jiska bol baala, Har Har Om. Aahaa! Teen Mukhi Sat Naam kaho.

2. Dukh kare door saare, Sab se pyaara pyaara,
Sab se oonche naam waala, Har Har Om. Aahaa! Deena Dukhi Bhagavan kaho.

3. Sukh deta dher saare, Dattatraya mera,
Hum par usne jaadu daara, Har Har Om. Aahaa! Ek sakha Siyaraam kaho.

Sthayi : *Victory to my Datta Guru! Say, Datta Digambara, Shiva Shiva Om. Victory to my Sadguru.*

Antara : 1. *He gives whatever you wish for, he is unique from all others.*
His name is every where in the world. He is the three headed Satnaam (holy person).

2. *He removes all the sufferings, he is most dear than all others.*
He is the one whose name is higher than all other names. Hara Hara Om.

Oh! he is the Bhagavan (God) who helps the helpless.

3. *He gives heaps of happiness, he is my Dattatraya.*
He has casted his magic spell on us. Hara Hara Om. Oh! he is Sita-Raama, our sole support.

STHAYI

X				0				X				0			
Ma	Pa	Pa	Ma	Pa	Dha	Dha	Pa	Pa	Dha	Pa	Ma	Ma	–	–	–
Da	*tta*	*Gu*	*ru*	*me*	--	*ra*	--	*ja*	*ya*	*ja*	*ya*	*ho*	--	--	--
Ni	Ni	–	Ni	Ni	–	Ni	Ni	Ṡa	Ṙe	Ṡa	Ni	Dha	–	Pa	Ma
Da	*tta*	--	*Di*	*gam*	--	*ba*	*ra*	*Shi*	*va*	*Shi*	*va*	*O*	--	--	*m*
Ni	Ni	–	Ni	Ni	–	Ni	Ni	Ṡa	Ṙe	Ṡa	Ni	Dha	–	Dha	Dha
Da	*tta*	--	*Di*	*gam*	--	*ba*	*ra*	*Shi*	*va*	*Shi*	*va*	*Om*	--	*Bo*	*lo*
Ma	Pa	Pa	Ma	Pa	Dha	Dha	Pa	Pa	Dha	Pa	Ma	Ma	–	–	–
Da	*tta*	*Gu*	*ru*	*me*	--	*ra*	--	*ja*	*ya*	*ja*	*ya*	*ho*	--	--	--

ANTARA-1

X				0				X				0			
Ga	Ga	Ga	Ga	Ma–	Ma	Pa	Pa	Ni	Dha	Pa	Ma	Ma	–	Ma	–
Mu	*kha*	*maan*	*ge*	*da-*	*na*	*de*	*taa*	*sab*	*se*	*nya*	*ra*	*nya*	--	*ra*	--
Ni	Ni	Ni	Ni	Ni	–Ni	Ni	Ni	Ṡa	Ṙe	Ṡa	Ni	Dha	–	Pa	Ma
Jag	*men*	*jis*	*ka*	*bo*	*-la*	*baa*	*la*	*Ha*	*ra*	*Ha*	*ra*	*Om*	--	*Aa*	*haa*
Ma	Pa	Pa	Ma	Pa	Dha	Dha	Pa	Pa	Dha	Pa	Ma	Ma	–	–	–
Tee	--	*na*	*mu*	*khi*	--	*Sa*	*t*	*naa*	--	*ma*	*ka*	*ho*	--	--	--
Ma	Pa	Pa	Ma	Pa	Dha	Dha	Pa	Pa	Dha	Pa	Ma	Ma	–	–	–
Sa	*d*	*Gu*	*ru*	*me*	--	*ra*	--	*ja*	*ya*	*ja*	*ya*	*ho*	--	--	--

Bhajan : Raaga Todi

Kaharva Taal

86. Shiva Shambho

Sthayi : ***He Shiva Shambho, Bhavaani Shankar, Sab sankat haaro.***

Antara : ***1. Aan pade hum bhav majh dhaare,***
He Damrudhar! hame bacha re! Prabhu hum ko taaro.

2. Bhagat khade hain tere duaare,
Teri daya ki aasha dhaare, ab Mangal kaaro.

3. Daan kripa ka keejyo Prabhu ji,
Prem ki chhaya humko deejyo, sab Sankat taaro.

Sthayi : *O Lord Shiva Shambho! O Bhavani Shankar! please do all good to us.*

Antara : 1. *We are in the midst of the worldly ocean, O Lord! please save us.*

2. *The devotees are standing at your door step, now be kind to them.*

3. *O Lord! please give us your mercy and remove all our miseries.*

STHAYI

x				0				x				0			
Sa	--	Re	Ga	Re	Sa	Sa	--	Ni	Dha	Ga	Ga	Re	Sa	Sa	Sa
He	--	Shi	va	Sham	--	bho	--	Bha	vaa	--	ni	Shan	--	ka	ra
Dha	Dha	Dha	--	Ma	Ga	Re	--	Ga	--	--	--	ReMa	Ga	Re	Sa
Sa	ba	san	--	ka	ta	haa	--	ro	--	--	--	--	--	--	--
Sa	Re	Ga	Dha	Ma	Ga	Re	Sa	Sa	--	--	--	--	--	--	--
Sa	ba	san	--	ka	ta	haa	--	ro	--	--	--	--	--	--	--

ANTARA-1

x				0				x				0			
Dha	Ma	Ma	Ma	Dha	--	Ma	Dha	Sa'	Sa'	Sa'	Sa'	Ni	Re'	Sa'	--
Aa	--	na	pa	de	--	ha	ma	bha	va	ma	jha	dha	--	re	--
Sa'	--	Re'	Ga'	Re'	Ga'	Re'	Sa'	Sa'	Sa'	--	Sa'	Ni	Sa'	Ni	Dha
He	--	Da	ma	ru	--	dha	ra	ha	me	--	ba	cha	--	re	--
Ma	Ma	Dha	Ni	DhaMa	Ga	Re	--	Ga	--	--	--	Re	MaGa	Re	Sa
Pra	bhu	ha	ma	ko--	--	taa	--	ro	--	--	--	--	--	--	--
Sa	Re	Ga	Dha	Ma	Ga	Re	Sa	Sa	--	--	--	--	--	--	--
Sa	ba	san	--	ka	ta	haa	--	ro	--	--	--	--	--	--	--
Sa	--	Re	Ga	Re	Sa	Sa	--	Ni	Dha	Ga	Ga	Re	Sa	Sa	Sa
He	--	Shi	va	Sham	--	bho	--	Bha	vaa	--	ni	Shan	--	ka	ra

Bhajan
Kaharva Taal
87. Jai Shri Raam

Sthayi : *Jai Shri Raam bhajo man mere, Naam Hari ke gaa re,*
Janam Janam ke paap utaare, Tan ke taap ubaare.

Antara : 1. *Gherenge jab ghor andhere, Megh ghanere kaare,*
Yaa chhedenge bhaya dustaare, Man veena ki taaren,
Chhorenge yadi saath piyaare, Bhav saagar majh-dhaare.

2. *Bolenge jab shabad dukhaare, Niradaya duniyavaare,*
Yaa kaatenge saamp vishaare, Bhookhe mukh ko pasaare,
Royenge gar ghum ke maare, Tere praan bichaare.

3. *Jhelenge tab Raamji pyaare, Dukh tan man ke saare,*
Khelenge Hari khel sukhaare, Harane taap tumhaare,
Le lenge Prabhu Param kripaare, Sharan men saanjh sakaare.

Sthayi : O My Mind! chant victory to Shri Raama, and sing Raama's names.
It will relieve all your pains and sins of past lives.

Antara : 1. When the pitch darkness will surround you and the dark clouds will come over you,
And the fears will strum the wires of the Veena of your mind,
If your dear ones will leave you stranded in the middle of the worldly ocean, ...

2. *When the cruel people of the world will say painful words to you,*
And when the poisonous snakes will bite you, with their hungry mouths open,
And if your poor soul will cry deep in sorrow,
3. *Then Dear Shri Raama will take away the aches from your body and mind,*
And Hari will play with you joyful games, to lessen your troubles,
The supreme kind Lord will take you in his shelter, day and night, ...

STHAYI

X				0				X				0			
–	Ga	–Pa	Dha	^{Sa}Ni	–	–Dha	Pa	GaRe	–	–	^{Sa}NiNi	Sa	–	Sa	–
–	*Jai*	*--Shri*	--	*Raa*	--	*-ma*	*bha*	*jo–*	--	--	*man*	*me*	--	*re*	--
–	PaGa	Pa	Ni	Dha	–	Dha	–	–	ṠaNi	–	Ṡa	Dha	–	Pa	–
–	*Naa-*	*ma*	*Ha*	*ri*	--	*ke*	--	--	*gaa-*	--	--	*re*	--	--	--
–	ṠaṠa	Ṡa	Ṡa	Ṡa	Ṡa	Ṡa	–	–	Ni	–Dha	Pa	Dha	Ṡa	Ṡa	–
–	*Jana*	*ma*	*ja*	*na*	*ma*	*ke*	--	--	*paa*	*-pa*	*u*	*taa*	--	*re*	--
–	ṠaṠa	Ġa	Ṡa	Ni	–	Dha	Pa	^{Pa}Ga	–	–	Pa	Re	–	Ṇi	Sa
–	*Tan*	*ke*	--	*taa*	--	*pa*	*u*	*baa*	--	--	--	*re*	--	--	--

ANTARA-1

X				0				X				0			
–	Ṡa	–	Ṡa	Ṡa	–	Ṡa	Ṡa	–	Ni	–Dha	Pa	Dha	Ni	Ni	–
–	*Ghe*	--	*ren*	*ge*	--	*ja*	*ba*	--	*gho*	*--ra*	*an*	*dhe*	--	*re*	--
–	DhaNi	Dha	Pa	PaGa	–	Pa	Ni	Dha	–	Pa	–	–	–	–	–
–	*me–*	*gha*	*gha*	*ne–*	--	*re*	--	*kaa*	--	*re*	--	--	--	--	--
–	Ṡa	–	Ṡa	Ṡa	–	Ṡa	–	–	NiNi	Dha	Pa	Dha	Ni	Ni	–
–	*Yaa*	--	*chhe*	*den*	--	*ge*	--	--	*bhaya*	*du*	*s*	*taa*	--	*re*	--
–	DhaNi	Dha	Pa	PaGa	–	Pa	Ni	Dha	–	Pa	–	–	–	–	–
–	*mana*	*vee*	--	*na–*	--	*ki*	--	*taa*	--	*ren*	--	--	--	--	--
–	Ṡa	–	Ṡa	Ṡa	–	Ṙe	Ġa	–	Ni	–Dha	Pa	Dha	Ṡa	Ṡa	–
–	*Chho*	--	*ren*	*ge*	--	*ya*	*di*	--	*sa*	*--tha*	*pi*	*yaa*	--	*re*	--
–	ṠaṠa	Ġa	Ṡa	^{Sa}Ni	Ni	–	DhaPa	^{Pa}Ga	–	–	Pa	Re	–	Ṇi	Sa
–	*bhava*	*saa*	--	*ga*	*ra*	--	*majha*	*dha*	--	--	--	*re*	--	--	--

Bhajan - Kaharva Taal

88. Ambe Maa

Sthayi : ***Darshan de do, hum ko Ambe, Devi charan men le lo,***
Mohe, apni sharan men le lo.

Antara : ***1. Durge Durghat naam tihaaro, Sab ke paap nibaaro,***
Bhav Saagar se oob gaye ham, Ham ko aa ke ubaaro.

2. Aao sapanan roop nihaaroon, Devi mohe nihaaro,
Tere dvaare aan khada hoon, More kasht utaaro.

Sthayi : *O Ambe! please appear before us. Take us in your shelter and keep us at your feet.*
Antara : 1. *Your name is Durghat. O Durge! please remove our sins.*
We are fed up with this worldly ocean. O Devi! please come and save us.
2. *O Devi! please come in my dreams. I would like to see you.*
I am standing at your door step. Please remove my miseries.

STHAYI

X				0				X				0			
Ṡa	Ṡa	Ṙe	Ṡa	Ṡa	–	Ni	Dha	Ṡa	–	Ṙe	Ṡa	Ṡa	–	Ṡa	–
Da	*ra*	*sha*	*na*	*de*	*--*	*do*	*--*	*hum*	*--*	*ko*	*--*	*Am*	*--*	*be*	*--*
Ni	Ṙe	Ṡa	Ni	Dha	Pa	Ga	Ma	Pa	Ni	–	–	–	–	Dha	Pa
De	*–*	*vi*	*--*	*cha*	*ra*	*na*	*men*	*le*	*lo*	*--*	*--*	*--*	*--*	*mo*	*he*
Ma	Ma	Ma	Ma	Ma	Ma	Pa	Ga	Ni	Pa	^{Ma}Ga	–	–	–	Sa	Sa
a	*pa*	*ni*	*sha*	*ra*	*na*	*men*	*--*	*le*	*--*	*lo*	*--*	*--*	*--*	*De*	*vi*
Dha	Dha	Dha	Pa	Dha	Pa	Ni	Dha	Pa	Ma	Ma	–	–	–	–	–
Da	*ra*	*sha*	*na*	*de*	*--*	*--*	*--*	*--*	*--*	*do*	*--*	*--*	*--*	*--*	*--*

ANTARA-1

X				0				X				0			
Dha	–	Dha	–	Dha	–	Dha	Dha	Dha	Ni	Ni	Ni	Ni	–	Ni	–
Dur	*--*	*ge*	*--*	*Dur*	*--*	*gha*	*ta*	*naa*	*--*	*ma*	*ti*	*haa*	*--*	*ro*	*--*
Pa	Ni	Pa	Ma	Ga	–	Pa	Ma	Ma	–	–	–	Ma	–	–	–
Sa	*ba*	*ke*	*--*	*paa*	*--*	*pa*	*ni*	*baa*	*--*	*--*	*--*	*ro*	*--*	*--*	*--*
Ṡa	Ṡa	Ṙe	Ṡa	Ṡa	Ṡa	Ni	Dha	Ṡa	–	Ṙe	Ṡa	Ṡa	–	Ṡa	Ṡa
Bha	*va*	*saa*	*--*	*ga*	*ra*	*se*	*--*	*u*	*--*	*ba*	*ga*	*ye*	*--*	*ha*	*ma*
Ni	Ṙe	Ṡa	Ni	Dha	Pa	Ga	Ma	Pa	Ni	–	–	–	–	Dha	Pa
Ha	*ma*	*ko*	*--*	*aa*	*--*	*ke*	*u*	*baa*	*ro*	*--*	*--*	*--*	*--*	*De*	*vi*
Ma	Ma	Ma	Ma	Ma	–	Pa	Ma	Ni	Pa	^{Ma}Ga	–	–	–	Sa	Sa
Da	*ra*	*sha*	*na*	*de*	*--*	*do*	*--*	*--*	*--*	*--*	*--*	*--*	*--*	*De*	*vi*
Dha	Dha	Dha	Pa	Dha	Pa	Ni	Dha	Pa	Ma	Ma	–	–	–	–	–
Da	*ra*	*sha*	*na*	*de*	*--*	*--*	*--*	*--*	*--*	*do*	*--*	*--*	*--*	*--*	*--*

Bhajan

Kaharva Taal

89. Holi

Sthayi : ***Sakhi nand Holi ka nyaara, Chale rang rang ki dhaara,***
Aanand Holi ka pyaara, Kare ang ang matwaara,

Antara : *1.* ***Hari aaj Holi ki bela, Lo pichkaari Brij Baala,***
Raadha ke rang men rang rang lo, Nand nand Govinda (Oh!).

2. ***Jis rang men Raadha rangi, Kaanha hai jeevan sangi,***
Holi ke geet hain gaat Gopika, Saath Baansuri vaala (Oh!).

3. ***Sakhi Vraj men mod ki varsha, Aur aaj hai harsh ki charcha,***
Kaanha ke rang men rangi Radhika, Kanj kanj Vraj saara (Oh!).

Sthayi : *O Dear! the joy of Holi is unique, when the syringes start spraying the colours.*
The happiness at the Holi is lovely, when the syringes start spraying the colours.

Antara : 1. *O Hari! today is the festival of Holi. O Brij Baala, take the colour syringe.*
Get immersed in Radha's colours. O Govinda! the Joy of Nanda Baaba.

2. *The colour in which Radha is immersed, Kaanha is her life partner.*
The Gopis are singing the songs of Holi, with them is the Bansuri vaala Krishna.

3. *O Dear! in the village joy is showering, and every one is talking sweetly.*
Raadha is coloured in Kaanha's colours. The whole village is cheerful and happy.

STHAYI

		X				0				X				0			
Ni	Ni	Ni	–	Ni	Ni	–	Ni	Dha	Pa	Dha	–	–	–	Pa	–	Ma	Ga
Sa	*khi*	*nan*	--	*da*	*Ho*	--	*li*	*ka*	--	*nyaa*	--	--	--	*ra*	--	*Cha*	*le*
		Ma	Pa	Pa	Pa	--	Pa	Ma	Ga	Ma	--	--	--	Ma	--	Ni	--
		ran	--	*ga*	*ran*	--	*ga*	*ki*	--	*dhaa*	--	--	--	*ra*	--	*Aa*	--
		Ni	–	Ni	Ni	–	Ni	Dha	Pa	Dha	–	–	–	Pa	–	Ma	Ga
		nan	--	*da*	*Ho*	--	*li*	*ka*	--	*pyaa*	--	--	--	*ra*	--	*ka*	*re*
		Ma	Pa	Pa	Pa	--	Pa	Ma	Ga	Ma	--	--	--	Ma	--	Ni	Ni
		an	--	*ga*	*an*	--	*ga*	*ma*	*ta*	*waa*	--	--	--	*ra*	--	*Sa*	*khi*

ANTARA-1

		X				0				X				0			
Ma	Ma	Ni	Pa	Pa	Ni	–	Ni	Ni	–	Ṡa	–	–	–	Ṡa	–	Ni	Dha
Ha	*ri*	*aa*	--	*ja*	*Ho*	--	*li*	*ki*	--	*be*	--	--	--	*la*	--	*lo*	--
		Ni	Ṙe	Ṙe	--	Ṙe	--	Ġa	Ṙe	Ṡa	--	--	--	Ṡa	--	Ṡa	--
		pi	*ch*	*kaa*	--	*ri*	--	*Bri*	*ja*	*baa*	--	--	--	*la*	--	*Raa*	--
		Ṙe	Ni	Ni	Ni	–	Ni	Ni	–	Ṡa	Dha	Dha	Dha	–	Dha	Pa	Dha
		dha	--	*ke*	*ran*	--	*ga*	*men*	--	*ran*	--	*ga*	*ran*	--	*ga*	*lo*	--
		Ni	--	Dha	Pa	--	Pa	Ma	Ga	Ma	--	--	--	Ma	Ṡa	Ni	Ni
		Nan	--	*da*	*nan*	--	*da*	*Go*	--	*vin*	--	--	--	*da*	*O*	*Sa*	*khi*

Bhajan : Raaga Yaman

90. Saraswati Vandana

Sthayi : ***Mangal sundar sumiran pyaare, Sukhakar vandan Devi tihaare.***

Antara : *1. Sun kar Veena taar sukhaare, Bhagtan saare sharan tumhaare.*

2. Saraswati Maata Gyaan ki daati, Shubh var de de Param piyaare.

3. Ham baalak hain god men teri, Mamata se tu hamko nihaare.

Sthayi : O Goddess Saraswati! your remembrance is pleasing and beautiful, and gives us happiness.

Antara : 1. Hearing the soothing strings of your Veena, the devotees are at your feet.

2. O Mother Saraswati! O Goddess of Learning! please give us auspicious blessings.

3. We are your children in your lap, please behold us with kindness.

STHAYI

X				0				X				0			
–	PaM̍a	(Ga)Re	Re	Ga	–	Ga	Ga	–	PaM̍a	(Ga)Re	Re	Ga	–	Ga	–
--	*Man*	*ga*	*la*	*sun*	–	*da*	*ra*	--	*sumi*	*ra*	*na*	*pyaa*	--	*re*	--
–	ṆiṆi	Re	Re	M̍a	–	M̍a	M̍a	–	M̍aDha	Ni	Dha	Pa	–	M̍a	Ga
--	*Sukha*	*ka*	*ra*	*van*	--	*da*	*na*	--	*De-*	*vi*	*ti*	*haa*	--	*re*	--
–	PaM̍a	(Ga)Re	Re	Ga	–	Ga	Ga	–	PaM̍a	(Ga)Re	Re	Ga	Re	Sa	–
--	*Man*	*ga*	*la*	*sun*	--	*da*	*ra*	--	*sumi*	*ra*	*na*	*pyaa*	--	*re*	--

ANTARA-1

X				0				X				0			
–	PaGa	Pa	Pa	Ṡa	–	Ṡa	–	–	ṠaṠa	Ni	Dha	Ṡa	Ni	Ni	–
--	*Suna*	*ka*	*ra*	*Vee*	--	*na*	--	--	*taa*	*ra*	*su*	*khaa*	--	*re*	--
–	PaGa	Pa	Pa	ṠaNi	Ṙe	Ṡa	–	–	ṠaṠa	Ni	Dha	Ṡa	Ni	Ni	–
--	*Suna*	*ka*	*ra*	*Vee-*	--	*na*	--	--	*taa*	*ra*	*su*	*khaa*	--	*re*	--
–	NiĠa	Ṙe	Ṡa	Ṡa	Ni	Dha	Pa	–	M̍aDha	Ni	Dha	Pa	–	M̍a	Ga
--	*Bhaga*	*ta*	*na*	*saa*	--	*re*	--	--	*shara*	*na*	*tu*	*mhaa*	--	*re*	--

Bhajan

Kaharva Taal

91. Satyanarayan

Sthayi : ***Shri Satyanarayan Saayi re, Teri Aarti badi sukhadaayi, re.***

Antara : *1. Lakshmipati Jag Swaami hain, Mere Maata Pita aru Bhaaee, re.*

2. Kirpaavaan Gosaayi hain, Aru nish din mere Sahaaee, re.

3. Pooja paath sajaao re, Aji! gaan katha bhi sunaao, re.

Sthayi : O Lord Satyanarayana! your Aarti gives us pleasure.

Antara : 1. O Lakshmi-pati! you are the Goddess of this world. You are our mother, father and brother.

2. You are merciful Goddess. You are my helper day and night.

3. Let's adorn the Poojaa and Paath (worship). Let's sing songs and tell her story.

STHAYI

X				0				X				0			
Ma Ga	–	Ga Ga	Ga	Ma	–	Pa	Ṡa	ᴺⁱDha	Pa	Ma	Ga	Ma	–	Ma	Ga
Shri --	--	-- Sa	tya na	raa	--	ya	na	Saa	--	yi	--	re	--	Shri	–
	–	Ga Ga	Ga	Ma	–	Pa	Ṡa	ᴺⁱDha	Pa	Ma	Ga	Ma	–	Dha	Dha
	--	Sa tya	na	raa	--	ya	na	Saa	--	yi	--	re	--	te	ri
	–	Dha Dha	Dha	Dha	Ṉi	Ṉi	Ṉi	Pa	PaṈi	Ṟe	Ṡa	Dha	Pa	Ma	Ga
	--	aa ra	ti	ba	di	su	kha	--	daa-	yi	--	re	--	Shri	--
	–	Ga Ga	Ga	Ma	–	Pa	Ṡa	ᴺⁱDha	Pa	Ma	Ga	Ma	–	–	–
	--	Sa tya	na	raa	--	ya	na	Saa	--	yi	--	re	--	--	--

ANTARA-1

X				0				X				0			
–	Ma	–Dha	Ṉi	Ṡa	–	Ṡa	Ṡa	–	DhaṈi	Ṟe	Ṡa	Dha	–	Pa	Ma
--	La	-kshmi	pa	ti	--	ja	ga	--	Swaa–	mi	--	hain	--	me	re
–	Ma	–Dha	Ṉi	SaṞe	Ġa	Ṟe	Ṡa	–	DhaṈi	Ṟe	Ṡa	Dha	Pa	Ma	Ma
--	La	-kshmi	pa	ti-	--	ja	ga	--	Swaa–	mi	--	hain	--	me	re
–	Ga	Ga	Ga	Ma	–	Pa	Ṡa	–	ᴺⁱDhaPa	Ma	Ga	Ma	–	Ma	Ga
--	Maa	ta	Pi	ta	--	ar	u	--	Bhaa–	ee	--	re	--	Shri	--

Bhajan : Raaga Asavari
Kaharva Taal
92. Guru Nanak

Sthayi : *Amrit Vaani, Dena Shabad ki,*
Aadi guru ko, Vaahe Guru ki.

Antara : 1. *"Deepaa mera eku naamu," Seekh le bande, Baat shuru ki.*
2. *"Aihu mera eku aadhaaru," Peeyush baani Baabe Guru ki.*
3. *"Anjan maahi niranjan rahiye, Aihu Jogu," Bole Guru ji.*
4. *"Naanak dukhiya sab sansaaru," Suno bhai saadho, Baat Guru ki.*

Sthayi : The nectar words of the 'Shabad,' is the gift to Guru Nanak from God.
Antara : 1. "Chanting the Name is the lamp of wisdom." Learn it from Guru Nanak, O Disciple!
2. "This is my only Support," are the Nectar like words of Baaba Guru Nanak.
3. "The real Yoga is to remain sinless in the sinful world," says Guru Nanak.
4. "This whole world is filled with sorrow." Listen O Disciple! says Guru Nanak.

STHAYI

X				0				X				0			
–	PaMa	Pa	Ṡa	^{Ni}Dha	–	PaDha	MaPa	Ga	Re	Ma	Ma	NiDha	Dha	Pa	–
–	*Am-*	*ri*	*ta*	*Vaa*	--	*ni-*	--	*De*	--	*na*	*Sha*	*ba-*	*da*	*ki*	--
–	PaDha	Ṙe	Ṡa	Ṡa	–	Ṡa	–	–	ṠaNi	Ṙe	Ṡa	^{Ni}Dha	–	Pa	–
–	*Aa--*	*di*	*gu*	*ru*	--	*ko*	--	--	*Vaa-*	*he*	*Gu*	*ru*	--	*ki*	--
–	PaMa	Pa	Ṡa	^{Ni}Dha	–	PaDha	MaPa	Ga	Re	Ma	Ma	Pa	^{Ni}Dha	Pa	–
–	*Am-*	*ri*	*ta*	*Vaa*	--	*ni-*	--	*De*	--	*na*	*Sha*	*ba*	*da*	*ki*	--

ANTARA-1

X				0				X				0			
–	PaMa	Pa	–	^{Ni}Dha	–	Pa	Dha	–	Ṡa	–Sa	–	Ṙe	Ni	Ṡa	–
–	*Dee-*	*paa*	--	*me*	--	*ra*	--	--	*e*	*-ku*	--	*naa*	--	*mu*	--
–	Pa	–Pa	Dha	Ṡa	–	Ṡa	–	–	ṠaṘe	ĠaṘe	Ṡa	^{Ni}Dha	–	Pa	–
–	*See*	*-kha*	*le*	*ban*	--	*de*	--	--	*baa-*	*-ta*	*shu*	*ru*	--	*ki*	--
–	PaMa	Pa	Ṡa	^{Ni}Dha	–	PaDha	MaPa	Ga	Re	Ma	Ma	NiDha	Dha	Pa	–
--	*Am--*	*ri*	*ta*	*vaa*	--	*ni--*	--	*de*	--	*na*	*Sha*	*ba*	*da*	*ki*	--

Kirjan

Kaharva Taal

93. Ganapati Bappa

Sthayi : ***Ganapati Bappa Gajaanana,***
Siddhi vinaayak Gaj-vadana.

Antara : ***1. Shankar suvanaa Varaanana,***
Gauri Manohar Prabhanjana,
Dukh har le tu Nikandana.

2. Shubh var de de Shubhaanana,
Lambodar Shiva Sunandana.
Sab kuchh tu hi Sanaatana.

3. Kirjan tera suhaavana, Ek danti Shri Niranjana,
Jana gana karte hai Vandana.

Sthayi : *O Ganapati Bappa! O Gajanana! O Siddhi Vinayaka! O Shubhanana!*

Antara : 1. *O Son of Shiva! O Great Lord! O Son of Gauri!*
O Elephant headed Lord! please remove our pains.

2. *O Lord of the Mankind! O Lord of the Yogis!*
O Lambodara! O Sunanadana! O Sanatana! you are all.

3. *O One toothed Lord, O Remover of the obstacles!*
O Elephant Lord! O Joy of Shiva! we bow to you.

STHAYI

X				0				X				0			
Sa	Re	Ma	Ga	Ma	–	Ma	–	Ma	Ga	Sa	Re	Ga	–	–	–
Ga	*na*	*pa*	*ti*	*Ba*	*--*	*ppa*	*--*	*Ga*	*jaa*	*--*	*na*	*na*	*--*	*--*	*--*
Sa	Re	Ma	Ga	Ma	–	Ma	–	Ma	Ga	Sa	Re	Ga	–	–	–
Ga	*na*	*pa*	*ti*	*Ba*	*--*	*ppa*	*--*	*Ga*	*jaa*	*--*	*na*	*na*	*--*	*--*	*--*
Ni	Sa	Sa	Sa	Sa	Re	Ga	Pa	Ga	Re	Ga	Re	Sa	–	–	–
Si	*--*	*ddhi*	*Vi*	*naa*	*--*	*ya*	*ka*	*Ga*	*ja*	*va*	*da*	*na*	*--*	*--*	*--*

ANTARA-1

X				0				X				0			
Ga	–	Ma	Pa	Pa	Pa	Pa	–	Pa	PaDha	Ni	Dha	Pa	–	Ma	Ga
Shan	*--*	*ka*	*ra*	*Su*	*va*	*na*	*--*	*Va*	*raa–*	*--*	*na*	*na*	*--*	*--*	*--*
Ga	–	Ma	Pa	Pa	Pa	Pa	–	Pa	Dha	Sa	Dha	Pa	–	–	–
Shan	*--*	*ka*	*ra*	*Su*	*va*	*na*	*--*	*Va*	*raa*	*--*	*na*	*na*	*--*	*--*	*--*
Pa	–	Ma	Ma	Ga	Re	Re	Re	Ga	PaGa	Re	Sa	Sa	–	–	–
Gau	*--*	*ri*	*Ma*	*no*	*--*	*ha*	*ra*	*Pra*	*bhan-*	*--*	*ja*	*na*	*--*	*--*	*--*
Dha	Dha	Pa	Ma	Ga	–	Re	–	Ga	PaGa	Re	Sa	Sa	–	–	–
Du	*kha*	*ha*	*ra*	*le*	*--*	*tu*	*--*	*Ni*	*kan*	*--*	*da*	*na*	*--*	*--*	*--*
Sa	Re	Ma	Ga	Ma	–	Ma	–	Ma	Ga	Sa	Re	Ga	–	–	–
Ga	*na*	*pa*	*ti*	*Ba*	*--*	*ppa*	*--*	*Ga*	*jaa*	*--*	*na*	*na*	*--*	*--*	*--*
Ni	Sa	Sa	Sa	Sa	Re	Ga	Pa	Ga	Re	Ga	Re	Sa	–	–	–
Si	*--*	*ddhi*	*Vi*	*naa*	*--*	*ya*	*ka*	*Ga*	*ja*	*va*	*da*	*na*	*--*	*--*	*--*

Kirjan
Kaharva Taal
94. Ganesh

Sthayi : *Ganapati Ganapati Ganapati Deva!*
Koee laaye modak koee laaye meva.

Antara : 1. *Ganapati Ganapati Ganapati Deva!*
Koee kare bhakti to koee kare seva.

2. *Bhajanan kirjan bahu-vidh Deva!*
Lambodar Lambodar Lambodar Deva!

3. *Muni jan kariyat jap tap seva,*
Gajamukh Gajamukh Gajamukh Deva!

4. *Arapan sab tava charanan Deva!*
Gauri-sut Gauri-sut Gauri-sut Deva!

Sthayi : O Lord Ganapati! some devotees have brought Laddus. Some brought nuts for you.

Antara : 1. O Lord Ganesh! some devotees are worshipping you. Some are offering services.
2. O Lord Lambodar! some devotees are doing Bhajans. Some are doing Kirtans.
3. O Lord Gajmukh! the muni and yogis (sages) are chanting and doing austerities.
4. O Lord Gauri-sut! we have surrendered everything at your feet.

STHAYI

X				0				X				0			
Ma	**Pa**	**Pa**	**Ma**	**Pa**	**Dha**	**Dha**	**Pa**	**PaDha**	**Ni**	**Ni**	**Ni**	**Ni**	**Dha**	**Dha**	–
Ga	*na*	*pa*	*ti*	*Ga*	*na*	*pa*	*ti*	*Ga–*	*na*	*pa*	*ti*	*De*	--	*va*	--
Ga	**Ga**	**Ga**	**Ga**	**Ma**	–	**Pa**	**Pa**	**Ni**	**Dha**	**Pa**	**Ma**	**Ma**	–	**Ma**	–
Ko	*ee*	*laa*	*ye*	*mo*	--	*da*	*ka*	*ko*	*ee*	*laa*	*ye*	*me*	--	*va*	--
Ga	**Ga**	**Ga**	**Ga**	**Ma**	--	**Pa**	**Ṡa**	**Ni**	**Dha**	**Pa**	**Ma**	**Ma**	--	**Ma**	--
Ko	*ee*	*laa*	*ye*	*mo*	--	*da*	*ka*	*ko*	*ee*	*laa*	*ye*	*me*	--	*va*	--

ANTARA-1

X				0				X				0			
Dha	**Dha**	**Ni**	**Ṡa**	**Ṡa**	**Ṡa**	**Ṡa**	**Ṡa**	**Ṡa**	**Ṙe**	**Ṁa**	**Ġa**	**Ṙe**	**Ṡa**	**Ṡa**	–
Ga	*na*	*pa*	*ti*	*Ga*	*na*	*pa*	*ti*	*Ga*	*na*	*pa*	*ti*	*De*	--	*vaa*	--
Ma	**Pa**	**Pa**	**Ma**	**Pa**	**Dha**	**Dha**	**Pa**	**Pa**	**Dha**	**Pa**	**Ma**	**Ma**	–	**Ma**	–
Ko	*ee*	*ka*	*re*	*bha*	*k*	*ti*	*to*	*ko*	*ee*	*ka*	*re*	*se*	--	*va*	--
Ma	**Pa**	**Pa**	**Ma**	**Pa**	**Ṡa**	**Dha**	**Dha**	**Pa**	**Dha**	**Pa**	**Ma**	**Ma**	–	**Ma**	–
Ko	*ee*	*ka*	*re*	*bha*	*k*	*ti*	*to*	*ko*	*ee*	*ka*	*re*	*se*	--	*va*	--
Ma	**Pa**	**Pa**	**Ma**	**Pa**	**Dha**	**Dha**	**Pa**	**PaDha**	**Ni**	**Ni**	**Ni**	**Ni**	**Dha**	**Dha**	–
Ga	*na*	*pa*	*ti*	*Ga*	*na*	*pa*	*ti*	*Ga–*	*na*	*pa*	*ti*	*De*	--	*va*	--

Kirjan

Kaharva Taal

95. Shiv Parvati Ganesh

Sthayi : ***Pita Mahadeva, Maata Paarvati, Paavan Putra Ganesha.***

Antara : ***1. Shambho Shankar, He Mana-bhaavan, Tera Kirjana sab se paavan,***
Jaya Jaya Jaya Gana Naatha.

2. Durge Devi, Gauri Bhavaani, Teri maaya hai jag jaani,
Jaya Jaya Jaya Jag Maata.

3. Buddhi Daayak, Siddhi Vinaayak, eri kirpa hai sukh daayak,
Jaya Jaya Jaya Gun Daata.

Sthayi : Mahadev is father, Parvati is Mother and the holy son is Ganesh.

Antara : 1. Victory to you, O Gana Naatha! Shambho Shankar! Saamb Sadashiv!
2. Victory to you, O Goddess Durga, Gauri Bhavani! your magic is world known.
3. Victory to you, O Knowledge Giver! O Success Giver Lord Ganesh!

STHAYI

x				0				x				0			
Ga	Sa	Ga	Ga	Ma	–	Ma	–	Ga	Sa	Ga	Ga	Ma	Ma	Ma	–
Pi	*ta*	*Ma*	*ha*	*de*	--	*va*	--	*Maa*	--	*ta*	*Paa*	*r*	*va*	*ti*	--
Pa	Ṡa	Ṡa	Ṡa	N̲i̲	Pa	Ma	Ga	Pa	–	–	–	Ma	–	–	–
Paa	--	*va*	*na*	*Pu*	--	*tra*	*Ga*	*ne*	--	--	--	*sha*	--	--	--

ANTARA-1

x				0				x				0			
N̲i̲	–	N̲i̲	–	N̲i̲	–	N̲i̲	Ṡa	Dha	–	Ma	–	Pa	–	Dha	Dha
Sham	--	*bho*	--	*Shan*	--	*ka*	*ra*	*he*	--	*ma*	*na*	*bhaa*	--	*va*	*na*
N̲i̲	–	N̲i̲	–	N̲i̲	–	N̲i̲	Ṡa	Dha	Dha	Ma	–	Pa	–	Dha	Dha
Te	--	*ra*	--	*Kir*	--	*ja*	*na*	*sa*	*ba*	*se*	--	*Paa*	--	*va*	*na*
Ga	Ga	Ga	Ga	Ma	Ma	Pa	Dha	Ma	–	–	–	Ma	–	–	–
Ja	*ya*	*ja*	*ya*	*ja*	*ya*	*Ga*	*na*	*naa*	--	--	--	*tha*	--	--	--
Ga	Sa	Ga	Ga	Ma	--	Ma	--	Ga	Sa	Ga	Ga	Ma	Ma	Ma	--
Pi	*ta*	*Ma*	*ha*	*de*	--	*va*	--	*Maa*	--	*ta*	*Paa*	*r*	*va*	*ti*	--
Pa	Ṡa	Ṡa	Ṡa	N̲i̲	Pa	Ma	Ga	Pa	--	--	--	Ma	--	--	--
Paa	--	*va*	*na*	*Pu*	--	*tra*	*Ga*	*ne*	--	--	--	*sha*	--	--	--

Kirjan

Kaharva Taal

96. Shiva Shankar

Sthayi : ***Shiva Om Hari Om Shiva bolo sada, Shiva Om Hari Om gaao sada.***

Antara : *1.* ***Namo namo namo namo Gajaanana, Jana gana taaro Maheshvara,***
Namo namo namo namo Naarayana.

2. ***Shiva Shiva Shankar Digambara, Ham ko var do Sadaashiva,***
Shiva Shiva Mangal Niranjana.

3. ***Jaya jaya jaya jaya Jataadhara, Tum jag sundara Sudarshana,***
Jaya jaya jaya jaya Janaardana.

Sthayi : *Always recite Hari Om Hari Om Hari Om, recite Hari Om Hari Om Hari Om Narayan.*

Antara : *1.* *Recite Namo Namo Namo Namo Gajanan, recite Namo Namo Namo Namo Narayan,*
Please protect the world, O Maheshvar!

2. *Recite Shiva Shiva Shankar Digambar, recite Shiva Shiva Shiva Shiva Niranjan,*
Please give us a boon, O Sadaashiv!

3. *Recite Jai Jai Jai Jai Jatadhar, recite Jai Jai Jai Jai Janardan.*
You are the most beautiful in the world, O Sudarshan!

STHAYI

		X				0				X				0			
Sa	**Ga**	**Ma**	**Ma**	**Ma**	**Ma**	**Ma**	**Ma**	**Ma**	**Ma**	**Pa**	--	**Ga**	**Ma**	**Pa**	--	--	--
Shi	*va*	*O*	*m*	*Ha*	*ri*	*O*	*m*	*Shi*	*va*	*bo*	--	*lo*	*sa*	*da*	--	--	--
		Ṡa	**Ṡa**	**Ni**	**Pa**	**Ni**	**Ni**	**Pa**	**Ma**	**Ga**	--	**Ma**	**Pa**	**Ma**	--	--	--
		Shi	*va*	*O*	*m*	*Ha*	*ri*	*O*	*m*	*gaa*	--	*o*	*sa*	*da*	--	--	--

ANTARA-1

X				0				X				0			
Ma	**Ma**	**Pa**	**Ṡa**	**Ṡa**	**Ṡa**	**Ṡa**	**Ṡa**	**Ni**	**Ṡa**	**Ġa**	**Ni**	**Ṡa**	--	**Ni**	**Pa**
Na	*mo*	*na*	*mo*	*na*	*mo*	*na*	*mo*	*Ga*	*jaa*	--	*na*	*na*	--	--	--
Ma	**Ma**	**Pa**	**Ṡa**	**Ṡa**	**Ṡa**	**Ṡa**	**Ṡa**	**Ni**	**Ṡa**	**Ġa**	**Ni**	**Ṡa**	--	**Ni**	**Pa**
Ja	*na*	*ga*	*na*	*taa*	--	*ro*	--	*Ma*	*he*	--	*shva*	*ra*	--	--	--
Ṡa	**Ṡa**	**Ni**	**Pa**	**Ni**	**Ni**	**Pa**	**Ma**	**Ga**	--	**Ma**	**Pa**	**Ma**	--	**Sa**	**Ga**
Na	*mo*	*na*	*mo*	*na*	*mo*	*na*	*mo*	*Naa*	--	*ra*	*ya*	*na*	--	*Shi*	*va*
Ma	**Ma**	**Ma**	**Ma**	**Ma**	**Ma**	**Ma**	**Ma**	**Pa**	--	**Ga**	**Ma**	**Pa**	--	--	--
O	*m*	*Ha*	*ri*	*O*	*m*	*Shi*	*va*	*bo*	--	*bo*	*sa*	*da*	--	--	--
Ṡa	**Ṡa**	**Ni**	**Pa**	**Ni**	**Ni**	**Pa**	**Ma**	**Ga**	--	**Ma**	**Pa**	**Ma**	--	--	--
Shi	*va*	*O*	*m*	*Ha*	*ri*	*O*	*m*	*gaa*	--	*o*	*sa*	*da*	--	--	--

ANTARA-2

X				0				X				0			
Ṡa	**Ṡa**	**Ṡa**	**Ṡa**	**Ṡa**	--	**Ṡa**	**Ṡa**	**Ni**	**Ṡa**	**Ġa**	**Ni**	**Ṡa**	--	**Ni**	**Pa**
Shi	*va*	*Shi*	*va*	*Shan*	--	*ka*	*ra*	*Di*	*gam*	--	*ba*	*ra*	--	--	--
Ṡa	**Ṡa**	**Ṡa**	--	**Ṡa**	**Ṡa**	**Ṡa**	--	**Ni**	**Ṡa**	**Ġa**	**Ni**	**Ṡa**	--	**Ni**	**Pa**
Ha	*m*	*ko*	--	*va*	*ra*	*do*	--	*Sa*	*da*	--	*shi*	*va*	--	--	--
Ṡa	**Ṡa**	**Ni**	**Pa**	**Ni**	–	**Pa**	**Ma**	**Ga**	–	**Ma**	**Pa**	**Ma**	–	**Sa**	**Ga**
Shi	*va*	*Shi*	*va*	*Man*	--	*ga*	*la*	*Ni*	--	*ran*	*ja*	*na*	--	*Shi*	*va*
Ma	**Ma**	**Ma**	**Ma**	**Ma**	**Ma**	**Ma**	**Ma**	**Pa**	--	**Ga**	**Ma**	**Pa**	--	--	--
O	*m*	*Ha*	*ri*	*O*	*m*	*Shi*	*va*	*bo*	--	*lo*	*sa*	*da*	--	--	--
Ṡa	**Ṡa**	**Ni**	**Pa**	**Ni**	**Ni**	**Pa**	**Ma**	**Ga**	–	**Ma**	**Pa**	**Ma**	–	**Sa**	**Ga**
Shi	*va*	*O*	*m*	*Ha*	*ri*	*O*	*m*	*gaa*	--	*o*	*sa*	*da*	--	*Shi*	*va*

Kirjan

Kaharva Taal

97. Raadhe Krishna

Sthayi : ***Krishna Kanhaiya Raadhe Shyam, Shridhar tere roop lalaam,***
Sundar pyare tere naam.

Antara : *1.* ***Ishvar Brahma Hari Ghanshyam, Shankar Vishnu tu hi Raam,***
Gaao mangal Krishna ke naam.

2. ***De de kirpa ka vardaan, Pure hamre kar armaan,***

Deen dukhi ka tu Bhagvaan.

3. ***Gaaoon tere sau sau naam, Dhyaoon tere roop tamaam,***
Anupam saare tere kaam.

Sthayi : *O Krishna Kanhaiya, Radhe Shyam, O Vishnu! your forms are beautiful and names are lovely.*

Antara : 1. *O Dear Devotee! Chant Krishna's names such as Ishvara, Brahma,*
He is Shiva, He is Vishnu, He is Rama, He is Hari Ghanashyama.

2. *O Krishna! please give us boons and blessings, O Lord! please let our wishes come true,*
You are the God of helpless people.

3. *We sing hundreds of your names and meditate upon all your forms. Your deeds are unparallel.*

STHAYI

X				0				X				0			
Sa	Ma	Ma	Ma	Ma	Pa	Ma	Ga	Ga	Ma	Pa	Ma	Pa	--	--	Pa
Kri	*sh*	*na*	*Ka*	*nhai*	--	*. ya*	--	*Raa*	--	*dhe*	--	*Shya*	--	--	*m*
Sa	Ma	Ma	Ma	Ma	Pa	Ma	Ga	Ga	Ma	Pa	Ma	Pa	--	--	Pa
Shri	--	*dha*	*ra*	*te*	--	*re*	--	*roo*	--	*pa*	*la*	*laa*	--	--	*m*
Pa	–	Pa	Dha	Pa	Ma	Ma	–	^{Ga}Re	–	Ga	Pa	Ma	–	–	Ma
Sun	--	*da*	*ra*	*pya*	--	*re*	--	*te*	--	*re*	--	*naa*	--	--	*m*

ANTARA-1

X				0				X				0			
Ṡa	–	Ṡa	Ṙe	Ṡa	Ni	Ni	Dha	Dha	Dha	Ni	Ṙe	Ṡa	–	–	Ṡa
I	--	*shva*	*ra*	*Bra*	--	*hma*	--	*Ha*	*ri*	*Gha*	*na*	*Shya*	--	--	*m*
Ṡa	–	Ṡa	Ṙe	Ṡa	Ni	Ni	Dha	Dha	–	Ni	Ṙe	Ṡa	–	–	Ṡa
Shan	--	*ka*	*ra*	*Vish*	--	*nu*	--	*tu*	--	*hi*	--	*Raa*	--	--	*m*
Dha	–	Dha	Ma	Ma	Dha	Ni	Ṡa	Dha	Pa	Ma	Ga	Ma	–	Ga	Sa
Gaa	--	*o*	--	*man*	--	*ga*	*la*	*Kri*	*sh*	*na*	*ke*	*naa*	--	--	*m*
Sa	Ma	Ma	Ma	Ma	Pa	Ma	Ga	Ga	Ma	Pa	Ma	Pa	--	--	Pa
Kri	*sh*	*na*	*Ka*	*nhai*	--	*ya*	--	*Raa*	--	*dhe*	--	*Shya*	--	--	*m*

Kirjan

Kaharva Taal

98. Nand Gopal

Sthayi : ***Shyam Salona Nand Gopaala,***
Rang saanvala Hari Brij Baala.

Antara : 1. ***Sir par mor mukut hai daala, Giridhar kaali kamli vaala,***
Pag men paayal gal ban maala.

2. ***Gauvan Paala Gokul Gwaala, Mohan pyaara hai matwaala,***
Dadhi maakhan ko churaane waala.

3. ***Raadhe Govinda Murali Vaala, Nand ka Nandan Shyamal Kaala,***
Gop Gopi ka Priya matvaala.

Sthayi : *The Handsome Shyama Nand Gopal, brown skinned Brij Baala.*

Antara : 1. *On his head is the tiara of peacock feathers.*
Giridhar carries the black blanket with him,
And he is wearing ankle bracelets and necklace of wild flowers.

2. He is the cowherd of Gokul. The free living Mohan is loved by everyone.
He is the one who steals curd and Makhan (butter).
3. He is Radhe Govind who plays flute, Son of Nand is dark brown.
He is dear to the Gop and Gopi children.

STHAYI

X			0			X			0		
Sa	–	Ga	Pa	Ma	–	Ga	Sa	Ga	Ni	–	Ni	Sa	–	Sa	–
Shya	--	ma	Sa	lo	--	na	--	Nan	da	--	Go	paa	--	la	--
Pa	–	Pa	Pa	Ni	Ma	Pa	–	MaMa	Ga	Sa	Sa	Ga	Ma	Ma	
Ran	--	ga	saa	--	va	la	--	Hari	Bri	--	ja	baa	--	la	
Sa	–	Ga	Pa	Ma	–	Ga	Sa	Ga	Ni	–	Ni	Sa	–	Sa	–
Shya	--	ma	Sa	lo	--	na	--	Nan	da	--	Go	paa	--	la	

ANTARA-1

X				0				X				0			
Pa	Pa	Pa	Dha	Dha	Ni	Ni	Ni	Dha	Ni	Pa	Dha	Dha	Ni	Ni	–
Si	ra	pa	ra	mo	--	ra	mu	ku	ta	hai	--	daa	--	la	--
Pa	Pa	Pa	Dha	Dha	Ni	Ni	–	Dha	Ni	Pa	Dha	Dha	Ni	Ni	–
Gi	ri	dha	ra	Kaa	--	li	--	ka	ma	li	--	waa	--	la	--
Pa	Pa	Pa	Dha	Ni	Sa	Sa	Sa	Sa	Ni	Re	Sa	Dha	–	Pa	
Pa	ga	men	--	paa	--	ya	la	ga	la	ba	na	maa	--	la	--
Sa	–	Ga	Pa	Ma	–	Ga	Sa	Ga	Ni	–	Ni	Sa	–	Sa	–
Shya	--	ma	Sa	lo	--	na	--	Nan	da	--	Go	paa	--	la	--

Kirjan

Kaharva Taal

99. Rama Krishna Shiva

Sthayi : *Nish din Raam Krishna Shiva gaavo,*
Raam Krishna Shiva, Raam Krishna Shiva,
Raam Krishna Shiva gaao, Nish din.

Antara : 1. *Raghupati Raagahav, Raaja Raam, Jaanaki Jeevan, Seeta Raam,*
Hare Raam Hare Raam, Hare Krishna Hare Raam.
2. *Bhaju man mere, Raadhe Shyam, Aha nisha gaa re, Raadhe Shyam.*
Raadhe Shyam Raadhe Shyam, Hare Krishna Hare Raam.
3. *Bhole Shankar, Hari Ghanashyam, Samb Sadashiva, bhaja Siyaraam,*
Shiva naam Shiva naam, Hare Krishna Hare Raam.

Sthayi : Day and night chant, Raama Krishna Shiva!
Chant Raama, Krishna Shiva, Raama Krishna Shiva! day and night.
Antara : 1. Raghava, the King of the Raghu Dynasty; Rama, the husband of Sita.
Raam Raam Hare Raam! Hare Krishna Hare Rama!
2. O my mind! chant Raadhe Shyaam day and ningt.

Chant the name, Hare Krishna Hare Raam! Chant Hare Krishna Hare Raama.
3. *Chant Bhole Shankar! O beautiful Ghanshyaam! O Samb Shiva! O Siyaraam!*
   Shiva Om Shiva Om, Hare Krishna Hare Raama!

STHAYI

0				X				0				X			
Sa	Ga	Ma	Pa	NiDha	–	Ma	Ga	Sa	Sa	Ni	Dha	Sa	–	Sa	–
Ni	sha	di	na	Raa	--	ma	Kri	--	shna	Shi	va	gaa	--	vo	--
–	–	–	–	Ga	–	Ga	Ga	–	Ga	Ga	Ga	Ma	–	Ma	Dha
--	--	--	--	Raa	--	ma	Kri	--	shna	Shi	va	Raa	--	ma	Kri
Ni	Dha	Ma	Ma	Ma	–	Ga	Ga	Sa	Sa	Ni	Dha	Sa	–	Sa	–
--	shna	Shi	va	Raa	--	ma	Kri	--	shna	Shi	va	gaa	--	vo	--

ANTARA-1

X				0				X				0			
Ga	Ga	Ma	Ma	Dha	–	Ni	Dha	Sa̐	–	Sa̐	–	Sa̐	–	Sa̐	–
Ra	ghu	pa	ti	Raa	--	gha	va	Raa	--	ja	--	Raa	m	Raa	m
Ga	Ga	Ma	Ma	Dha	–	Ni	Dha	Sa̐	–	Sa̐	–	Ga̐	Ni	Sa̐	Sa̐
Ra	ghu	pa	ti	Raa	--	gha	va	Raa	--	ja	--	Raa	m	Raa	m
Ni	–	Ni	Ni	Ni	–	Ni	Dha	Dha	Ni	Sa̐	Ni	Dha	–	Ma	–
Jaa	--	na	ki	Jee	--	va	na	See	--	ta	--	Raa	m	Raa	m
Dha	Dha	Dha	Ma	Pa	Pa	Pa	Ga	Sa	Ga	Ma	Dha	Pa	Pa	Ma	–
Ha	re	Raa	m	Ha	re	Raa	m	Ha	re	Kri	shna	Ha	re	Raa	m
Ma	Ga	Ga	Ga	Sa	Sa	Ni	Dha	Sa	–	Sa	–	Sa	Ga	Ma	Pa
Raa	--	ma	Kri	--	shna	Shi	va	gaa	--	vo	--	Ni	sha	di	na
NiDha	–	Ma	Ga	Sa	Sa	Ni	Dha	Sa	–	Sa	–	–	–	–	–
Raa	--	ma	Kri	--	shna	Shi	va	gaa	--	vo	--	--	--	--	--

Kirjan
Kaharva Taal
100. Shivji

Sthayi : *Jai Jai Jai Jai Bhakton bolo, Om Namah Shivaaya,*
Om Namah Shivaaya, Om Namah Shivaaya,
Om Namah Shivaaya, Om Namah Shivaaya.

Antara : 1. *Shiva lalaat pe Chanda saaje, Jataa kaali men Gang viraaje,*
Dam Dam Dam Dam Damru baaje; Goonje naara, Namah Shivaaya,
Om Namah Shivaaya, Om Namah Shivaaya, Om Namah Shivaaya.

2. *Natavar Taandav thaiya naache, Dam Dam Dam Dam Danka baaje,*
Trishool daayen haath viraaje; Goonje naara, Namah Shivaaya,
Om Namah Shivaaya, Om Namah Shivaaya, Om Namah Shivaaya.

Sthayi : O Devotees! Chant Jai Jai Jai Jai, "Om Namah Shivaaya, Om Namah Shivaaya."
Antara :1. The Moon is adorning Shiva's forehead, and he holds Ganga in his black hair.
His Damru is saying Dum Dum Dum Dum, Let's all chant Om Namah Shivaaya,

Om Namah Shivaaya, Om Namah Shivaaya, Om Namah Shivaaya.
2. *Shiva is doing the Tandava dance. The Drum is sounding Dum Dum Dum Dum.*
He has the Trishul in his right hand, Let's all chnat Namah Shivaaya,
Om Namah Shivaaya, Om Namah Shivaaya, Om Namah Shivaaya.

STHAYI

X				0				X				0			
Sa	Sa	Re	Re	Ga	Ga	Ma	Pa	Dha	–	MaRe		Ni	Sa	–	Sa	–
Jai	Jai	Jai	Jai	Bha	kton	bo	lo	O	m	Namah		Shi	vaa	--	ya	--
Ga	–	GaGa	Ga	Ga	–	Ga	–	Re	–	ReRe		Ni	Sa	–	Sa	–
O	m	Namah	Shi	vaa	--	ya	--	O	m	Namah		Shi	vaa	--	ya	--
Ma	–	MaMa	Ma	Ma	–	Ma	–	Ga	–	GaRe		Ni	Sa	–	Sa	–
O	m	Namah	Shi	vaa	--	ya	--	O	m	Namah		Shi	vaa	--	ya	--
Sa	Sa	Re	Re	Ga	Ga	Ma	Pa	Dha	–	MaRe		Ni	Sa	–	Sa	–
Jai	Jai	Jai	Jai	Bha	kton	bo	lo	O	m	Namah		Shi	vaa	--	ya	--

ANTARA-1

X				0				X				0			
Ga	Ga	Ga	Ga	--	Ga	Ga	Re	Re	Ma	Ma	--	Ma	--	Ma	--
Shi	va	la	laa	--	ta	pe	--	chan	--	da	--	saa	--	je	--
Ma	Dha	–	Dha	–	Dha	Dha	–	Dha	Ni	Dha	Pa	Pa	–	Pa	–
Ja	taa	--	kaa	--	li	men	--	Gan	--	g	vi	raa	--	je	--
Pa	Sa	Sa	Sa	--	Re	Sa	Ni	Ni	Sa	Re	Sa	Re	--	Re	--
Shi	va	la	laa	--	ta	pe	--	Chan	--	da	--	saa	--	je	--
Re	Ga	–	Sa	NiDha	–	Dha	–	Ni	Ni	–	Re	Re	Sa	Sa	–
Ja	taa	--	kaa	li–	--	men	--	Gan	--	g	vi	raa	--	je	--
Pa	Sa	Sa	Sa	Sa	Re	Sa	Ni	Ni	Sa	Re	Sa	Re	--	--	--
Da	ma	Da	ma	Da	ma	Da	ma	Da	ma	ru	baa	je	--	--	--
Re	Ga	–	Sa	NiDha	–	Dha	–	Dha	Ni	–	Re	Re	Sa	Sa	–
Goon	--	--	je	naa	--	ra	--	Na	mah	--	Shi	vaa	--	ya	--
Sa	--	--	Sa	Ni	Sa	--	Ni	Sa	--	--	--	Sa	--	--	--
O	--	--	m	Na	mah	--	Shi	vaa	--	--	--	ya	--	--	--
Re	--	--	Re	Sa	Re	--	Sa	Re	--	--	--	Re	--	--	--
O	--	--	m	Na	mah	--	Shi	vaa	--	--	--	ya	--	--	--
Ga	–	Ga	Sa	NiDha	–	–	Ni	Re	–	–	–	Sa	–	–	–
O	--	m	Na	mah	--	--	Shi	vaa	--	--	--	ya	--	--	--
Sa	Sa	Re	Re	Ga	Ga	Ma	Pa	Dha	–	MaRe	Ni	Sa	–	Sa	–
Jai	Jai	Jai	Jai	Bha	kton	bo	lo	O	m	Namah	Shi	vaa	--	ya	--

Kirjan
Kaharva Taal
101. Hari Hari Bol

Sthayi : *Hari Hari bol, Hari Hari Bol.*
Raadhe Mukund Maadhav Hari Hari bol.
Raadhe Anant Keshav Hari Hari bol.

Antara : 1. *Gopaal Gopaal Hari Hari bol, Govind Govind Hari Hari bol,*
Aanand Aanand Jaya Jaya bol, Gopaal Govind Aanand bol.
2. *Giridhaari Giridhaari Hari Hari bol, Vanmaali Vanmaali Hari Hari bol,*
Banvaari Banvaari Jaya Jaya bol, Gopaal Govind Aanand bol.
3. *Kaanha-teri achambhe ki leela, ho! Kaanha-teri anuthi hi maaya, ho!*
Kaanha ki Raadhe ki jaya jaya bol, Gopaal Govind Aanand bol.

Sthayi :   Chant, Radhe Mukunda Madhava! Hari Hari!
Antara :   1. Chant, Gopala Gopala Hari Hari, Govind Govind Hari Hari. Victory to Gopal Govind.
            2. Chant, Giridhari Giridhari Hari Hari, Vanamali!
               Vanamali Hari Hari, victory to Gopal Govind!
            3. O Kaanha! your magic is surprising, your maaya is unique. Hail victory to the Raadha.

STHAYI

X				0				X				0			
Ṡa	Ṡa	Ṡa	Ṡa	Ṡa	–	–	Ṡa	Ni	Dha	Ni	Ṙe	Ṡa	Ṡa	Ma	Ga
Ha	ri	Ha	ri	bo	--	--	l	Ha	ri	Ha	ri	bo	l	Raa	dhe
Ma	Dha	–	Ni	Ṡa	–	Ni	Dha	Ma	Dha	Ma	Ga	Ma	–	Ma	Ga
Mu	kun	--	da	Maa	--	dha	va	Ha	ri	Ha	ri	bo	l	Raa	dhe
Ma	Dha	–	Ni	Ṡa	–	Ni	Dha	Ma	Dha	Ma	Ga	Ma	–	–	Ma
A	nan	--	ta	Ke	--	sha	va	Ha	ri	Ha	ri	bo	--	--	l

ANTARA-1

X				0				X				0			
Dha	–	Dha	Dha	Dha	–	Dha	Dha	Pa	Ma	Pa	Ni	Dha	–	–	Dha
Go	--	paa	la	Go	--	paa	la	Ha	ri	Ha	ri	bo	--	--	l
Ni	–	Ni	Ni	Ni	–	Ni	Ni	Dha	Ma	Dha	Ni	Ni	–	–	Ni
Go	--	vin	da	Go	--	vin	da	Ha	ri	Ha	ri	bo	--	--	l
Ṡa	–	Ṡa	Ṡa	Ṡa	–	Ṡa	Ṡa	Ni	Dha	Ni	Ṡa	Ṡa	–	–	Ṡa
Aa	--	nan	da	Aa	--	nan	da	Ja	ya	Ja	ya	bo	--	--	l
Ṙe	--	Ṙe	Ṙe	Ṙe	--	Ṙe	Ṙe	Ṡa	Ni	Ṡa	Ṙe	Ṡa	Ṡa	Ma	Ga
Go	--	paa	la	Go	--	vin	da	Aa	na	na	da	bo	l	Raa	dhe

Kirjan

Kaharva Taal

102. Hanuman ji

Sthayi : ***Jai Hanuman Jai Jai Jaya Hanuman,***
Jai Hanuman Mahaan, Jai Hanuman Tufaan.

Antara : ***1. Setu bandhan Jai Hanuman, Saagar laanghan Jai Hanuman,***
Jaanaki dhoondhan Jai Hanuman, Pranaam tumako Shri Hanuman.

2. Lanka dahanan Jai Hanuman, Lakhan sanjeevan Jai Hanuman,
Asur Nikandan Jai Hanuman, Pranaam tum ko Shri Hanuman.

3. Anjani Nandan Jai Hanuman, Sab dukh bhanjan Jai Hanuman,
He Jag Vandan Jai Hanuman, Pranaam tum ko Shri Hanuman.

Sthayi : *Victory to you, O Hanuman, victory to you, O Mighty Lord! victory to you, O Great Lord!*

Antara : 1. *Victory to you for building the bridge. Victory to you for crossing over the ocean,*
Victory to you for searching for Seeta. We salute to you, O Shri Hanuman!

2. *Victory to you for burning Lanka. Victory to you, for bringing medicine for Lakshman,*
Victory to you for killing the demons. Salute to you, O Shri Hanuman!

3. *Victory to you O, Son of Anjani. Victory to you, O Remover of all obstacles!*
Victory to you O, Jaga Vandan. Salute to you, O Shri Hanuman!

STHAYI

X				0				X				0			
Ṡa	–	Ṡa	Ṙe	Ṡa	–	Ni	Dha	Ṡa	Ni	Ġa	Ṙe	Ṡa	–	–	Ṡa
Jai	--	*Ha*	*nu*	*ma*	*n*	*jai*	*jai*	*ja*	*ya*	*Ha*	*nu*	*ma*	--	--	*n*
Ṡa	–	Ṡa	Ṙe	Ṡa	Ni	Dha	Pa	DhaPa	Ma	–	–	–	–	–	Ma
Jai	--	*Ha*	*nu*	*ma*	--	*na*	*ma*	*haa–*	--	--	--	--	--	--	*n*
Pa	–	Pa	Dha	Pa	Ma	Ga	Re	GaRe	Sa	–	–	–	–	–	Sa
Jai	--	*Ha*	*nu*	*ma*	--	*na*	*tu*	*faa–*	--	--	--	--	--	--	*n*

ANTARA-1

X				0				X				0			
Pa	Ṡa	Ṡa	--	Ṡa	Ṙe	Ṡa	Ṅi	Ṅi	Ṡa	Ṙe	Ṡa	Ṙe	--	--	Ṙe
Se	--	*tu*	--	*ban*	--	*dha*	*na*	*ja*	*ya*	*Ha*	*nu*	*ma*	--	--	*n*
Ṙe	–	Ṙe	Ġa	Ṙe	Ṡa	Ṡa	Ṡa	^Ni^Dha	–	Ni	Ṙe	Ṙe	Ṡa	–	Ṡa
Saa	--	*ga*	*ra*	*laan*	--	*gha*	*na*	*jai*	--	*Ha*	*nu*	*ma*	--	--	*n*
Pa	Ṡa	Ṡa	Ṡa	Ṡa	Ṙe	Ṡa	Ṅi	Ṅi	Ṡa	Ṙe	Ṡa	Ṙe	--	--	Ṙe
Jaa	--	*na*	*ki*	*dhoon*	--	*dha*	*na*	*jai*	--	*Ha*	*nu*	*ma*	--	--	*n*
Ṙe	Ṙe	–	Ġa	Ṙe	Ṡa	Ṡa	–	^Ni^Dha	–	Ni	Ṙe	Ṙe	Ṡa	–	Ṡa
Pra	*naa*	--	*ma*	*tu*	*ma*	*ko*	--	*Shri*	--	*Ha*	*nu*	*ma*	--	--	*n*
Ṡa	–	Ṡa	Ṙe	Ṡa	–	Ni	Dha	Ṡa	Ni	Ġa	Ṙe	Ṡa	–	–	Ṡa
Jai	--	*Ha*	*nu*	*ma*	*n*	*jai*	*jai*	*ja*	*ya*	*Ha*	*nu*	*ma*	--	--	*n*

Kirjan
Kaharva Taal
103. Satya Saayi Baba

Sthayi : *Daata mera Satya Saai baaba, Paalan karataa tu Jag saara.*
Antara : *1. Saayi hamaara ek sahaara, Nish din paahi mam samsaara.*
2. Bhaaee hamaara aru rakhavaara, door karega sab andhiyaara.
3. Saayi hamaara ek kinaara, Jaa ke andhera Jag ujiyaara.

Sthayi : O Satya Saayi Baaba! O Saayi Baaba! you are the nourisher of the whole world.
Antara : 1. Baaba is our only support. O Saayi Baaba! please protect me day and night.
2. Baaba is our brother and protector. He will remove all the darkness.
3. Baaba is our only support. Darkness will go and the world will be enlightened.

STHAYI

X				0				X				0			
–	Dha	–	Dha	Pa	–	Ma	–	Ga	Re	Ga	PaGa	Re	–	Sa	–
--	Daa	--	ta	me	--	ra	--	Sa	tya	Saa	yi-	Baa	--	ba	--
–	SaRe	Ma	Ga	Ma	Ma	Ma	–	–	Dha	–Pa	Ga	MaPa	Dha	Pa	–
--	Paa-	la	na	ka	ra	ta	--	--	tu	-ja	ga	saa	--	ra	--
–	Dha	–	Dha	Pa	–	Ma	–	Ga	Re	Ga	PaGa	Re	–	Sa	–
--	Daa	--	ta	me	--	ra	--	Sa	tya	Saa	yi-	Baa	--	ba	--

ANTARA-1

X				0				X				0			
–	Ma	–Pa	Dha	Re	–	Sa	–	–	ReNi	Dha	Pa	Ni	–	Ni	–
--	Saa	-yi	ha	maa	--	ra	--	--	e--	ka	sa	haa	--	ra	--
–	Dha Dha	Dha	Dha	Pa	–	Ma	–	–	GaRe	GaPa	Ga	Re	–	Sa	–
–	Nisha	di	na	paa	--	hi	--	--	mam	san-	--	saa	--	ra	--
–	Dha	–	Dha	Pa	–	Ma	–	Ga	Re	Ga	PaGa	Re	–	Sa	–
--	Daa	--	ta	me	--	ra	--	Sa	tya	Saa	yi-	baa	--	ba	--
–	–	Ni	Dha	Re	–	Sa	–	–	–	Sa	Sa	Ma	–	Ga	–
--	--	Saa	yi	Baa	--	ba	--	--	--	Saa	yi	Baa	--	ba	--
–	–	Ga	Pa	Ni	–	Ni	–	–	–	Re	Sa	Sa	–	Sa	–
--	--	Saa	yi	Baa	--	ba	--	--	--	Saa	yi	Baa	--	ba	--

Kirjan
Kaharva Taal
104. Shirdi Waale

Sthayi : *Shirdi Waale salaam, Saayi Baaba pranaam.*
Bhaju main tere naam,
Tu hi hai Raam aur Shyam, O Shirdi!

Antara : 1. *Tu khuda Saayi Raam, Tujh pe ham kurbaan,*
Tujh ko laakh pranaam, He mere Bhagvaan!
2. *Jagat men ek mahaan, Gaayen tere gun gaan,*
Shirdi param dhaam, He mere Bhagvaan!
3. *De do Prabhu vardaan, Saayi tu Bhagvaan!*
Gaaoon Shri gun gaan, He mere Bhagvaan!

Sthayi : O Saayi Baba of Shirdi! we salute you. I chant your names. You are Rama and Krishna.
Antara : 1. O Saayi! you are God, we give you our lives, Hundred thousand salutes to you, O my Lord!
2. You are the greatest in the world, we sing your songs. Shirdi is the final abode, O My Lord!
3. O Lord! please bestow boons on us. O Saayi! You are Bhagavaan (God), praises to My Lord!

STHAYI

X				0				X				0			
Ma	Ma	Dha	Ma	Ma	Dha	--	Ga	Ma	--	--	--	--	--	--	Ma
Shi	ra	di	--	Waa	le	--	sa	laa	--	--	--	--	--	--	m
Ma	--	Ni	--	Dha	Ni	--	Dha	Sa	--	--	--	--	--	Dha	Ma
Saa	--	yi	--	Baa	ba	--	pra	naa	--	--	--	--	--	--	m
Ma	--	Ni	--	Dha	Ni	--	Dha	Sa	Ni	--	--	--	--	--	Ni
Saa	--	yi	--	Baa	ba	--	pra	naa	--	--	--	--	--	--	m
Sa	Sa	Sa	Re	Sa	Ni	DhaPa	Ma	Pa	--	--	--	--	--	--	Ga
Bha	ju	main	--	te	--	re--	--	naa	--	--	--	--	--	--	m
Ni	--	Ni	Dha	Dha	Pa	Pa	Ga	Ma	--	Ma	Ma	Ma	Pa	Ma	Ga
tu	--	hi	--	hai	Raa	m	aur	Shya	--	m	O	Shi	ra	di	--
Ni	--	Ni	Dha	Dha	Pa	Pa	Ga	Ma	--	--	--	--	--	--	Ma
tu	--	hi	--	hai	Raa	m	aur	Shya	--	--	--	--	--	--	m

ANTARA-1

X				0				X				0			
Sa	--	--	Re	Sa	Ni	Dha	Ni	Sa	--	--	--	--	--	--	Sa
Tu	--	--	khu	da	--	Saa	yi	Raa	--	--	--	--	--	--	m
Sa	Sa	Sa	Re	Sa	Ni	Dha	Pa	Ni	--	--	--	--	--	--	Ni
Tu	jh	pe	--	ha	ma	ku	ra	baa	--	--	--	--	--	--	n
Dha	Dha	Dha	Pa	Pa	Ma	Pa	Ma	Ga	--	--	--	--	--	--	Ga
Tu	jh	ko	--	laa	--	kh	pra	naa	--	--	--	--	--	--	m
Ni	--	Ni	Dha	Dha	--	Pa	Ma	Ma	--	--	--	--	--	--	Ma
Me	--	re	--	Saa	--	yi	--	Raa	--	--	--	--	--	--	m
Ma	Ma	Dha	Ma	Ma	Dha	--	Ga	Ma	--	--	--	--	--	--	Ma
Shi	ra	di	--	Waa	le	--	sa	laa	--	--	--	--	--	--	m

Kirjan

Kaharva Taal

105. Swami Narayan

Sthayi : ***Swaami Naarayan Hari Om, Swami Naarayan Jaya Om;***
Swaami Naarayan Sat Om, Swami Naarayan Hari Om.

Antara : ***1. Antaryami Digant Swami, Rishikesh Hari Om,***
Shesha-shaayi Sat Om, Swami Naarayan Jaya Om
Swaami Naarayan Hari Om.

2. Damodar Shri Anant Saayi, Manohaari Hari Om,
Raadhe-Shyam Sat Om, Swami Naarayan Jaya Om,
Swaami Naarayan Hari Om.

3. Kamal nayan Shri Mukund Maadho, Gadaadhari Hari Om,
Raadhe Krishna Sat Om, Swami Naarayan Jaya Om,
Swaami Naarayan Hari Om.

Sthayi : *Victory to Swami Naarayan Swami Narayana Sat Om, Jai Om.*

Antara : 1. *Swami Naarayan who Dwells in us and has conquered all directions,*
That Sheshayi Hari, Om Swami, Victory to Swami Naarayan, Hari Om.

2. *O Damodar Krishna! O Manohari, O Radhe-Shyaam!*
Victory to you, O Swami Naarayan.

3. *O Lotus Eyed Shri Krishna, Mukund, Madhav!*
O Gadaadhar, Raadhe-Krishna! victory to you.

STHAYI

		X				0				X				0			
Dha	Dha	–	PaDha	Pa	Ma	Re	Ga	–	PaMa	Ma	–	–	–	–	Ma	Dha	Dha
Swa	*mi*	–	*Naa-*	*ra*	--	*ya*	*naa*	--	*Hari*	*O*	--	--	--	--	*m*	*Swa*	*mi*
		–	PaDha	Pa	Ma	Re	Ga	–	PaMa	Ma	–	–	–	–	Ma	Sa	Sa
		–	*Naa-*	*ra*	--	*ya*	*na*	--	*Jaya*	*O*	--	--	--	--	*m*	*Swa*	*mi*
		–	Ni	Sa	--	Re	Re	Ga	Re	Sa	--	--	--	--	Sa	Sa	Sa
		–	*Naa*	*ra*	--	*ya*	*na*	*Sa*	*t*	*O*	--	--	--	--	*m*	*Swa*	*mi*
		–	Ni–	Sa	–	Re	Re	Ga	Re	Sa	--	--	--	--	Sa	Dha	Dha
		–	*Naa-*	*ra*	--	*ya*	*na*	*Ha*	*ri*	*O*	--	--	--	--	*m*	*Swa*	*mi*
		–	PaDha	Pa	Ma	Re	Ga	–	PaMa	Ma	–	–	–	–	–	–	Ma
		–	*Naa-*	*ra*	--	*ya*	*na*	--	*Hari*	*O*	--	--	--	--	--	--	*m*

ANTARA-1

X				0				X				0			
--	Dha	-Pa	Ma	Ma	--	Ma	--	Ma	Pa	Ni	Ni	Ni	--	Ni	Pa
--	An	-ta	ra	ya	--	mi	--	Di	gan	--	ta	Swa	--	mi	--
Pa	Ṙe	--	Ṙe	--	Ġa	Ṙe	Ṡa	Ṡa	--	--	--	--	--	Dha	Ma
Ri	shi	--	ke	--	sha	Ha	ri	O	--	--	--	--	--	--	m
Ma	Ṙe	Ṙe	Ṙe	--	Ġa	Ṙe	Ṡa	Ṡa	--	--	--	--	Ṡa	Dha	Ni
She	--	sha	Shaa	--	yi	Sa	t	O	--	--	--	--	m	Swa	mi
Ṙe	--	Ṙe	--	Ṙe	Ġa	Ṙe	Ṡa	Ṡa	--	--	--	--	Ṡa	Dha	Dha
Naa	--	ra	--	ya	na	ja	ya	O	--	--	--	--	m	Swa	mi
--	PaDha	Pa	Ma	Ṙe	Ga	--	PaMa	Ma	--	--	--	--	Ma	Dha	Dha
--	Naa-	ra	--	ya	na	--	Hari	O	--	--	--	--	m	Swa	mi

Kirtan
Kaharva Taal
106. Shiva Vishnu

Sthayi : *Devaaya, Lambodaraaya, Shiva-nandanaaya, Shiva Om,*
Naathaaya, Mukha-mangalaaya, Jaga-vandanaya, Shiva Om.

Antara : 1. *Rudraaya, Shiva-shankaraaya, Dukh-bhanjanaaya, Har Om,*
Bhadraaya, Gangadharaaya, Prabhu Tryambakaaya, Har Om.

2. *Raamaya, Raghu-nandanaaya, Madhu-chandanaaya, Hari Om,*
Raamaya, Seeta-varaaya, Purushottamaaya, Hari Om.

3. *Shyamaaya, Bansi-dharaaya, Peetaambaraaya, Jaya Om,*
Krishnaaya, Raadha-varaaya, Daamodaraaya, Jaya Om.

Sthayi : Pray to the Lord, Lambodar, Shiva-nandan! Shiva Om!
To the Master, the Auspicious one worshipped by the whole world! Shiva Om!

Antara : 1. Pray to Rudra, Shiva Shankar, the remover of pains! Hara Om!
To the Bhadra, Gangadhar, Lord Tryambak! Hara Om!

2. Pray to Raama, Raghu-nandan, Madhu-chandan! Hari Om!
To Ramachandra, husband of Seeta, the Purushottam! Hari Om.

3. Pray to Shyaama, Bansi-dhar, Peetambar, Krishna, Raadhavar, Damodar! Jai Om!

STHAYI

X				0				X				0			
Ma	Ma	--	Ma	--	--	Re	Ma	Pa	--	Dha	Pa	Ma	Ma	Re	Ma
De	vaa	--	ya	--	--	Lam	--	bo	--	da	raa	--	ya	Shi	va
Pa	--	Dha	Pa	Ma	Ma	Re	Ma	Pa	--	--	--	--	--	--	Pa
nan	--	da	naa	--	ya	Shi	va	O	--	--	--	--	--	--	m
Dha	Dha	--	Dha	--	--	Ṡa	Dha	Pa	--	Dha	Pa	Ma	Ma	Re	Ma
Naa	tha	--	ya	--	--	Mu	kha	man	--	ga	laa	--	ya	Ja	ga
Pa	--	Dha	Pa	Ma	Ma	Re	Dha	Pa	--	--	--	--	--	--	Ma
van	--	da	naa	--	ya	Shi	va	O	--	--	--	--	--	--	m

ANTARA-1

X				0				X				0			
Sa	Sa	–	Sa	–	–	Sa	Sa	Sa	–	Re	Sa	–	Sa	Sa	Sa
Ru	*draa*	--	*ya*	--	--	*Shi*	*va*	*shan*	--	*ka*	*raa*	--	*ya*	*du*	*kha*
Re	–	Re	Re	–	Ga	Re	Sa	Sa	–	–	–	–	–	–	Sa
bhan	--	*ja*	*naa*	--	*ya*	*Ha*	*ra*	*O*	--	--	--	--	--	--	*m*
Dha	Dha	–	Dha	–	–	Dha	–	Pa	–	Dha	Pa	Ma	Ma	Re	Ma
Bha	*draa*	--	*ya*	--	--	*Gan*	--	*ga*	--	*dha*	*raa*	--	*ya*	*Pra*	*bhu*
Pa	–	Dha	Pa	Ma	Ma	Re	Dha	Pa	Ma	–	–	–	–	–	Ma
Tryam	--	*ba*	*kaa*	--	*ya*	*Ha*	*ra*	*O*	--	--	--	--	--	--	*m*
Ma	Ma	–	Ma	–	–	Re	Ma	Pa	–	Dha	Pa	Ma	Ma	Re	Ma
De	*vaa*	--	*ya*	--	--	*Lam*	--	*bo*	--	*da*	*raa*	--	*ya*	*Shi*	*va*

Chaupai

Kaharva Taal

107. Ramayan

Doha : ***Raam Siyaa ban ko chale, Lakhan lalaa hai saath,***
Maat pitaa griha ko taje, dhanya dhanya Raghunaath.

Sthayi : ***Chandan tilak sumangal maathe, Dasharath nandan Raam suhaate,***
Shri Raam Jai Raam Jai Jai Raama, Jai Raam Siyaa Raam Jai Jai Raama.

Antara :
1. ***Sheesh jataa kati valkala dhaare, Kaanana kundala nayana lubhaate,***
2. ***Mukha mandala par haasya viraaje, Vighna kashta kachhu naahi dukhaate.***
3. ***Veera Dhanurdhar Dheeraj dhaari, Sankat mochan Raam kahaate,***
4. ***Raam Ramaiya Bhav ki Naiya, Raam naam nar ko harshaate.***
5. ***Raam sahaare Raam kitaare, Raam naam sab dukh bisraate,***
6. ***Bhishan paap manusha ke jete, Raam naam se sab chhut jaate.***
7. ***Raam Siyaa sang Lachhiman sohe, Lakhan lalaa sab jan ko bhaate,***
8. ***Raaj kaaj sukh taj kar saare, Maat taat ke bachan nibhaate.***
9. ***Siyaa sang Prabhu ban me biraje, Bhagatan Raam charit shubh gaate,***
10. ***Vaah Vaah re Dasharath Raaja, Dhanya dhanya Kausalya maate.***

Doha : ***Deena dayaala aap hai, Karun Kripaalu Raam,***
Kausalya sut, He Sakhe! Paahi paahi re maam.

Doha : *Raama and Sita are going to the forest, Lakhaman is with them,*
They are leaving their mother, father and the kingdom, God bless Raghunath.

Sthayi : *Sandalwood tilak is on his auspicious forehead, Dashrath's son Rama looks beautiful.*

Antara :
1. *He has Jata (wrapped hair), and Valkal (tree bark) on his waist,*
   On his ears are Kundals (earrings), and his eyes are attractive.
   There is a smile on his face, no pains bother him.
2. *Arrow bearing Raama is called the remover of obstacles.*
   Raama is the boat to cross over the worldly ocean. Raama's name gives pleasure to people.
3. *Raama is support, Raama is the savior. Raama's name makes you forget your pains,*
   Even the biggest of our sins go away with Raama's name.
4. *Lakshman looks good with Raama and Sita, Lakshman is loved by everyone.*

They kept the promise of father and mother, leaving aside all the pleasures.

5. *With Raama Sita came to the forest, and the devotees sing Raama's holy story.*
God bless King Dashrath! God bless Mother Kausalya!

DOHA

Ni	--	**Ni**	**Ni**	**Ni**	--	**Ni**	**Ni**	**Ṡa**	--	--	**Ni**	**Ṡa**	--	--	--
Raa	--	*ma*	*Si*	*ya*	--	*ba*	*na*	*ko*	--	--	*cha*	*le*	--	--	--
Ni	**Ni**	**Ni**	**Ni**	**Ni**	--	**Ṙe**	**Ṡa**	**Ṡa**	--	--	**Ṡa**	**Ni**	--	**Ni**	**Ni**
La	*kha*	*na*	*la*	*laa*	--	*hai*	--	*saa*	--	--	*th*	*Maa*	--	*ta*	*Pi*
Ni	**Pa**	**Pa**	**Pa**	**Pa**	**Ga**	--	**Pa**	**Re**	--	--	--	**Ga**	--	**Ga**	**Pa**
taa	--	*gri*	*ha*	*ko*	--	--	*ta*	*je*	--	--	--	*Dha*	--	*nya*	*dha*
Re	**Re**	**Re**	**Sa**	**Sa**	--	--	**Sa**								
--	*nya*	*Ra*	*ghu*	*Naa*	--	--	*th*								

STHAYI - CHAUPAI

X				0				X				0			
–	**Ga**	**–Ga**	**Pa**	**Re**	**Re**	**Sa**	**Sa**	–	**NiPa**	**Re**	**Re**	**GaRe**	–	**Sa**	**Re**
--	*Chan*	*-da*	*na*	*ti*	*la*	*ka*	*su*	--	*man*	*--ga*	*la*	*maa--*	--	*the*	--
Ga	**Ga**	**–Ga**	**Pa**	**Re**	**Re**	**Sa**	**Sa**	–	**NiPa**	**Re**	**Re**	**GaRe**	–	**Sa**	–
--	*Chan*	*-da*	*na*	*ti*	*la*	*ka*	*su*	--	*man*	*ga*	*la*	*maa--*	--	*the*	--
--	**PaGa**	**Pa**	**Pa**	**NiṠa**	**Ṙe**	**Ṡa**	**Ni**	**Pa**	**PaGa**	**Ga**	**Pa**	**Re**	–	**Sa**	–
--	*Dasha*	*ra*	*th*	*nan-*	--	*da*	*na*	--	*Raa-*	*ma*	*su*	*haa*	--	*te*	--
–	**GaGa**	**Ga**	**Pa**	**Re**	**Re**	**Sa**	**Sa**	–	**NiPa**	**Re**	**Re**	**GaRe**	–	**Sa**	–
--	*Shri*	*Raa*	*m*	*Ja*	*ya*	*Raa*	*m*	--	*Jaya*	*ja*	*ya*	*Raa--*	--	*ma*	--
–	**GaGa**	**Ga**	**Pa**	**Re**	**Re**	**Sa**	**Sa**	–	**NiPa**	**Re**	**Re**	**GaRe**	–	**Sa**	–
--	*Jaya*	*Raa*	*m*	*Si*	*ya*	*Raa*	*m*	--	*Jaya*	*ja*	*ya*	*Raa--*	--	*ma*	--

ANTARA-1

X				0				X				0			
--	**PaGa**	**Pa**	**Pa**	**Ṡa**	–	**Ṡa**	**Ṡa**	–	**NiNi**	**Ni**	**Ṙe**	^{Ni}**Dha**	–	**Pa**	–
--	*Shee-*	*sha*	*ja*	*taa*	--	*ka*	*ti*	--	*val-*	*ka*	*la*	*dhaa*	--	*re*	--
–	**GaGa**	**Ga**	**Pa**	**Re**	–	**Sa**	**Sa**	–	**NiPa**	**Re**	**Re**	**GaRe**	–	**Sa**	–
--	*Kaa--*	*na*	*na*	*kun*	--	*da*	*la*	--	*naya*	*na*	*lu*	*bhaa*	--	*te*	--
–	**GaGa**	**Ga**	**Pa**	**Re**	**Re**	**Sa**	**Sa**	–	**NiPa**	**Re**	**Re**	**GaRe**	–	**Sa**	–
--	*Shri*	*Raa*	*m*	*Ja*	*ya*	*Raa*	*m*	--	*Jaya*	*ja*	*ya*	*Raa--*	--	*ma*	--
–	**GaGa**	**Ga**	**Pa**	**Re**	**Re**	**Sa**	**Sa**	–	**NiPa**	**Re**	**Re**	**GaRe**	–	**Sa**	–
--	*Jaya*	*Raa*	*m*	*Si*	*ya*	*Raa*	*m*	--	*Jaya*	*ja*	*ya*	*Raa--*	--	*ma*	--

DOHA

Ni	--	Ni	Ni	Ni	--	Ni	--	Ṡa	--	--	Ni	Ṡa	--	--	--
Dee	--	na	da	yaa	--	la	--	aa	--	--	p	hai	--	--	--
Ni	Ni	Ni	Ni	Ni	--	Ṙe	Ṡa	Ṡa	--	--	Ṡa	Ni	--	Ni	--
Ka	ru	na	Kri	pa	--	lu	--	Raa	--	--	m	Kau	--	sa	--
Ni	Pa	Pa	Pa	--	Ga	--	Pa	Re	--	--	--	Ga	--	Ga	Pa
lya	--	su	ta	--	he	--	sa	khe	--	--	--	paa	--	hi	paa
Re	Re	Re	Sa	Sa	--	--	Sa								
--	hi	re	--	maa	--	--	m								

Doha not to be sung in rhythm

Aarti
Kaharva Taal
108. Jai Jai Bajrang Bali

Sthayi :   Om Jai Bajarang Bali, Kapi Jaya Bajarang Bali,
Bhagatan Praan pihaare, Aas me dwaar tihaare,
Sundar darshan kee, Om Jaya Bajrang Bali.

Antara : 1. Raam daas tum Paavan, Shankar Avataari,
Prabhu Shankar Avataari,
Mahaaveer Parameshwar, Lok Naath Sat Ishvar,
Vikram Vajraangi, Om Jai Bajrang Bali.

2. Tum ne Sugriv Kapi se, Raam ko milwaaya,
Prabhu Raam ko milwaaya,
Baali patan karaake, Tum ne mukt karaayi,
Daara Sugriv ki, Om Jai Bajrang Bali.

3. Siya ki khoj lagaake, Khabariya Raam ko dee,
Khush khabariya Raam ko dee,
Raavan patan karaake, Tum ne mukta karaayi,
Seeta Raghuvar ki, Om Jai Bajrang Bali.

4. Jal par ashma taraaye, Raam naam likhke,
Shubha Raam naam likhke,
Saagar Setu banaake, Sena paar karaake,
Lanka tum jaari, Om Jai Bajrang Bali.

5. Vaayu gati se ud ke, Parbat le aaye,
Prabhu parbat le aaye,
Sanjeevan buti laa ke, Tum ne jaan bachaayi,
Bhaaee Lachhiman ki, Om Jai Bajrang Bali.

STHAYI

	X				0				X				0			
Ma –	Ma	–	Ma	Ma	Ma	–	Ga	Ma	Pa	–	Pa	Dha	Ni	Ṡa	Ṡa	Ṡa
Om --	Jai	--	Ba	ja	ran	--	ga	Ba	li	--	Ka	pi	ja	ya	Ba	ja
	Ṙe	Ṡa	Ni	Dha	NiDha	Pa	–	–	–	–	–	–	Pa	Dha	Pa	Dha
	ran	--	ga	Ba	li-	--	--	--	--	--	--	--	bha	ga	ta	na
	Ni	–	Ni	Dha	Ma	Dha	Ma	–	Pa	Dha	Pa	Dha	Ni	–	Ni	Dha
	Pra	--	na	pi	haa	--	re	--	Aa	--	sa	me	dwa	--	ra	ti
	Pa	Dha	Ma	–	Ma	Pa	Pa	Pa	Dha	Pa	Ma	Ga	Re	–	Pa	–
	haa	--	re	--	Sun	--	da	ra	da	ra	sha	na	kee	--	O	m
	Pa	Pa	Pa	Pa	Dha	Pa	Ma	Ga	Ma	–	–	–	–	–	–	–
	Ja	ya	Ba	ja	ran	--	ga	Ba	li	--	--	--	--	--	--	--

ANTARA-1

X				0				X				0			
Pa	Ma	Ma	Ga	Pa	Ma	Ma	Ga	Pa	Ma	Ma	Ma	Ṡa	Ṙe	Ṡa	Ni
Raa	--	ma	daa	--	sa	tu	ma	Paa	--	va	na	Sha	n	ka	ra
Dha	Dha	Pa	Ma	Pa	–	Ṡa	Ṡa	Ṡa	Ṙe	Ṡa	Ni	Dha	Dha	Pa	Ma
A	va	taa	--	ri	--	Pra	bhu	Sha	n	ka	ra	A	va	taa	--
Pa	–	–	–	–	–	–	–	Pa	Dha	Pa	Dha	Ni	Ni	Ni	Dha
ri	--	--	--	--	--	--	--	Ma	ha	--	vee	--	ra	Pa	ra
Pa	Dha	Ma	Ma	Pa	Dha	Pa	Dha	Ni	Ni	Ni	Dha	Pa	Dha	Ma	Ma
me	sh	wa	r	Lo	--	ka	Naa	--	tha	Sa	ta	I	sh	va	ra
Pa	–	Pa	Pa	Dha	Pa	Ma	Ga	Re	–	–	–	–	–	Pa	–
Vi	--	kra	ma	Va	j	raa	n	gi	--	--	--	--	--	O	m
Pa	Pa	Pa	Pa	Dha	Pa	Ma	Ga	Ma	–	–	–	–	–	–	–
Ja	ya	Ba	ja	ran	--	ga	Ba	li	--	--	--	--	--	--	--

TERMINOLOGY

ADHA TEEN TAAL : (half *teen taal*) A rhythmic cycle of eight beats.
AKAAR : Singing *Sargams* (notes) of *Alankars* using the vowel sound *"aa"*
ALAAP : The introductory exposition and elaboration of notes in a slow movement setting the mood for the *Raaga*.
ALANKAAR : A combination of musical notes which is repeated in a particular pattern.
ANDOLAN : A gentle swing or oscillation of a single note.
ANTARA : Emphasizes the middle and upper octave of a song composition.
ANUVAADI : The notes of a *Raaga* except the *Vaadi* and *Samvaadi Swar*.
AROHA : An ascending order of notes used in a *Raaga*.
ASHAAYI : (*Sthaayi*) the first part or main line of a musical composition.
AUDAV : A *Raaga* of five notes.
AVROHA : A descending order of notes used in a *Raaga*.
BAAYAN : The bass or left side drum of a pair or set of Tabla.
BADA KHAYAL : A *Raaga* sung in slow rhythm *(Laya)*.
BANDISH : A fixed melodic composition of a *Raaga* in Hindustani Vocal Music.
BARHAT : A gradual development of a *Raaga*.
BESURA : Out of tune.
BETAAL : Out of rhythm.
BHAAV : A particular emotion or expression of a performer.
BHAJAN : A devotional or religious song.
BOL TAAN : A *Taan* which is sung in a fast tempo by utilizing the words of the composition.
BOLS : Syllables of *Tabla* beats.
CHAKRADAR : A composition in *Taal* or *Taan* which repeats itself three times ending with a *Tehai*.
CHALAN : A systematic expansion of a *Raaga*.
CHATURANG : A form of Indian Classical Music which is sung utilizing *Bandish, Tarana, Sargam* and *Pakhawaj/Tabla bols*.
CHAUTAAL : A rhythmic cycle of twelve beats.
CHHOTA KHAYAL : A *Raaga* sung in medium or fast rhythm *(Laya)*.
DAAYAN : The treble or right side drum of a pair or set of *Tabla*.
DADRA TAAL : A rhythmic cycle of six beats.
DEEPCHANDI TAAL : A rhythmic cycle of fourteen beats.
DHAIVAT : The sixth note *(Dha)* of an Octave.
DHAMAR TAAL : A rhythmic cycle of fourteen beats.
DHOLAK : A two sided Indian folk drum.
DHRUPAD : A style of North Indian Classical Vocal Music.
DRUT : A fast rhythmic, melodic composition.
DUGUN : Double speed of *Taan* or *Taal*.
EK TAAL : A rhythmic cycle of twelve beats.
GAJARA : The braid around the outside of the *Tabla* head which is struck lightly for tuning the *Tabla*.
GAMAK : A type of ornamentation in vocal music by which a heavier force is added to notes and is repeated in an oscillatory manner.
GANDHAR : The third note *(Ga)* of an Octave.

GAYAKI : A style of Vocal Music.
GEET : A lyrical form of poetry or song in Indian language set to music.
GHARANA : A musical family tradition or a school of music which typically refers to the city or village were the musical ideology was originated.
GHAZAL : A lyrical form of poetry in *Persian* or *Urdu* language set to music.
GURU : Master or teacher.
GURU BHAI : Students studying under the same *Guru*.
GURU SHISHYA : Teacher and student.
HORI : A spring season composition sung during Holy (festival of colours) which is popular in Uttar Pradesh and Bihar.
JAATI : The number of notes used in the *Aroha* and *Avroha* of a *Raaga*.
JHAPTAAL : A rhythmic cycle of ten beats.
JHUMRA TAAL : A rhythmic cycle of fourteen beats.
JUGAL BANDI : A duet performance of two vocalists or two instrumentalists.
KAHERVA TAAL : A rhythmic cycle of eight beats.
KAJRI : A folk song of *Uttar Pradesh*.
KAYDA : A well structured composition played on *Tabla* with variations.
KHALI : The unstressed division of a rhythmic cycle.
KHAYAL : The most popular style of Indian Classical Vocal Music which is usually set to a tune of about four to eight lines.
KINAR : The outer circle of skin on the *Tabla* head.
KIRJAN : A fusion of *Kirtan* and *Bhajan* designed by Guruji Dev Bansraj of the *Tarouba Gharana* for devotional singing.
KIRTAN : Chanting of God's name.
KOMAL : A flat or half note.
LAGGI : An aggressive *Tabla* composition used for accompanying Light and Semi-Classical Music.
LAKSHAN GEET : A composition where the lyrics of a song actually describes the structure of the *Raaga* which is being performed.
LAYA : Rhythm.
MADHYA LAYA : Medium rhythm.
MADHYA SAPTAK : Notes of the middle octave.
MADHYAM : The fourth note *(Ma)* of an octave.
MANDRA SAPTAK : Notes of the lower octave.
MATRA : A single beat.
MEEND : A smooth gliding movement connecting one note to another.
MISHRA : A mixture of two or more *Raagas*.
MURKI : A cluster of notes put together that sounds like a short *Taan*.
NAAD : A musical sound.
NISHAD : The seventh note *(Ni)* of an octave.
PAKAR : A distinctive formation of notes which identifies a particular *Raaga*. It is a characteristic musical catch phrase of the *Raaga*.
PALTAS : Eexercises derived from the theme of a *Tabla* composition.
PANCHAM : The fifth *(Pa)* note of an octave.
PANDIT : A highly educated person or a scholar musician who is well versed in music.
PARAMPARA : The sacred relationship between the *Guru* (teacher) and the *Shishya* (student).

PESHKAAR : An improvised theme with rhythmic varitions composed for introducing a *Tabla* solo.
QUAWALI : A form of Muslim devotional song.
RAAGA : It is a melodic structure or a particular arrangement of five or more notes evolving into a significant form to create the mood and emotion which must be pleasing to the mind. Each *Raaga* has its own unique character entirely different from another.
RAAGA MALA : A composition rendered and woven into a garland of *Raagas*.
RELA : A fast speed theme and variation composed for *Tabla*, using rapidly articulated strokes.
RISHABH : The second note *(Re)* of an octave.
RIYAZ : Practice.
RUPAK TAAL : A rhythmic cycle of seven beats.
SAMPOORNA : A *Raaga* of seven notes.
SAMVAADI : The second most prominent or queen note of a *Raaga*,
SANGEET : A combination of three different art forms : Vocal Music, Instrumental Music and Dance (which can be presented individually).
SAPTAK : An Octave.
SARGAM : A beautiful sequence of musical notes.
SHADAJ : The first note *(Sa)* of an octave.
SHADAV : A *Raaga* of six notes.
SHISHYA : Disciple or student.
SHRUTI : A microtone (there are twenty two *Shrutis* in an octave).
SHUDDHA SWARAS : Natural or pure musical notes.
SUM : The first and most important beat of a *Taal* cycle.
SWAR : A note of the musical scale.
SYAAHI : The black area or the black circle on the *Tabla* head..
TAAL : A rhythmic cycle of fixed beats.
TAAN : An improvised combination of musical notes which are sung or played in a faster speed.
TAAR SAPTAK : Notes of the higher octave.
TABLA : A pair or set of Indian drums used for accompanying Vocal Music, Instrumental Music and Dance.
TANPURA : A musical string instrument used as a drone for accompanying Indian Classical Vocal or Instrumental Music.
TARANA : A composition consisting of a few lines of meaningless words like *toom, deem, dere, tananana, tadani, dir* etc. woven into a rhythmic pattern set to a particular *Raaga*.
TEEN TAAL : A rhythmic cycle of sixteen beats.
TEEVRA : A Sharp note whic is denoted with a vertical line above the note.
TEEVRA TAAL : A rhythmic cycle of seven beats.
TEHAI : A rhythmic phrase repeated three times ending on the first beat of the cycle *(Sum)*.
THEKA : The basic pattern of *Tabla bols* showing the rhythmic cycle of a *Taal*.
THUMRI : A style of Semi Indian Classical Music in which the lyrics are usually based on romance and ecstasy and is sung in *Braj Bhasha* (village dialect).
USTAAD : A highly educated person or a scholar musician who is well versed in music.
VAADI SWAR : The most prominent or king note of a *Raaga*.
VIBHAG : A musical bar.
VILAMBIT : Slow rhythm.
VISTAAR : The elaboration or development of particular phrases or notes pertaining to the *Raaga*.

www.ingramcontent.com/pod-product-compliance
Lightning Source LLC
Chambersburg PA
CBHW081614100526
44590CB00021B/3434
9781897416402